아동과 청소년

인성교육의 실제

김광수 · 정종진 · 공윤정 · 송재홍 · 하요상 · 조붕환
홍종관 · 안태용 · 오익수 · 김혜숙 · 허승희 공저

Character Education for Children and Adolescents

학지사

서 문

우리가 여러 교육 기관을 세우고 교육을 하는 것은 다음 세대인 우리의 아동 · 청소년들이 더욱 건강하고 행복한 삶을 살 수 있는 역량을 계발시키려는 데 그 목적이 있음을 누구나 쉽게 동의할 수 있을 것이다. 이러한 바람은 초 · 중등교육의 목표를 "학습자의 다양한 개성을 존중하고, 인성 및 창의성을 최대한 신장시키는 교육체제를 갖춤으로써 모든 학습자의 잠재능력을 최대한 계발하도록 한다."라고 한 기존 교육개혁의 내용에서도 제시되어 있다. 우리 사회에서 학교는 교육적 제도로서 아동 · 청소년의 삶에 가장 중요한 영향을 미치는 기관이 되었다. 그런데 공식적 교육기관인 학교가 학생들의 건강한 심신상의 발달을 촉진해야 하는 본래의 목적과 기대와는 달리 많은 어려움과 문제를 드러내고 있는 실상을 부인할 수 없다.

인간의 성장과 발달을 통한 행복 추구를 지향할 목적으로 설립 · 운영되는 학교교육이 이렇게 어려움을 겪고 있는 이유를 여러 가지로 분석해 볼 수 있을 것이다. 그 중 하나로 학교가 교육의 본질과 가치에 충실하지 못하고 학교 밖의 사회적 요구나 기대에 따라 결정된 교육과정의 수행과 평가에 치우쳐 학교교육이 사회적 성취를 위한 길, 특히 입시위주의 교육으로 전락한 데 가장 중요한 이유가 있다는 분석이다. 이러한 우리 학교교육의 현상에 대해서 '교육의 비(非)본질성'에 몰두하고 있는 학교의 모습이라는 지적과 비판이 이미 제기되었다. 이러한 지적은 학교가 교육의 본질과 가치를 바로 이해하고 이를 제대로 수행하는 기관이 될 때, 오늘날 학교교육 현상과 더불어 나타나는 여러 가지 문제, 즉 우리 학생들이 겪고 있는 심각한 학업스트레스와 더불어 학교폭력, 부적응, 자살, 우울증, 인터넷 중독 등 그들의 정신건강 문제와 교사들의 소진 및 정신건강 문제가 극복되고 바람직한 교육적 성과를 얻을 수 있음을 시사해 준다.

그동안 우리 사회는 여러 가지 문제와 참사를 경험할 때마다 이러한 문제와 참사의 근본원인은 인성의 문제라고 지적하고 인성교육에 대한 강조를 꾸준히 제기해 왔다. 특히 2011년 대구 중학생 학교폭력 자살 사건은 각계각층이 참여하는 인성교육범국민실천연합이 창설되는 자극이 되었고, 2014년 세월호 참사는 온 국민을 또 한번 충격에 빠지게 하면서 급기야 2014년 국회에서 「인성교육진흥법」 발의와 제정을 통해 2015년 7월부터 이 법의 시행에 이르게 되었다. 인성교육을 의무로 명시하기 위하여 세계 최초로 만들어진 법이 2015년 7월부터 시행되고, 교육부의 '인성교육 종합계획'이 수립 및 시행되면서, 각 시 · 도 교육청 및 지원교육청의 인성교육 지원 계획 또한 수립되었다. 법에 의해 예산이 반영되는 2016년부터 모든 초 · 중 · 고등학교에서는 단위학교 별로 인성교육 추진 계획을 세워 실행하며 성과를 관리하면서 인성교육을 제대로 하고 있는지 매년 평가도 받아야 하는 현실을 맞게 되었다.

그동안 교육적으로나 사회적으로 꾸준히 인성교육에 대한 강조가 이루어지고 이에 대한 여러 가지 모습의 실행이 진행되었지만, 기존의 인성교육은 나름의 한계와 문제점을 드러내었다. 기존의 인성교육은 문제 중심적 접근에 치중해 왔고, 체계적이고 꾸준한 운영이 부족했으며, 학생들의 내적동기와 지속적인 실천을 이끌어 내지 못했다는 등의 한계점을 지닌 것으로 분석, 평가되고 있다. 특히 최근 「인성교육진흥법」에 이르기까지 기존 인성교육에서 강조된 인성요소들이 주로 도덕적인 인성특성에 치우친 경향이 있어서 도덕적 가치를 온전하고 효과적으로 실행하며, 정신적으로 건강하고 행복한 삶으로 나아가는 데 필요한 수행적 인성특성이 간과되어 온 점 또한 지적되고 있다.

교육의 본질은 학생에게 단순히 정보를 제공하고 지식을 주입하는 것이 아니라 그들의 내면에 있는 의식과 잠재력(가능성, 강점)을 이끌어내는 데에 그 핵심이 있다. 최근 「인성교육진흥법」의 제정이 인성교육을 법으로 강제한다는 부정적 인식을 심어 주기도 하지만 그 본래의 의도가 인성교육이 잘 이루어지도록 지원하기 위한 법으로 수용한다면, 그동안 실효성 없이 형식적이고 전시적으로 이루어진 인성교육에서 과감히 탈피하여 교육의 본질을 구현하기 위한 진정한 인성교육을 실행하기 위한 계기로 삼을 필요가 있다. 요컨대 앞으로의 인성교육은 기존의 한계를 극복하면서 도덕적으로 바르고 착한 학생의 육성뿐만 아니라 이들이 인지적 및 정서 · 사회적 측면에서도 성숙하고, 정신적으로도 건강하며 다양한 장애와 어려움을 극복하면서 궁극적으로 안녕하고 행복한 자아와 관계, 공동체를 성취해 나아가도록 돕는 포괄적 관점에서 인성교육을 추구할 필요가 있다.

이러한 배경과 맥락에서 『아동과 청소년 인성교육의 실제』를 집필하여 내놓게 되었다. 이 책의 집필자들은 '왜 인성교육이 필요한가'에 대한 질문을 숙고하면서 집필의 내용이 인성, 품성, 인간성 교육 등 교육의 본질을 추구하는 관점을 지향하고자 하였다. 특히 우리 사회의 다양한 문제가 터져 나올 때마다 정말 이래서는 안 된다는 전 국민적 위기 속에서 「인성교육진흥법」 제정까지에 이른 현실적 상황과 요구를 고려하면서 학교폭력, 부적응 등의 다양한 문제를 소극적으로 극복하는 차원에 머물지 않고 이에 더 나아가 자아실현, 더불어 행복한 공동체 삶을 추구하는 관점에서 본질적이면서도 실제적 · 구체적 · 현장감 있는 접근을 하려고 노력하였다. 즉, 인성교육의 목표를 자아실현에 두되, 이때 자아실현은 개인주의에 초점을 두는 것이 아니라 건강한 자아, 건강한 관계, 건강한 공동체 형성에 기여하는 인성계발을 통한 자아실현으로 보고자 하였다.

이 책은 학교상담적 접근을 통한 인성교육 실행을 제시하고 있다. 학생들이 생활하면서 신체적 · 심리적 · 지적 · 정서 · 사회적 발달이 이루어지는 학교생활에서 실제 인성교육은 교과교육을 통한 인성교육보다 생활지도 및 상담과 더 밀접한 관련을 갖고 이루어지는 것이 사실이다. 학급을 중심으로 집단생활과 다양한 교육이 공식적으로 이루어지는 학교에서 인성교육은 학생의 개인적 · 사회적 발달과 학업 및 진로발달을 체계적으로 조력할 수 있는 생활지도와 상담을 통해서 이루어질 때 보다 효과적일 수 있다. 특히 상담은 '학교에서 교사를 매개로 한 인격적인 만남을 통하여 학생의 바람직한 변화 과정을 돕는 과정'으로 개인적 · 정서 · 사회적 발달, 학업 및 진로 발달을 조력함으로써 학생 개인이 건강한 자아를 갖고 건강한 관계를 형성하면서 자신의 강점과 잠재력을 발견하고 이를 계발, 발휘해 나가도록 돕는 것을 그 주요 기능이자 목적으로 한다. 이에 우리의 학교교육 현장에서 상담을 제대로 수행하는 것은 내용이나 방법 면에서 보다 현실적이고 자연스럽게 인성교육을 실시하는 중요한 접근이 되고 있다.

이 책은 개인적 차원(자존감, 적응유연성, 정서유능성, 긍정심리와 성격강점, 진로적응성과 진로개발 등), 대인관계적 차원(공감적 이해, 의사소통능력, 용서능력 등), 공동체 차원(공동체 의식, 가족관계 관련 인성, 학교차원의 인성)의 인성계발을 그 주 내용으로 다루고 있다. 개인적 차원과 사회적(대인관계) 차원의 인성계발 내용은 그동안 여러 형태로 많이 다루어진 특성이 있으나 공동체 차원에서의 인성 계발은 상대적으로 부족한 면이 많다. 그러나 교육현장에서는 개인적 특성과 인간관계적 특성의 인성 계발이 효과를 가져오려면 공동체적 특성에서의 인성계발이 긍정적으로 이루어질 필요가 있다. 따라서 이 책은 좋은 공동체 형성과 그 안에서의 인성계발을 염두에 두고 개인적·관계적 차원의 인성계발이 이루어지도록 하는 데 초점을 두고자 하였다.

이 책은 각 집필 주제에서 집필자의 강점과 전문성이 잘 드러날 수 있는 영역을 집필하되 인성교육 실현에 실제적으로 도움이 될 실제적 접근이 되게 하려고 하였다. 각 장마다 각 주제를 이해하게 하는 이론적 토대가 되는 내용과 이의 구체적 계발을 위한 실제와 프로그램을 제시하였다. 이 책에서 염두에 둔 주 독자는 예비교사, 현장교사를 초점으로 하되 더 넓게는 아동 청소년 관련 교육 전공 및 실무자, 학교 밖 사회에서 인성교육 프로그램을 개발하고 진행하는 기관과 관련 실무자들도 함께 볼 수 있는 책으로 구성하고자 하였다.

교육의 본질을 실현하고자 하는 인성교육은 금방, 쉽게 달성할 수 있는 목표가 아니라 우리 모두의 성장과 행복을 위해서 마땅히 지향하고 추구해야 할 가치이자 이정표이다. 따라서 이 책이 인성교육의 실제 해답을 제시하고 있다고 감히 말할 수 없다. 다만 우리 가정, 학교와 사회 공동체 모두에게 요구되는 다양한 접근에 하나의 작은 촉매제 역할을 하는 데 기여하고자 하는 바람에서 미흡한 면도 있지만 이 책을 출간하게 되었다. 아무쪼록 이 책이 교사나 지도자 중심의 일방향적이고 지시적인 교육에서 벗어나 교사와 학생의 인격적 상호작용을 통해 교사의 인성과 학생의 인성이 더불어 성장할 수 있는 교학상장(教學相長)의 인성교육 실천에 기여할 수 있기를 기대한다. 끝으로, 이 책의 필요성에 공감하고 지원하며 이 책의 출판을 맡아 준 학지사의 김진환 사장님과 편집과정에서 수고를 아끼지 않은 강대건 님께도 진심으로 감사를 드린다.

2017년

저자 일동

차례

제2부 개인내적 차원 인성계발 / 49

제1부
서론

제1장 인성교육 실현을 위한 상담적 접근[1]

개요

우리 사회에서 인성교육이 강조되어 온 배경을 제시하고, 우리 학교교육의 실상을 살펴 성찰한 후, 인성과 인성교육의 개념 및 방향을 알아본다. 또한 학교교육 장면에서 바람직한 인성교육 실현을 위한 상담의 역할로 학생 발달 특성에 기초한 인성교육 촉진, 학생 발달의 전 영역에 체계적으로 통합되는 인성교육 촉진, 인성의 핵심인 도덕성 증진의 촉진, 인성의 주요 내용인 품성의 계발과 발달의 촉진, 인성역량의 계발과 발달을 촉진하는 역할을 제시한다. 이어서 바람직한 인성교육 실현을 위한 상담의 과제 제시와 더불어 경험과학적이고 체계적인 인성교육 연구와 이에 기초한 인성교육 실천의 필요성이 제시된다.

연구문제

1. 우리 학교교육의 실상에 대한 성찰 및 그에 따른 시사점은 무엇인가?
2. 인성의 개념과 인성교육의 바람직한 방향은 무엇인가?
3. 바람직한 인성교육의 실현을 위한 학교 상담의 역할과 과제는 무엇인가?

---

1. 이 장은 2016년도 초등상담연구 특집호의 '인성교육 실현을 위한 학교상담의 역할과 과제'를 수정 · 보완하여 작성하였음을 밝힌다.

1. 인성교육 강조의 배경

[그림 1-1] 1994년 10월 24일 성수대교 붕괴 사건

1990년대에 있었던 성수대교의 붕괴, 대구 지하철 공사장 가스 폭발 참사, 삼풍 백화점 붕괴 참사, 부모를 살해하는 패륜 범죄, 오랫동안 은폐되어 왔던 학교 내 폭력과 괴롭힘 문제 등에 대한 대중매체의 대대적 보도는 우리 사회 기본 도덕의 회복 필요성과 학교에서 인성교육이 중시되어야 한다는 사회적 요구의 분출로 이어졌다(이인재, 손경원, 지준호, 한성구, 2010). 이러한 가운데 교육계는 1995년 '5 · 31 교육개혁'에서 인성교육을 특히 강조하여 초 · 중등교육의 목표를 "학습자의 다양한 개성을 존중하고, 인성 및 창의성을 최대한 신장시키는 교육체제를 갖춤으로써 모든 학습자의 잠재력을 최대한 계발하도록 한다."라고 제시하였다.

그 후 2009년 개정 교육과정에서도 창의성과 인성교육이 강조되었다. 또한 2011년 부분 개정한 교육과정에서도 "모든 교육활동을 통해 인성교육을 실천할 수 있도록 교육과정을 구성한다."라는 항목을 신설하고 초 · 중 · 고등학교에서 유기적으로 연계된 인성교육이 이루어질 수 있도록 학교별 교육목표에 인성교육 요소를 반영하였다. 그리고 2011년 인성 및 공공의식 함양을 위한 학교문화 선진화 방안과 폭력 · 따돌림 없는 학교 만들기 추진, 학교폭력 예방 및 대책 5개년 계획 기본계획 수립 및 실시(2005~2009년, 2010~2014년), 2012년 학교폭력근절 종합대책 등을 통해 인성교육 관련 정책들을 꾸준히 추진해 왔다(정창우, 2015).

그동안 우리 사회는 여러 가지 문제와 참사를 경험할 때마다 그것의 근본 원인이 인성의 문제라고 지적하고 인성교육에 대한 강조를 꾸준히 제기해 왔다. 특히 2011년 대구 중학생 학교폭력 자살 사건은 각계각층이 참여하는 인성교육범국민실천연합이 창설되는 자극제가 되었고, 2014년 세월호 참사는 온 국민을 또 한 번 충격에 빠지게 하면서 급기야 2014년 국회에서 「인성교육진흥법」 발의와 제정을 통해 2015년 7월부터 이 법의 시행에 이르게 되었다.

지금까지 우리 사회와 학교교육에서 꾸준히 인성교육이 강조되면서 관련된 수많은 연구물과 프로그램이 쏟아져 나왔다. 그러나 이러한 시도와 노력이 무색할 정도로 문제가 더 심각해지는 현실을 피할 수 없었다. 교육계는 1995년 '5 · 31 교육개혁'을 기점으로 각종 인성교육 프로그램을 개발하는 연구들을 지원하고, 초 · 중등학교의 인성교육 우수사례를 공모하고, 교육부 및 도 지정 시범학교들을 운영하였다(이인재 외, 2010). 그리고 2004년 국회에서 제정된 학교폭력 예방 및 대책 법률과 2005년부터 5년 단위로 수립되어 시행된 학교폭력 예방 대책에서도 가장 중요한 핵심 대책으로 인성교육 강화를 표명했지만 그 실효성과 성과는 실감할 수 없었다. 우리의 인성교육과 관련한 이와 같은 실상은 순간적인 강조나 문서로만 명시된 인성교육이 아닌, 우리의 학교교육 현실에 대한 보다 근본적인 진단을 바탕으로 한 인성교육, 특히 교육의 본질적인 목표, 방향, 가치와 연결되고 통합된 인성교육에 대하여 고민하도록 도전하고 있다.

인성교육을 의무로 명시하기 위하여 세계 최초로 만들어진 「인성교육진흥법」으로 인해 이제 모든 초 · 중 · 고등학교에서는 인성교육과정을 만들어 가르쳐야 하며, 학교는 인성교육을 잘하고 있는지 매년 평가를 받아야 하는 현실이 되었다. 이

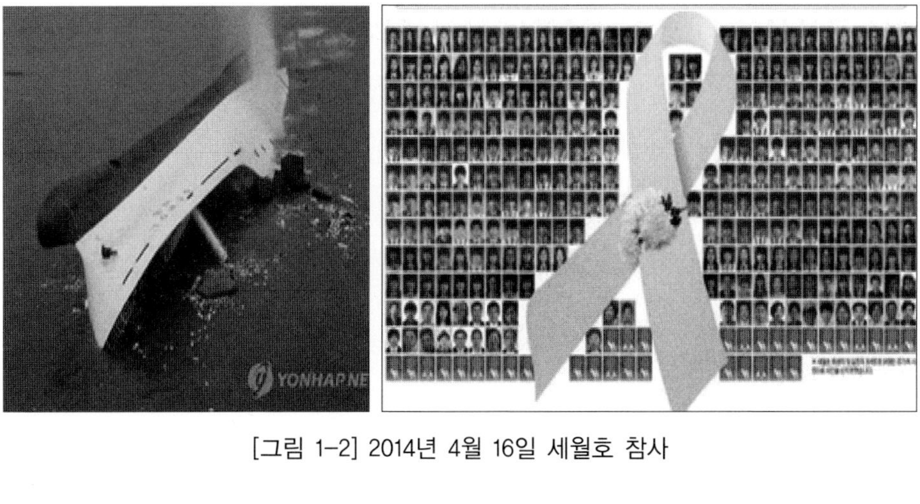

[그림 1-2] 2014년 4월 16일 세월호 참사

러한 우리의 현실 속에서 이 장에서는 우리 학교교육의 실상에 대해 성찰한 후 인성교육의 개념 및 방향을 살펴보고, 학교장면에서 바람직한 인성교육 실현을 위한 상담(상담과 생활지도)의 역할과 과제에 대해서 논해 보고자 한다.

2. 우리 학교교육의 실상과 성찰

오늘날 우리 사회에서 학교는 교육적 제도로서 아동·청소년 그리고 젊은이들의 삶에 가장 중요한 영향을 미치는 기관이 되었다. 그런데 공식적 교육기관인 학교가 학생의 건강한 심신상의 발달을 촉진할 것이라는 본래의 기대와는 달리 많은 어려움과 문제를 드러내고 있다. 보건복지부(2014)의 '2013년 한국아동종합실태보고'에 따르면, 한국 아동의 '삶의 만족도'는 OECD 34개 회원국 중 33위로 최하위권인 것으로 조사되었다. 또한 9~17세 아동의 3.6%가 최근 1년간 '심각하게 자살을 생각

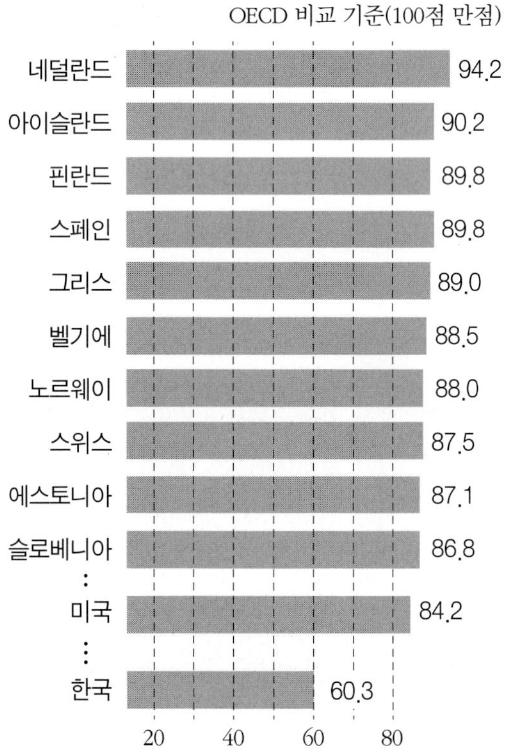

[그림 1-3] 2014년 발표 OECD 주요국 아동 삶의 만족도

한 적이 있다.'고 답하였고, 이들 가운데 25.9%는 실제 자살을 시도한 적이 있다고 말했다. 우리의 학생들이 겪고 있는 학업 스트레스와 학교폭력, 부적응, 자살, 우울증, 인터넷 · 스마트폰 중독 등의 정신건강 문제는 학교문제를 벗어나 사회문제가 된 지 오래되었다.

특히 학교폭력 문제는 오래전부터 심각한 사회적 문제로 대두되어 급기야 2004년에는 「학교폭력예방 및 대책에 관한 법률」이 제정되어 시행되고 있지만, 여전히 학교는 학교폭력으로 어려움을 겪고 있다. 교육부(2013)의 학교폭력 실태조사에 따르면, 전체 피해 사례의 16.5%를 차지하는 집단따돌림은 피해 학생들이 겪는 정서적 고통 수준이 가장 심한 것으로 나타났으며, 집단따돌림을 목격하는 상황에서 학생들의 대처 방식은 '모른 척한다.'는 응답이 많아 방관자 역할을 하는 학생들이 많음을 알 수 있다. 학교폭력은 주로 피해자 문제로 제기되었지만, 2000년 이후 피해자이자 동시에 가해자인 학생들의 수가 증가하고 있으며(청예단, 2015), 관련 당사자들뿐 아니라 방관자를 포함하여 학교의 모든 학생이 고통을 겪는 문제로 인식되고 있다.

학교현장에서 학생들의 학업 및 생활지도와 더불어 수많은 업무를 처리하면서 학생들이 직면하고 있는 다양한 문제도 해결해야 할 사회적 기대를 온몸으로 받고 있는 교사들 또한 과중한 업무와 획일적이고 평가 위주의 교육 시스템과 교권 추락의 현실 속에서 심한 스트레스와 어려움을 겪고 있다(임채은, 2011). 실제로 2013년 국정감사 자료에 따르면, 정신적 질병으로 휴직이나 면직을 한 교사는 2009년 61명, 2010년과 2011년에는 각 69명이었으나, 2012년에는 112명, 2013년 8월 말까지 86명으로 급증하였고(이승우, 2013. 10. 11.) 스스로 목숨을 끊은 교사도 2004년에는

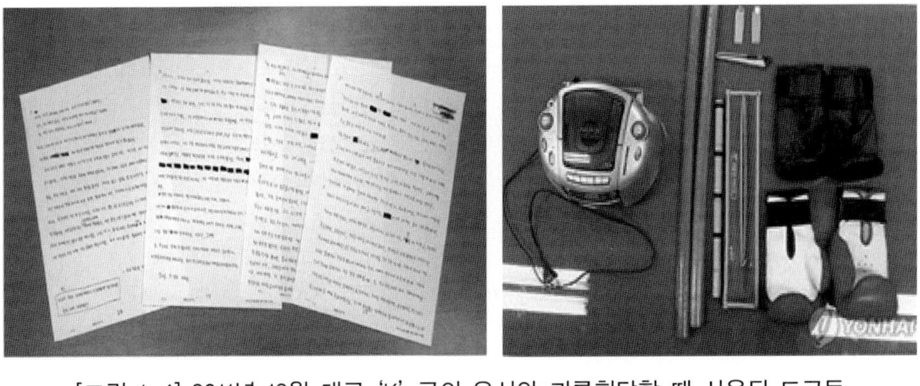

[그림 1-4] 2011년 12월 대구 'K' 군의 유서와 괴롭힘당할 때 사용된 도구들

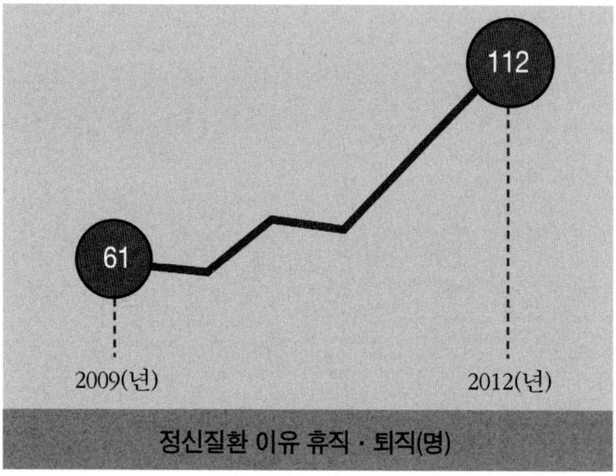

[그림 1-5] 감정노동과 소진으로 멍드는 교직

7명에 불과했지만 2011년에는 31명이나 되는 것으로 나타나(최정근, 서영민, 영성모, 2014. 3. 28.), 학생뿐만 아니라 교사들의 정신건강 또한 위협받고 있음을 알 수 있다. 2014년 한국교원신문이 전국 유 · 초 · 중 · 고등학교 교원 1,674명을 대상으로 한 설문조사에서도 유사한 결과가 나왔는데, 조사에 참여한 교사의 96.5%가 '스스로 감정노동을 하고 있다.'고 응답했고, 이에 따른 분노, 우울, 자존감 상실 등 스트레스가 '심각한 수준'이라는 응답이 78.1%에 달하고 있다.

인간의 성장과 발달을 통한 행복 추구를 지향하는 학교가 이렇게 어려움을 겪고 있는 이유는 여러 가지로 분석해 볼 수 있다. 그중에 학교가 교육의 본질과 가치에 충실하지 못하고 교육의 비본질적 특성, 요컨대 학교 밖의 사회적 요구나 기대에 따라 결정된 교육과정의 수행과 평가에 치우쳐 학교교육이 단지 사회적 성취를 위한 길, 즉 입시 위주의 교육으로 전락한 데 가장 중요한 이유가 있다는 지적을 피할 수 없을 것이다. 이러한 학교교육은 학생의 내적 욕구나 기대, 특성을 무시 또는 간과한 채 오직 학교 밖 사회의 요구나 기대에 따라 이미 결정된 교육과정의 이해와 습득을 달성하는 것만이 일차적 목표가 되고 그 외의 것들은 무시하거나 우선순위에서 밀어내고 있다. 이러한 우리 학교교육의 현상에 대해서 장상호(1986, 2000)는 '교육의 비본질성'에 몰두하고 있는 학교의 모습이라고 지적하며 교육이라는 이름 하에 학교가 실제는 교육 이외의 요구, 즉 사회적 요구나 목적의 수행을 대행하는 데 치우쳐 있음을 비판하였다. 이러한 지적은 학교가 교육의 본질과 가치를 바로 이해하고 이를 제대로 수행하는 기관이 될 때 오늘날 학교교육 현상과 더불어 나타나는 여러 가지 문제, 즉 우리의 학생들이 겪고 있는 심각한 학업 스트레스와 더불어 학교폭력, 학교 부적응, 자살, 우울증, 인터넷 중독 등 그들의 정신건강 문제와 교사의 소진 및 정신건강 문제들이 극복되고 바람직한 교육적 성과를 얻을 수 있음을 시사해 준다.

교육의 본질은 학생에게 단순히 정보를 제공하고 지식을 주입하는 것이 아니라 그들의 내면에 있는 의식과 잠재력(가능성, 강점)을 이끌어 내는 데 그 핵심이 있다. 최근 미국의 고등교육 분야에서 가장 영향력 있는 원로 지도자 중 한 명이자 주요 의제 결정자 중의 한 사람으로 지명된 Palmer(2013)는 오늘날 학교교육이 질문을 기다리지 않고 답을 주는 덫에 너무 자주, 많이 빠져 있다고 지적하면서, 교육이라는 단어의 근본적 의미는 '이끌어 내는 것'임을 강조하고 있다. 즉, 단순히 지식과 정보를 주는 것이 아니라 학생의 내면에 있는 잠재력을 이끌어 내는 것에 교육의 본질이 있음을 강조하고 있다. 요약하면, 교육이 키우고자 하는 모든 잠재력, 즉 통찰력, 관찰 · 분석 능력, 인식 능력, 창의적인 에너지 등이 밖으로 나오도록 학생에게 충분한 자기 신뢰와 자기 확신을 만들어 내는 것이 교육의 핵심임을 주장하고 있다. 교육에 대한 Palmer의 이러한 지적은 아직까지 입시 위주의 주입식 교육과 양적 성취에 치중해 있는 우리 학교교육의 현실을 깊이 성찰하고 학교교육의 방향과 목표를 재구성해야 할 필요성을 제기해 준다.

또한 Burgis와 Rendón(2006)은 현대의 교육이 지적인 것, 즉 객관적 사물, 사건과 행동과 같은 외적 세계에 대한 지식 및 정보 중심의 학습과 교육에 치우쳐 학생 내면의 세계(자기 이해와 성찰, 정서 등)를 간과함으로써 조각조각 분절되고 뒤틀려 있다고 진단하였다. 이들은 교사가 가르치는 것(교과)뿐만 아니라 그에 대한 학생

[그림 1-6] 주전자 교사와 컵 학생을 비판한 Palmer

의 정서적 · 직관적 · 신체적 반응에도 초점을 둘 필요를 강조하고 있다. 즉, 교육에서 외부 세계의 지식과 정보의 제공 및 습득만이 아니라 학생의 내적 삶의 기술 개발(inner life skill development)도 중요함을 강조하고 있다.

이러한 주장은 Miller(2000)가 인간 외부의 세계와 물체에 대한 지식에 초점을 둔 외적 생활 교육과정(outer life curriculum)뿐만 아니라 명상, 상상, 꿈 작업, 성찰일기 쓰기, 정서 능력 계발과 같은 내적 생활 교육과정(inner life curriculum)을 개발하여 적용할 필요가 있다고 한 주장과 맥을 같이하고 있다. 요약하면, 교육이 외부 사회적 기대나 요구를 달성하기 위한 지적 능력 계발과 더불어 개인 내면세계의 특성을 이해하고 그 욕구와 기대를 충족하며 내재된 잠재력을 이끌어 내는 사회정서적 · 영적 학습이 이루어지는 전인적 학습(holistic learning)을 추구하는 균형적 관점과 방향이 필요함을 시사해 준다.

이와 같은 논의는 오늘날 학교교육에서 파생되는 다양한 부작용을 극복하고 교육의 본질과 가치를 추구하는 방향으로 나아가기 위해 학교교육의 두 기둥이자 축인 교과교육과 생활지도 · 상담이 어떻게 이루어져야 할지에 대한 깊은 성찰을 제시해 준다. 특히 학교교육이 인간의 인간다운 본성을 제대로 발현시켜 건강하고 온전한 사람을 기르는 인성교육을 제대로 실현하는 데 어떠한 역할을 해야 할지에 대해 성찰하게 한다.

3. 인성교육의 개념 및 방향

우리 사회와 교육계에서 인성교육에 대한 관심과 노력을 기울여 왔음에도 불구하고, 그동안의 인성교육은 성공하지 못했다는 평가를 받아 왔다. 1990년대 중반 이후 학교폭력과 자살 등 아동 · 청소년의 정신건강 문제가 심각한 사회문제로 대두되면서 지난 20여 년간 국가적 차원에서 인성교육 강화 정책을 지속적으로 펼쳐 왔지만 미흡한 점들이 지적되고 있다(강선보 외, 2008; 교육부, 2014a; 이명준 외, 2011; 최준환 외, 2009). 요약하면, 기존의 인성교육은 문제 중심적 접근에 치중해 왔고, 체계적이고 꾸준한 운영이 부족했으며, 학생들의 내적 동기와 지속적인 실천을 이끌어 내지 못했다는 한계점을 지닌 것으로 분석 · 평가되고 있다.

따라서 향후 인성교육은 기존의 문제 중심적이고 지속적 · 실제적이지 못한 접근에서 벗어나 학생의 긍정적 성장과 발달에 초점을 둔 접근으로 전환할 필요가 있고, 보다 체계적인 운영을 위하여 관련 교육 자료를 종합적으로 마련 · 보급 · 활용해야 하며, 학생에게 잠재되어 있는 바람직한 가치 실현에 대한 내재적 동기를 발견하도록 도움으로써 지속적인 실천을 촉진할 필요성이 제기된다. 또한 교사 중심의 일 방향적이고 지시적인 교육에서 벗어나 교사-학생 간 상호작용을 통한 학습과 나눔, 친밀감 증진을 위한 교사-학생 동행 인성교육이 필요하다.

최근「인성교육진흥법」의 제정이 인성교육을 법으로 강제한다는 부정적 인식을 심어 주기도 하지만, 그 본래의 의도가 인성교육이 잘 이루어지도록 지원하기 위한 것이라는 관점에서 보아 그동안 형식적이고 전시적으로 이루어진 인성교육에서 과감히 탈피하여 교육의 본질을 구현하기 위한 진정한 인성교육을 실행하기 위한 계기로 삼을 필요가 있다. 교육의 본질을 구현하기 위한 인성교육을 진지하게 고민하고 이러한 인성교육이 학교현장에서 이루어지기 위한 방안과 과제에 대한 진지한 탐색의 기초로 먼저 인성교육의 개념과 방향에 대해서 탐색해 보면 다음과 같다.

1) 인성교육의 개념

인성교육의 개념을 밝히려면 인성의 개념부터 먼저 살펴야 하는데, 학문적으로 연구되어 온 인성의 개념에 대한 관점은 다음과 같이 세 가지로 구분된다(이철주, 2014; 정탁준, 이경원, 이왕주, 2014; 한국교육학회, 2001).

첫째, 인성을 가치 중립적인 개인의 심리적 특성으로서 '성향 또는 성격(personality)'으로 보는 관점이다. 성격심리학자인 Allport(1937)는 인성(personality)을 '개인의 특유한 사고를 결정하는 심리 · 신체적 체계인 개인 내의 역동적 조직'으로 보았다. 같은 맥락에서 박영태(2002)는 인성을 '한 개인이 자신을 둘러싸고 있는 다양한 대상과의 상호작용에서 표출되는 내면적 특성'으로 보고, 건강한 인성을 가진 사람의 특성을 다음과 같이 기술하였다. 즉, "건강한 인성을 가진 사람은 현재의 의식이 과거에 대한 무의식적 기억을 조절하여 미래를 계획하고 선택하는 자유를 누리며, 사랑을 바탕으로 모든 사물에 대한 호기심을 갖고 개방적이며, 자아실현을 시도하는 성장 동기가 충만하다"(박영태, 2002). 이러한 가치 중립적 인성 관점에 따르면, 인성교육은 건강한 인성 또는 바람직한 인성, 즉 건강한 심리 특성을 기르는 교육이라고 할 수 있다.

둘째, 인성을 도덕적 가치가 포함된 '품성 또는 인격(character)'으로 보는 관점이다. Davidson, Khmelkov와 Lickona(2010)는 인성의 개념을 수행적 인성(performance character)과 도덕적 인성(moral character)의 두 가지 측면으로 구분하였다. 먼저, 수행적 인성은 재능을 계발하고 탁월함과 성공을 이루기 위한 것으로 자신감, 근면, 투지 등이 포함된다. 다음으로, 도덕적 인성은 공동체 안에서 바르게 살아가고 시민의식을 실천하기 위한 것으로 진실성, 존중, 정의, 공감 등이 포함된다. 우리나라 교육부(2014a)의 '인성교육 강화 기본계획'에도 이러한 관점이 나타나 있다. 인성은 "자신의 내면을 바르고 건전하게 가꾸고 타인, 공동체, 자연과 더불어 살아가는 데 필요한 인간다운 성품과 역량"이며, 인성교육은 "친사회적 덕목을 갖추도록 하는 교육"(교육부, 2014b)이다. 이러한 관점을 반영한 인성교육은 도덕적으로 가치 있는 덕목을 내면화하고 실현하도록 촉진하는 교육이다. 참고로, 최근 제정된 「인성교육진흥법」에서는 인성교육을 "내면을 바르고 건전하게 가꾸고, 타인 · 공동체 · 자연과 더불어 사는 데 필요한 인간다운 성품과 역량을 기르는 교육"으로 제시하고 있다(교육부, 2016).

셋째, 인성을 '인간 본성(human nature)'으로 보는 관점으로 성선설의 입장을 취하고 있다. 인성의 개념을 탐구한 강선보 등(2008)은 인성을 '인간이 도달해야 할 이상적인 인간다운 성품, 인간 본연의 모습'이라고 보고, 인성교육은 '인간의 진정한 아름다움을 실현하는 교육, 인간의 본래적인 성품을 회복하고 계발하는 교육'이라고 정의하면서, 일곱 가지 인성요소인 관계성, 도덕성, 전일성, 영성, 생명성, 창의성 및 민주시민성이 조화롭게 발달되도록 인성교육이 이루어져야 한다고 제안하였다. 욕구위계이론을 바탕으로 인간의 자아실현을 강조한 Maslow(1970)와 자아실현 경향을 강조하며 완전히 기능하는 사람의 특성을 밝힌 Rogers(1961)의 경우에도 인간이 타고난 선한 본성을 가정하였다는 점에서 이와 유사한 관점을 지닌다. 이러한 관점에 따른 인성교육은 타고난 선을 발견하고 실현하도록 돕는 교육이다.

인성 및 인성교육에 대한 이상의 세 관점을 살펴보면 인성에 대한 견해는 각기 다르지만 인성교육에 대한 견해는 바람직한 가치를 지향한다는 점에서 공통적이다. 인성에 대한 세 관점을 종합적으로 고려하여 여기서는 인성교육을 '개인의 자아실현과 사회의 발전에 기여하는 바람직한 가치를 삶 속에서 다양하게 실현할 수 있도록 타고난 잠재력을 발견하고 계발하도록 돕는 교육'으로 정의할 수 있다.

2) 인성교육의 방향

1995년 5 · 31 교육개혁 이후 국가적으로 인성교육의 중요성을 강조하며 아동 · 청소년의 인성 함양을 위한 노력을 지속해 왔지만 그 성과는 미진한 것으로 보고되고 있다(이명준 외, 2011). 따라서 보다 실효성 있는 인성교육 방안을 모색하려면 기존 인성교육의 한계점을 살펴보고 그것을 극복하기 위한 인성교육의 방향을 정립할 필요가 있다.

강선보 등(2008)은 기존 인성교육의 한계점으로 "교사들은 학생들의 문제점을 변화시키는 데 치중하여 학생들 스스로 성찰할 수 있는 기회를 주지 못하고, 학생들은 인성교육에 대해 규칙이나 규범을 수동적으로 받아들이는 것으로 오인하여 자발적인 실천 의지가 부족하며, 인성교육 프로그램이 체계적이지 않고 일부 특정 덕목만 강조하고, 학생들의 다양한 관심과 흥미를 반영하지 못해 왔다."라고 지적하였다.

최준환 등(2009)은 초 · 중등교사와 전문가를 인터뷰하여 다음 네 가지 한계점을 제시하였다. 첫째, 제한적 범위의 덕목만을 강조하고 학생의 흥미에 부합하지 않으며 머리로는 알지만 실천으로 이어지지 못하고 있다. 둘째, 문제 학생과 관련된 문제 해결이나 문제 예방을 위한 활동으로 오인되는 경우가 많다. 셋째, 인성교육을 실시할 학교 구성원들의 의지와 능력 및 시스템이 미흡하다. 넷째, 체계적인 프로그램과 체험 기회가 부족하다(최준환 외, 2009).

전국의 초 · 중 · 고등학생과 교사, 학부모를 대상으로 한 한국교육과정평가원(이명준 외, 2011)의 인성교육 실태 조사에서는 '인성교육이 잘 안 되는 요인'에 대한 복수 응답 결과로 인성교육 시간 부족 64%, 인성교육 프로그램 부재 46.8%, 제도적 여건 미비 44.1%, 학급당 많은 인원 31.5%, 교사의 관심과 열의 부족 19.8%, 상담 활동의 미약 16%, 풍부한 인성 관련 지도 자료 부족 16.2% 등이 보고되었다.

교육부의 인성교육 강화 기본계획(2014a)에 제시된 한계점은 '학력중시 풍토 속에서 학교교육 활동이 입시 위주로 교사 중심의 지시적 · 일방향적으로 이루어져 체험과 실천 위주의 상호작용적 인성교육이 이루어지지 못했고, 발달단계에 따른 인성교육 프로그램이 부족하며, 학교와 가정의 연계를 통한 실천이 미흡하고 인성교육에 대한 법적 · 제도적 지원체계가 마련되지 못했다.'는 것이다.

최근 「인성교육진흥법」에 이르기까지 기존 인성교육에서 강조된 인성요소들이 주로 도덕적인 인성 특성에 치우친 경향이 있어서 도덕적 가치를 온전하고 효과적으로 실행하며, 정신적으로 건강하고 행복한 삶으로 나아가는 데 필요한 수행적 인성 특성이 간과되어 온 점 또한 지적되고 있다(최용성, 2016).

한편, 기존 인성교육의 한계를 극복하기 위한 최근 인성교육 정책의 동향을 살펴보면 첫째, 인성을 도덕적 덕목 교육 차원으로만 국한하지 않고 개인, 타인, 관계의 다양한 차원과 관련되는 교육으로 바라보는 점, 둘째는 배려, 나눔, 공감, 소통, 존중 등 관계성에 초점을 둔 가치도 주요하게 다루는 점, 셋째는 교과만이 아니라 학교교육 전반을 통한 인성교육을 추구하는 점, 넷째는 실천과 체험 중심의 인성교육을 지향한다는 점, 다섯째는 학교뿐만 아니라 가정, 사회, 국가의 역할도 적극적으로 강조한다는 점을 들 수 있다(김수진, 2015).

이상의 분석을 토대로 기존 인성교육의 한계점을 극복하고 앞으로 지향해야 할 인성교육의 방향은 첫째로 일부 학생의 문제 해결과 예방뿐 아니라 모든 학생의 긍정적 발달과 성장을 도모하는 방향, 둘째는 도덕적 인성과 더불어 수행적 인성 그리고 사회·정서적 인성, 창의·인지적 인성 및 정신건강적 인성 특성 등 다양한 인성 가치가 반영된 체계적이고 통합적인 인성교육 프로그램을 마련하는 방향, 셋째는 인성 특성의 의미와 가치에 대한 이해뿐 아니라 체험 및 실천을 통한 내면화와 발달을 도모하는 방향, 넷째는 학생의 흥미와 관심을 고려하여 자발적이고 적극적인 실천 동기를 이끌어내는 방향, 다섯째는 교과학습뿐만 아니라 생활지도 및 상담 활동 중에 인성교육이 통합적으로 이루어지는 방향, 여섯째는 교사와 학생의 친밀한 상호작용을 통해서 교사의 인성과 학생의 인성이 더불어 성장할 수 있는 방향을 지향할 필요가 있다. 요컨대, 앞으로의 인성교육은 기존의 한계를 극복하면서 도덕적으로 바르고 착한 학생을 육성할 뿐만 아니라 그들이 인지적 및 정서·사회적 측면에서도 성숙하고, 정신적으로도 건강하며, 다양한 장애와 어려움을 극복하면서 궁극적으로 안녕하고 행복한 자아와 관계, 공동체를 성취해 나가도록 돕는 포괄적 관점에서 인성교육을 추구할 필요가 있다(김광수, 한선녀, 2015; 최용성, 2016).

4. 인성교육 실현을 위한 상담의 역할과 과제

오늘날 학교가 학교교육에서 파생되는 다양한 부작용을 극복하고 교육의 본질과 가치를 추구하는 방향으로 나아가기 위해서, 특히 바람직한 인성교육의 실현에 기여하기 위해서는 학교교육의 두 기둥이자 축인 '교과교육'과 '생활지도와 상담'의 바른 역할과 기능이 매우 절실히 요구된다.

그동안 우리나라 학교교육에서 해방 이후 지금까지 국가적인 차원에서 각 교과교육 전문가들의 연구를 지원하고 그 결과를 반영하여 국가 수준의 교육과정 구축 및 개정 작업을 지속해 왔다(국가교육과정정보센터, 2015). 2015년 교육과정 개정에 이르기까지 교육과정 총론 차원과 교과교육 및 교과 외 활동 차원에서 인성교육 요소나 내용을 제시하고 나름의 노력을 해 왔던 것 또한 사실이다. 그러나 지식 위주, 입시 위주에 치우친다는 비판을 극복하고 교육의 본질을 구현하기 위해 앞으로 보다 더 체계적인 구성과 평가를 통한 질적 변화 역시 요구되고 있다.

한편, 생활지도와 상담의 경우 일반적으로 적용할 수 있는 체계적인 지침이나 표준화된 매뉴얼이 마련되지 못한 채 전적으로 교사 개인의 재량에 따라 이루어져 왔다. 이로 인해 교사는 생활지도와 상담을 수행하는 과정에서 교과지도보다 더 많은 시행착오를 경험하고 있으며, 특히 초임 교사의 경우 더 큰 어려움을 경험하는 것으로 보고되고 있다(김재춘, 박정순, 2010). 신체적 · 심리적 · 지적 · 사회정서적 발달이 이루어지는 학교생활에서 실제 인성교육은 교과교육을 통한 인성교육보다 생활지도 및 상담과 더 밀접한 관련을 갖고 이루어지는 것이 사실이다. 특히 학급을 중심으로 학교 집단생활과 다양한 교육이 공식적으로 이루어지는 초등학교의 경우, 인성교육은 학생의 개인적 · 사회적 발달과 학업 및 진로 발달을 체계적으로 조력할 수 있는 생활지도와 상담을 통해서 이루어질 때 보다 효과적일 수 있다(한국초등상담교육학회, 2014). 이러한 맥락에서 인성교육 실현을 위한 상담의 역할과 과제를 살펴보면 다음과 같다.

1) 인성교육 실현을 위한 상담의 역할

2015년에 제정되어 시행 중인 「인성교육진흥법」은 '건전하고 올바른 인성을 갖춘 시민 육성'이라는 목표하에 인성교육을 '내면을 바르고 건전하게 가꾸고, 타인 · 공동체 · 자연과 더불어 사는 데 필요한 인간다운 성품과 역량을 기르는 교육'으로 규정하고 있다. 또한 앞에서 이미 인성교육을 '개인의 자아실현과 사회의 발전에 기여하는 바람직한 가치를 삶 속에서 다양하게 실현할 수 있도록 타고난 잠재력을 발견하고 계발하도록 돕는 교육'으로 제시한 바 있다.

한편, 상담은 '학교에서 교사를 매개로 한 인격적인 만남을 통하여 학생의 바람직한 변화 과정을 돕는 과정'으로 개인적 · 사회정서적, 학업 및 진로 발달을 조력함으로써 학생 개인이 건강한 자아를 갖고 건강한 관계를 형성하면서 자신의 강점과 잠재력을 발견하고 이를 계발 · 발휘해 나가도록 돕는 것을 그 주요 기능이자 목적으로 한다(한국초등상담교육학회, 2014). 이러한 상담의 개념, 기능과 목적은 「인성교육진흥법」에 제시되어 있고 또한 이 장에서 정의한 인성교육의 개념과 매우 밀접한 관련을 갖고 있다. 따라서 우리의 학교교육 현장에서 상담을 제대로 수행하는 것은 내용이나 방법 면에서 보다 현실적이고 자연스럽게 인성교육을 실시하는 중요한 접근이 될 수 있다.

지금까지 어떤 형태로든 나름대로 인성교육을 실시해 온 학교현장에서 또다시 새롭게 인성교육을 실시해야 한다는 부담을 버리고 학교교육의 목적을 실현하기 위하여 당연히 이루어져야 할 생활지도와 상담을 보다 제대로 실행해 나간다면 인성교육이 지향하는 목표는 자연스럽게 성취될 수 있는 것이다. 이러한 관점에서 인성교육 실현을 위해 요구되는 상담의 바람직한 역할을 다섯 가지로 나누어 살펴보면 다음과 같다.

(1) 학생 발달 특성에 기초한 인성교육 촉진 역할

한 인간의 인성 형성은 전 생애적인 단계에 걸쳐 이루어진다. 따라서 각 발달 단계의 특성에 적합한 인성교육이 이루어질 필요가 있다. 특히 초등학교 시기는 신체 및 운동과 성 발달, 인지 발달, 정서 발달, 성격 및 사회성 발달, 도덕성 발달, 학업 및 진로 발달 등 여러 발달적 측면에서 이후 성인기의 발달과 삶의 기초와 토대를 형성하는 중요한 발달적 시기다. 이 시기에 아동은 보다 체계적이고 공식적인 학교생활을 경험하고, 물질적 · 사회적 세계에 대한 지식과 이해를 넓히기 시작하며, 자기 인정을 받기 위해서는 무엇인가를 생산해야 한다는 것을 깨닫고 과제를 완성함으로써 오는 즐거움을 체험하기 시작한다. 자기 안에 양심과 도덕, 가치관을 형성하면서 자기 자신에 대한 전인적 이해가 시작되고, 친구와의 관계를 중요시하며 단체의식이 생기는 시기다. 그리고 남자끼리 또는 여자끼리 등의 단체의식이 형성되면서 동성과 이성의 구별을 통한 성정체감 발달이 이루어지는 시기다(임은미 외, 2013).

그동안 아동 발달 연구를 살펴보면 영유아 발달이나 청소년 발달에 대한 연구에 비해 빈약하고 부족한 실정이다. 초등학교 시기인 아동기 발달에 대한 내용은 영유아 발달에 대한 논의에 조금 덧붙여서 약간 다루어지거나 영유아 발달의 연장으로서 별 독특한 내용이 제시되지 못하고 아동기 얘기는 별로 없이 청소년 발달과 특성에 대한 논의로 넘어가는 경우가 많았다. 그러나 초등학교 시기는 영유아 발달과 차이가 있고 청소년기와도 구별되는 독특한 발달단계로서 학업, 또래관계, 학교생활 등이 새롭게 시작되면서 인지, 사회, 정서, 도덕성, 진로에 있어서 중요한 발달이 이루어진다.

따라서 초등학교 시기의 발달 특성과 발달 과제에 대한 보다 체계적이고 종합적인 연구에 기초하여 이 시기의 건강하고 긍정적인 발달을 촉진하며 발생(가능)한 문제와 장애를 예방 · 대처하고 효과적으로 개입하기 위한 상담 연구와 실천을 통해 보다 체계적이고 경험과학적인 학교 인성교육 실현에 기여할 필요가 있다. 물론 중 · 고등학교 청소년 시기 역시 발달 특성에 기초한 인성교육 실천이 이루어질 필요가 있다. 특히 기존의 추상적이고 관념적인 인성교육이나 일회적이고 전시적인 활동 및 행사 위주의 인성교육이 아니라 아동 · 청소년의 현실적 과업 수행 및 발달적 요구에 실제적으로 기여하는 구체적 인성교육이 지속적으로 이루어지도록 도움을 주는 역할을 할 필요가 있다.

(2) 학생 발달의 전 영역에 체계적으로 통합되는 인성교육 촉진 역할

상담은 학생의 발달적 특성에 기초하되, 특히 개인적 발달, 사회적 발달, 학업 발달, 진로 발달, 공동체적 발달 등 발달의 전 영역에 체계적으로 통합되는 인성교육의 촉진에 기여하는 역할을 할 필요가 있다. 요약하면, 학생 개인적 차원에서 건강한 자아상, 자아 개념, 자아정체성, 자존감, 자신감, 자기 통제력 등을 길러 주는 인성교육, 사회적 차원에서 친구 · 교사 · 가족 등 타자와의 관계에서 발생하는 갈등이나 문제를 잘 해결하고 건강한 관계를 형성하는 대인관계 능력을 길러 주는 인성교육, 학업적 차원에서 학습 동기, 학습 태도, 학습 기술 등의 개발을 통해 자기 학업을 관리하며 자기 주도적으로 학습할 수 있는 능력을 길러 주는 인성교육, 그리고 진로적 차원에서 자신과 세상을 이해하며 자기 진로를 탐색 · 이해 · 준비해 나가는 진로적응성을 길러 주는 인성교육, 그리고 공동체적 차원에서 건강한 자아, 관계, 학업과 진로 발달을 촉진하는 데 중요한 토양이 되는 학급 및 학교 공동체 형성 능력을 길러 주는 인성교육이 필요하다. 상담은 인성교육을 따로 만들어 부과하거나 기존 교육과 따로 분리 또는 구별해서 하는 또 하나의 과목이 아니라 학생의 주요 발달 영역인 개인, 사회, 학업, 진로 및 공동체 생활의 각 영역에 체계적으로 통합되어 학교 인성교육 실현에 기여하는 역할을 할 필요가 있다.

(3) 인성의 핵심인 도덕성 증진의 촉진 역할

2009년 교육과정은 도덕 교과과정을 도덕적 주체로서의 나, 우리 · 타인과의 관계, 사회 · 국가 · 지구공동체, 자연 · 초월적 존재와의 관계라는 4개 영역으로 나누고 각 영역별로 학년에 따라 습득해야 할 인성 내용들을 세분화하고 있으며, 초등학교 및 중학교 과정을 통해 이를 반복적으로 교육받을 수 있도록 되어 있다(홍순혜, 2014). 그리고 도덕성은 인간이 이웃, 환경과 더불어 바람직한 방향으로 더불어 조화롭게 공존하며 살아가는 데 요구되는 중요한 능력임을 보여 준다. 이처럼 오늘날 학교에서의 도덕교육은 인간이 자신을 둘러싼 여러 대상과 건강한 관계를 맺고 조화롭게 공존하는 능력을 키우는 데 초점을 두고 있다. 또한 1990년대 중반 이후 인성교육 및 도덕교육에서 통합적 접근이 강조되면서 종래의 교육이 인지적 발달 위주의 접근에 치우쳐 있음을 지적하면서 초등학생의 바람직한 인성 함양이나 도덕성 발달을 위해 정서사회적 능력의 필요성을 제시하며 이에 대한 교육전략을 강조하고 있다(이인재 외, 2010).

상담은 지금까지 개인의 정서사회적 능력 계발에 초점을 두고 연구와 실천을 해왔다. 따라서 상담은 학생이 친구와 가족 그리고 점점 넓어지는 다양한 관계에서 갈등이나 문제를 극복하고 보다 건강하고 조화롭게 공존하며 그 관계를 더욱 발전시켜 갈 수 있도록 조력하고 촉진할 수 있는 실제적인 방안, 기술 및 기법과 프로그램을 제공할 수 있다. 이러한 측면에서 상담은 학생들이 자신을 둘러싼 여러 대상과 건강한 관계를 맺고 갈등을 극복하며 조화롭게 공존하는 데 필요한 핵심 인성 능력인 도덕성 증진에도 초점을 맞춰 실천적 · 체험적 방법으로 기여할 필요가 있다.

(4) 인성의 주요 내용인 품성(핵심 가치 · 덕목)의 계발과 발달의 촉진 역할

바람직한 인성의 토대로서 덕(virtue)에 대해서 오래전부터 철학이나 윤리학에서 강조를 해 왔고, 최근에는 심리학에서 논의가 활발하게 이루어지고 있다. 고대 Aristoteles의 윤리학적 덕에서부터 동양의 덕 그리고 덕에 대한 최근의 다양한 논의에 이르기까지 인간에게 길러져야 할 덕에 대한 논의가 그동안 매우 다양하게 이루어져 왔다. 또한 최근 인성교육 주창자들이 제시하는 핵심 덕목들과 학생, 학부모, 교사 등을 대상으로 이루어진 설문에서 인성교육을 통해서 길러야 할 주요 덕목 또한 다양하게 제시되고 있다(정창우, 2015). 그리고 「인성교육진흥법」에서는 인성교육의 목표가 되는 '핵심 가치 · 덕목'으로 예(禮), 효(孝), 정직, 책임, 존중, 배려, 소통, 협동 등을 들고 있다. 이런 핵심 가치 · 덕목은 기존의 인성교육과 도덕교육에서 중시해 온 덕목으로 인간에서 길러지고 계발되어야 한다고 강조되었다.

한편, 긍정심리학자인 Peterson과 Seligman(2009)은 청소년의 잠재력을 키우고 긍정적 발달을 돕기 위해 각 시대와 문화에 걸쳐 공통적인 여섯 가지 핵심 덕목, 즉 '지성, 인간애, 용기, 절제, 정의, 초월'을 찾아냈으며, 이러한 핵심 덕목에 이르도록 돕는 200여 개의 긍정적인 특질 중에서도 도덕적 가치 보유, 실현에 기여, 측정 가능성 등 열 가지 준거에 부합하는 특질들을 24개 성격강점으로 선정한 후 핵심 덕목별로 3~5개씩 분류하여 제시하였다. 즉, '지성' 덕목 증진에는 '창의성, 호기심, 개방성, 학구열, 지혜'의 성격강점을, '인간애' 덕목 증진에는 '사랑, 친절성, 사회지능'의 성격강점을, '용기' 덕목 증진에는 '용감성, 끈기, 진실성, 활력'의 성격강점을, '절제' 덕목 증진에는 '용서, 겸손, 신중성, 자기 조절'의 성격강점을, '정의' 덕목 증진에는 '시민의식, 공정성, 리더십'의 성격강점을, 그리고 '초월' 덕목 증진에는 '심미안, 감사, 낙관성, 유머, 영성'의 성격강점을 분류하였다. 이에 따라 '성격강점과 덕목의 분류체계(classification of character strengths and virtues)'가 구성되었고, 그 측정 방법도 고안되었다. 이후 다양한 특성을 지닌 여러 참여자를 대상으로 이루어

[그림 1-7] 아동 성격강점검사 및 카드

진 성격강점 연구는 덕에 기초한 성격강점이 아동부터 성인에 이르기까지 한 인간이 건강하고 행복하며 안녕된 삶을 살고 바람직한 성취를 이루어 나가는 데 밀접한 관련이 있음을 경험과학적으로 밝히고 있다(김광수 외, 2015).

이러한 맥락에서 최근 긍정심리학에 기초한 학교상담은 인성의 주요 내용인 핵심 가치, 덕목, 품성의 계발과 발달을 체계적으로 증진시키는 데 많은 시사점을 제공하고 있다. 특히 학생이 자신의 성격강점을 발견·인식하고, 자신의 일과 놀이, 학습, 대인관계, 진로 탐색, 문제나 스트레스 대처 등 다양한 삶의 영역에 성격강점을 활용하고 보다 효과적으로 계발해 나가도록 돕는 개입을 통해서 학생의 품성 계발과 발달을 체계적이고 경험과학적으로 촉진함으로써 이전과는 달리 보다 실효성 있는 인성교육 실현에 기여할 수가 있다(김광수, 한선녀, 2015).

(5) 인성역량의 계발과 발달의 촉진 역할

「인성교육진흥법」에서는 덕목 구현을 위한 수행력 및 실천력을 강화하는 인성역량(competencies)으로서의 핵심 역량을 강조하고 있다. 즉, "핵심 역량이란 핵심 가치·덕목을 적극적이고 능동적으로 실천 또는 실행하는 데 필요한 지식과 공감·소통하는 의사소통능력이나 갈등해결능력 등이 통합된 능력을 말한다."(「인성교육진흥법」 제2조의 3)라고 제시함으로써 인성교육을 통해서 이러한 핵심 역량이 개발될 필요가 있음을 보여 주고 있다.

Begun(1998)은 자아실현적 삶을 위한 인성역량으로 생활기술(skill for living)을 들고 있다. 생활기술은 사회적 적절성과 학업적 적절성의 기초가 되며, 반사회적 행동을 예방하고, 개인이 효과적으로 기능하고 성공적으로 생존할 수 있는 기술을 의미한다. 그는 특히 학교폭력 예방과 관련하여 친구관계 기술, 가족생활 기술, 스트레스 및 위험 대처 기술, 자살방지 기술, 약물사용 방지 기술, 범죄방지 기술, 존중하기, 분노조절 기술 등을 구체적 생활기술의 예로 들었다.

최근 우리나라 학교폭력과 관련된 연구 결과(청예단, 2015)에 따르면, 학교폭력의 가해자와 피해자는 모두 의사소통 기술, 감정표현 및 분노조절 기술, 주장적 자기표현 기술 등과 같은 '사회적 기술'과 이타성, 공감 능력, 용서 능력, 갈등해결 능력 등과 같은 '대인관계 능력', 그리고 자아존중감, 스트레스 및 불안 관리 능력, 자아탄력성 등과 같은 '자기성찰과 자기통제 능력'이 부족했다고 보고된다. 따라서 학교폭력을 예방하고 보다 바람직한 적응과 발달을 촉진하기 위해서 사회적 기술, 대인관계 능력, 자기성찰과 자기통제 능력 등의 인성역량의 계발 필요성이 강조된다(한국초등상담교육학회, 2013; 홍종관, 2012).

오늘날과 같이 급속하게 변화하는 사회 속에서 학교교육과정을 통해 길러져야 할 학생의 핵심 역량이 무엇인지, 그러한 핵심 역량을 어떻게 기를 수 있는지에 대한 논의가 국내외에서 진행되고 있다. 우리나라에서는 한국교육과정평가원을 중심으로 창의력, 문제해결 능력, 의사소통 능력, 정보처리 능력, 대인관계 능력, 자기관리 능력, 기초학습 능력, 시민의식, 국제사회 문화이해 능력, 진로개발 능력 등이 제시되고 있다(정창우, 2015; 한국교육과정평가원, 2011). 이러한 핵심 역량이 인성역량과 관련이 있음을 추론할 수 있지만, 아직 핵심 인성역량에 대한 논의와 연구는 부족한 상황이다.

한편, 정창우(2015)는 바람직한 인성의 측면에 부합하면서 인성 함양을 위한 기본적 · 보편적 · 필수적인 능력을 핵심 인성역량으로 보고 개인적 차원과 관계적 차원(타인, 공동체, 자연과의 관계)에서 핵심 인성역량을 제안하고 있다. 즉, 개인적 차원에서는 '문제해결 능력, 긍정적 태도, 자기관리 능력, 자기성찰 능력'을, 관계적 차원에서는 '의사소통 능력, 대인관계 능력(타인 관계), 공동체 의식, 다문화 · 세계시민 의식(공동체 관계), 환경윤리 의식(자연 관계)'을 핵심 인성역량으로 제언하고 있다.

상담은 "자신과 타인과 일과 삶의 공동체와의 관계에서 문제와 갈등을 해결하고 더불어 사랑하며 살아갈 힘과 역량을 길러 주는 과정이며 근본적으로 자아와 관계를 다루는 과정"(김광수 외, 2010)이다. 상담은 학생이 자아와 관계의 문제나 위기를 극복하고 건강한 자아와 관계를 형성 · 발달시켜 나가는 데 중요한 기능을 발휘할 핵심 인성역량을 계발하고 발달시키도록 돕는 역할을 할 수 있다. 그러므로 앞으로 이를 보다 더 체계적 · 효과적으로 연구하고 실행해 나갈 필요가 있다.

2) 인성교육 실현을 위한 학교상담의 과제

최근 학교폭력을 비롯한 아동 · 청소년의 정신건강 문제가 심각한 사회문제로 대두되면서 그동안의 학교교육이 교과교육에 치중해 왔음을 비판하면서 생활지도와 상담을 보다 강화할 필요가 있다는 요구가 높아지고 있다. 그러나 아직까지 우리의 학교현장에 적합하게 적용할 수 있는 생활지도와 상담 방안에 대한 체계적인 연구는 부족한 상황이며, 예비 교사를 양성하는 교육대학의 교육과정이나 현직 교사의 연수과정에서도 생활지도와 상담보다는 교과지도 역량의 함양과 평가에 더 큰 비중을 두고 있는 것이 우리의 현실이다(홍석기, 이규미, 2011).

미국의 경우, 19세기 초 직업지도의 개념으로 생활지도를 도입한 이래 그 영역을 점차 확대하여 1960년대 이후 학교상담사를 배치하며 학생의 삶과 학교생활 전반에 관여하는 종합적 · 발달적인 학교상담 프로그램을 발전시켜 왔다(한국초등상담교육학회, 2014). 우리나라도 2005년부터 전문 상담교사 제도를 시행하면서 정기적인 심리검사를 통해 심리적 위기에 처한 학생을 조기에 발견하고 해당 학생에게 상담을 제공하고 있다. 그러나 아직까지 전문 상담교사의 수는 상당히 부족하여 전체 학생을 대상으로 이루어지는 생활지도와 상담은 대부분 일반 교사의 몫이 되고 있다.

지금까지 일반 교사들이 실시해 온 생활지도와 상담 활동은 학생이 자신의 내면을 성찰함으로써 잠재력을 발견 · 계발하도록 돕는 성장 초점적인 접근보다는 외부에서 주어지는 상벌이나 규칙을 적용하여 행동을 통제하거나 문제행동을 교정하는 처벌적이고 문제 초점적인 접근이 우선되어 왔다. 오늘날 다양한 특성을 지닌 학생들이 모여 있는 학교 안에서 끊임없이 발생하는 관계 갈등과 문제행동을 체계적이고 일관성 있게 효과적으로 다룰 뿐만 아니라 더 나아가 모든 학생의 긍정적인 발달과 성장을 촉진할 수 있는 생활지도 및 상담 모형의 개발과 그에 따른 구체적 내용과 프로그램이 우리 학교교육 현장에 절실히 요구되고 있다. 이러한 맥락에서 모든 학생을 대상으로 진정한 인성교육 실현에 기여하기 위해 학교상담이 앞으로 해결해야 할 과제를 제시하면 다음과 같다.

(1) 모든 학생 대상 예방과 발달을 촉진하는 상담 접근의 연구와 실천

상담은 초기에 임상적 · 치료적 모형으로 출발하여 심리적 질병을 가진 소수의 사람에 대한 치료나 문제 해결에 초점이 맞추어졌다. 이러한 경향이 학교상담에도 영향을 주어 문제와 부적응에 반응하는 사후 대처 및 문제 초점적 학교상담에 치우쳐 왔다. 최근 심리학 내에서는 그동안 심리학이 소수 인간의 부정적 문제나 증상의 규명과 치료 및 해결에 치우쳐 온 것에 대한 반성을 하면서 모든 사람의 건강한 발달과 행복에 기여하는 긍정적 심리 특성, 즉 좋은 품성의 계발을 강조하고 있다. 최근의 이러한 심리학 경향을 긍정심리학 운동이라고 부른다.

긍정심리학의 기본적인 가정은 아동 · 청소년의 문제나 증상을 확인하고 치료하여 이를 소멸시키는 데 머무르는 것 이상으로 나아갈 것을 강조한다. 즉, 문제의 치료와 제거에 멈추지 않고, 더 나아가 행복과 삶의 만족감을 느끼고 누리는 충만한 삶을 살도록 돕는 것을 강조한다. 그리고 그러한 삶을 사는 데 기여하는 인간의 긍정적 심리 특성을 정의하고 확인 · 분류하고 이를 측정 · 계발하고 활용할 방안을 강조하고 있다.

긍정적인 심리 특성, 성격강점(감사, 용서, 몰입, 열정, 희망, 낙관성, 사랑 등)은 삶의 만족도 및 행복의 증가와 관계가 있고, 정신병리, 우울, 장애, 공격성 등 문제 증상과 관련이 먼 것으로 나타나기에 이러한 강점 성격 특성을 형성하고 발달시키는 것은 아동 · 청소년의 문제를 예방하고 해결하는 데 필요한 보호요인을 키워 주고 제공하는 중요한 전략이 되고 있다. 그리고 이러한 성격강점이 학생의 학업 성취에도 영향을 주는 종단적 연구 결과도 발표되고 있다(Park & Peterson, 2008). 따라서 문제 증상을 가진 소수의 학생을 포함하여 모든 학생의 긍정적 심리 특성과 성격강점, 품성을 보다 효과적 · 체계적으로 계발하기 위한 학교상담 연구와 적용에 많은 노력을 기울일 필요가 있다. 이러한 노력과 성과에 기초할 때 학교상담은 인성교육의 진정한 실현을 돕는 중요한 역할을 학교현장에서 잘 발휘할 수 있을 것이다.

(2) 처벌적 생활지도에서 회복적 생활지도로의 패러다임 전환

지금까지 학교현장을 지배해 온 생활지도 방식은 문제가 발생하면 문제와 관련된 대상이나 당사자 학생의 문제를 제거하기 위하여 공정하게 규칙에 따라 대응한다는 전제(응보적 정의 관점)하에 처벌식 접근이나 인과응보적 문제해결 접근을 주로 시행해 온 것이 사실이다. 그러나 이러한 생활지도 방식은 관련 당사자 학생이 스스로 주체적으로 문제 해결을 하는 것을 배우지 못한 채, 해결책을 교육과 선도라는 이름으로 위로부터 부여받거나 때로는 강요받는 결과가 많이 발생하였다. 학교현장의 교사들이 이러한 방식에 익숙한 이유는 드러난 문제를 빨리 해결하는 데 급급한 나머지 이러한 문제 발생 상황을 중요한 교육과 학습 및 성장의 기회로 만들지 못하는 데 있다고도 할 수 있다.

학교교육 현장에서 쉽게 이루어지고 있는 처벌식 접근이나 인과응보식, 문제해결식 접근은 문제 상황에 대해 신속하게 대처하여 당장은 현상적 문제가 제거되거나 봉합된 것처럼 보이게 할 수 있다. 그러나 실제는 이와 다른 결과를 가져오는 경우가 많다. 당사자 학생들, 예컨대 학교폭력이나 따돌림 피해자는 만족과 회복을 얻지 못하고, 가해 학생 역시 자신의 행동에 책임을 지고 바로잡는 것을 배우지 못한 채 교사나 성인들의 판단이나 이미 정해 놓은 원칙과 규준에 따라 문제 해결을 받고 어떤 형태로든 그에 따른 처벌이나 응보적 조치를 경험하는 것으로 일단락되기 쉽다.

최근 들어 잘못된 문제나 사람을 바로잡기 위해 처벌을 기초로 이루어지는 응보적 정의에 기초한 기존의 처벌식 접근이나 인과응보식, 문제해결식 접근 생활지도 방식의 부작용과 한계(규칙에 따른 심판, 처벌, 통제에 의한 문제 감소나 억제, 외적 변화나 타발적 변화에 그치는 한계)를 지적하면서, 잘못된 행동으로 인한 피해 학생의 요구뿐만 아니라 잘못된 행동을 저지른 학생의 이면에 존재하는 욕구와 이유까지 인식하고 관련 당사자와 학급 학생 및 교사가 함께 문제를 바로잡는 방안을 고안하여 향후의 긍정적 변화를 추구하려는 노력이 시도되고 있다. 즉, 모든 관련자가 공동으로 참여하는 대화를 통해 상호 존중과 책임감을 키워 가며 치유와 회복을 통한 학습과 성장을 지향하는 회복적 생활지도가 제안되었고, 이에 대한 논의와 탐색이 이루어지고 있다(경기도교육청, 2014; Amstutz & Mullrt, 2011). 회복적 생활지도는 응보적 정의와는 달리 잘못된 행동으로 발생한 피해를 회복하고 깨어진 관계를 복원하여 개인과 공동체의 치유와 회복, 성장에 초점을 맞추는 회복적 정의에 근거한 새로운 생활지도 패러다임으로, 우리의 바람직한 인성교육의 방향을 설정하고 구

[그림 1-8] 회복적 생활교육에 참여하는 학생들

현해 나가는 데 시사하는 바가 크다고 할 수 있다.

회복적 정의 접근에 기초한 회복적 생활지도는 학생들 사이에 갈등이 발생했을 경우에 교사가 잘잘못을 가리는 처벌권자가 아니라 중재자로서의 역할을 수행하면서 학생들이 서로의 입장과 요구를 잘 듣고 자신의 책임을 수용하며 상대의 요구를 이행하도록 도움으로써 문제 해결과 관계 회복을 가져온다는 점에서 기존의 처벌적 생활지도와 중요한 차이를 보여 준다. 즉, 회복적 생활지도는 학교교육 현장에서 불가피하게 발생하는 다양한 문제나 관계 갈등을 배움과 성장의 기회로 삼는다는 점에서 생활지도의 새로운 패러다임을 제시해 주고 있다(강인구, 김광수, 2015). 따라서 학교상담은 성장하면서 많은 시행착오를 겪는 학생들을 대상으로 회복적 생활지도를 수행할 수 있는 다양한 방안과 프로그램 개발에 기여하여 효과적 인성교육 실현을 촉진할 필요가 있다.

(3) 외상 후 성장 및 적응유연성의 증진

학교폭력, 따돌림, 아동학대 등과 같은 심각한 상처나 상해 경험을 뜻하는 외상(trauma) 경험으로 인해 나타나는 외상 후 스트레스(posttraumatic stress)와는 달리, 최근 외상 사건 이후 이전의 적응 수준을 뛰어넘는 긍정적인 변화와 성장이 일어날 수 있는 외상 후 성장(posttraumatic growth) 개념이 소개되고 연구되고 있다. 외상 후 성장 개념은 삶에서 경험하는 상처, 도전적인 위기나 문제에 효과적이고 적극적으로 대처한 결과 나타나는 긍정적 성장 경험을 의미한다. 외상 후 성장은 개

[그림 1-9] 장애나 돌을 '걸림돌'이 아닌 '디딤돌'로 만드는 적응유연성

인이 역경을 극복하면서 삶에 대해 감사를 느끼고, 대인관계의 중요성에 대한 인식과 개인 강점이 증가되며, 삶의 우선순위가 변화되고, 새로운 가능성을 발견하면서 존재론적이고 영성적인 삶이 더 풍요로워지는 것과 같은 다양한 결과로 나타난다(Tedeschi & Calhoun, 2004). 그리고 외상 후 성장을 예측하는 요인으로 적응유연성(resilience), 심리적 강인성, 희망, 정서지능, 사회적 지지 등이 있음이 밝혀지고 있다(김현미, 정민선, 2014).

특히 적응유연성은 이후에 정신적 · 신체적 건강의 유지 · 회복 · 향상에 기여하는 능력, 즉 어려운 상황에 적응적으로 반응하여 역경을 극복하고 계속해서 번영하고 성장할 수 있는 능력을 의미하며(Ryff & Singer, 2003), 오늘날 정신건강과 신체건강을 포괄하는 전인적 건강 분야에서 그 영향력이 급증하고 있는 중요한 개념이 되고 있다(Atkinson, Martin, & Rankin, 2009). 따라서 외상 후 성장 및 적응유연성 등을 강조하는 관점은 위기나 문제 및 어려움에 처한 학생을 지도할 때 학생에게 교사 자신이 사회적 지지 자원이 되어 줄 뿐 아니라 학생이 소유한 강점과 대처 자원을 함께 발견하고 강화함으로써 역경의 극복과 긍정적인 성장을 도모할 수 있는 관점으로서 학교 생활지도와 상담 모형의 구축과 실천에 시사하는 바가 크다. 따라서 학교상담은 앞으로 인간관계 속에서 불가피하게 발생하는 상처, 갈등, 문제, 위기 등을 보다 효과적으로 다루어 가고 이를 통해 더 성장 · 발전할 수 있도록 조력하는 학교 생활지도와 상담 모형의 연구와 구체적 실천을 통해 학교 인성교육 실현에 기여할 필요가 있다.

(4) 긍정정서 기반 대처 자원 구축을 통한 인성역량의 증진

인간은 살아가면서 직면하는 다양한 문제, 스트레스 등을 효과적으로 대처하고 다루어 나갈 수 있는 내적 · 외적 자원이 있을 때 보다 성공적이고 행복한 삶을 살 수 있다. 이러한 대처 자원의 구축을 위해 긍정정서를 강조한 Fredrickson과 동료들은 긍정정서의 역할에 대한 다면적 모형으로서 확장 가설, 수립 가설, 복원 가설, 탄력성 가설 및 번영 가설로 구성된 긍정정서의 확장-수립 이론을 구축하였다(Magyar-Moe, 2012). 이 이론에 따르면, 긍정정서는 인간의 사고와 행동을 확장시키고(확장 가설), 심리적 강점 · 좋은 사고 습관 · 사회적 연계성 · 신체적 건강 등의 자산을 구축하며(수립 가설), 부정적 상태에서 긍정적 상태로의 회복을 가져오고(회복 가설), 역경을 극복하도록 이끌어 웰빙을 증진시킨다(탄력성 가설). 그리고 이러한 긍정정서가 부정정서보다 3배 이상의 비율을 유지하게 될 때 개인과 공동체의 번영이 나타난다(번영 가설).

Fredrickson(2009)은 긍정정서의 형태로 기쁨, 감사, 평온, 흥미, 희망, 자부심, 재미, 영감, 경이, 사랑을 꼽았으며, 긍정정서 증진 방법으로 열려 있기, 유대감 형성하기, 선행 실천하기, 부정적 사고 논박하기, 오락거리 개발하기, 가까운 자연 찾기, 감사하기, 강점을 파악하고 활용하기, 명상하기, 긍정적 순간 음미하기 등을 제안하였다. 이러한 연구 결과는 긍정정서를 향상시키는 개입을 학교교육과 생활지도 및 상담에 적용할 경우 아동 · 청소년이 다양한 스트레스와 문제를 극복하고 보다 효과적으로 기능할 대처 자원을 구축하게 하여 그들의 안녕 및 행복과 학업 성취를 증진시킬 수 있음을 시사한다.

아동부터 노인에 이르기까지 모든 사람은 기분이 나쁘면 그 기분이 모든 것에 부정적 영향을 미쳐 부정적 결과를 가져오기 쉬운 반면, 기분이 좋으면 즐겁고 여유가 생기며 긍정적이고 낙관적인 생각과 태도로 행동하여 좋은 결과를 가져오게 된다. 학교상담은 이러한 긍정 에너지와 긍정정서를 어떻게 증진시키고 창출해 나가도록 도울 것인지에 대해 보다 체계적이고 경험과학적으로 접근하여 아동 · 청소년으로 하여금 긍정정서 기반 대처 자원의 구축을 통하여 각자의 여러 발달의 토대가 되는 건강한 인성역량의 개발을 촉진할 필요가 있다.

(5) 교사의 인성교육 역량의 증진 및 개발

교육은 교사의 수준을 능가할 수 없다는 말이 있다. 그만큼 교육에서 교사가 차지하는 역할과 그 영향력은 매우 크고 중요하다. 학교에서 다양한 교육과정, 교과 및 교재가 있고 다양한 프로그램이 있다고 하더라도 어떤 교사가 어떻게 지도하느냐에 따라 그 결과는 달라질 수 있다. 그래서 교사는 살아 있는 교육과정의 역할을 하게 된다. 학교에서 다양한 명시적 교육과정을 제시하고 강조한다 해도 실제로 그것을 가르치는 교사가 어떤 마음과 태도로 가르치고 그에 대해 어떤 마음과 태도로 임하는가, 그 과정에서 학생은 실제로 교사와의 상호작용과 만남을 통해서 무엇을 느끼는가와 관련된 경험들이 학생에게 실제적 영향을 미치게 된다. 이는 잠재적 교육과정의 영향이라고 할 수 있다. 인성교육은 교재나 프로그램으로 이루어지기보다는 학생과 교사의 만남과 나눔의 상호작용 속에서 이루어진다. 이러한 측면에서 교사의 인성 자질과 인성역량은 인성교육의 핵심이 된다.

오늘날 교사는 학교에서 교과지도, 생활지도와 상담, 특별활동 및 방과 후 지도, 다양한 학교 사무 및 행정 업무와 학부모 상담 등 많은 역할을 감당하면서 학생, 학부모, 상관(교장, 교감 등), 동료 교사 등과의 관계에서 크고 작은 스트레스와 압박을 경험하고 있다. 스트레스가 장기간에 걸쳐 누적되고 교사가 그에 효과적으로 대처하지 못하게 되면 신체적 · 정신적인 에너지 소모로 이어져 교사직에 대한 성취감 감소, 회의감 등으로 나타나 소진을 초래할 수 있다. 그런데 이에 대한 인식과 예방, 대처가 미흡할 경우 교사 자신뿐만 아니라 학생 및 교육현장에 부정적 영향을 가져올 수 있다. 따라서 교사가 스트레스와 소진을 효과적으로 예방 · 대처하도록 조력하고 그들의 안녕과 적응유연성을 증진시키는 실제적 조력과 지원이 필요하다. 학교교육과 인성교육의 정책에서 흔히 간과되는 것이 교사를 주어진 교육을 수행하는 매개적 존재로만 바라보고 그들의 신체적 · 정서적 · 정신적 건강에 대한 이해와 지원이 부족하다는 것이다. 따라서 교사가 자신의 인성적 특성과 역량을 돌아보고 회복하고 증진시킬 수 있는 교사 상담, 멘토링 등의 지원을 강화할 필요가 있다.

학교상담과 생활지도를 통한 인성교육의 실천이 학교현장에서 성공적으로 정착되고 실행되려면 교사의 역할이 가장 중요하다. 교사가 학교현장에서 우리 아동 · 청소년 문제의 예방 및 대처뿐만 아니라 모든 학생의 건강한 발달과 성장을 촉진하고 그들의 안녕과 행복 및 성취를 증진하기 위해서 필요한 상담 및 생활지도의 철학과 이에 대한 이론적 모형과 구체적인 실천 방안에 대해 잘 인지하고 훈련될 때 생활지도와 상담을 통한 인성교육 실행이 보다 효과적으로 이루어질 수 있다. 그리고 이러한 이해와 준비가 되어 있을 때 교과 및 생활 지도를 통한 학생지도 전 과정에서 축적된 교사 자신만의 창의적인 아이디어와 새로운 시도를 통해서 그 효과를 한층 심화시킬 수 있다(Carmel, 2014).

이에 교육의 본질적 가치를 실현하고 진정한 인성교육 실현에 기여할 종합적 생활지도와 상담 모형을 개발한 후 학생 대상 프로그램의 개발과 적용에 앞서 교사 대상 연수 프로그램을 개발하여 적용할 필요가 있다. 연수 프로그램에 참여한 교사는 통합적 생활지도 모형의 이론적 기초와 원리를 이해하고 자신의 삶과 교직 수행을 성찰하고 학생지도에 이를 적용해 봄으로써 생활지도와 상담 역량을 강화할 뿐 아니라 동시에 한 인간으로서 자신의 삶의 만족과 안녕감 향상을 경험하여 충만한 삶을 살아가는 인성 모델로서 기능할 수 있다. 이것이야말로 학생을 지도하는 데 실제적인 도움이 되는 메타교육적 효과를 가져올 수 있을 것이다(장상호, 2000). 요약하면, 학교 교사가 교과교육 전문가만이 아니라 인성교육 최고 전문가로서 준비되어 가며 전문적 교육력을 발휘할 때 인성교육은 진정한 성과를 가져올 수 있을 것이다.

5. 경험과학적·체계적 인성교육 연구와 실천의 지향

21세기 들어 소개되고 연구가 진행되는 긍정심리학은 인간이 겪는 심리적 문제를 예방하고 극복할 뿐 아니라 행복하고 가치 있는 충만한 삶을 살도록 돕기 위해 인간의 긍정적 경험, 긍정적 특질, 긍정적 관계, 긍정적 기관에 대해 과학적으로 연구하는 학문이다(Seligman & Csikszentmihalyi, 2000). 긍정심리학은 개인, 집단 그리고 사회의 성장과 번영, 행복을 촉진하는 것을 목표로 한다. 긍정심리학은 심리학 내의 연구에서 무엇이 삶을 가치 있게 만드는지에 대한 의식적인 논쟁을 자극하고 괜찮은 삶, 좋은 삶(good life)이 무엇인지를 이해하고 설명하며 이러한 삶을 살 수 있는 방안을 경험과학적으로 탐구한다.

심리학적으로 좋은 삶과 관련하여 긍정심리학은 긍정적인 주관적 경험(예: 행복, 삶의 만족, 성취, 몰입), 긍정적인 개인적 특성(예: 성품, 흥미, 가치), 긍정적인 대인관계(예: 우정, 결혼, 동료애) 그리고 긍정적인 집단 및 기관(예: 가족, 학교, 기업, 지역사회) 등의 주제 영역을 제시하고 있다. 긍정심리학은 긍정적인 집단 및 기관이 긍정적인 대인관계와 특성이 나타나고 발전할 수 있게 하며, 이것은 또한 긍정적인 주관적 경험을 가능하게 한다고 본다. 사람이 긍정적인 기관에 속하여 긍정적인 대인관계를 맺고 긍정적인 특성을 나타내고 발전시키며 긍정적인 경험을 하게 될 때 최상의 기능을 발휘하며 좋은 삶, 행복한 삶을 살고 있다고 본다(Park & Peterson, 2008).

지금까지 살펴본 긍정심리학의 관점과 연구는 우리의 인성교육이 보다 경험과학적이며 체계적으로 연구되고 적용되며 그 결과 또한 체계적 · 객관적으로 평가하고 이를 다시 반영하면서 인성교육이 궁극적으로 건강한 경험, 건강한 특질, 건강한 관계, 건강한 기관과 공동체를 형성해 나가도록 기여할 필요가 있음을 시사해 준다. 그리고 학교교육 현장에서 이와 같은 인성교육이 효과적 · 체계적으로 이루어지도록 조력하기 위해서 학교상담과 생활지도가 학생들에게 발생하는 관계 갈등이나 심리적 문제를 단순히 부정적으로만 바라보고 교정하려는 기존의 소극적 관점에서 벗어나서 보다 적극적으로 학생 간, 교사-학생 간 관계를 회복하고 어려움과 역경을 극복하는 과정을 통해 개인과 학교 공동체의 성장을 추구하며, 모든 학생의 잠재력 발달과 전인적인 성장을 촉진하는 방향으로 나아갈 필요가 있음을 시사해준다.

학교상담은 이에 부합하는 새로운 이론적 기초를 세우고 그에 따른 생활지도와 상담 모형 및 방안을 마련 · 보급할 필요가 있다. 인성교육 실현을 위한 학교상담의 과제에서 제시하였듯이, 학교에서 발생 가능한 다양한 관계 갈등이나 문제 및 위기 발생 시 대처를 위한 회복적인 생활지도 접근과 문제를 겪은 학생에 대한 외상 후 성장 및 적응유연성 증진의 접근, 그리고 문제를 겪은 학생을 포함하여 모든 학생의 강점과 긍정정서의 증진을 강조하는 긍정심리학의 관점을 적용한 통합적 생활지도와 상담 모형을 구안하고 이를 구체적으로 적용하는 상담 및 생활지도 실천 방안을 탐구하고 제시하는 노력을 꾸준히 지속할 필요가 있다.

앞으로 학교상담은 학생이 갖고 있는 문제나 어려움을 제거하고 해결하는 데 멈추지 말고 학생이 자신의 부정적 경험을 잘 소화하고 자신의 강점을 찾아 이해하며 그 강점을 중심으로 자신의 가능성을 계발하여 나가도록 조력할 필요가 있다. 이러한 인성 발달적 상담 조력을 통해 아동 · 청소년은 자신을 이해하고 수용하며 인성과 인성역량(사회정서적 역량, 진로 · 학업 역량, 공동체 역량 등) 계발을 통해 건강한 자아와 관계를 형성하며 자신만의 성취와 성장 경험을 이루어 나갈 수 있을 것이다.

연구 과제

1. 교사(지도자) 주도의 지시적 · 일방향적 인성교육이 아닌 교사(지도자)-학생 간 동행 인성교육이 이루어져야 할 필요성을 논하고, 교사-학생 간 동행 인성교육의 실례를 찾아 제시해 보시오.
2. 인성교육이 경험과학적이며 체계적으로 이루어져야 할 이유를 논해 보고, 경험과학적 · 체계적 인성교육 방안이나 프로그램의 실례를 찾아 제시해 보시오.
3. 긍정심리학 관점과 연구가 인성교육에 주는 시사점을 찾아 논해 보고, 긍정심리학 관점을 활용하여 실시될 수 있는 인성교육의 실례를 찾아 제시해 보시오.

참고문헌

강선보, 박의수, 김귀성, 송순재, 정윤경, 김영래, 고미숙(2008). 21세기 인성교육의 방향 설정을 위한 이론적 기초 연구. 교육문제연구, 30, 1-38.

강인구, 김광수(2015). 회복적 생활교육 개입이 학급응집력에 미치는 효과. 초등상담연구, 14(1), 43-61.

교육부(2013. 11. 29.). 2013년 2차 학교폭력 실태조사 및 정보공시 분석결과 발표.

교육부(2014a). 인성교육강화기본계획.

교육부(2014b). 2014년, 2013년 학교폭력 실태 조사 보고서. 한국교육개발원.

교육부(2016). 인성교육진흥법(법제처 국가법령정보센터에서 검색).

국가교육과정정보센터(2015). 교육과정 원문 및 해설서. http://ncic.go.kr/

경기도교육청(2014). 회복적생활교육매뉴얼. 경기도교육청 민주시민교육과 장학자료.

김광수(2016). 인성교육 실현을 위한 학교상담의 역할과 과제. 초등상담연구, 특집호, 579-601.

김광수, 원진숙, 김정원, 이인재, 남호엽, 박상철, 류재만(2010). 글로벌시대의 다문화교육. 서울: 사회평론.

김광수, 한선녀(2015). 성격강점을 활용한 아동의 인성교육 방안. 초등상담연구, 14(2), 105-127.

김수진(2015). 인성교육의 주요 접근. 교육과정연구, 33(2), 208-231.

김재춘, 박정순(2010). 초등학교 초임교사의 생활지도 경험에 대한 내러티브적 탐구. 한국교원교육연구, 27(1), 95-120.

김현미, 정민선(2014). 청소년의 외상후 성장 관련 변인 탐색. 교육치료연구, 6(2), 213-228.

박영태(2002). 창의적 인성교육을 프로그램 개발. 지방교육경영, 7, 235-264.

보건복지부(2014). 2013년 한국 아동종합실태조사. http://www.moe.go.kr/

이명준, 진의남, 서민철, 김정우, 이주연, 김병준, 박혜정(2011). 교과교육과 창의적 체험활동을 통한 인성교육 활성화 방안. 한국교육과정평가원.

이승우(2013. 10. 11.). 정신질환으로 교편 놓은 교사 작년부터 급증. 연합뉴스. http://news.naver.com/main/read.nhn?mode=LPOD&mid=etc&oid=001&aid=0006529166.

이인재, 손경원, 지준호, 한성구(2010). 초등학생들의 사회 · 정서적 능력 함양을 위한 인성교육 통합 프로그램의 효과 분석. 도덕윤리과교육, 제31호.

이철주(2014). 실천지향의 인성 개념 탐구. 윤리교육연구, 34, 317-337.

임은미, 강지현, 권해수, 김광수, 김정희, 김희수, 박승민, 여태철, 윤경희, 이영순, 임진영, 최지영, 최지은, 황매향(2013). 인간발달과 상담. 서울: 학지사.

임채은(2011). 초등교사의 완벽주의 성향과 심리적 소진과의 관계에서 지각된 정서적 유능성의 매개효과. 고려대학교 대학원 석사학위논문.

장상호(1986). 교육학의 비본질성. 교육이론, 1(1), 5-53.

장상호(2000). 학문과 교육(하): 교육적 인식론이란 무엇인가. 서울: 서울대학교 출판부.

정창우(2015). 인성교육의 이해와 실천. 경기: 교육과학사.

정탁준, 이경원, 이왕주(2014). 인성교육의 핵심활동으로서 윤리상담에 대한 연구. 한국윤리교육학회 학술대회, 2014(2), 37-62.

청예단(2015). 2014년 전국 학교폭력 실태조사 발표 및 경향. 청소년폭력예방재단.

최용성(2016). 인성교육에 관한 긍정심리학적 성찰과 대안적 인성교육의 모색. 윤리교과연구, 42, 95-124.

최정근, 서영민, 영성모(2014. 3. 28.).중2병 앓는 교실. 멍드는 교사들. KBS뉴스. http://news.kbs.co.kr/news/NewsView.do?SEARCH_NEWS_CODE=2834890&ref=A.

최준환, 박춘성, 연경남, 민영경, 이은아, 정원선, 서지연, 차대길, 허준영, 임청묵(2009). 인성교육의 문제점 및 창의 인성교육의 이론적 고찰. 창의력교육연구, 9, 89-112.

한국교육과정평가원(2011). 교과교육과 창의적 체험활동을 통한 인성교육 활성화 방안. 연구보고 RRC 2011-7-1.

한국교육학회(2001). 인성교육. 서울: 문음사.

한국초등상담교육학회(2013). 학교폭력의 예방 및 대책. 서울: 학지사.

한국초등상담교육학회(2014). (한국형) 초등학교 생활지도와 상담. 서울: 학지사.

홍석기, 이규미(2011). 초등학교 교사의 생활지도 효능감 척도 개발 및 타당화. 초등교육연구, 24(4), 121-142.

홍순혜(2014). 학교폭력 예방을 위한 인성교육 방안. 초록우산 어린이재단 아동복지연구소 보고서, 4호, 1-29.

홍종관(2012). 학교폭력의 실태, 원인, 대처에 관한 연구. 초등상담연구, 11(2), 237-259.

Allport, G. W. (1937). *Personality A Psychological interpretation*. New York: Holt.

Amstutz, L. S., & Mullet, J. H. (2011). -학교현장을 위한-회복적 학생생활지도(*Little book of restorative discipline for schools: teaching responsibility, creating caring climates)*. (이재영, 정용진 공역). 서울: Korea Anabaptist Press. (원저는 2005년 출판).

Atkinson, P. A., Martin, C. R., & Rankin, J. (2009). Resilience revisited. *Journal of psychiatric and mental health nursing, 16*(2), 137-145.

Begun, R. W. (1998). *Ready-to-Use-Violence-Prevention-Skill*. Ohio: Jossey-Bass.

Burgis, L., & Rendón, L. I. (2006). Learning with Heart and Mind: Embracing Wholeness in Learning Communities. *Religion and Education, 33*(2), 1-19.

Carmel, P. (2014). Enhancing Well-Being in Youth Positive Psycholosy Intervention for Education in Britain. In M. Furlong, R. Gilman, & E. S. Huebner (Eds.), *Handbook of positive psychology in schools* (pp. 416-432). New York and London: Routledge.

Compton, W. C. (2007). 긍정심리학 입문(*An introduction to positive psychology*). (서은국, 성민선, 김진주 공역). 서울: 박학사. (원저는 2005년 출판).

Davidson, M., Khmelkov, V., & Lickona, T. (2010). The power of character: Needed for, and developed from, teaching and learning. In T. Lovat, R. Toomey, & N. Clement(Eds.). *International research handbook on values education and student wellbeing* (pp.427-454). Netherlands: Springer.

Fredrickson, B. (2009). 긍정의 발견(*Positivity*). (최소영 역). 경기: 북이십일. (원저는 2009년 출판).

Magyar-Moe, J. (2012). 긍정심리치료(*Therapist's guide to positive psychological intervention)*. (이훈진, 최현정 공역). 서울: 시그마프레스 (원저는 2009년 출판).

Maslow, A. H. (1970). *Motivation and Personality* (2nd ed.). New York: Harper & Row.

Miller. J. P. (2000). *Education and The Soul: Toward a Spiritual Curriculum.* Albany, NY: State University of New York Press.

Park, N., & Peterson, C. (2008). Positive psychology and character strengths: Application to strengths-based school counseling. *Professional School Counseling*, *12*(2), 85-92.

Palmer, P. J. (2013). 가르칠 수 있는 용기(*The Courage to Teach).* (이종인, 이은정 공역). 서울: 한문화. (원저는 2005년 출판).

Peterson, C., & Seligman, M. E. P. (2009). 긍정심리학의 입장에서 본 성격강점과 덕목의 분류(*Character strengths and virtues: A handbook and classification*). (문용린, 김인자, 원현주, 백수현, 안선영 공역). 서울: 한국심리상담연구소. (원저는 2004년 출판).

Rogers, C. R. (1961). *On becoming a person: A therapist's view of psychotherapy*. La Jolla, CA: Western Behavioral Sciences.

Ryff, C. D., & Singer, B. (2003). Flourishing under fire: Resilience as a prototype of challenged thriving. In C. L. M. Keyes & J. Haidt (Eds.), *Flourishing: Positive psychology and the life well-lived* (pp. 15-36). Washington, DC: American Psychological Association.

Seligman, M. E., & Csikszentmihalyi, M. (2000). *Positive psychology: An introduction, Vol. 55*, No. 1, p. 5. American Psychological Association.

Tedeschi, R. G., & Calhoun, L. G. (2004). Posttraumatic growth: Conceptual foundations and empirical evidence. *Psychological inquiry, 15*(1), 1-18.

제2부

개인내적 차원 인성계발

제2장

인성계발을 위한 자존감 증진

개요

학생의 인성 및 사회성 발달과 관련시켜 볼 때 주요 발달과업 중 하나가 자존감을 고양시켜 주는 일이다. 자존감은 자기 스스로를 존중하는 마음으로 한 개인이 자기 자신에 대해서 어떻게 생각하고 느끼는가를 나타내는 것이다. 이러한 자존감은 인성의 핵심적 요소로 모든 대인관계의 출발점이며 학생의 태도, 동기, 적응 및 학업 성취에 영향을 미치는 중요한 요인이다. 따라서 학생의 자존감을 증진시켜 주는 일이 건강한 자아와 대인관계 및 공동체 형성에 기여할 수 있는 심리적으로 성숙한 인간, 즉 인성교육의 목표인 자아실현의 인간이 되기 위한 필수 요건이자 인성계발의 중요한 측면이라 할 수 있다.

이 장에서는 자존감의 의미와 중요성, 자존감의 형성 · 발달에 영향을 미치는 요인, 자존감을 증진하기 위한 방안 그리고 자존감 증진 프로그램에 대해 살펴본다.

연구 문제

1. 자존감이란 무엇이며, 왜 중요한가?
2. 자존감의 형성과 발달에 영향을 미치는 요인은 무엇인가?
3. 자존감을 증진하기 위해 어떻게 지도해야 하는가?
4. 자존감을 증진하기 위한 프로그램을 어떻게 구안할 것인가?

1. 자존감의 의미

자존감(self-esteem)은 자신을 바라보는 관점에 따라 달라진다. 자존감은 자신을 가치 있고 사랑받을 만한 존재라고 생각하며 자신의 능력을 믿는 것이다. 즉, 자존감은 '나는 얼마나 사람들로부터 사랑받고 인정받고 있는가?' '나는 내가 중요하다고 생각하는 일을 할 수 있는 능력이 있는가?' 또는 '나는 얼마나 다른 사람에게 영향력을 미치고 있는가?' 등과 같이 자신에 대한 긍정적인 신념의 집합이다(Campbell, 1990; Coopersmith, 1967).

자존감은 자신, 타인 및 세상이라는 세 가지 영역에서 긍정적 이미지를 가지고 있는 것을 말한다(김은실, 손현동, 2010). 따라서 자존감이 높은 사람은 자신, 타인 및 세상에 대한 긍정적 이미지를 바탕으로 자신을 자랑스럽고 유능하며 가치 있는 존재라고 생각하고, 타인과 원만한 관계를 형성하며, 매사에 자신감 있는 태도를 보이며 진취적이고 활력 있는 삶을 살아간다. 반면에, 자존감이 낮은 사람은 자신, 타인 및 세상에 대한 부정적 이미지를 가지고 있기 때문에 자신의 가치와 능력을 낮게 평가하고, 자신의 생각 · 감정 · 행동에 대한 확신이 없고 미래에 대해서도 불확실성과 두려움을 보이며, 새로운 상황에 도전하려 하지 않고, 우울감이나 열등감에 쉽게 빠지는 경향이 있다.

이처럼 자존감은 '긍정적인 자아상'이라고 볼 수 있으며, '자신을 존중하고 사랑하는 마음'이라고 말할 수 있다. 다시 말하면, 자존감이란 사람이 자신에 대해서 사랑받을 만한 가치가 있는 소중한 존재라고 생각하고, 자신의 목표 혹은 성취하고 싶은 것을 이루어 낼 수 있는 유능한 사람이라고 믿는 마음이나 신념, 감정 등을 말한다.

자존감은 개인이 평소에 자신에 대하여 내리는 평가와 많은 관련이 있다. 이것은 자신에 대한 긍정적 또는 부정적 태도를 나타내거나, 자신을 능력 있고 의미 있으며 성공적이고 또한 가치 있는 존재로 믿는 정도를 나타내 준다. 이처럼 자존감은 개인이 자신에 대한 평가를 통해 얻어지는 것으로 긍정적일 수도 있고 부정적일 수도 있다. 자기 평가를 주로 긍정적으로 하는 사람은 높은 수준의 자존감을 갖게 되지만, 기본적으로 자기를 부정적으로 평가하는 사람은 자존감이 낮아지게 마련이다.

[그림 2-1] 거울 속에 비친 자아상

미국 하버드 대학교 교육학과 교수인 조세핀 김(Josephine Kim)은 "자존감은 성공적인 인생을 살아가는 데 꼭 필요한 핵심 요소 중 하나이며, 기본적으로 우리 자신에 대한 신념들의 집합이다. 자존감의 가장 중요한 핵심 두 가지는 자기 가치(self-worth)와 자신감(self-confidence)이다. 그것이 바로 자존감이다."(정지은, 김민태, 오정요, 원윤선, 2009: 346-347)라고 설명하고 있다. 자기 가치는 '나는 다른 사람의 사랑과 관심을 받을 만한 가치 있는 사람'이라는 생각이며, 자신감은 자기 가치를 토대로 '나는 주어진 일을 해낼 수 있다.'고 믿는 것이다. 이 두 요소가 함께 어우러져 자존감을 발현시키거나 상승시킨다.

세상에서 신념처럼 무서운 힘은 없다. 자신감은 '나는 할 수 있다.'라는 긍정적 · 적극적 · 능동적 암시를 가져다준다. 아동의 머릿속에 떠오른 승리에 대한 예감은 마치 최면처럼 마력을 발휘해 아동이 실제로 이길 수 있도록 움직이게 한다. 자존감이 높은 아동은 팀 과제에서 두각을 드러낸다. 그들은 해낼 수 있다는 전제를 깔고 각종 문제를 솔선수범해 해결해 간다. 그래서 결국은 팀원 전체에게 성공의 경험을 선사한다. 다른 아이들은 그 아동의 무한한 자신감에 도취되어 팀 활동을 할 때 은근히 그 아동이 자신들의 팀 구성원이 되거나 리더가 되기를 바라게 된다(정지은 외, 2009).

사람은 태어나서 죽을 때까지 계속해서 예상치 못한 여러 가지 난관과 장애에 봉착하게 된다. 그런데 자존감이 높은 사람은 낮은 사람보다 이렇게 살아가면서 생기는 문제를 더 잘 이겨 내고, 좌절과 실패를 발판으로 삼아 성공에 이를 수 있으며, 직업이나 우정 또는 가족관계 등에서도 만족스러운 삶을 살아 낼 수 있다. 결국 아동이 '공부 잘하고 행복한 사람'이 될 수 있는 가장 확실한 방법은 바로 자존감을 높이는 것이다.

자존감의 의미를 제대로 이해하기 위해서는 비슷한 것 같지만 서로 다른 개념인 자존심(hubristic pride), 자부심(authentic pride), 자기도취(narcissism)와 구분할 필요가 있다(조세핀 김, 2011, 2014). 예를 들어, 자존감을 키우려던 것이 엉뚱하게 자존심만 키우게 될 수 있다. 자존감은 자기 자신을 존중하는 힘이요, 자신이 사랑스러운 사람이라는 믿음이며, 언제나 새로운 도전을 할 수 있다는 믿음이다. 이렇게 자신에 대한 긍정과 신뢰를 갖고 상황에 요동하지 않고 한결같이 자신을 존중하는 것이 자존감이다. 한편, 자존심에는 열등감이 포함되어 있다. 학생은 모든 것을 잘할 수 없고 최고로 예쁠 수도 없다. 그런데 학생들에게 더 예쁘고 더 똑똑하고 더 잘하기를 요구하면 그들은 자존감이 아닌 자존심을 내세울 수밖에 없다. 자존심은 남과 비교해서 자신이 더 훌륭할 때 느끼는 것이다. "얘는 이렇게 했는데 너는 왜 안 돼?" "네 누나 반만 닮아 봐라."와 같이 비교를 당하면 자존감이 아닌 자존심만 남아서 반감이 생긴다. 상황이 심각하면 이것이 상처가 되고, 심지어 원한이 되기도 한다. 자존감에 비해 자존심은 감정적인 면이 좀 더 강하다.

자부심은 무언가를 성취했을 때 느끼는 감정이다. 자신이 성취한 것에 대해서 자랑과 긍지를 느끼는 것이다. 그런데 자부심은 오래가지 않는다. 다음에 오는 과제에서는 실패할 수도 있기 때문이다. 자부심은 상황에 따라서 변하며, 일시적인 현상에 의해 생기는 감정인 만큼 생명도 짧다. 1등을 했을 때 자부심을 느끼고 3, 4등을 하면 자부심이 확 떨어진다. 요동하지 않는 자존감과는 큰 차이가 있다. 자존감, 자존심, 자부심을 예를 들어 비교하면 다음과 같다. 자존심은 자신이 반에서 제일 똑똑하다고 여기는 것으로서 비교를 통해 얻은 감정이다. 이때 자존감은 있는 그대로의 자신이 참 괜찮다고 느끼는 것이다. 미술대회에서 1등을 해선 느끼는 것은 자부심인데, 만약 다음에 2등을 하면 자부심은 사라진다. 상황에 따라 변하는 것이 자부심이다. 이때의 자존감은 결과에 대해 승복하고 수고한 자신을 격려하며 자신의 부족함과 장점을 살려 다음을 바라보는 것이다.

자존심, 자부심 외에도 혼동을 줄 수 있는 개념이 자기도취(나르시시즘)다. 자기도취에 빠진 아동은 현실을 무시하고 자신의 진짜 모습을 냉정하게 볼 수 없으며, 자기밖에 모르고 타인에 대해서는 극히 냉담할 뿐만 아니라 무시하기까지 한다. 그뿐 아니라 자기는 대단한 사람이라고 생각하는데 다른 사람이 이를 인정해 주지 않으면 좌절하고 나아가 거세게 공격하기도 한다. 이런 아동이 괴롭힘 가해자가 되는 경우가 많다. 학교에서 폭력을 쓰는 학생은 낮은 자존감이 문제가 아니라 자기도취가 강한 경우가 많다. '난 대단한 사람인데, 나를 인정해 주지 않아.' 하고 화를 내며 폭력을 쓰는 것이다. 그래서 자기도취는 매우 위험한 감정이다. 자기도취적인 아동은 자기중심적이고 타인에 대한 배려나 동정이 없으며 공감 능력이 치명적으로 떨어진다. 자존감과 자기도취는 '자신을 사랑한다.'는 공통점을 갖고 있다. 그러나 자기도취는 자신의 능력이나 외모, 성공을 과시하고 과대평가하며 다른 사람의 것은 과소평가한다. 늘 칭찬과 특별대우를 받기를 원하며 그렇지 못하면 쉽게 실망하고 분노한다. 반면, 자존감은 자신에게 이미 만족하고 있기 때문에 자신을 과장해서 자랑할 필요를 느끼지 않고 다른 사람의 평가에 연연하지 않는다. 자기보다 뛰어난 사람을 만나도 자신의 무능함과 연결하지 않고, 자기보다 못한 사람을 만나도 그를 비하하지 않고 나름의 가치를 인정한다. 자존감이란 자신의 장점과 능력, 특징을 제대로 아는 것이지 무조건 좋게만 아는 것이 아니다. 무조건 자신이 다른 사람보다 낫다고 생각하는 것이 아니라 차이점을 인정하는 것이다.

자존감의 구성요인 혹은 영역은 국내외 학자와 연구자에 따라 조금씩 다르게 제시되고 있지만, 크게 보아 일반적 자존감, 가정적 자존감, 사회적 자존감, 학업적 자존감으로 구분해 볼 수 있다. 첫째, 일반적 자존감은 자신에 대하여 갖는 일반적인 자아상을 말한다. 이는 내적 모습으로서 자신이 지니고 있는 어떤 특성을 어느 정도로 지니고 있는가에 대한 개인의 생각으로 일반적인 생활에 대해 어느 정도 가치 있고 보람 있다고 생각하는가를 나타낸다. 둘째, 가정적 자존감은 가정적 상태에 대한 자신의 느낌과 태도를 말한다. 이는 부모의 양육 방법에 많은 영향을 받으며, 가정생활에서 얼마나 원만한 생활을 누리고 있는가를 나타낸다. 셋째, 사회적 자존감은 친구나 타인과의 관계에서 느끼는 자신의 태도를 말한다. 아동기·청소년기에는 누구보다도 친구가 중요한 타인(significant others)이므로 놀이와 집단 활동을 통해 친구관계를 맺는 가운데 사회적 자존감이 형성·발달된다. 넷째, 학업적 자존감은 학교와 학습에 대한 자신의 지각을 말한다. 학교생활에 대한 적응과 만족도 그리고 과제 수행에서의 성공 경험 여부에 따라 학업적 자존감은 변화하게 된다. 한편, 국내에서 수행된 자존감 척도 개발에 대한 연구들을 보면, 자존감이 전반적 자존감, 학업적 자존감, 가정적 자존감, 신체외모 자존감, 신체능력 자존감, 친구 관련 자존감, 교사 관련 자존감, 성격적 자존감으로 구성되어 있다는 결과(김희화, 김경연, 1996; 김희화, 1998)도 있고, 이를 토대로 구성한 자존감 프로그램(박설희, 2010)도 있다.

2. 자존감의 중요성

자존감은 인성계발과 인성교육을 위해 왜 중요할까? 그것은 자존감이 인간의 발달적 변화에 핵심적 역할을 할 뿐만 아니라 개인의 바람직한 환경 적응과 건전한 인성 발달, 나아가서는 긍정적인 자아실현에 가장 중요한 요소이고(Coopersmith, 1967), 또한 아동기 · 청소년기는 자존감 발달에 있어서 매우 중요한 시기(Manning, 1989)로 간주되기 때문이다. 구체적으로 두 가지 측면에서 자존감의 중요성을 살펴보면 다음과 같다.

1) 자존감이 높은 아동과 낮은 아동의 특징

앞에서 언급한 바와 같이, 자존감은 자신에 대한 긍정적인 마인드로서 자신의 가치에 대한 긍정적인 신념이고, 상황에 따라 변하지 않는 자신에 대한 믿음이며, 실패와 성공을 객관적으로 받아들일 수 있는 능력이다. 스스로 자신을 인정할 줄도 알고 용서할 줄도 알며 실패와 어려움 속에서도 포기하지 않고 자아 발전을 위해 꾸준한 노력을 투자하는 힘이 자존감이다(조세핀 김, 2014).

자존감이 높은 아동은 자신이 매우 가치 있다고 생각하고 자신의 능력에 대한 믿음이 있다. 그렇기 때문에 자신의 판단을 믿고 신뢰한다. 다양한 선택의 순간에서 자신의 판단 능력을 믿는 사람은 주저하지 않는다. 비록 실패하더라도 자신의 능력이 부족해서 그렇다고 좌절하거나 자괴감을 느끼기보다는 그 상황을 더 정확하게 이해하고 실패의 원인을 찾은 후 문제를 해결하면 된다고 생각한다. 그리고 실제로 그 해결책을 찾아서 문제를 해결해 나간다. 반면, 자존감이 낮은 아동은 자신의 판단 능력을 믿지 못하기 때문에 결정을 내리는 것을 주저하고, 결정할 때에도 다른 사람들에게 영향을 많이 받는다. 실패하게 되는 경우에는 그것을 인정하기 힘들기 때문에 남을 탓하는 등 책임에서 벗어나려고만 한다. 때로는 거짓말을 해서라도 벗어나려고 할 뿐 문제를 해결하려 하지 않고 쉽게 포기한다.

자존감이 높은 아동은 타인에 대해서도 긍정적인 이미지를 가지고 있기 때문에 타인과의 관계에서 긍정적 행동으로 드러난다. 우선, 혼자 해결할 수 없는 곤란한 상황에 처할 때 자존감이 높은 아동은 타인에게 기꺼이 도움을 요청한다. 그리고 타인에게 자신의 약점과 강점을 있는 그대로 보일 수 있기 때문에 진솔하고 원만한 관계를 잘 맺는다. 그러면서도 타인의 눈치를 보지 않으며 영향을 덜 받고 독립적이다. 이런 아동은 부모나 교사의 눈치를 살피지 않고 자신이 원하는 것을 타인에게 분명하게 표현한다. 이에 비해 자존감이 낮은 아동은 부정적인 타인의 이미지를 가지고 있기 때문에 다른 사람이 자신에게 호의적이지 않을 것이라 생각하며 도움을 요청하기 꺼리고, 오히려 자신이 어려움에 처해 있다는 것을 알리려 하지도 않는다. 그리고 다른 사람의 행동을 오해하는 경우도 많아서 비난받는다거나 공격받는다고 생각하여 화를 자주 내거나 공격하기도 한다. 또한 다른 사람의 표정이나 반응에 영향을 많이 받아 다른 사람의 표정이 어두우면 안절부절못한다.

또한 자존감이 높은 아동은 세상에 대해 재미있고 자신이 할 수 있는 것이 많은 곳이라는 긍정적인 이미지를 가지고 있어서 새로운 일에 도전을 많이 한다. 스트레스와 역경에 처하더라도 잘 이겨 낸다. 왜냐하면 세상에 대한 긍정적인 이미지를 가지고 있어서 이런 스트레스와 역경이 오래 지속될 것이라고 생각하지 않기 때문이다. 반면, 자존감이 낮은 아동은 세상에 대해 위험하고 살기 힘든 곳이라는 부정적인 이미지를 가지고 있어서 새로운 일이 생기면 그것 또한 위험하고 힘들게 만들 것이라 생각하고 피하려고 한다. 스트레스와 역경에 처하면 포기하거나 좌절하기 쉽다.

지금까지 살펴본 자존감이 높은 아동과 낮은 아동의 자신, 타인 및 세상에 대한 태도의 차이점을 비교해 보면 〈표 2-1〉과 같다(김은실, 손현동, 2010).

〈표 2-1〉 **자존감 수준에 따른 자신, 타인, 세상에 대한 태도**

	자존감이 높은 사람	자존감이 낮은 사람
자신에 대한 태도	자신의 판단을 믿고 신뢰함	다른 사람을 의식하고 그 판단에 영향을 받음
	자신의 실패를 인정하고 좌절감에서 쉽게 벗어남	실패를 남의 탓으로 돌리거나 거기에서 벗어나지 못함
	자신의 능력을 믿고 스스로 해결책을 찾음	자신은 무능력하다고 생각하고 쉽게 포기함

타인에 대한 태도	타인의 도움을 기꺼이 청함	자신의 약점을 드러내기 두려워하고 피함
	진솔하고 원만한 인간관계	자주 화내고 싸움
	타인의 영향을 덜 받고 독립적임	타인의 영향을 많이 받고 의존적임
세상에 대한 태도	새로운 일에 흥미, 도전, 열정을 가짐	새로운 일을 위험하다고 생각하고 피함
	스트레스와 역경을 잘 견디며 이겨 냄	스트레스와 역경에 취약함

이처럼 자존감은 아동의 삶의 여러 기능 및 능력과 관련되어 있기 때문에 자존감이 높고 낮음에 따라 그들의 모습이 달라질 수 있다. 자존감이 높은 아동은 자신과 신체 그리고 학업과 일에 대한 만족감이 높고, 대부분의 일을 스스로 해결하려고 하고, 누가 말하지 않아도 지금 하고 있는 일에 대한 책임감이 강하고, 새로운 일에 열정을 가지고 도전하고, 자신의 판단을 중요하게 여기며, 실수와 스트레스 상황을 유머 있게 넘기는 여유를 갖고 있다. 그러나 자존감이 낮은 아동은 그 반대의 모습을 보인다.

자존감이 높은 경우는 문제가 될 것이 없지만, 자존감이 낮은 아동은 삶의 기능과 능력에서 문제가 발생하여 여러 가지 모습으로 '자존감에 문제가 발생했다.'는 신호를 보낸다. 특히 유아나 아동은 자신의 생각이나 감정을 정확하게 이해하고 언어적으로 표현하는 능력이 현저히 떨어지기 때문에 자존감이 다치거나 낮은 자신의 상태를 문제행동으로 드러내는 경우가 많다. 자존감이 낮은 유아나 아동이 보이는 전형적인 문제행동들을 유형별로 구분하면 다음과 같다(정지은, 김민태, 2011).

- 중단하거나 회피하기: 자신이 해야 할 일을 하지 못할 것 같다는 생각이 들면 쉽게 포기하거나 중단하는 행동을 보인다. 여러 사람과 경쟁을 해야 하는 상황에서 이길 것이라는 생각이 들지 않으면 일단 시작했다고 하더라도 그만둬 버린다. 실패할 것 같은 생각이 들면 아예 시작조차 하지 않으려고 한다.
- 합리화하기: 실패하거나 경쟁에서 지고 나면 자신의 능력이나 노력을 따져 보기보다는 남의 탓을 한다. 자신의 실수에 대해서 자신을 탓하지 않고 다른 사람 때문에 실수하게 되었다고 강하게 주장한다. 이런저런 핑계를 대는 일이 많다.
- 속이기: 과제나 해야 할 일을 하는 데 편법을 써서 한다. 정당한 방법으로 승부

나 경쟁에 임하지 않고 속이는 행동을 한다. 거짓말을 자주 하거나 시험에서 부정행위를 저지른다.

- 지배하기와 괴롭히기: 남에게 자신이 해야 하는 과제나 일을 시킨다. 친구들 사이에서 지배자의 역할을 하려고 하거나 군림하려고 한다. 친구들에게 자신의 힘이 세다는 것을 과시한다. 자신의 약점을 감추기 위해 남을 못살게 군다. 친구를 때리거나 위협을 한다. 금전적으로 어려움이 없는데도 돈을 빼앗는다.
- 익살 부리기: 실패나 좌절을 겪은 후에 과도하게 까불거나 장난을 친다. 부모나 교사에게 꾸중을 듣고 나서도 아무렇지도 않은 듯 익살을 부린다.
- 부정하기: 현실에 대해서 인정하지 않는 말이나 행동을 한다. 시험이나 과제에 대해서 중요성을 낮추어 말한다.
- 반항하기: 부모나 교사가 하고 싶지 않은 일을 시킬 때마다 말을 듣지 않거나 못들은 척한다. 하고 싶지 않은 일을 해야 할 때 게으름을 피우거나 느리게 행동한다. 하고 싶은 일을 제지할 때 화를 내거나 폭력적인 행동으로도 이어진다.
- 위축되고 의존하기: 사소한 실패에도 기가 죽거나 자신을 자책한다. 자신의 능력을 폄하하거나 실패자라고 생각한다. 또래 친구나 주변 사람들의 눈치를 본다. 스스로 과제나 할 일을 하려고 하지 않고 뭐든지 도와주기를 원한다.

지금까지 살펴보았듯이, 자존감이 높은 아동과 낮은 아동의 특징들은 인성 특성과 밀접한 관련을 갖고 있기 때문에 자존감이 높은 아동의 특징을 키워 주고 자존감이 낮은 아동의 특징을 없애거나 완화하는 일이 인성계발과 인성교육에 있어서 중요하다고 할 수 있다. 즉, 자존감의 증진은 아동의 심리적 성숙과 건강한 자아 발달을 위한 인성교육의 요체라 할 수 있다.

2) 자존감이 심리사회적 변인에 미치는 영향

자존감은 인간의 기본 욕구이며 생존을 위한 결정적 가치로 개인의 다양한 적응 기능과 밀접한 관련이 있다. 대인관계를 원만히 유지시키고, 안정적인 인성 발달의 기반이 되며, 행복감을 느끼기 위한 필수 요건이기도 하다. 따라서 자존감은 삶의 만족감, 행복감, 심리적 안녕감에 영향을 주고 다양한 발달 영역에 영향을 준다(Campbell, 1990; Hauck, 1991). Coopermith(1967)에 따르면, 자존감은 개인의 적응과 건강한 인성 발달과 자아실현에 중요한 요소로서 인간의 행동, 감정, 동기, 성취 및 인간관계에 이르기까지 폭넓게 영향을 미친다.

국내 EBS 제작팀이 수행한 실험의 결과에 따르면, 자존감은 공감 능력과 리더십 및 의사소통 능력과 밀접한 관계가 있다(정지은 외, 2009). 자존감이 높은 아동은 공감 능력이 높다. 자기에 대한 긍정적인 마음이 있는 아동은 나를 사랑하는 마음이 있기 때문에 마음이 따뜻하고, 마음이 따뜻한 아동은 다른 사람이 실수하고 나쁜 행동을 해도 책망하기보다는 이해하고 보듬어 안을 수 있다. 결국 자존감이 높은 아동은 공감 능력이 뛰어날 수밖에 없고, 이 마음이 따뜻한 공감 능력은 다시 리더십을 키운다. 리더십은 다른 사람들이 각각 제 목소리를 낼 수 있도록 배려하는 것, 각 사람이 가지고 있는 긍정적인 면을 잘 찾아 주고 존중해 주는 것, 그리고 그것을 잘 조합해서 결국에는 원하는 결과를 도출해 낼 수 있는 것이다. 이러한 리더십은 다른 사람을 존중하고 공감하는 능력과 관련되어 있다.

또한 자존감이 높은 아동은 다른 사람에게 자신의 생각과 아이디어, 정서적 느낌 등을 정확하게 잘 표현할 뿐만 아니라 다른 사람의 생각과 느낌을 제대로 파악할 수 있는 쌍방적 의사소통 능력도 뛰어나다. 의사소통 능력은 리더십을 구성하는 중요한 요소이기도 하다. 의사소통 능력의 핵심은 경청이다. 다른 사람의 말을 잘 들어야 그 사람의 생각이나 마음을 알 수 있고, 알아야 공감할 수 있으며, 공감해야 효율적인 의사소통이 가능하다. 이것은 내 의견이 중요한 만큼 다른 사람의 의견이 중요하다는 것을 아는 것, 즉 타인을 존중하는 마음이 필요하다. 그런데 타인을 존중하는 것은 자기를 존중할 수 있는 사람만이 가능하다. 자존감이 높은 아동이 남의 이야기를 잘 듣고 공감하며 의사소통 능력도 뛰어난 이유는 바로 이 때문이다.

초등학교 학생의 우울 성향 연구에서는 낮은 자존감이 우울 성향을 증가시키는 주된 요인인 것으로 나타났다(심희옥, 1998). 아동후기 초등학생이 겪는 어느 스트레스보다도 자기 자신에 대해 가지고 있는 낮은 자존감 수준이 우울하게 하는 주된 요인이라는 것이다. 자존감이 인간 존재의 중요한 동기라면, 그런 동기가 좌절될 때 우울 경험은 불가피할 것이다.

부모의 지지는 아동의 자존감 형성에 지속적이고 일관적으로 기여하고, 이와 더불어 학령기에는 또래 집단이 자존감의 중요한 근원이며, 자존감이 높은 아동이 학습목표 지향이 높은 것으로 나타났다(김문혜, 1999). 그리고 또래, 가족 및 교사로부터 사회적 지지를 많이 받는다고 지각한 아동이 사회적 지지를 적게 받는다고 지각한 아동보다 자존감 수준이 높은 것으로 나타났다(김연희, 박경자, 2001). 이러한 연구 결과는 아동은 중요한 타인으로부터 받는 사회적 지지를 통해 자신을 긍정적으로 생각할 수 있게 된다는 것을 말해 준다. 다시 말하면, 주변에 있는 중요한 타인에게서 자신이 중요한 존재이며 가치 있는 존재라는 지지와 긍정적 피드백을 받은 아동은 자신에 대해 긍정적인 생각을 갖기 때문에 자존감이 높아지게 된다는 것이다.

아동의 자존감이 높을수록 사회적 유능성이 높고 반사회적 행동이 적은 것으로 나타났다(김애경, 2001). 이는 아동이 자신의 존재와 가치를 중요하게 생각하면 긍정적이고 쾌활한 정서 상태가 되어 또래와 원만히 상호작용하여 사회적 기술을 발달시킬 기회를 갖기 때문이다. 반면, 자신을 부정적으로 평가하는 아동은 자신의 낮은 자존감에서 벗어나고자 반사회적 행동을 하게 된다. 이와 마찬가지로 아동의 자존감과 문제행동 간에는 부적인 상관관계가 있는 것으로 나타났다(김은경, 유가효, 2002). 이러한 연구 결과는 자존감이 높은 아동이 문제행동을 적게 보이는 반면, 자존감이 낮은 아동은 문제행동을 많이 보인다는 것을 말해 준다.

한편, 아동의 자존감에 따른 스트레스 대처 양식의 차이를 비교한 연구 결과에서는 자존감이 높으면 스트레스 경험에 능동적으로 대처하고, 자존감이 낮으면 수동적으로 대처하는 것으로 나타났다(윤신기, 2004). 이는 아동의 적응에 중요한 역할을 하는 것은 환경적 상황 자체보다 그 상황에 대처할 수 있다는 자신의 능력에 대한 평가라는 것을 보여 준다. 초등학생의 적응과 자존감의 관계에 대한 연구 결과에서는 적응적 측면의 심리사회적 변인들과 자존감은 정적 상관관계가 있는 반면, 부적응적 측면의 심리사회적 변인들과 자존감은 부적 상관관계가 있는 것으로 나타났다(황매향, 여태철, 2006). 이는 아동이 자신의 생활환경에 잘 적응할수록 자존감이 높아진다는 것을 보여 준다.

또한 학업 성취와 자존감의 관계에 대한 연구 결과에서는 학업 성취와 자존감이 상호 영향을 주고받는 것으로 나타났다(이경은, 이주리, 2009; 최인재, 오수연, 2010). 즉, 학업 성취의 정도가 자존감에 영향을 미치고, 자존감은 다시 학업 성취에 영향을 미친다는 것이다.

이 외에도 여러 연구 결과에 따르면, 자존감은 학업 성취도와 적응행동뿐만 아니라 원만한 대인관계(동료와의 원만한 관계 형성, 타인에 대한 신뢰감과 배려, 배우자나 자녀와의 긍정적 관계), 리더십(리더의 역할), 새로운 것에 대한 도전 능력(문제에 직면하면 회피보다는 적극적인 대처를 함, 위기 · 실패 · 좌절 · 스트레스를 쉽게 극복하고 대처함), 정서적 안정감(낯선 것에 대한 불안이나 두려움이 없음, 슬픔이나 분노와 같은 부정적 감정에서 쉽게 벗어남), 지적 발달(언어 및 의사소통 능력, 인지 및 지적 능력, 창의적 사고, 다양한 문제해결 능력) 등 삶의 필수적인 능력에 직접적인 영향을 미치는 것으로 밝혀지고 있다.

연구 결과에서 드러난 자존감이 미치는 영향의 변인들 혹은 자존감과 밀접한 관련이 있는 변인들이 건강한 자아와 건강한 관계 및 공동체 형성에 기여하는 인성의 요소들이기 때문에, 인성계발과 인성교육 차원에서 자존감 증진 프로그램을 개발하고 이를 체계적이고 지속적으로 실시하여 자존감을 높이는 일은 매우 중요하다고 할 수 있다.

3. 자존감의 형성과 발달

심리사회적 인성 발달 단계를 중심으로 아동의 자존감 형성 및 발달 과정을 살펴보고, 이어서 자존감의 형성 및 발달에 영향을 미치는 요인이 무엇인지 알아보고자 한다.

1) 연령별 자존감의 형성 · 발달 단계

Erickson(1950, 1963)은 그의 저서 『아동기와 사회(Childhood and Society)』에서 영 · 유아기부터 성인기에 이르기까지 각 연령별로 인성 발달에 미치는 영향을 고려한 심리사회적 발달이론을 제시하였다. 사람은 발달단계마다 외부 요인에 따라 두 가지 중 한 가지를 인성에 더하게 되는데, 어느 것을 자기 것으로 삼느냐에 따라 자존감이 높아지거나 낮아질 수 있다. 영 · 유아기부터 청소년기까지만 간단히 살펴보면 다음과 같다(조세핀 김, 2014).

- 0~18개월[신뢰 대 불신(trust vs. mistrust)]: 이 시기의 영 · 유아는 신뢰 혹은 불신 중에 한 가지를 체득하게 된다. 아기는 주변의 성인들을 통해 거울에 비친 자신을 본다. 즉, 자기 눈에 보이는 대상을 통해서 자신과 타인에 대한 신뢰와 불신을 배운다. 아기가 울음을 터뜨리는 것은 생존하기 위해 필요한 것을 얻기

위해서다. 그런데 자신이 피곤한 탓에 혹은 아기가 습관을 잘못 들일까 봐 매번 들여다보지 않고 이따금씩 외면하기도 하는 부모들이 있으며, 혹은 그래야 한다고 주장하는 부모들도 있다. 하지만 아기는 '난 필요할 때마다 우는데 엄마는 올 때도 있고 안 올 때도 있다. 엄마가 언제 오고 언제 안 오는지 모르겠다.'라고 생각하면서 혼란을 겪는다. 이런 경우에 아기는 주변 성인들을 믿지 못하는 만큼 자기 자신도 믿지 못하게 된다. 그런 상황이 반복되면, '아, 내가 아무리 울어도 오지 않는구나. 나는 돌봄을 받을 가치가 없는 하찮은 존재인가 보다.'라고 생각하기에 이른다. 불신을 체득한 아기는 그때부터 '세상은 믿을 수 없는 곳'이라고 믿게 된다. 뿐만 아니라 어머니가 오긴 와도 늘 화난 얼굴로 귀찮아한다면 아기는 어머니라는 거울을 통해 자기를 보면서 '나는 엄마에게 불행을 가져오는 형편없는 존재구나.' 하고 느끼게 된다. 이 시기의 자존감은 주변에 있는 보호자들과의 상호작용을 통해 형성된다. 자신의 필요에 대해 일관된 반응을 보인 부모에게서 자란 아기는 신뢰를 체득하고, 보호자와의 애착관계가 탄탄할수록 자존감 또한 탄탄하게 형성된다.

- 2~4세[자율성 대 수치심(autonomy vs. shame)]: 자율성과 수치심 중에 한 가지를 배우는 시기다. 이 시기의 유아는 유난히 자율성을 보이고 싶어 하고 자기 의지대로 뭔가를 하려고 한다. 기저귀를 차는 것을 싫어하고, 기를 쓰고 일어나 스스로 걸으려고 하며, 자기 손으로 음식을 먹고 싶어 한다. 밥을 먹일 때마다 양육자가 편한 대로 먹일 것인지, 아니면 유아가 자율성을 배우도록 인내심을 갖고 기회를 줘야 할지를 선택해야 한다. 양육자는 어떻게 해서든 손쉬운 방법으로 유아에게 밥을 먹이려 하지만, 유아는 혼자서 먹겠다고 버티다가 얼굴과 식탁, 주변을 온통 음식물로 뒤덮이게 하고 만다. 자율성을 배운 유아가 당연히 자존감도 훨씬 높다. 비록 얼굴과 온몸에 음식물을 묻히고 입 속에 들어가는 것은 얼마 되지 않는다고 해도 유아는 엄청난 성취감을 경험하기 때문이다. 스스로 이뤄 낸 것에 만족해하며 대견해한다. 반면, 유아가 기분 좋게 먹고 있는데도 옷에 흘린 음식물을 닦으며 "이것 봐. 옷에 흘렸잖아. 이렇게 하지 말라고 했지. 네가 옷에 흘리면 엄마가 또 빨아야 되잖아." 하고 지적하고 나무란다면 유아는 자신의 행동에 대해 수치심을 느끼게 된다. 그리고 자기는 밥을 스스로 먹을 줄도 모르는 아이

라고 좌절한다. 혼자서 뭔가를 해 보려고 하는데 주변에 있는 어른들이 "어린 게 뭘 알아? 그냥 해 주는 대로 얌전히 있어."라고 무시해 버린다면 유아는 수치심의 인성을 형성하게 된다. 그리고 수치심은 무력감으로 연결되고, 유아는 스스로 할 기회를 주지 않은 보호자에 대한 증오심을 갖게 된다.

- 5~7세[주도성 대 죄책감(initiative vs. guilt)]: 이 시기의 유아는 주도성과 죄책감 중에 한 가지를 체득하게 된다. 주도적으로 뭔가 해 보려는 성향을 뚜렷이 보인다. 예를 들어, 유아는 장난감 전화로 할머니와 할아버지에게 전화를 걸거나, 어머니의 화장품을 발라 보기도 하고, 인형을 가지고 역할놀이를 하기도 한다. 진취적인 기상이 왕성한 때라 놀이에서도 주도권을 쥐고 활동함으로써 자신의 책임의 한계를 가늠하고 사회적 역할에 대한 인식을 갖게 된다. 이 과정에서 "하늘은 왜 파랗죠?"와 같은 질문이 많아진다. 양육자에게는 매우 귀찮은 단계이고, 그래서 양육자와 유아 간에 충돌이 많아지는 단계이기도 하다. 이때 유아의 질문을 무시하거나 인정하지 않으면 유아의 내면에 죄책감이 형성된다. 인형을 가지고 엄마놀이를 하는데 옆에서 어머니가 "그렇게 하면 안 되지. 그러면 아가가 싫어해. 엄마가 아가한테 그러면 나쁜 엄마야." 하고 비판한다면 유아는 뭔가 잘못했다는 생각에 죄책감을 느낀다. 유아가 새로운 놀이를 만들어서 같이 해 보자고 요청하는데도 부모가 계속 "안 돼, 지금은 바빠." 하고 거절한다면 유아는 스스로를 부모에게 가치 없는 존재로 여기게 되고, 이 또한 죄책감을 느끼게 한다. 제재를 많이 당한 유아일수록 자기 일을 스스로 하지 못하고, 제재만 받다 보니 주도적인 추진력이 사그라지는 것이다. 반면, 유아가 스스로 무엇인가 시작했지만 목적을 달성하지 못했을 때 부모가 "네가 열심히 하는 것 내가 다 봤어. 그렇게 계속하다 보면 언젠가 꼭 해낼 수 있을 거야!" 하고 격려하는 반응을 보인다면, 유아는 스스로 새로운 계획을 계속 시도할 것이고, 더불어 자존감도 점점 높아진다.

- 8~13세[근면성 대 열등감(industry vs. inferiority)]: 이 시기에는 자기의 능력이 얼마나 되는지를 경험하게 되며, 특히 학교의 역할이 절대적이다. 이 시기의 아동은 근면성 혹은 열등감을 배우게 된다. 만약 끊임없이 좌절을 경험하게 되면 열등감이 생긴다. 그러므로 아동에게 희망을 심어 줄 필요가 있다. 희망을 심

어 주기 위해서는 아동의 실력보다 살짝 높은 수준의 목표, 즉 좀 노력하면 달성 가능한 목표를 세워 준다. 그리고 목표를 이루었을 때 긍정적이면서도 건설적인 피드백을 준다. 칭찬과 격려와 같은 피드백은 아동에게 '다음엔 더 잘할 수 있다.'는 희망을 심어 준다. 달성 불가능한 목표는 절망만 안길 뿐이고, 쉽게 포기하는 성격을 만든다. 따라서 어느 정도 노력하면 이룰 수 있는 목표를 설정하는 것이 중요하다. 아동은 목표 설정과 그것의 달성을 위한 노력 그리고 피드백을 통해 근면성을 얻는데, 이것은 다름 아닌 희망이 있기 때문에 가능하다. 자기도 뭔가를 이룰 수 있다는 희망과 그에 대한 기대가 아동을 변하게 하는 것이다. 실패의 경험이 없어야 열등감도 없는 게 아니다. 실패했을 때 교사에게 받은 평가와 반응은 아동에게 열등감을 줄 수도 있고 희망을 줄 수도 있다. 아동을 통제할 때 다음에 더 잘하라는 의미로 죄책감과 수치심을 주는 심리적 통제를 하는 경우가 많다. "이것 몇 번을 배운 건데 아직도 틀려?" "네가 바깥에서 이런 식으로 행동하면 선생님 체면이 뭐가 되니?" "다른 아이들은 다 하는 걸 넌 왜 못해?" 하는 식으로 아동을 심리적으로 통제한다. 그러나 이것은 정서적 학대이고, 아동의 마음속에 열등감을 부글부글 끓게 만든다. 자존감을 떨어뜨릴 뿐만 아니라 밟아 뭉개 버리는 것이다.

• 14~20세[자아정체성 대 역할혼미(self-identity vs. role confusion)]: 이 시기는 자아정체성이 확립되는 시기이므로 대인관계, 특히 친구관계가 매우 중요한 때다. 학교를 다닐 시기이므로 말할 것도 없이 학교의 역할이 매우 크다. 문제는 학교에서 자기가 누구인지 정체성을 갖고 대인관계를 경험할 만한 여유가 없다는 것이다. 그래서 학생들은 가정과 학교에서 채워지지 않는 부분들을 거리에서도 찾으려고 밖으로 나돌고 거리로 뛰쳐나간다. 십 대에 임신을 한 여학생들을 대상으로 조사한 결과에 따르면, 흥미롭게도 하나같이 아버지와의 관계가 안 좋았다. 가정에서 아버지와의 감정적인 연결이 약하고 소통이 안 되는 여학생들이 아버지처럼 의지할 남자친구를 찾게 되고, 결국에는 임신까지 하게 되었다. 또 다른 특징으로는 이들이 또래 여학생들보다 성적으로 조숙하다. 이는 아직 일깨우면 안 되는 것들을 자꾸 자극하니까 신체가 반응을 보여 생기는 결과다. 교사는 자아정체성과 감정과 신체 발달이 모두 연결되어 있다는 사실을 기억해야 한다. 건강한 정체성을 갖지 못하면 정신적 · 정서적으로 혼란을 겪

고 그것이 신체로까지 전달되기 때문이다. 청소년이 밖으로 돌지 않아도 안전한 학교 울타리 안에서 사회생활을 배울 수 있도록 해야 한다. 사회적 기술, 팀워크, 친밀감, 상호 존중, 문제해결법, 대화법, 공감 능력, 감정 표현 등을 학교에서 배워야 한다. 교사와 학생이 서로 신뢰할 수 있는 따뜻하고 안전한 학급 분위기를 만들어야 한다. 누군가가 자신을 사랑해 주고 받아 주고 인정해 주고, 또한 어디엔가 소속하고 싶은 바람을 모두 채워 줄 수 있는 곳이 바로 학교다. 교사는 수업 시간에 학생들끼리 팀을 짜서 서로 돕고 응원하며 함께 문제를 풀도록 이끌 수 있다. 또한 조회나 종례 시간에 학생들이 서로에게 속마음을 털어놓을 수 있는 시간을 줄 수 있다. 개개인이 따로따로 성공하는 것보다 함께 하나의 목표를 달성하도록 지지하는 과정에서 남을 배려하는 법을 배우고 대인관계 형성에 필요한 사회성과 협동성을 배울 수 있다. 학교야말로 안전하게 사회성과 협동성을 배울 수 있는 가장 긍정적인 무대다.

2) 자존감의 형성 · 발달에 영향을 미치는 요인

어떤 요인들이 인성의 핵심 부위인 자존감의 형성과 발달에 영향을 미치는가? Coopersmith(1967)는 자존감의 형성 및 발달에는 두 가지 요인이 중요하게 작용한다고 말했다. 첫째, 아동의 성공과 실패의 역사, 즉 아동이 성취한 객관적인 지위다. 그러나 개인의 성취와 실패란 다분히 주관적인 기준에 따라 평가된다. 둘째, 아동이 삶에서 중요한 타인에게 받은 존경심과 수용, 대우의 양이다. 결국 이 두 가지 요인에 가장 큰 영향을 주는 것은 성공과 칭찬이다. 성공 경험은 아동이 성취한 객관적인 지위를 높일 것이고, 칭찬 경험은 중요한 타인이 자신을 인정하고 있다는 것을 확신시키기 때문이다. Duclos(2001)는 자존감을 높이는 네 가지 키워드를 자신감, 긍정적인 자아상, 소속감, 능력에 대한 자부심으로 보았다. 이 경우에도 성공은 자신감과 능력에 대한 자부심을 키워 줄 것이고, 칭찬은 긍정적인 자아상과 소속감을 길러 줄 것이다. 따라서 진정성이 담긴 성공과 칭찬의 경험은 많으면 많을수록 좋다.

Rosenberg(1986)는 자존감이 다음의 네 가지 요인에 의해 형성 및 발달된다고 주장했다. 첫째는 반영된 평가(reflected appraisal)로, 사람은 타인이 자신에 대해서 갖는 태도에 영향을 받으며 시간이 경과함에 따라 타인이 보는 대로 자신을 보게 된다는 것이다. 여기서 반영된 평가의 과정은 실제로 다른 사람의 평가인 직접적인 반영과 이에 대한 행위자의 인식된 자아, 그리고 사회 전체의 반영인 일반화된 자아의 세 가지 요소가 통합된 것으로 본다. 이러한 요소들이 자존감의 형성 및 발달에 보다 중요한 것은 실제로 타인의 평가보다는 행위자가 그것을 어떻게 인식하느냐가 더 중요하며, 한두 사람의 태도보다는 사회 전체의 태도가 더 중요하기 때문이다. 이는 지속적인 상호작용을 맺고 있는 다른 사람이 자신을 가치 있게 평가해준다면 스스로도 자신을 가치 있게 보게 된다는 점을 시사한다. 둘째는 사회적 비교(social comparison)로, 사람은 다른 집단 혹은 다른 사회 범주에 속해 있는 사람들과 자신을 비교해 봄으로써 자신을 긍정적 혹은 부정적으로 평가하고 판단한다는 것이다. 셋째는 자아 귀인(self-attribution)으로, 사람은 자신의 행위나 그로 인해 생긴 결과를 관찰하고서 이 현상의 원인을 자신에게서 찾고 결국 자신의 성향에 관해 결론을 내린다는 것이다. 즉, 자신이 이룩한 업적을 관찰하는 것이 자신에 대한 존경과 가치에 대한 평가를 하는 데 중요한 기반이 된다는 것이다. 넷째는 심리적 중요성(psychological centrality)으로, 자아 개념의 각 요소들(지능, 도덕성, 친절, 사회적 지위 등)이 단순히 집적되어 있는 것이 아니라 위층적 구조를 가지고 있기 때문에 자아 개념 내의 각 요소가 가지는 상대적 중요성이 자존감의 형성 및 발달에 고려되어야 한다는 것이다. 즉, 어떤 요소는 개인의 관심의 핵심을 차지하는 반면에 어떤 것은 주변적 역할을 하는데, 인간의 인지 구조 안에서 중요한 위치를 차지하고 있는 요소가 그 사람의 자존감의 형성 및 발달에 더 크게 기여한다는 것이다.

한편, 자존감의 형성과 발달에 영향을 미치는 요인을 개인적 요인, 친구관계 요인, 가족관계 요인, 학교생활 요인으로 나누기도 한다(박은미, 2011). 자존감의 형성 및 발달에 저해가 되는 개인적 요인들 중에서 가장 큰 영향력을 가지고 있는 것은 개인적인 실패 뒤에 오는 좌절감이다. 특히 친구관계에서 실패한 경험이나 다른 사람과 학업 성취도를 비교함에 따라 생기는 좌절감으로 자신이 무가치하다는 생각을 하게 된다. 아동의 개인적 결함, 좌절감, 자신감 결여, 자기 비하, 외로움 등이 낮은 자존감을 야기한다. 친구관계가 아동·청소년의 자존감 형성과 발달에 큰 영향을 주기 때문에 친구와의 만족스러운 경험과 친구로부터의 수용과 인정은 자존감의 형성 및 발달에 도움이 되는 반면, 친구와의 불만족스러운 관계와 친구관계에서의 소외나 고립은 자존감의 형성 및 발달에 저해가 된다. 가족관계, 특히 부모-자녀 관계는 자존감의 형성 및 발달에 결정적인 요인으로 작용한다. 자녀에 대한 부모의 온정, 존중하는 대우, 명확한 한계 설정은 부모로서의 긍정적인 관심과 애정을 표현하는 것이며, 이는 자녀의 자존감의 형성과 발달에 도움이 된다. 그렇지만 자녀에 대한 부모의 무관심, 부모의 별거, 이혼, 질병, 경제적 압박, 실직이나 사망, 낮은 사회경제적 지위, 부모-자녀 간 갈등 등은 자존감의 형성 및 발달에 방해가 된다. 그리고 교사의 자존감과 교수 방법, 피드백, 교사-학생 관계, 학교생활의 전반적 분위기, 학교 풍토 등의 학교생활 요인 또한 자존감의 형성 및 발달에 영향을 준다. 학업 부진, 교사 및 친구와의 갈등, 이성 친구와의 부적절한 교제 등은 자존감의 형성 및 발달에 저해가 된다.

4. 자존감을 증진하기 위한 지도 방안

인성계발과 인성교육 차원에서 중요한 학생들의 자존감을 어떻게 증진할 것인가? 그 증진 방안은 앞에서 살펴본 자존감의 중요성과 자존감의 형성 및 발달에 영향을 미치는 요인에서 충분히 시사받을 수 있다. 교사가 학생의 자존감을 증진하기 위한 지도 방안을 몇 가지 제시하면 다음과 같다(김은실, 손현동, 2010; 정종진, 이형선, 2013; 정지은, 김민태, 2011; 정지은 외, 2009; 조세핀 김, 2014 참조).

1) 존중해 주기

학생을 존중한다는 것은 학생을 하나의 인격체로 소중하게 여기면서 수용하는 것이다. 즉, 비판 없이 받아들이는 것이다. 그렇지 않으면 학생의 행동을 좋고 나쁨으로 판단하여 학생에게 섣부른 충고나 조언을 하게 된다. 수용은 학생의 존재를 인정한다는 의미가 있기 때문에 그의 자존감을 높여 준다. 학생은 수용적인 교사의 태도를 통해 타인에게 인정받고 사랑받고 있음을 알게 되고 자신이 그럴 만한 가치가 있다고 느끼게 될 것이다.

학생을 존중한다는 것은 또한 그가 타당한 선택을 했을 때 그의 결정에 따르는 것이다. 예를 들어, 학생의 결정을 따를 때 다음과 같이 말할 수 있다. "네가 원하는 것은 중요하다. 너는 네 자신에 대해 누구보다도 더 잘 알고 있겠지! 그러니 네 일은 네가 알아서 잘 하리라고 믿는다." 이와 같이 학생을 인정하는 것은 그의 자존감 형성을 돕는 가장 효과적인 방법이다. 조건 없이 학생을 진심으로 받아들이고 인정한다는 것은 교사의 기대 수준에 도달한다는 것과는 다르다. 단순히 그 학생이 살아 있는 존재이며, 어린 학생이고 자신의 사랑스러운 담당 학생이라는 사실만으로 충분하다.

학생을 존중한다는 것은 규칙에 내포되어 있는 이유를 설명해 줄 정도로 학생을 존중해야 한다는 것을 의미하기도 한다. 자존감이 낮은 교사는 "내 말대로 해." "원래 그렇게 해야 하는 거야." "아이들은 몰라도 돼." "하라는 대로만 하면 돼."와 같이 학생을 통제하려고만 한다. 그러나 높은 자존감을 갖고 있는 교사는 학생의 행동을 확고히 통제할 뿐 아니라 통제의 이유도 알아듣도록 설명해 준다. 이렇게 이치를 따지는 것은 일면 학생에 대한 존중심을 나타내는 것이 된다. 왜냐하면 그 학생은 설명을 들을 정도로 중요한 존재이며, 또한 그 설명을 이해할 정도로 영리하다는 것을 전제한다고 볼 수 있기 때문이다. 학생을 한 인간으로서 존중하여 그의 감정, 사고 및 행동을 평가하거나 판단하지 않고 있는 그대로 받아들이는 태도는 무조건적이고 긍정적인 것이다. 이 관계에서 학생은 자신에 대한 자신감을 가지고 부모나 교사에게 반응하게 될 것이다. 다른 사람을 긍정적으로 존중하는 것의 근원은 자존감이다. 자신의 경험, 사고 및 감정을 소중하게 생각하는 사람은 다른 사람의 사고나 경험, 감정을 존중하게 된다. 여러 가지 방법으로 학생을 배려하고 온정적이고 따뜻한 관심의 태도를 보이는 것 자체가 자존감을 높이는 방법이 된다.

옛 소련의 교육학자 Makarenko(2002)는 한 인간을 최대한 존중해 주면 최대한 요구할 수 있다고 말했다. 학생이 무언가 되기를 바란다면 어떤 것을 요구하기 전에 최대한 존중해 주는 연습을 해야 한다. 성인이 직상 상사에게 존중받고 능력을 인정받으면 더 열심히 하고 싶어지듯이, 아동 · 청소년도 마찬가지다. 아동 · 청소년도 성인처럼 감정이 있고 자신이 하고 싶은 일과 하기 싫은 일이 있다. 존중이란 학생의 흥미와 기호, 발전에 대해 스스로 선택하고 결정할 수 있는 기회를 주는 것이다. 학생이 그림 그리기를 좋아한다면 낙서한다고 혼내서는 안 되며, 춤추기를 좋아한다면 얌전히 앉아서 책을 읽으라고 강요해서도 안 된다. 학생이 존중받고 있다는 것을 느끼게 하려면 그가 원하는 것을 스스로 선택하게 해야 할 뿐만 아니라 평소의 대화 속에서 학생을 존중하는 마음이 느껴지게 해야 한다. 그런데 존중하는 말과 태도가 존중하는 마음에서 비롯되는 것은 물론이지만, 반대로 존중하는 말을 쓰고 그런 태도를 가지다 보면 존중하는 마음이 생기기도 한다. 말과 행동이 우리의 생각과 마음을 만들기도 하기 때문이다.

2) 격려해 주기

칭찬과 격려는 자존감을 증진시키는 열쇠다. 『창찬은 고래도 춤추게 한다(Whale Done!: The Power of Positive Relationships)』(Blanchard, Lacinak, Tompkins, & Ballard, 2003)는 책 제목처럼 아동 · 청소년은 타인으로부터 인정과 칭찬을 받으면 신이 나서 자신의 일을 더 열심히 하게 된다. 학생의 강점과 장점, 능력을 찾아서 격려해 주면 자신이 몰랐던 힘이 있음을 알게 된다. 격려하기는 학생의 행동을 평가하거나 비판하는 것이 아니라 그의 행동을 그대로 받아 주는 것이다. 즉, 학생의 행동에 대해 성취 기준을 설정하기보다는 그가 가지고 있는 내적 자원(노력, 끈기, 좌절에 대한 내성, 시도 등)에 관심을 보이는 것이다. 하지만 가끔 격려와 칭찬을 혼동하여 학생에게 자신감을 주고 자존감을 높여 주기 위해서 칭찬을 과도하게 사용하는 경우가 종종 있다. 칭찬은 학생을 기분 좋게 만들고 바람직한 행동을 하도록 동기화시키기도 하지만, 과도한 칭찬은 때로는 학생을 병들게 할 수 있다. 그리고 칭찬은 칭찬받는 행동의 기준을 만들고, 그래서 학생은 그 기준에 맞는 행동을 하려고 노력하고 만약에 기준에 맞지 않는 행동을 하게 되면 실망하거나 좌절하게 된다.

무조건적인 칭찬보다는 격려를 해야 한다. 무조건적인 칭찬은 때로는 학생에게 독이 될 수 있다. 무조건적인 칭찬이란 학생이 한 행동의 결과에만 초점을 두거나 구체적이지 않은 칭찬을 말하며, 이는 학생의 자존감에 별 도움이 되지 않는다. 결과에만 초점을 둔 칭찬은 결국 성공 혹은 실패에만 주목하기 때문에 학생에게 '성공해야만 사랑받을 수 있구나.'라는 생각을 심어 주게 된다. 구체적이지 않은 칭찬은 칭찬받을 행동이 무엇인지 밝히지 않고 하는 칭찬을 의미한다. 교사가 칭찬하는 행동은 무엇이고 왜 칭찬하는지를 말하지 않고 그저 "잘했다." 또는 "착하다."라고 하는 말은 학생에게 무의미하게 들릴 수 있다. 그러므로 이러한 무조건적인 칭찬보다 격려를 해 주는 것이 학생의 자존감에 도움이 된다. 격려는 학생이 무엇인가를 해내고 있는 과정 속에서 지지를 보내고, 마음의 힘을 실어 주는 것이기 때문에 성공이나 실패와 상관없이 학생의 노력과 행동 모두에 긍정적인 영향을 미칠 수 있다. 이를 통해 학생은 자신이 충분히 가치 있고 사랑받을 자격이 있는 사람이라는 건강한 자존감을 형성하게 되는 것이다. 학생을 격려하는 구체적인 방법은 다음과 같다(나미연, 오익수, 2011; Kottman, 2003).

첫째, "어려운 일이지만 네가 그것을 해낼 것이라고 믿는다." 또는 "나는 너의 판단을 믿는다."와 같이 학생의 가치와 잠재력을 신뢰한다.

둘째, "그런 상황에서 네가 열심히 노력했다는 것이 정말 중요해." 또는 "나는 네가 문제를 해결하려고 노력하는 게 마음에 들어."와 같이 결과보다는 노력을 인정한다.

셋째, "너의 노력으로 친구들과의 관계가 점점 더 좋아지고 있구나." 또는 "조금씩 네가 원하는 것이 무엇인지 뚜렷해지고 있구나."와 같이 과정이나 향상을 강조한다. 여기에서의 향상은 타인과의 비교가 아닌 학생 자신의 과거 수행과의 비교다.

넷째, "용기를 내서 그건 부당하다고 말도 하고, 게다가 그 결과가 좋으니 뿌듯하겠구나." 또는 "자신에 대해서 자랑스럽게 느끼겠구나."와 같이 행동 수행의 결과로 학생이 자기 자신에 대해 가질 수 있는 자긍심 또는 긍정적 감정에 초점을 둔다.

다섯째, "과제에 집중하려고 주변 청소까지 했구나." 또는 "그 수업이 지루했지만 그래도 끝까지 집중하려고 노력했구나."와 같이 학생의 행동 중의 좋은 부분을 인정한다. 기준에 미치지 못한 부분은 무시한다.

여섯째, "네가 과제를 해결하는 데 도움이 되는 사이트를 알려 줘서 다른 아이들의 수고를 많이 덜어 주었군."과 같이 행동의 기능적 가치보다 사회적 유용성을 강조한다.

학생을 격려하기 위한 지도 원리

1. 학생의 장점을 보고, 실패를 학습의 일부분으로 수용한다.
2. 학습의 과정으로부터 얻을 수 있는 노력, 개선 혹은 즐거움을 강조한다.
3. 실수를 학습과 새로운 기능의 발달을 위한 부분으로 인식하고 모험을 감수하는 것을 가치 있게 여긴다.
4. 학생에게 책임을 부여한다. 이는 "선생님은 네가 이것을 할 수 있다고 믿는다." 라는 메시지를 전달하는 셈이 된다.
5. 학생의 성취 수준과 기능에 적합한 현실적이고 긍정적인 기대를 가진다.
6. 학생의 적절하고 착한 행동을 포착한다.
7. 낙천적이고 긍정적인 태도를 갖게 한다.
8. 성공감과 성취감을 맛볼 수 있는 기회를 만든다.

출처: 정종진, 이형선(2013), pp. 100-107.

3) 공감해 주기

공감(empathy)이란 학생이 이야기하고자 하는 바와 전하고자 하는 감정과 생각을 정확하게 이해하는 것이다. 학생에 대한 교사의 정확한 공감은 학생의 자존감을 증진시킨다. 왜냐하면 자존감이 자신이 속한 집단과의 긍정적 관계를 통해 형성되듯이, 공감은 우선 교사-학생 간의 밀접한 관계를 맺을 수 있게 하며, 학생에게 타인으로부터 존중과 수용을 받는 느낌을 줄 수 있기 때문이다. 이로 인해 학생은 자신이 가치 있는 사람이라는 생각을 가질 수 있다.

교사가 학생과 공감하려면 학생의 행동이나 감정을 비판하고 설득하거나, 충고와 제안을 하거나, 부정하거나 반박하기보다는 학생의 마음을 있는 그대로 받아 주고 이해해 주어야 한다. 비판하기 또는 설득하기는 학생에게 '아, 나는 무능력하구나.' '나는 정말 나쁜 아이인가 보다.' 혹은 '내가 할 수 있는 일은 하나도 없네.'라고 생각하게 해 학생의 자존감에 손상을 주고 열등감과 좌절감과 죄책감을 안겨 줄 수 있다. 또한 지나친 충고와 제안은 학생이 어려운 상황에 직면하면 그 해결책을 찾는 데 있어 부모와 교사에게 의존하는 경향을 갖게 만든다. 우선 학생의 마음을 충분히 받아 준 후 감정이 정리되고 학생이 이성을 찾게 되면, 그때 "그럼 이 문제를 어떻게 해결했으면 좋겠니?"라고 물어 문제해결 방법을 같이 찾아가면 된다. 그렇게 되면 학생의 자존감이 상처받지 않으면서 문제도 해결해 갈 수 있다.

공감은 학생이 자신을 유능하다고 느끼게 하는 필수적인 조건이다. 공감을 돕기 위한 방법에는 여러 가지가 있지만, 가장 우선시되는 것은 학생의 입장에서 생각하는 것이다. 학생은 타고난 천성뿐만 아니라 경험하고 자란 사회적 · 심리적 · 물리적 환경에 따라 다른 가치관을 가지고 있다. 공감은 학생을 나와 같아야 한다는 생각으로 바라보지 않고 학생의 다양성과 다름을 인정하고, 학생이 이야기하는 것을 그대로 들어주는 것이다. 하지만 학생의 말이나 행동을 교사 자신의 잣대로 판단하거나 자신에게 편한 것만을 받아들여 학생에게 충고나 설득을 한다면, 학생은 자신의 행동에 대해서 부끄러움을 느끼고 교사에게 마음의 문을 열지 않을 수 있다.

공감을 돕는 다른 방법은 학생이 이야기하는 것을 잘 듣는 것, 즉 경청하는 것이다. 잘 듣는다는 것은 학생의 말을 글자 그대로 해석하기보다는 상대방이 이야기하고자 하는 내용을 정확하게 파악하고 이해하는 것이다. 또한 교사 자신이 학생의 이야기를 잘 듣고 있다는 것을 학생에게 적절하게 알려 주는 것도 포함된다. 학생의 마음을 정확하게 이해하는 것은 학생과 교사와의 신뢰에 기본이 된다. 따라서 교사가 학생의 말을 잘 듣고 있다는 것을 언어적으로 혹은 행동적으로 알려 주어야 한다. 학생의 이야기 도중에 잘 듣고 있다는 표시로 "응." "그렇구나." "그래서?" "아~"와 같이 맞장구를 쳐 주고, 고개를 끄덕이고, 적절하게 웃거나 슬픈 표정을 짓는 등의 몸짓도 해 주어야 한다. 또한 학생이 하는 말이 잘 이해되지 않을 때는 "네가 이야기하는 것을 잘 못 들었구나. 다시 이야기해 줄 수 있니?" "너의 말이 혹시 이런 뜻이니?" "쉽게 이해가 되지 않는데 좀 더 자세히 설명해 주겠니?"와 같이 학생에게 다시 물어보는 것이 좋다. 그리고 학생이 말하는 도중에 끼어들지 말아야 한다. 이와 같은 반응들은 학생으로 하여금 자신의 이야기가 수용되고 있다는 느낌을 주며, 자신을 좀 더 잘 표현할 수 있도록 자신감도 준다. 경청은 타인에게 수용되는 경험을 통하여 자존감을 증진시킨다. 즉, 교사가 자신의 이야기를 잘 들어주면 학생은 다른 사람에게 사랑받고 있다는 마음을 가지기 때문에 자존감이 높아진다.

4) 긍정적으로 평가하기

자존감은 성공 경험과 더불어 자신에게 중요한 타인인 부모와 교사 및 또래들로부터의 평가를 통해 형성된다. 그들이 자신을 어떻게 바라보고 평가해 주는지가 중요하게 작용한다. 학생의 자아상이 별 탈 없이 긍정적으로 발달해 가려면, 무엇보다 자신에게 중요하고 의미 있다고 생각하는 사람으로부터 꾸준히 긍정적이고 호의적인 느낌을 받으면서 자라야 한다. 학생 주변의 다른 모든 사람이 긍정적인 말과 태도를 보여 준다고 해도 학생이 중요하다고 생각하는 특정한 사람이 부정적인 말을 하고 부정적인 느낌을 준다면, 학생은 자존감을 갖는 데 어려움을 느낄 것이다. 학교에서 학생의 행동에 대해 긍정적인 반응을 보이고 성과를 칭찬해 주면 학생은 자신의 가치를 확신하게 된다. 계속해서 이런 긍정적인 반응을 받은 학생은 자신에 대한 좋은 평가를 마음속에 담아두게 된다. 이렇게 건강한 수준의 자존감을 갖게 된 학생은 그렇지 못한 학생에 비해 자신의 잠재력을 충분히 발휘하고 다른 사람과 성공적인 관계를 맺을 가능성이 월등히 높아진다.

학생을 긍정적으로 평가하기 위해서는 그가 성공하거나 바람직한 행동을 했을 때 진솔하고 아낌없이 칭찬해 주고 인정해 주며 격려해 주는 것은 물론, 학생이 성공하지 못하더라도 그의 노력을 인정해 주는 것이 중요하다. 특히 실패를 했을 때 격려는 꼭 필요하다. "나는 네가 얼마나 애썼는지를 안다." "네가 자랑스럽구나! 너 정말 애썼다." "그것을 배우는 데는 시간이 좀 걸릴 거야. 너는 정말 그 일을 꾸준히 해 왔지. 곧 그 방법을 터득하게 될 거야."와 같은 격려의 말은 학생이 성공적으로 느끼고 자신을 소중하게 생각하도록 한다. 그러므로 학생이 실패했을 때 다른 사람 앞에서 모욕을 주고 그의 행동을 가볍게 여겨서는 안 된다. 이는 학생을 근본적으로 무시하는 것이며, 그의 자존감에 손상을 입히기 쉽다.

칭찬이 효과적이 되기 위해서는 진지하게 칭찬해야 한다는 것은 두말할 필요도 없다. 학생과의 관계에서 진지성(genuineness)을 갖는다는 것은 아무리 교사라 하더라도 학생에게 자신의 경험이나 감정을 솔직하게 표현하는 것을 말한다. 성인이 자신의 경험이나 감정을 왜곡해서 표현하지 않고 정직하고 성실하게 대하는 것이다. 학생은 다른 사람이 자신에 관해 이야기하는 것을 듣고 자신에 대한 개념을 갖게 된다. 예를 들어, 교사가 "어서 따라와, 넌 언제나 느리단 말이야" "너는 어떻게 그렇게 너만 생각할 수 있니?"라고 말한다면 학생은 '난 느린 사람이구나.' 또는 '난 내 생각만 하는 사람이구나.'라고 자신에 대해 알게 되는 것이다. 학생들 간에도 별 생각 없이 "돼지 같은 자식! 너는 항상 혼자만 차지하려고 하니?" "야, 느림뱅이야, 좀 빨리 해."와 같이 하는 말 속에서 나타나는 단어들이 한 학생의 별명으로 되기 쉽다. 이런 식으로 불리다 보면 그 학생은 자신이 좋아질 수 없으며, 가치 없는 인간이라 느끼게 되고, 나아가서 자신을 극복하려는 노력조차도 포기하기 쉽다.

또한 학생에 대한 부정적인 평가, 예를 들어 "그 애는 오늘도 또 말썽이야. 언제쯤 철이 들지?"라는 말을 학생 앞에서 직접 하지 않고 다른 사람에게 하거나 속으로 생각하는 경우도 있다. 만일 학생이 어깨너머로 자기에 대한 부정적 평가를 듣게 된다면 직접적으로 듣는 것보다 심하게 자존감에 상처를 입을 수도 있다. 인간이 동물과 다른 중요한 점의 하나는 바로 자신에 대한 자각 능력이 있다는 것이다. 이러한 자각에 의해 자신이 누구인지를 정의하는데, 이것이 바로 자아정체감의 근원이 된다. 타인이 뒤에서 하는 평가, 특히 학생이 좋아하는 성인이 자신을 비판하거나 거부하는 것과 같은 부정적인 평가를 하고 있는 것을 안다면 이는 그 학생의 자존감과 정체감을 뒤흔드는 사건이 된다.

5) 유능감 키우기

언젠가는 반드시 해낼 수 있다는 자신감, 스스로에게 그런 능력이 있다는 긍정적 이미지와 유능감은 자존감에 크게 기여한다. 학생이 어떤 활동이나 과제를 성공적으로 해낼 수 있다는 자신의 능력에 대한 신념과 태도인 자신감과 유능감을 갖도록 하기 위해서는 성공 경험을 통해 성취감을 갖게 하고 긍정적으로 피드백해 주는 것이 무엇보다 중요하다. 학생을 과잉보호하는 것은 자존감을 낮추어 버릴 수 있다. 예를 들어, 교사는 학생이 화분에 물 주기를 혼자 하지 못하게 하거나, 별생각 없이 완성하지 못한 과제를 대신 해결해 주기도 한다. 그러나 학생으로 하여금 스스로 자신의 일을 해 보게 하는 경험은 학생의 독립심을 키우는 데에도 필요할 뿐 아니라 자신에 대한 유능감을 갖게 하는 데에도 도움이 된다. 일단 학생이 무엇이든 다 잘할 수 있게 되면 그것이 달리기든 던지기든 간에 스스로 자신감을 얻게 되고 자존감을 갖게 된다.

자신감은 자존감의 기초가 되며 '나는 할 수 있다.'라는 긍정적 · 적극적 · 능동적 암시를 가져다준다. 학생의 자신감은 자존감을 단단하게 세우는 토대인 교사의 믿음에서 나온다. 실수를 할 때마다 학생의 약점을 대놓고 야단치면, 학생은 '나는 능력이 없어.'라고 생각한다. 이런 일이 반복되면 모든 일에 소극적으로 변하고, 늘 자신에게 비판적이며 자신의 결점을 강조하는 학생으로 자라기 쉽다. 그러나 반대로 실수를 하더라도 교사가 감싸 주고 노력하면 더 잘할 수 있다고 격려한다면, 학생은 교사와 함께 자신의 결점을 극복하기 위해 노력하려 들 것이다. 또한 교사가 자신의 있는 그대로의 모습은 물론 결점까지 아낀다는 사실에 자신을 긍정적으로 새롭게 바라보게 되어 자신감을 갖게 될 것이다. 학생의 자신감은 종종 교사의 긍정적 사고에서 시작된다. 무엇이든 부정적으로 말하는 교사는 매사에 부정적으로 말하는 학생을 만들어 좀처럼 자신감을 키울 수 없게 만든다. 하지만 같은 상황이라도 교사가 긍정적인 눈으로 바라보면 학생은 희망을 갖고 자신감을 갖게 된다. 따라서 교사는 평상시 학생을 대할 때 긍정적인 말을 자주 하는 연습을 할 필요가 있다.

유능감을 갖도록 도와주는 방법은 학생에게 스스로 어떤 선택을 하도록 하고 또 가능한 한 독립적이 되도록 하여 잘해 내는 경험을 하게 하는 것이다. 다양한 활동에서의 유능감 외에도 대인관계에서의 유능감 역시 중요하다. 예를 들어, 다른 사람들과 잘 어울릴 수 있고, 다른 사람들이 자기를 모두 좋아하고 또 자신이 원하는 바를 대체적으로 얻어 왔다고 느끼는 학생은 자신을 긍정적으로 받아들인다. 이때 학생의 자존감이 높아진다.

[그림 2-2] 자존감 증진 포스터

6) 표현의 기회 주기

교사는 학생에게 안전하고 적절하게 자신의 감정과 생각을 표현할 기회를 주어야 한다. 위축되어 있고 자신감이 없는 학생들의 공통적인 특징은 어릴 때부터 자신의 감정과 생각을 표현하는 데 제지를 당하거나 수용받지 못했다는 것이다. 학생이 때로는 긍정적인 감정뿐만 아니라 부정적이고 공격적인 감정을 드러내는 경우가 있다. 즉, 화나는 감정, 투정 부리고 싶은 감정, 속상한 감정을 느끼는 것이다. 이럴 때 교사가 이를 수용해 주고 받아 준다면 학생은 자신에 대한 확신과 인정, 수용받고 있다는 생각을 하게 된다. 반면, 교사가 받아들여 주지 않으면, 학생은 자신이 감정을 표현하면 교사로부터 미움을 받을지도 모른다는 위협감과 불안감을 느끼고 자신의 감정을 억압할 수 있다. 특히 유아기와 아동기는 부정적인 감정이 발달하는 시기인데, 이 시기에 부모나 교사로부터 부정적인 표현이 수용되면 아동은 자신이 사랑받고 존중받고 있다는 느낌을 갖게 되고 긍정적인 자존감을 갖게 된다.

그렇지만 부정적인 감정을 부적절하게 표현하는 경우에는 명확하게 제지를 해야 한다. 학생이 표현하는 모든 행동을 허용하게 되면, 학생은 오히려 자기의 감정과 기분을 조절하고 통제하는 능력을 발달시키지 못하고 누구에게나 자신의 감정을 분출시켜 버리는 행동이 굳어지게 된다. 그러므로 건강한 자존감이 형성되도록 하기 위해서는 우선 학생이 자신의 감정에 대해서 인식하도록 하고, 그다음에 부적절한 표현을 하면 안 되는 이유를 설명해 주면서 자신의 감정을 분출할 수 있는 다른 대안을 제시하는 것이 좋다.

7) 실패 경험을 긍정적으로 수용하도록 도와주기

학생이 성공 경험과 성취감을 많이 맛보면 좋지만, 어떤 일이든 실패 혹은 실수가 있게 마련이다. 동일한 실패를 반복하는 게 문제지 실패 자체가 나쁜 게 아니다. 실패를 통해서 교훈을 얻고 그것을 성공과 발전의 원동력으로 삼는 것이 중요하다. 애초에 실패란 것은 없다. 실패는 어떤 행위가 어떤 식으로 마무리되어야 한다는 개인적인 의견에 따른 것일 뿐이다. 에디슨의 경우, 남들이 1억 2,000만 번의 실패라고 말한 것을 스스로는 '발견'이라고 불렀다. 물론 스스로의 기준에 비추어 실패하는 경우가 있을 수 있지만, 실패를 그저 잘못된 일이라고 생각하는 사람은 그것과 자신의 가치를 동일시하는 일 따위는 하지 않는다. 실패가 학생의 자존감 형성에 좋지 않다는 것은 학생이 실패를 자기의 가치와 동일시하는 경향이 강하기 때문이다. 하지만 실패를 일이 되어 가는 과정의 시행착오로 생각한다면 실패가 자존감을 낮추는 일 따위는 발생하지 않는다. 오히려 시행착오를 겪으면서 자극을 받아 노력과 탐색을 할 수 있고, 새로운 발견에 이르는 길을 찾는 기회가 될 수도 있다.

그러므로 학생이 자신의 실패 경험을 긍정적으로 받아들이도록 도와주어야 한다. 자존감이 낮은 학생은 실패를 두려워한다. 자신의 능력을 결과에만 연결하여 생각하기 때문에 실패하면 자신을 무능하고 가치가 없다고 생각하는 것이다. 그렇지만 진정한 성공은 실패를 통해서 이루어지는 것이며, 실패를 해야 성공의 가치와 기쁨을 느낄 수 있는 것이다. 학생이 실패 경험을 수용하고 극복하기 위해서 필요한 것은 바로 학생이 실패를 했을 때 교사가 수용적인 태도를 보여 주는 것이다. 실패에 대해서 책망하거나 무시하지 않고 실패했더라도 여전히 사랑하고 지켜보고 있다는 위로를 해 줄 때 학생은 다시 시도하고 도전하고자 하는 의지가 생기는 것이다.

성공과 실패보다 중요한 것은 도전이다. 학생이 사소한 일상에서 아주 작은 도전을 해서 성공하는 것만으로도 자신감과 자존감 향상에 도움이 된다. 학생이 성공하느냐 실패하느냐 하는 문제보다 성공과 실패의 경험을 해 보느냐 해 보지 않느냐가 학생의 자존감 증진에 주요 관건이 된다. 학생을 믿고 뭐든 도전해 보게 하되 실패해도 된다는 것, 다시 하면 된다는 것, 실패를 통해 배워 가고 성장한다는 것을 말해 주어야 한다. 학생을 사랑한답시고 학생이 마땅히 해야 할 일을 미리 알아서 해결해 주거나 모든 일의 결과를 예상하고 일어나지도 않은 실패와 성공을 관리해서는 안 된다. 교사는 학생이 스스로 원하는 일을 할 수 있도록 독려하고, 실패하면 그 자리에 주저앉지 않도록 격려해 주며, 성공하면 아낌없이 칭찬해 주면 된다. 탄탄한 자존감은 성공과 실패를 반복해서 겪으면서 만들어지는 것이다.

실패와 성공의 경험을 통해 학생이 정말로 배워야 하는 것은 자신이 꽤 괜찮은 사람이라는 확신이다. 열심히 공부해서 시험을 잘 봤을 때, 수없이 넘어진 끝에 자전거를 타게 되었을 때, 힘들었지만 자랑스러운 일을 성취했을 때 등을 떠올리며 어떤 어려움이 있더라도 결국에는 잘 해낼 것이라는 확신, 즉 자존감을 갖는 것이다. 아동이 적절하게 실패와 성공의 경험을 반복하면서 청소년이 되고 성인이 되어 어떤 어려움을 맞닥뜨리더라도 헤쳐 나갈 수 있는 건강한 정신력을 갖게 하는 것이 인성교육이 추구하는 목표이기도 하다. 아무리 힘들고 어려운 과제라도 도전하고 끈기 있게 해결해 나가고, 성공의 경험을 통해 더 큰 자신감을 획득하며, 실패의 경험을 통해서는 인내와 강한 정신력을 키워 다음 기회를 즐겁게 맞이하게 되는 것이 자존감이 주는 선물이다.

학생이 실패를 하더라도 툭툭 털고 일어나 다시 도전할 수 있게 하려면 다음의 방법을 사용해 보는 것이 좋다. 첫째, 학생의 능력보다 좀 더 높은 과제를 준다. 이것은 학생이 실패할 수 있는 상황을 유도하는 것이다. 과제가 어렵기 때문에 학생은 노력 여하에 따라 성공할 수도 있고 실패할 수도 있다. 사소한 것에서부터 좀 더 높은 과제를 제시한다. 노력한 이후에 성공을 하게 되면 더 큰 자신감으로 다음 과제에 도전할 수 있다. 둘째, 학생에게 성공할 때까지 최선을 다하라고 말하지 않는다. 대신, "네가 중요하다고 생각하는 것을 하고 싶은 대로 그냥 해 봐."라고 말한다. 스스로 선택한 일은 책임감을 불러일으켜 실패해도 다시 도전하고 싶은 의욕이 생기게 한다. 셋째, 학생의 실패를 심각하게 받아들이지 않는다. 실패를 하지 않고는 아무것도 배울 수 없다. 교사가 학생의 실패를 너무 심각하게 받아들이면 학생은 실패할지도 모르는 일은 무조건 피하려 들 것이며, 성공할 것 같지 않으면 결코 도전하지 않을 것이다. 넷째, 자신의 실패를 순순히 인정하게 한다. 실수를 인정해야 문제를 해결해 나갈 수 있다. 심각하게 말할 필요는 없지만 실패가 성공이라고 우기지 않도록 주의를 준다. 다섯째, 어떤 일이든 실패한 상태로 내버려 두지 않는다. 학생의 자존감을 향상시키는 것은 성공 경험이다. 실패는 성공 경험을 위한 자료를 제공하기는 하지만 그 자체가 자존감을 향상시키는 것은 아니다. 실패를 그대로 내버려 두면 정말 실패가 된다. 하지만 실패한 후에 다시 시도할 수 있도록 격려해 주면 한때의 실패가 결국은 성공으로 기록된다.

학생의 자존감 향상을 위한 교사 10계명

1. 각 학생과 친밀한 관계를 유지하자.
2. 모든 학생에게 공평하게 대하자.
3. 학생들에게서도 배운다는 자세를 갖자.
4. 무엇을 가르칠 때 학생들이 배우는 과정을 중요하게 여기자.
5. 학생들에게 근거 있는 칭찬을 하자.
6. 결과와 점수에만 집중하지 말자.
7. 어떤 경우에도 학생들을 비판하지 말자.
8. 학생들에게 언어폭력(욕설, 소리 지름, 조소, 괴롭힘, 학생의 미래에 대한 부정적 예측 등)을 금하자.
9. 학생들을 비교하지 말자.
10. 학생들에게 수치심을 느끼게 하지 말자.

출처: 조세핀 김(2014), pp. 233-237.

5. 자존감 증진 프로그램

1) 프로그램 구성과 실시상의 유의점

자존감 증진 프로그램의 목적은 학생의 자존감을 향상시키는 데 있다. 프로그램에는 단위 프로그램과 통합 프로그램이 있다. 단위 프로그램은 어떤 하나의 내용을 한 번에 지도하기 위한 일회성 프로그램으로서 활동지도안의 성격을 가진다.

통합 프로그램은 한 주제에서 세분화된 여러 활동이나 비슷한 성격의 활동들을 한 체계 속에 적절하게 연결하여 하나의 활동으로 묶은 구조화된 프로그램을 말한다. 단위 프로그램은 필요할 때마다 학교교육과정과 연계하여 학급 단위로 수업 시간에 부수적인 활동으로 활용하고, 통합 프로그램은 방과 후나 방학 혹은 특정 교과 시간에 10~12회기에 걸쳐 계속되는 집중적인 소집단(10명 내외) 활동으로 활용하는 것이 적절하다.

자존감 증진 프로그램은 교사가 기존의 프로그램 중 적절한 것을 골라 그대로 사용할 수도 있고, 교사 나름대로 새로운 아이디어를 보태어 기존의 프로그램을 다소 수정 · 변형시켜 재구성하여 사용하거나 직접 만들어 사용할 수도 있다. 프로그램을 직접 만들거나 재구성할 때는 자존감의 구성요소와 집단지도 혹은 집단상담의 과정을 포함하도록 하고, 자존감 향상을 위해 집단 구성원들 간에 긍정적 상호작용이 활발히 일어날 수 있도록 하는 데 주안점을 두어야 한다. 자존감 증진 활동이나 프로그램을 다루고 있는 기존의 책이나 논문을 몇 개 소개하면 다음과 같다. 이러한 책과 논문은 교사가 자존감 증진 프로그램을 만들거나 재구성하여 사용하는 데 큰 도움이 될 것이다.

- 정종진, 이형선(2013). 자신감과 자존감 키우기. 경기: 공동체.
- 이명경(2014). 자존감 교육. 서울: 북아이콘.
- 정동섭(2014). 자존감 세우기: 낮은 자존감을 가진 사람들을 위한 상담과 치유. 서울: 요단출판사.
- 김은실, 손현동(2015). 자존감 향상 프로그램. 서울: 학지사.
- 남미영(2015). 매일매일 20분 남미영의 인성학교: 자존감과 긍정성. 서울: 예림당.
- 윤홍균(2016) 자존감 수업. 서울: 심플라이프
- 김금숙(2003). 자아존중감 프로그램이 중학생의 학교생활 적응에 미치는 효과. 제주대학교 교육대학원 석사학위논문.
- 지은숙(2007). 자아존종감 증진 프로그램이 초등 특수학급 아동의 자아존중감과 학교생활적응에 미치는 효과. 이화여자대학교 교육대학원 석사학위논문.
- 박설희(2010). 학급단위 자아존중감 증진 프로그램이 초등학생의 자아존중감에 미치는 효과. 경북대학교 교육대학원 석사학위논문.
- 권보영(2011). 자아존중감증진 프로그램이 초등학생의 자아존중감 및 학업성

취도에 미치는 효과. 한남대학교 교육대학원 석사학위논문.
- 임정숙(2011). 자존감향상 집단상담이 초등학생 자아존중감 향상에 미치는 효과. 한국외국어대학교 교육대학원 석사학위논문.
- 강순화(2014). 책을 활용한 자아존중감 증진 프로그램의 효과. 한양사이버대학교 휴먼서비스대학원 석사학위논문.
- 민혜숙(2015). 긍정적 자존감 향상 프로그램이 초등학생의 자아존중감에 미치는 효과. 우석대학교 교육대학원 석사학위논문.

자존감 증진 프로그램을 만들거나 재구성할 때는 가급적 학교교육과정과 연계하거나 특정 교과와 통합되도록 하고, 자존감의 모든 구성요소와 자기 이해 · 자기 수용 · 자기 개방을 촉진하는 활동을 포함시키고, 학생이 자신의 모습을 긍정적으로 인식할 수 있도록 교사와 또래들로부터 존중받는 경험을 갖도록 하고, 학생들의 흥미와 적극적인 집단 참여를 유도할 수 있도록 시청각 자료 · 동영상 · 조작 활동 · 직접체험 · 놀이 등 다양한 활동을 포함시키는 것이 좋다.

프로그램을 진행할 시 교사는 학생 모두가 잘 해낼 수 있다는 기대와 믿음을 가지고 진행해야 한다. 소외되거나 포기하는 학생이 발생하지 않도록 주의하고, 학생들이 자신의 의견과 노력이 인정받고 있다는 느낌을 갖도록 하는 것이 중요하다. 수업 시간이 아닌 별도의 활동이나 프로그램으로 진행될 경우 또 하나의 수업으로 인식되지 않도록 하고, 진행 과정에서 지속적으로 격려와 지지를 함으로써 학생들의 자존감을 높이도록 해야 한다. 학생들이 부담 없이 자신의 생각과 느낌을 표현할 수 있도록 허용적이고 편안한 분위기를 조성하고, 필요한 규칙들은 사전에 정하여 프로그램 내내 일관되게 지켜야 한다. 학생들의 자존감을 증진시키기 위한 가장 좋은 방법은 성공 경험을 갖게 하고 교사가 긍정적 피드백을 주는 것이다. 그러므로 학생들에게 가급적 많은 성공 경험을 갖게 하고, 그들의 장점과 노력을 교사가 발견하여 인정해 주고 격려해 주는 칭찬의 기회를 많이 제공해야 한다.

각 회기별 프로그램을 실시할 때는 먼저 활동의 목적과 이유를 소개한 다음, 도입 과정에서 실제 전개를 위한 워밍업을 하고, 집단 활동이나 개별 활동 혹은 게임 · 놀이 활동을 통해 전개 활동을 실행하고, 전개 활동을 통해 얻을 수 있는 목표를 강조하고 피드백을 주며, 전개 활동의 과정과 성과를 정리하고 마무리하는 과정으로 진행하는 것이 좋다(정종진, 이형선, 2013).

2) 프로그램의 실제

자존감 증진 프로그램에 대한 선행 연구를 고찰하여 권보영(2011)이 자존감의 공통요소로 추출한 자아탐색, 감정표현, 긍정적 사고, 미래설계, 중요한 타자와의 관계 맺기를 토대로 재구성한 자존감 증진 프로그램의 내용은 〈표 2-2〉와 같다.

〈표 2-2〉 자존감 증진 프로그램의 내용

회기	요소	주제	활동 내용	활동 형태 및 준비물
1	오리엔테이션	들어가기	• 프로그램의 목적과 내용 이해하기 • 프로그램 진행 시 지켜야 하는 규칙 정하기	이야기 나누기
2	자아 탐색	All about me!	• 나는 누구일까? • 나를 ○○○으로 불러 주세요(애칭 만들기)	활동지
3	자아 탐색	콤플렉스 때려잡기	• 자신의 장점과 단점 찾기 - 자신의 장점과 단점을 스스로 찾아보기 - 친구들이 생각하는 장점과 단점 알아보기	활동지 조작 활동
4	감정 표현	내 마음의 신호등	• 다양한 감정의 인식 및 표현하기 - 감정 얼굴 찾기 게임 - 감정 5자 표현 게임 - 고민 상담 댓글 달기	활동지 놀이 활동
5	대인 관계	나의 가족	• 가족나무를 완성하고, 관계 속에서 자신이 해야 할 일을 확인하기	활동지
6-7	긍정적 사고	내가 그리고 우리가 해냈어요	• 성공한 경험을 확인하여 발표하고 자신감 얻기 - 성공 경험으로 구성된 학급신문 만들기	활동지
8	긍정적 사고	터뜨리자	• '할 수 없다'를 '할 수 있다'로 만들기 - 내 마음에 있는 부정적 감정 표출하기 - 풍선을 터뜨리며 긍정적 사고 키우기	활동지 풍선
9	중요한 타자와 관계 맺기	소중한 친구	• 좋은 친구와 내가 좋아하는 친구를 주제로 마인드 맵 작성하기 - 좋은 친구가 되기 위해 내가 할 일	활동지 마인드 맵
10	성공감 체험	나도 특별해	• 성공한 사람의 삶을 살펴보고, 그 사람의 입장에서 성공감 체험해 보기 - KFC 회장의 성공기 - 월트 디즈니의 삶	활동지 동영상

11	미래 설계	꿈★은 이루어진다	• 미래의 꿈 설계하기 - 잡지책을 활용하여 콜라주로 표현하기 - 구체적으로 해야 할 일 확인하기	놀이 활동
12	활동 정리	소중한 나	• 소감문을 작성하고, 느낀 점 이야기하기 - 활동을 하며 배우거나 느낀 점 말하기 - 자신의 생각이나 행동에서 달라진 것이 있는지 생각해 보기	활동지

그리고 박설희(2010)와 강순화(2014)가 자존감의 하위 영역인 성격적 자존감, 신체적(신체 외모 및 능력) 자존감, 가정적 자존감, 사회적(친구 관련, 교사 관련) 자존감을 기르기 위한 활동을 중심으로 재구성한 자존감 증진 프로그램의 내용은 〈표 2-3〉과 같다.

〈표 2-3〉 **자존감 증진 프로그램의 내용**

회기	주제	목표	주요 활동
1	프로그램 안내 및 자기소개	• 프로그램에 관심 갖기, 프로그램의 목적 이해 • 자기소개 활동을 통한 집단원 간의 이해 증진 • 집단 활동 시 지킬 약속 인식하기	• 프로그램 안내 • 서약하기 • 자기소개하기
2	친밀감과 신뢰감 형성하기	• 개인적인 정보 교환으로 친밀감 형성하기 • 촉진 활동을 통해 집단원들 상호 간 신뢰감 및 친밀감 형성하기	• 별칭 짓기 • 별칭 소개하기 • 뒤로 넘어지기
3	나의 모습 들여다 보기	• 나 자신에 대하여 있는 그대로의 모습 생각해 보고, 자신의 소중함 인식하기 • 주위 사람들이 보는 모습과 스스로 생각하는 모습이 다름을 인정하고 수용하기	• '너는 특별하단다' • 애니메이션 시청 후 소감 발표 • 나의 안과 밖 그리기
4	성격적 자존감 기르기	• 자신의 성격적 장단점을 알고 수용하기 • 자신의 성격적 단점을 긍정적으로 바꾸어 생각하기 • 자신의 성격적 단점을 고칠 수 있는 방법 찾기	• 나와 너 다시 보기 • 나는 이런 사람입니다
5	신체적 자존감 기르기	• 신체의 모든 부분이 소중함을 이해하기 • 자신의 신체적 장단점을 인식하고 수용하기 • 자신의 불만족스러운 신체의 특징을 긍정적으로 생각하기	• 소중한 나의 몸 • 내 모습 그대로

6	학업 및 전반적 자존감 기르기	• 칭찬을 통한 긍정적 자아상 갖기 • 학업에서 잘하는 것과 못하는 것을 수용하기 • 자신의 학습 습관을 점검하고 학습 태도 바꾸기	• 칭찬세례 게임 • 내가 잘하는 것과 못하는 것 • 나의 학습 습관 알기 • 학습 태도 바꾸기
7	가정적 자존감 기르기	• 가정에서 내가 가족에게 보여 주는 모습과 가족이 나에게 바라는 모습이 다르다는 것을 이해하기 • 가정의 소중함 인식하기 • 행복한 가정을 만들기 위한 나의 역할을 알고 수용하기	• 가족 안에서의 나 • 가족에 대한 긍정적 감정 갖기 • 행복한 가정 만들기
8	사회적 (친구 관련) 자존감 기르기	• 친구관계에서 중요한 요소가 무엇인지 이해하기 • 친구들 사이에서 자신의 역할을 이해하고 수용하기 • 좋은 친구관계를 유지하기 위해 자신이 해야 할 일 찾기	• 나 이럴 때 섭섭했어 • 친구와 가까워지는 말 • 친구들 속에서의 나
9	사회적 (교사 관련) 자존감 기르기	• 학교생활에서 자신이 교사에게 보여 주는 모습을 이해하고 수용하기 • 교사가 기대하는 역할을 알고 좋은 관계를 유지하기 위해 노력하기	• 선생님께 보여지는 나 • 선생님께서 바라시는 나
10	마무리	• 자신이 소중한 존재임을 인식하기 • 자신이 새롭게 인식하게 된 자신의 좋은 점 알고 자긍심 갖기 • 지난 활동 내용을 돌이켜 보고 정리하기	• '나는 위대한 사람입니다' 시 낭송 • 나는 소중한 사람 • 마무리하기

〈표 2-2〉와 〈표 2-3〉은 인성교육을 위한 자존감 증진 프로그램의 내용과 구성을 위한 본보기가 되는 예시에 불과하다. 이를 토대로 교사 나름대로 관련 문헌과 선행 연구를 참고하여 각 회기의 활동 내용을 재구성할 수 있다. 초등학생의 자존감 증진 프로그램 작성에 포함될 수 있는 단위 프로그램 2개만을 제시해 보면 부록과 같다(정종진, 이형선, 2013).

연구 과제

1. 학생의 자존감 증진에 도움이 되는 교사의 말과 행동, 그리고 학생의 자존감 증진에 저해가 되는 교사의 말과 행동에는 어떤 것들이 있는지 토의해 보시오.
2. 아동·청소년의 자존감을 측정하기 위한 국내외 검사도구에는 어떤 것들이 있는지 조사해 보고, 자존감 검사의 하위 요인을 살펴보시오.
3. 공감, 수용 및 격려가 자존감 증진에 왜, 어떻게 도움이 되는지 설명하고, 상황을 설정하여 학생의 자존감 증진을 위한 교사의 공감, 수용, 격려하기 연습을 할 수 있도록 동료와 짝지어 역할극을 시행해 보시오.
4. 자존감 관련 책과 선행 연구를 검토하여 초등학생용 혹은 중고등학생용 자존감 증진 프로그램의 목적과 성격, 프로그램 구성의 방향과 준거, 프로그램의 회기별 내용을 구성해 보시오.

참고문헌

강순화(2014). 책을 활용한 자아존중감 증진 프로그램의 효과. 한양사이버대학교 휴먼서비스대학원 석사학위논문.

권보영(2011). 자아존중감증진 프로그램이 초등학생의 자아존중감 및 학업성취도에 미치는 효과. 한남대학교 교육대학원 석사학위논문.

김금숙(2003). 자아존중감 프로그램이 중학생의 학교생활 적응에 미치는 효과. 제주대학교 교육대학원 석사학위논문.

김문혜(1999). 아동의 자아존중감 관련변인의 인과모형 분석. 아동학회지, 20, 195-211.

김애경(2001). 아동과 초기 청소년의 사회적 행동: 부모와의 의사소통, 자아존중감 및 우울과의 관계. 아동학회지, 22, 271-285.

김연희, 박경자(2001). 아동이 지각한 사회적 지지 및 귀인성향과 아동의 자아존중감과의 관계. 아동학회지, 22, 49-64

김은경, 유가효(2002). 아버지 양육태도와 아동의 자아존중감, 문제행동 간의 관계. 놀이치료연구, 5, 33-43.

김은실, 손현동(2010). 아이들의 자존감을 높여주는 셀프업. 서울: 마음샘.

김은실, 손현동(2015). 자존감 향상 프로그램. 서울: 학지사.

김희화(1998). 청소년의 자아존중감 발달: 환경변인 및 적응과의 관계. 부산대학교 대학원 박사학위논문.

김희화, 김경연(1996). 한국 아동의 자아존중감척도의 개발. 대한가정학회지, 34, 1-12.

나미연, 오익수(2011). 교사의 격려언어가 초등학교 아동의 학교생활적응에 미치는 효과. 초등상담연구, 10(2), 137-150.

남미영(2015). 매일매일 20분 남미영의 인성학교: 자존감과 긍정성. 서울: 예림당.

민혜숙(2015). 긍정적 자존감 향상 프로그램이 초등학생의 자아존중감에 미치는 효과. 우석대학교 교육대학원 석사학위논문.

박설희(2010). 학급단위 자아존중감 증진 프로그램이 초등학생의 자아존중감에 미치는 효과. 경북대학교 교육대학원 석사학위논문.

박은미(2011). 초등학생의 자아존중감 향상을 위한 정서지능증진 집단상담 프로그램 개발 및 효과성 검증. 서울교육대학교 교육대학원 석사학위논문.

심희옥(1998). 아동후기 초등학교 학생의 우울성향: 일상적 스트레스, 자아존중감 및 사회적 기술과의 관계. 대한가정학회지, 36, 133-144.

윤신기(2004). 초·중등학생의 자아존중감과 스트레스 대처방법 간의 관계. 아동교육, 13, 239-251.

윤홍균(2016). 자존감 수업. 서울: 심플라이프.

이경은, 이주리(2009). 초등학생의 자아존중감과 학업성취 간 통시적 상호영향. 대한가정학회지, 47, 65-73.

이명경(2014). 자존감 교육. 서울: 북아이콘.

임정숙(2011). 자존감향상 집단상담이 초등학생 자아존중감 향상에 미치는 효과. 한국외국어대학교 교육대학원 석사학위논문.

정동섭(2014). 자존감 세우기: 낮은 자존감을 가진 사람들의 상담과 치유. 서울: 요단출판사.

정종진, 이형선(2013). 자신감과 자존감 키우기. 경기: 공동체.

정지은, 김민태(2011). 아이의 자존감. 지식채널.

정지은, 김민태, 오정요, 원윤선(2009). 아이의 사생활. 지식채널.

조세핀 김(2011). 우리 아이 자존감의 비밀. 서울: 비비북스.

조세핀 김(2014). 교실 속 자존감. 서울: 비전과리더십.

지은숙(2007). 자아존종감 증진 프로그램이 초등 특수학급 아동의 자아존중감과 학교생활적응에 미치는 효과. 이화여자대학교 교육대학원 석사학위논문.

최인재, 오수연(2010). 청소년의 학업성취에 영향을 미치는 관련 변인들의 구조적 관계: 부모지원, 자아존중감, 학교적응을 중심으로. 미래청소년학회지, 7(3), 95-113.

황매향, 여태철(2006). 초등학생의 적응과 자아존중감의 관계. 아동교육, 15, 165-185.

Benson, P. L. (1997). *All kids are our kids*. Minneapolis: Search Institute.

Blanchard, K., Lacinak, T., Tompkins, C., & Ballard, J. (2003). 칭찬은 고래도 춤추게 한다 (*Whale done!: The power of positive relationships*). (조천제 역). 서울: 21세기북스. (원저는 2002년 출판).

Campbell, J. D. (1990). Self-esteem and the clarity of the self-concept. *Journal of*

Personality and Social Psychology, *59*(3), 538–549.

Coopersmith, S. (1967). *The antecedents of self-esteem*. San Francisco, CA: W. H. Freeman.

Duclos, G. (2001). *Self-esteem: A passport for life*. CHU Saint-Justine.

Erikson, E. (1950). *Childhood and society*. New York: W. W. Norton & Company.

Erikson, E. (1963). *Childhood and society* (2nd ed.). New York: W. W. Norton & Company.

Hauck, P. A. (1991). *Overcoming the rating game beyond self-love & beyond self-esteem*. Louisville, KY: Westminster/John Knox.

Kottman, T. (2003). *Partners in play: An Adlerian approach to play therapy* (2nd ed.). Alexandria, VA: ACA Press.

Makarenko, A. S. (2002). *A book for parents*. NL: Fredonia Books.

Manning, P. C. (1989). Family functioning, sibling relationships, and children's self-esteem, Unpublished doctoral dissertation. San Francisco, CA: California Institute of Integral Studies.

Rosenberg, M. (1986). *Conceiving the self* (Reprint ed.). New York: Basic Books.

|부록|

자존감 증진 단위 프로그램의 예

활동 꿈 퍼즐을 맞춰라!

1 활동 목표

내가 이루고 싶은 것들을 구체화하여 꿈 퍼즐을 만들고 이를 완성해 가는 과정을 통해 성취감과 자신감 및 자기효능감을 높인다.

2 준비물

학생용 활동지

3 소요 시간

40분

4 활동 내용 및 절차

① 학생용 학습지를 흰색의 A4 용지에 인쇄하여 학생들에게 나누어 주고, 한 학기 동안 하고 싶은 일을 채워 넣게 한다.

② 꿈 퍼즐을 완성하면 학급 전체적으로 인터뷰 활동(돌아다니며 친구를 만나 묻고 답하기)을 하며 서로의 꿈 목록을 나누고, 헤어질 때 "ㅇㅇ야, 멋진 꿈을 가졌구나. 꼭 이루길 바라." 등과 같은 격려의 말을 한다. 인터뷰 활동 후 나와 같은 꿈, 따라 하고 싶은 꿈, 인터뷰 소감 등을 발표한다.

③ 모둠별로 많은 친구가 이루고자 하는 꿈을 상의하여 빙고판을 완성하고, 빙고놀이를 한다. 빙고판을 완성하듯이 지속적인 노력으로 꿈을 이루어 나가도록 독려한다.

④ 흰색 꿈 퍼즐판을 학생들이 원하는 색상지에 복사한 후 흰색 퍼즐판은 코팅하여 사물함 등에 붙인다.

⑤ 색상지에 복사한 퍼즐을 가위로 잘라 조각으로 만들고 해당 내용을 실천했을 때 코팅한 원판에 붙이도록 한다.

⑥ 학기 중간중간에 꿈 퍼즐과 완성도를 살펴보며 학생들이 더욱 노력하도록 격려

하고, 학기 말에 실천 정도에 따라 칭찬과 보상을 한다.

5 지도상의 유의점

- 이 활동은 학기 초에 창의적 체험활동의 자율활동으로 진행할 수 있으며, 도덕 교과 및 창의적 체험활동의 진로지도와 연계하여 지도할 수 있다. 진로지도의 일환으로 해당 활동을 계획할 때는 단순한 바람보다 자신의 꿈을 위해 노력할 점(꿈과 관련된 학습, 긍정적인 생활 습관, 성공적인 학교생활 등)을 구체화시키도록 한다.
- 꿈 퍼즐에 적을 내용은 너무 거창하거나 먼 미래의 것이 아니라 현실 속에서 실천해 나갈 수 있는 구체적인 것을 쓰도록 몇 가지 예시를 제시하여 이해를 돕는 것이 좋다. 정해진 시간에 여러 가지 꿈의 내용을 생각해 내기 어려운 경우 또는 짧은 시간에 꿈 퍼즐을 완성해야 하는 경우에는 꿈의 목록을 미리 작성해 오도록 과제로 제시하여 충분히 생각할 기회를 준다.
- 꿈 퍼즐판은 교사가 미리 조각이 그려진 것을 제공할 수도 있으나 퍼즐판의 큰 틀만 제공하고 그 안의 조각은 학생 스스로 만들어 보게 할 수도 있다. 이때 퍼즐들의 조각의 크기를 다양하게 해도 좋으며, 꿈의 순위대로 알맞은 곳에 적게 한다.
- 수업의 설계상 시간이 충분치 않을 경우 인터뷰 활동이나 빙고놀이 등은 선택적으로 필요한 것만 참고하여 활동한다.
- 색상지에 복사한 꿈 퍼즐 조각은 잃어버리지 않도록 꿈상자를 만들어 보관하게 하며, 이 활동이 어려울 경우 원판에 원하는 색으로 색칠을 하여 완성도를 표현할 수 있다.
- 꿈 퍼즐 완성의 피드백에 있어 교사의 보상뿐 아니라 꿈을 향한 노력의 효과를 높이기 위해 가정과 연계하여 부모가 꿈 퍼즐 완성 시의 보상을 계획하는 것도 좋다.

6 교육과정과의 연계

- 도덕 3학년 2학기 1. 소중한 나
- 도덕 4학년 1학기 2. 내 일은 내가 하기
- 도덕 4학년 1학기 3. 새끼손가락 고리 걸고
- 창의적 체험활동, 자율활동(생활지도), 진로활동 정리 단계(진로 계획 및 실천)

학생 활동지 1(개인)

꿈☆은 이루어진다!

(　　)학년 (　　)반 이름(　　　　　　)

꿈 퍼즐을 채우고 한 조각, 한 조각 내 꿈을 완성해 보세요.

학생 활동지 2(개인)

꿈☆은 이루어진다!

(　　)학년 (　　)반 이름(　　　　　　)

꿈 퍼즐을 채우고 한 조각, 한 조각 내 꿈을 완성해 보세요.

학생 활동지 3(개인)

꿈☆은 이루어진다!

( )학년 ( )반 이름( )

꿈 퍼즐을 채우고 한 조각, 한 조각 내 꿈을 완성해 보세요.

학생 활동지 4(모둠)

우리의 달콤한 꿈 찾기

(　　)학년 (　　)반 이름(　　　　　　)

모둠별로 토의하여 우리 반 친구들이 많이 꾸는 꿈을 빙고게임판에 적고 빙고 놀이를 해 봅시다.

<꿈꾸는 빙고판>

활동 나는 멋진 사람

1 활동 목표

자신의 강점을 알고 자신의 가치와 능력을 신뢰하며, 스스로 노력하려는 마음을 갖는다.

2 준비물

학생용 활동지, 성장나무 그림, 사과 모양 포스트잇, 모의화폐

3 소요 시간

40~50분

4 활동 내용 및 절차

① '달과 박' 이야기를 들려주고 느낀 점을 나누며, 각자의 재능이 있음을 알게 한다.

② 과제로 제시한 '나의 장점 인터뷰' 활동지를 보며 인터뷰를 하면서 알게 된 점, 나도 알고 남도 아는 장점, 나는 모르고 남은 아는 장점, 자랑하고 싶은 장점 등을 간략히 발표한다.

③ 자신의 장점 중 한 가지를 붙임쪽지에 적어 칠판에 게시된 성장나무에 붙인다. 교사는 각각의 장점을 간략히 소개하여 경매에 나온 장점들을 인지시킨다.

④ 조별(4인 1조)로 모의화폐를 나누어 주고, 장점 세 가지 이상을 경매로 살 수 있게 한다.

⑤ 경매 활동을 마친 후 각자의 소감을 활동지에 기록하고 발표한다.

⑥ 수업 시간 활용에 여유가 있거나 일상생활과의 연계지도를 원할 경우, 각자의 장점으로 애칭을 지어 불러 주는 활동을 할 수 있다.

5 지도상의 유의점

- 장점 찾기 활동은 미리 과제로 제시하여 친구, 가족과의 인터뷰를 통해 활동지를 완성한다. 활동지에 제시된 열 가지에 구애받을 필요는 없으며 자신의 장점을 많이 찾아온 학생에게 칭찬 점수 등 보상을 해 준다. 스스로 장점이 없다고 생각하는 학생도 주변 사람과의 인터뷰를 통해 자신의 장점이 발견할 수 있게 하고, 이로써 자신감을 북돋아 준다.

- 교사용 자료 2의 '성장나무'는 플루터로 인쇄하여 게시한다. 자료의 그림은 예시이므로 다른 그림으로 대체 가능하며, 전지에 간단하게 나무 그림을 그려 사용해도 좋다.
- 모의화폐는 오천 원 이상의 단위로 하는 것이 좋으며, 금액은 커져도 상관이 없다. 자신의 강점이 비싼 값에 팔릴수록 학생들은 즐거워하고 자신감을 갖게 된다.
- 경매 중 장점이 팔리면 장점의 주인을 찾아 박수 등으로 칭찬해 준다.
- 학생 수가 많거나 또는 개개인이 각자 활발한 경매 활동에 참여하게 하여 경매 활동에 시간이 많이 걸릴 경우 수업 시간을 블록 타임으로 연결하거나 경매에 붙일 장점의 개수를 조절하여 활동할 수 있다.
- 가장 비싼 장점을 샀거나 가장 많은 장점을 산 것 등 조별 경매 활동에 대해 '가장 비싼 장점을 포기하지 않고 산 것에 대한 칭찬과 그 장점을 자신의 것으로 만들기 위해 더욱 노력할 것' '다른 친구들의 여러 장점을 본받으려 노력하는 자세가 훌륭함' 등의 의미를 부여하여 칭찬하고 격려해 준다.

6 교육과정과의 연계

창의적 체험활동, 진로활동 시작 단계(자기 이해) 및 인성교육

교사 자료 1

'달과 박' 이야기

초가지붕 위에 박이 열렸다. 처음에는 강낭콩만 했다가 점점 커져 달걀만 해지고, 마침내 달만 해졌다. 달을 보며 자란 박은 달이 되고 싶었다. 선들바람이 불고 귀뚜라미가 울고 곧이어 달이 떠올랐다.

"달님!" 박이 불렀다.

"왜?" 달이 대답했다.

"내 모습은 달님을 닮았지요?"

"그렇구나."

"그런데 왜 나는 빛나지 않아요?"

박은 눈물을 글썽였다. 달은 부드럽게 웃으며 말했다.

"한 소녀가 있었단다. 소녀는 노래 부르는 사람을 보고 성악가가 되려고 했고, 그림 잘 그리는 사람을 보고는 화가가 되려고 했어. 그러다가 자라서는 동화 쓰는 사람이 되었단다."

"왜 그랬을까요?"

"그야 사람마다 재능이 다르니까."

박은 고개를 끄덕이며 생각에 잠겼다.

며칠이 지난 후, 박은 마침내 제가 할 일을 알아냈다. 남의 흉내를 내려고 한 것이 잘못이었음을 깨달았다. 박은 달에게 말했다.

"단단한 그릇이 되겠어요."

달이 박에게 말했다.

"내가 못하는 일을 너는 하겠구나."

교사 자료 2

성장나무

학생 활동지 1(개인)

나의 장점 인터뷰

(　　)학년 (　　)반 이름(　　　　　　)

자신이 잘한다고 생각하는 것과 여러분을 잘 아는 가족이나 친한 친구에게 물어보아 여러분이 잘한다고 생각되는 것을 조사하여 쓰세요. 조그만 것이라도 쓰세요.

차례	내가 생각하는 나의 장점	다른 사람이 생각하는 나의 장점
1		
2		
3		
4		
5		
6		
7		
8		
9		
10		

나의 장점을 아래의 표에 분류하여 써 보고 느낀 점을 이야기해 봅시다.

	다른 사람이 아는 것	다른 사람이 모르는 것
내가 아는 것		
내가 모르는 것		

학생 활동지 2(모둠)

두근두근 장점 경매

(　　　　　)모둠

우리 모둠이 산 장점들을 성장나무에 붙이세요.

오늘 활동을 하고 난 후 나의 생각과 다짐 등을 표현해 보세요.

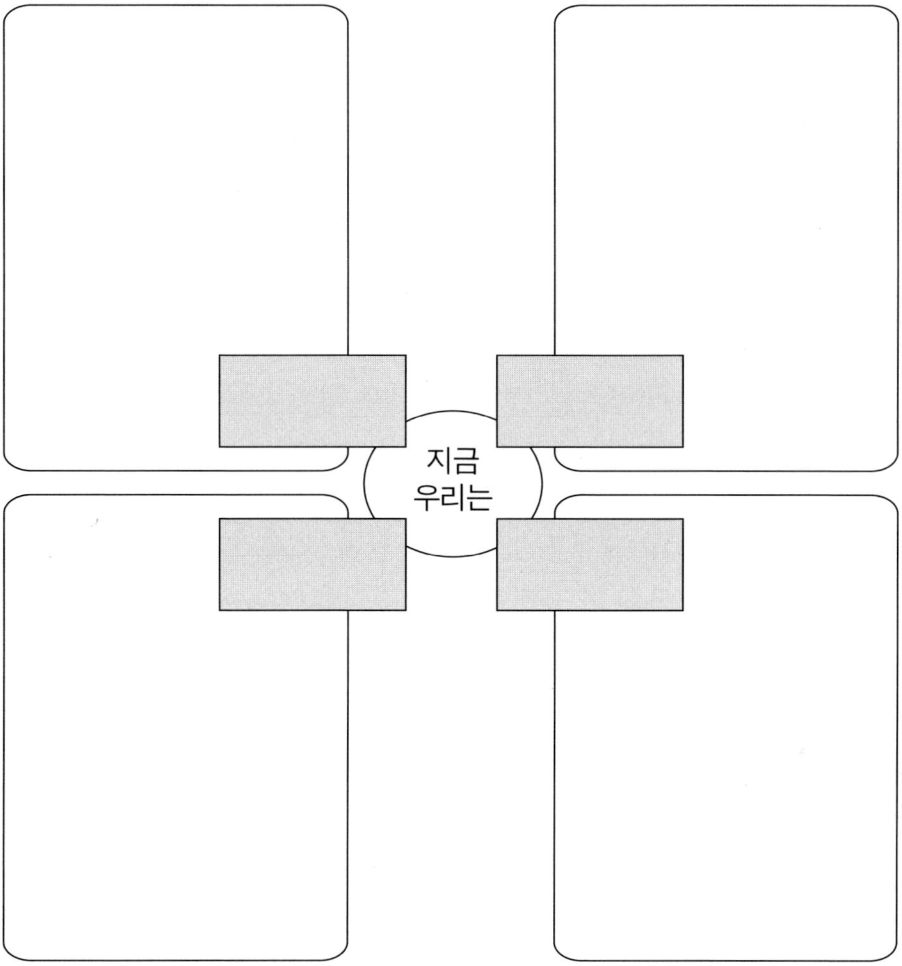

제3장 인성계발을 위한 적응유연성 증진

개요

아동 · 청소년이 학교와 가정에서 행복한 생활을 할 수 있도록 돕기 위해 문제의 예방이 중요하지만, 이와 동시에 현대인의 삶에서 역경은 누구나 경험할 수 있는 일로 인식된다. 아동기와 청소년기를 거치면서 역경을 경험할 가능성이 높다면 역경을 극복하고 원래의 적응적인 삶의 방식을 회복할 수 있도록 적응유연성을 키우는 일이 무엇보다 중요해진다. 적응유연성은 도전적이거나 위협적인 환경을 경험하면서도 성공적으로 적응해 나가는 능력, 과정 및 그 결과로 정의할 수 있다(Masten, Best, & Garmezy, 1990). 적응 유연한 아동 · 청소년은 환경에 효과적으로 대처하면서 생활의 항상성을 유지하거나 자신의 강점을 키워 나갈 수 있다.

아동 · 청소년을 건강한 사람으로 성장하도록 돕는 교육을 인성교육이라고 할 때, 이는 바람직한 사고, 정서, 태도 및 행동을 하도록 교육하는 것을 뜻한다. 바람직한 인성에 흔히 포함되는 특성으로는 자아존중감, 공감, 바람직한 생활 습관, 삶의 목표와 실행 의지 등이 포함되는데, 이러한 특성은 적응 유연한 개인이 갖는 특성과도 유사하다. 역경에 잘 대처한 경험이 있는 개인은 바람직한 인성 특성인 자아존중감이나 자기조절 능력, 문제해결 능력 등을 키워 나갈 수 있다. 따라서 아동 · 청소년의 적응유연성을 키우는 교육은 인성교육과 밀접하게 관련되며, 적응유연성을 키우는 교육은 인성교육의 일부라고 볼 수 있다.

이 장에서는 적응유연성이란 무엇인지, 적응유연성의 발달 과정은 어떠한지, 적응유연성을 높이기 위한 개입은 어떻게 이루어질 수 있는지에 대한 내용을 살펴본다.

연구 문제

1. 적응유연성이란 무엇이며 왜 중요한가?
2. 적응유연성에서 보호요인이란 무엇인가?
3. 적응유연성은 어떻게 발달하는가?
4. 적응유연성 프로그램은 어떤 내용으로 구성되는가?
5. 적응유연성 증진 프로그램의 실제는 어떠한가?

1. 적응유연성의 의미

현대 사회에서 가족의 해체, 학교에서의 따돌림과 같이 일상적인 스트레스를 벗어나는 수준의 역경(adversities)은 많은 사람이 경험할 수 있는 일이 되었다. 적응유연성(resilience)은 이와 같은 도전적이거나 위협적인 환경을 경험하면서도 성공적으로 적응해 나가는 능력, 과정 및 그 결과라고 정의할 수 있다(Masten et al., 1990). 적응 유연한 개인은 역경에서도 더욱 수월한 발달을 이루거나, 역경이 없을 때처럼 적응해 나가거나, 혹은 역경에서 경험할 수 있는 심리적 · 행동적인 문제를 적게 경험하는 것으로 가정된다.

적응유연성 개념에는 '역경'을 경험하는 것과 그에 잘 대처해 원래의 수준 혹은 그 이상으로 '적응'하는 것의 두 가지 요소가 포함되어 있다. 역경이란 아동 · 청소년이 가정 또는 학교 생활에서 경험하는 도전적이고 위협적인 사건이나 환경을 뜻한다. 학생들을 대상으로 한 연구에서 역경은 빈곤, 집단괴롭힘 등의 외상적 경험, 가정폭력, 아동학대 등을 포함하는 개념이다. 이때 역경은 학생이 발달 과정에서 일상적으로 경험하는 학업 스트레스나 부모 혹은 친구와의 일상적인 갈등을 넘어서는, 발달에 치명적인 부정적인 영향을 줄 수 있는 경험들을 지칭한다(Luthar, Cicchetti, & Becker, 2000). 하지만 최근에는 일상적으로 경험하는 스트레스나 긍정적인 스트레스(예: 결혼, 승진 등) 상황에서도 적응유연성이 적응에 도움을 준다는 측면에서 역경의 의미를 확대해서 적용하기도 한다(Fletcher & Sarkar, 2013).

적응유연성 개념에서 '적응'이란 역경에도 불구하고 역경을 경험하기 전의 수행 상태 혹은 더 수월한 수행 상태를 유지하는 것이다. 이때의 적응은 역경과 관련해 일관성이 있는 영역에서의 적응을 의미한다. 예를 들어, 친구관계에서 따돌림 경험을 했다면 이후의 적응은 친구관계의 회복을 통해 평가할 수 있다. 학생의 적응을 평가할 때 주로 과업 능력(예: 학업 능력)과 관계 능력(예: 친구 및 교사와의 관계)의 두 가지 축에서 평가가 이루어질 수 있는데, 이때 학생의 발달 단계 및 주어진 문화에서 '적응'이 무엇을 의미하는지를 면밀하게 분석해서 그에 맞게 적응 정도를 평가하는 것이 바람직하다. 초등학교 4학년 남학생의 '적응적'인 행동과 고등학교 2학년 여학생의 '적응적'인 행동은 차이가 있으므로 그에 맞는 기준을 사용해서 적응 정도와 적응유연성이 평가될 수 있다.

적응유연성에 대한 관심과 관련 연구는 1970년대의 초기 연구들을 거쳐 가난, 불안정한 일상생활, 심각한 정신병리를 가진 부모, 위험한 환경 등 여러 가지 환경적인 어려움을 경험하면서도 건강하고 유능한 성인으로 자란 아동 · 청소년에 대한 종단 연구의 결과들(Werner & Smith, 1982; 1992)이 발표되면서 더욱 활발하게 이루어져 왔다. Werner와 Smith는 하와이의 카우아이 섬에 있는 아동 · 청소년의 삶을 수십 년 동안 관찰한 결과 다양한 역경을 경험한 대상자 200명 중 72명은 건강하고 유능한 성인으로 성장하는 것을 관찰하였다. 이러한 연구 결과로 나타난 것이 특질(trait)로서의 적응유연성이다.

1) 개인의 특질로서의 적응유연성

적응유연성에 관한 초기 연구 결과, 역경에 잘 대처하면서 효과적으로 적응하는 개인들은 적응에 도움이 되는 고유한 특질을 가지고 있을 것이라는 가정을 하게 하였고, 이에 따라 그들의 특질을 규명하려는 연구들이 진행되었다. 개인의 특질로서 적응유연성을 보는 관점은 성격처럼 특정한 심리내적 특질이 역경에 대처하는 방식에 영향을 준다고 보는 것이다. 연구 결과에서 밝혀진 개인의 특성으로는 강인함과 사회적 책임감, 성취 지향성, 높은 의사소통 기술, 높은 자아존중감, 내적 통제 소재, 문제해결 기술, 유머, 자기 관리, 높은 기대감, 비판적 사고 능력 등이 있다(Garmezy, 1991; Werner & Smith, 1992). 특히 아동 · 청소년의 적응유연성은 성취 지향성(예: 교육에 대한 헌신), 긍정적 가치(예: 보살핌, 정직, 책임감, 성실성), 사회적 유능성, 긍정적 정체성(예: 자아존중감)과 관련되었다(Benson, 1997).

적응유연성을 비교적 고정적인 개인의 특질로 본다면, 적응 유연한 학생은 역경에서도 모든 영역에서 잘 적응하면서 시간이 지나더라도 유사한 수준의 적응을 보일 것을 가정할 수 있다. 이러한 기대와 달리 학업에서 수월하게 해내는 학생이 사회적인 영역에서는 어려움을 경험하기도 하는 등 적응 유연한 학생이 모든 영역에서 동일한 정도의 적응과 발달을 이루지는 않는다는 결과가 반복적으로 보고되었다(Kaufman, Cook, Amy, Jones, & Pittinsky, 1994). 아동 · 청소년의 적응을 평가할 때에는 학업 영역, 심리적/행동적 영역(예: 우울이나 불안과 같은 심리적 문제나 비행 등의 행동문제의 부재 등), 사회적 영역(친구관계의 유무와 질) 등으로 구분하여 평가하는 경우가 많은데, 각 영역별로 개인의 적응 정도가 다르다는 것이다. 적응유연성을 측정할 때 발달 영역별로 적응 정도가 다르므로, 여러 영역에서의 적응 정도를 측정해 적응유연성을 평가하는 것을 적응유연성의 다면적 특성(multidimensional nature)이라고 한다(Luthar et al., 2000).

또한 적응유연성을 개인의 특질로 본다면 성격처럼 시간이 지나도 잘 변하지 않는 것이어야 하지만, 적응유연성은 역경을 경험하면서 발달할 수 있다고 가정되므로 특질로서의 적응유연성에 대한 관점은 이러한 가정과도 맞지 않는다. 적응유연성을 개인의 특질로 보았을 때 설명하기 어려운 여러 현상이 관찰됨에 따라, 적응유연성을 개인의 특질로 보기보다는 역경이 닥쳤을 때 대처하는 과정 및 그 결과로 보는 관점이 대두되었다.

2) 역경에 대처하는 과정 및 결과로서의 적응유연성

역경에 대처하는 과정 및 결과로서 적응유연성을 보는 관점에서 적응유연성은 심각한 역경을 경험하면서도 긍정적인 적응을 이루어 나가는 역동적 과정(Luthar et al., 2000), 또는 스트레스와 역경에 처했을 때 자신의 적응 유연한 특성이 강화되도록 대처해 나가는 과정(Richardson, 2002)으로 정의된다. 적응유연성을 역경에 대한 대처 과정으로 정의하면 스트레스 대처 능력과 유사하게 보이기도 하지만, 적응유연성은 스트레스에 대한 대처 과정뿐만 아니라 스트레스나 역경에 대한 평가, 대처 과정, 대처한 후의 적응적인 결과 등을 모두 포함한다는 면에서 스트레스 대처 방식과는 구분된다.

적응유연성을 역경을 경험하면서도 긍정적으로 적응하는 과정 및 그 결과로 정의하면, 적응 유연한 개인의 특질로 간주되었던 특성들은 적응유연성의 보호요인으로 개념화된다. 보호요인이란 역경에 잘 대처하면서 긍정적인 적응을 돕는(즉, 적응유연성을 촉진하는) 요인들을 뜻한다. 다음에서는 다양한 수준에서 작용하는 적응유연성의 보호요인을 살펴본다.

2. 적응유연성과 보호요인

적응유연성은 역경을 평가하는 방식, 역경에 대처하는 방식, 긍정적인 환경 자원의 확인 및 활용 방식 등 모든 부분과 관련된다. 보호요인은 개인이 역경에 잘 대처하면서 일반적인 혹은 수월한 발달을 이루어나가도록 돕는 요인들을 뜻하며, 보호요인 혹은 자산(asset)이라고도 할 수 있다.

1) 적응유연성의 보호요인

Werner(2013)는 카우아이 섬 종단 연구 결과 및 다른 종단 연구의 결과를 리뷰한 후, 개인, 가족 및 환경 요인을 포괄하여 1~10세에 경험하는 다음의 네 가지 보호요인이 성인기의 적응유연성에도 영향을 미친다고 하였다. 첫째, 자녀 출생후 1~2년간의 어머니의 유능성이다. 여기에는 자녀 출생 시 어머니의 나이, 학력, 자녀와의 긍정적 상호작용 등이 포함된다. 둘째, 아동이 2~10세에 얻는 정서적 지지의 양이다. 자녀가 이 시기에 가족 및 조부모를 포함한 확대가족에게 받는 정서적 지지는 전 생애를 통한 적응유연성과 관련되는 것으로 나타났다. 셋째, 지능 수준, 읽기 능력, 논리력 등을 포함한 초등학교 중학년 시기의 학업유능성이 이후의 적응 및 긍정적인 발달과 지속적으로 관련되는 것으로 나타났다. 초등학교 중학년 시기의 학업유능성은 학업에 대한 기대, 성공 경험, 학업 성취 등과도 관련되어 이후의 적응에 영향을 주는 것으로 간주된다. 넷째, 아동의 건강 상태도 이후의 적응에 중요하게 관련되었는데, Werner는 특히 여아의 경우 생후 2년까지, 남아의 경우 생후 10년까지의 건강 상태가 이후의 적응과 관련된다고 보았다. 이러한 연구 결과는 아동 대상의 적응유연성 프로그램에서 아동의 학업유능성, 정서적 지지, 부모와의 상호작용 방식 등이 중요하게 다루어져야 함을 보여 준다. 개인, 가족, 환경 수준에서의 보호요인을 좀 더 자세히 살펴보면 다음과 같다. 〈표 3-1〉은 개인, 가족, 환경 수준에서의 보호요인의 예를 제시하고 있다.

〈표 3-1〉 적응유연성과 관련된 개인, 가족, 환경 수준의 보호요인 예시

수준	보호요인
개인	• 높은 지능 • 공감 능력 • 자아존중감 • 내적이면서 현실적인 통제 소재 • 사회적 문제해결 기술 • 삶에서의 목적의식
가족	• 온정적이고 보살피는 부모-자녀 관계 • 자녀의 요구에 대한 민감성과 반응성 • 긍정적이면서 자녀의 나이에 맞는 훈육 • 자녀의 성취에 대한 기대 • 부모 역할에 대한 효능감 • 부모에 대한 지원체계가 있는 것
환경	• 사회적 지지 • 안전한 이웃 • 온정적이고 보살핌이 있는 학교환경 • 학급활동에 참가할 수 있는 기회의 제공

(1) 개인 수준의 보호요인

개인적 수준의 보호요인으로 대표적인 것은 지능과 사회적 기술이다. 역경에 처한 초등학교 4~6학년의 10년 후 발달 과정을 추적한 연구 결과를 보면, 적응 유연한 청소년의 세 가지 발달 영역—학업성취, 행동문제, 친구관계—에서의 적응을 가장 잘 예측한 요인은 아동기와 청소년기의 지능 수준이었다(Masten et al., 1999). 지능이 높을 때 상황을 빨리 판단할 수 있고 적절한 해결 방법을 찾을 수 있는 것과 같이 지능은 역경에 대처하는 데 도움이 되는 것으로 나타났다. 아동의 경우에는 문제가 생겼을 때 자신이 해결할 수 있는 것인지, 성인에게 도움을 청해야 하는지를 판단할 수 있는 능력, 사회적인 갈등 상황에서 문제를 해결하는 능력도 적응유연성의 중요한 보호요인이었다(Cowen, Wyman, Work, & Iker, 1995). 또한 아동・청소년이 교육의 중요성을 인식하고 교육에 헌신할 때, 책임감, 자아존중감, 삶의 목적의식 등을 가질 때 적응유연성에 도움이 되는 것으로 나타났다(Benson, 1997).

(2) 가족 수준의 보호요인

가족 수준에서 대표적인 보호요인은 부모 역할의 질이다. 부모 역할의 질은 자녀에 대한 규칙이 명확한 것, 자녀에 대한 온정과 친밀함, 자녀의 성취에 대한 높은 기대, 부모의 친사회적 행동 등을 포괄하는 개념으로, 적응 유연한 아동·청소년의 학업 영역, 사회 영역, 행동 영역에서의 적응과 관련되었다(Masten et al., 1999). 또한 부모가 부모 역할에 대한 효능감이 있을 때, 부모의 사회적 지원체계가 존재할 때 자녀의 적응유연성에 도움을 주는 것으로 보고되었다.

(3) 환경 수준의 보호요인

환경 수준에서의 보호요인은 사회적 지지나 안전한 이웃과 같은 요인이 대표적이다. 아동·청소년에게 학교는 가장 중요한 환경 중의 하나인데, 대체로는 따뜻하고 보살핌을 주는 학교환경이 도움이 된다. 학교 수준의 보호요인으로는 학생들이 필요한 부분을 파악하고 제공할 수 있는 학교, 학교에서 또래·교사·상담자 등과의 바람직한 관계를 통해 친사회적 유대를 갖는 것 등이 포함된다(Bosworth & Earthman, 2002).

2) 학교에서 제공 가능한 적응유연성의 보호요인

학교는 환경 수준의 보호요인을 가장 효과적으로 제공할 수 있는 기관 중의 하나다. 학생의 적응유연성을 키우기 위해 학교에서 제공할 수 있는 보호요인으로는 [그림3-1]에 제시된 여섯 가지 요소를 들 수 있다(Henderson & Milstein, 1996; Thomsen, 2002). 학교는 이러한 보호요인을 제공하는 환경을 조성함으로써 아동·청소년이 역경을 경험하게 될 위험을 낮추고 적응유연성을 증가시키는 데 기여할 수 있다. 특히 원의 오른쪽에 제시된 세 가지 요소는 학생들이 역경에 처할 위험을 완화시킬 수 있는 요인으로 가정된다. 여섯 가지 요인을 자세히 살펴보면 다음과 같다.

첫째, 친사회적 유대감을 키워 주는 것이다. 학생들이 학교에서 적응적인 또래와 상호작용하면서 적어도 한 명의 교사와는 의미 있는 관계를 맺고 상호작용하게 되면, 이 경험은 학습에도 도움이 된다. 의미 있는 또래관계나 교사와의 관계가 없을 경우, 학생은 학교 활동에서 점차 소외되고 학업에도 부정적인 영향을 받게 된다.

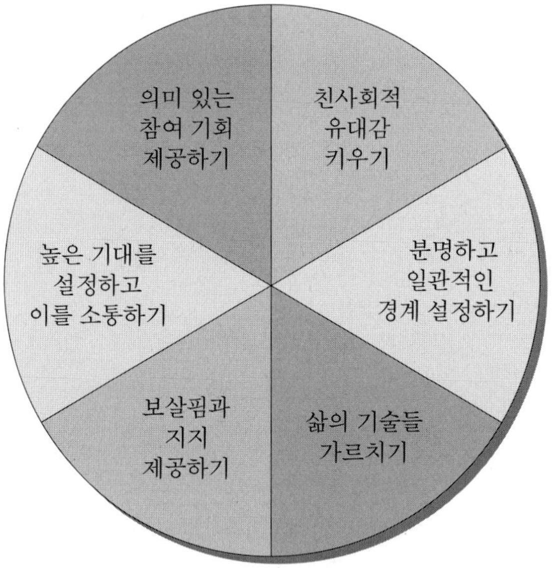

[그림 3-1] 학교 수준의 적응유연성 보호요인
출처: Henderson & Milstein(1996).

둘째, 분명하고 일관적인 경계를 설정하여 학생들에게 전달하는 것이다. 학교에서는 학생들에게 기대하는 행동이 무엇이며 이러한 행동을 하지 않았을 때 어떤 결과가 있을지에 대한 분명하고 일관적인 정책을 수립하여 전달할 필요가 있다. 분명하고 일관된 규칙과 경계가 있을 때 학생은 학교 정책과 규칙을 이해하고 따르려는 노력을 할 수 있으며, 규칙을 만들고 변화시키는 과정에도 적극적으로 참가하게 된다.

셋째, 생활에 필요한 기술 가르치기다. 생활에 필요한 기술로는 의사소통 기술, 스트레스 대처 능력, 건강한 갈등해결 기술, 유혹에 저항하는 능력, 자기주장 기술 등이 포함된다. 이러한 기술이 없을 때 학생은 쉽게 유혹에 넘어가거나 부적절한 행동을 함으로써 역경에 처하게 될 가능성이 높아진다.

넷째, 보살핌과 지지를 제공하는 것이다. Thomsen(2002)은 학생들에 대한 보살핌과 지지를 학교의 여러 보호요인 중 가장 중요한 요소로 간주하면서, 무조건적 존중과 격려를 통한 보살핌이 역경을 극복하고 재통합을 이루도록 도와주는 핵심적인 요소라고 하였다. 보살핌과 지지를 받지 못하는 학생은 학교에서 소외되고 긍정적인 경험을 하기 어려운 반면, 학생들에 대한 존중과 격려는 학생이 소속감을 가지면서 학교 활동에 참가하도록 돕는다. 특히 가족에게 적절한 보살핌과 지지를 받지 못하는 학생에게 교사의 지지와 보살핌은 적응유연성의 발달에 중요한 역할을 할 수 있다.

다섯째, 학생 개개인에게 맞는 현실적이면서 높은 기대를 설정하고 이를 소통하는 것이다. 자신에 대한 기대가 낮은 학생은 자신감이 없고 스스로에게 부정적인 반면, 현실적이면서 높은 포부를 가진 학생은 자신과 타인을 신뢰하며 최선을 다하려는 노력을 할 수 있다. 교사는 학생에게 개별화된 목표를 설정하고 목표 달성을 돕기 위한 방법을 함께 찾아 나가면서 조력할 수 있다.

여섯째, 학생들에게 의미 있는 참여 기회를 만들고 참여를 격려하는 것이다. 여기에는 학급이나 학교의 행사 관련 의사결정에서 학생들의 의견을 반영하여 학생들이 학급의 일에 무관심해지거나 냉소적이 되지 않도록 돕는 것을 포함한다. 학급의 일을 진행하는 데 자신의 의견이 존중받는 경험을 하면서 학생은 도전적인 일에도 좀 더 적극적으로 참여할 수 있다.

학교 수준에서 제공하는 보호요인의 대부분은 교사와 학생의 상호작용을 통해 이루어진다. Thomsen(2002)은 교사가 학생들에게 보살핌과 지지를 제공하기 위해서는 교사 스스로가 보살핌과 지지를 경험하여 알고 있어야 하며, 여기에는 학교 행정가와 교사의 관계가 중요한 역할을 한다고 보았다. 학생들의 적응유연성을 키워 주기 위해서 교사 스스로가 역경에 잘 대처할 수 있어야 하며, 이를 위해서는 교사가 학교의 중요한 의사결정에 참여하도록 하면서 교사의 의견을 존중하는 학교 분위기가 중요하다는 것이다. 학생들의 적응유연성은 교사를 지원하고 지지하는 학교 행정가-교사의 관계, 학생을 존중하고 지지하는 교사-학생의 관계를 통해 순환적으로 발달하게 된다.

3) 역경과 보호요인의 상호작용을 통한 적응유연성의 발달

개인, 가족 및 환경 수준에서의 보호요인은 역경과 상호작용하여 적응유연성을 높이는 것으로 가정된다(Masten, 2001). 역경에서 보호요인이 작동하는 방식을 그래프로 나타내면 [그림 3-2]와 같은데, 그림 A와 B는 보호요인이 적응유연성에 작동하는 다른 방식을 보여 준다. 그림 A는 보호요인이 역경이 높을 때나 낮을 때에 동일한 정도로 작용해서 적응유연성을 높이는 결과를 보여 준다. 전체적으로 보면 역경이 적을 때에 비해 역경이 많을 때에 긍정적인 적응 및 발달 수준이 낮은 것을

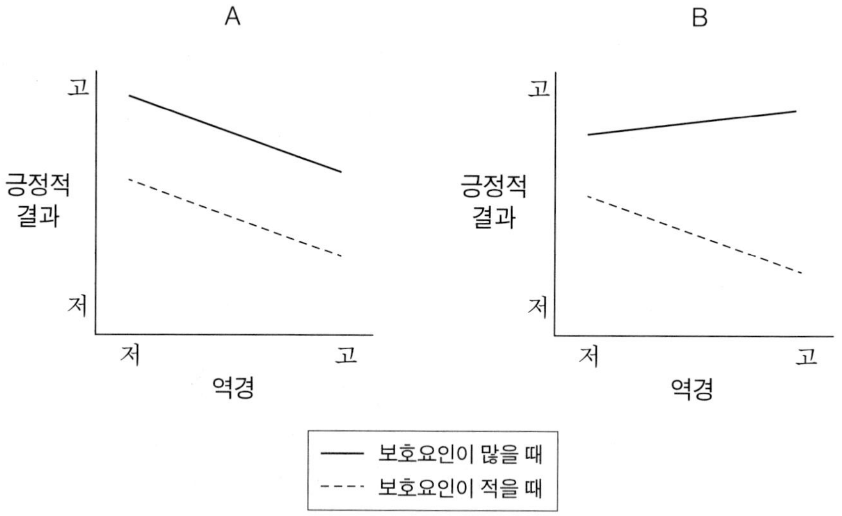

[그림 3-2] 역경에서 보호요인이 적응유연성에 작동하는 방식 예시
출처: Masten(2001)에서 인용.

볼 수 있다. 보호요인은 역경 수준과 무관하게 동일한 정도로 작용해서 적응유연성을 높인다고 가정되는데, 보호요인이 적을 때에 비해서 보호요인이 많을 때 적응수준이 높은 것을 볼 수 있다. 예를 들어, 따뜻하고 공감적인 부모라면 아동 · 청소년의 역경 수준에 무관하게 늘 적응에 도움을 준다는 것이다. 빈곤하더라도 부모가 따뜻하고 공감적이라면 아동 발달에 대한 빈곤의 부정적 영향이 완화되어 적응유연성이 증진된다고 볼 수 있다.

[그림 3-2]의 B에서도 보호요인이 많을 때가 보호요인이 적을 때에 비해서 적응유연성이 높은 것을 볼 수 있다. 다만 B에서는 역경이 적을 때에 비해 많을 때 보호요인의 긍정적인 역할이 늘어나 적응에 도움을 주는 정도가 커지는 것을 볼 수 있는데, 이를 역경과 보호요인의 상호작용 효과라고 한다. 예를 들어, 교사의 적절한 지지는 역경이 적은 아동 · 청소년보다는 불안정한 가족환경 등 많은 역경을 경험하는 아동 · 청소년에게 더 중요한 보호요인으로 작용하여 발달에 미치는 영향이 커진다는 것이다. 이와 같이 개인, 가족 및 환경 수준의 보호요인은 다양한 역경에서 서로 다른 방식으로 적응유연성에 영향을 줄 것으로 가정된다. 어떤 역경에서 어떤 보호요인(혹은 보호요인의 조합)이 특별히 도움이 되는지에 대한 구체적인 상호작용 효과는 후속 연구에서 밝혀져야 할 영역으로 남아 있다.

한편, 적응유연성에는 보호요인뿐만 아니라 삶에서 일어나는 우연한 사건과 결정도 영향을 주는 것으로 알려져 있다. 적응 유연한 개인을 인터뷰한 결과를 보면, 멘토와의 만남, 군입대, 새로운 종교나 신념의 습득, 건강한 배우자를 만나는 것, 비행 집단처럼 역기능적 또래 집단을 떠나는 것과 같은 삶의 결정이 적응유연성에 도움이 되는 것으로 알려져 있다(Masten, 2001). 또한 아동기에 가족이나 지역사회로부터 받은 사회적 지지가 아동의 유능감과 자기 효능감을 높이고, 이러한 아동의 특성은 이후에 스트레스 사건을 덜 경험하며 새로운 기회를 개척하는 데 도움이 되는 것으로 나타났다(Werner, 2013). 이러한 결과에서 적응유연성이 수동적으로 환경의 보호요인의 영향을 받아 나타나기보다는, 적응적인 선택과 선택 가능한 자원의 효율적인 활용 등 개인의 적극적인 개입과 보호요인과의 상호작용을 통해 발달해 간다는 것을 알 수 있다.

3. 적응유연성 모델: 적응유연성의 발달

초기 연구에서는 적응유연성이 소수의 강인한 몇 명에게만 해당되는 특성이라고 가정하였으나, 최근에는 적응유연성이 선천적인 자아실현의 경향성에 기인해서 나타나며, 환경의 변화에 적응하려는 노력의 일환으로 누구에게나 일어나는 과정이라고 보는 견해가 많다(Masten, 2001; Richardson, 2002). 적응유연성 모델은 적응유연성이 역경과 관련해 어떻게 발달해 가는지를 다룬다. 일상생활에서 부모의 실업이나 학교폭력과 같은 역경을 경험하면 삶의 항상성이 무너지고, 가능한 자원을 활용해 재통합해 나가는 과정에서 적응유연성이 길러진다고 가정된다(Richardson, 2002). 역경을 경험하면서 삶의 균형이 무너졌을 때 다시 균형을 찾으려는 힘이 생기는 것은 선천적인 성장 동기에 기인하므로 누구에게나 일어나는 과정이라고 볼 수 있다. Richardson은 이러한 가정을 토대로 적응유연성이 발달하는 과정을 [그림 3-3]과 같이 제시하였다.

이 그림의 적응유연성 모델에서는 삶에서 역경이 닥쳤을 때 적응 유연한 개인의 특성이나 환경적 보호요인이 많으면 원래의 적응 상태를 유지하는 데 도움이 되는 것으로 가정한다. 이러한 보호요인에도 불구하고 심한 수준의 역경이 닥치면 평소 유지하던 삶의 항상성(균형)이 무너지고, 그 결과 역경에서 벗어나는 과정에서 네 가지 방식으로 삶의 재통합이 일어날 수 있다고 가정한다. 네 가지 재통합의 방식은 그림의 가장 오른쪽 원으로 제시되었는데, 이를 구체적으로 살펴보면 다음과 같다.

첫째, 역기능적 재통합은 파괴된 삶의 방식에서 회복하지 못하고 부적응 상태로 지내는 것이다. 역경을 경험한 후 우울증이나 대인 기피, 약물 의존 등을 경험하면서 원래의 생활을 회복하지 못하는 것을 뜻한다.

둘째, 상실을 동반한 재통합은 원래의 적응 정도 중 일부는 회복하지만 여전히 이전의 적응 정도에는 미치지 못하는 상태를 뜻한다. 예를 들어, 집단따돌림을 경험한 후 한동안 학교에 등교하지 않던 학생이 이후 학교에 등교는 하지만 친구관계를 회복하지 못한다면 이는 상실을 동반한 재통합에 해당한다. 상실을 동반한 재통합에는 희망이나 동기의 상실, 의욕의 상실 등이 함께 나타나는 것이 일반적이다.

셋째, 항상성을 유지하는 재통합은 역경에 잘 대처하고 원래의 적응 상태로 돌아가는 방식의 재통합이다. 부모의 이혼을 경험한 학생이 상당 기간 부적응을 겪은 후에 이전의 학업 성취, 친구관계 등을 회복하는 것을 뜻한다.

넷째, 적응 유연한 재통합은 역경을 경험한 이후에 이전에 없던 새로운 적응적인 특성을 갖게 되고 보다 적응 유연한 개인으로 발달하게 되는 통합을 뜻한다. 부모의 이혼을 경험한 학생이 이전보다 책임감을 갖고 일상생활과 학교생활을 하게 되

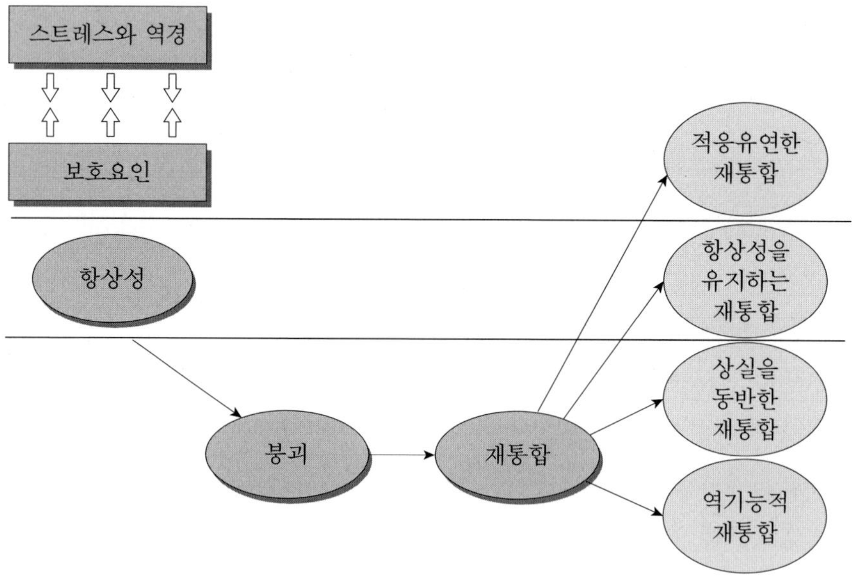

[그림 3-3] 역경을 경험한 이후 적응유연성 모델

출처: Richardson(2002).

고 학업 성취도 좋아진다면 이는 적응 유연한 재통합이라고 볼 수 있다.

다만, Richardson(2002)의 모델에서는 이전 상태보다 더 적응 유연한 특질을 많이 갖게 된 경우만을 적응 유연한 재통합으로 엄격하게 적용했지만, 적응유연성에 관한 많은 연구에서는 항상성을 유지하면서 이전의 적응 상태를 회복하는 경우도 적응 유연한 것으로 간주한다.

Richardson(2002)은 역경으로 인해 삶의 항상성이 붕괴되면 보통 상처, 상실감, 두려움이나 혼란을 경험하게 된다고 보았다. 이 시기의 아동·청소년에게는 적극적인 행동 변화를 하도록 하기보다는 경청과 공감을 해 주는 것이 도움이 된다. 상처나 두려움과 같은 감정은 흔히 자신이 역경을 이겨 낼 수 있을지에 대한 의심과 함께 나타난다. 이 시기가 지나면 역경을 이겨 내기 위한 문제해결을 위한 단계, 즉 역경 후 재통합의 과정으로 넘어갈 수 있다. 개인, 가족 및 환경 수준의 보호요인이 많으면서 역경의 의미, 역경에 따른 이익, 역경에 대처할 수 있는 자신의 능력에 대한 평가 등 인지적으로 자신과 환경을 돌아보는 능력은 적응 유연한 재통합에 도움이 되는 것으로 가정된다. 긍정정서의 활용도 적응유연성에 도움이 되는데, 자신과 세계, 미래에 대한 긍정적인 관점은 역경에서 빠져나와 적응유연성을 얻는 데 도움이 된다고 알려져 있다(Mak, Ng, & Wong, 2011). 반면, 삶의 항상성이 무너진 후 반사적(reactive)으로 행동하면서 이 상황을 약물이나 폭력 등 파괴적인 방식으로 해결하려고 하면 역기능적 재통합을 낳게 된다.

4. 적응유연성 증진 프로그램

적응유연성 증진 프로그램은 학교폭력 가해자나 피해자처럼 역경에 처한 소수에게 개입하는 프로그램은 물론 일반 학생의 보호요인을 높여 역경을 경험할 가능성을 줄이거나 역경에 적응 유연하게 대처하도록 돕는 예방적인 프로그램까지 다양하게 개발되었다. 적응유연성은 역경과 보호요인의 상호작용으로 발달한다고 가정된다. 따라서 역경에 처한 학생 대상의 프로그램은 역경의 유형에 따라 빈곤, 다문화 및 실직 가정 아동 대상의 프로그램 등 다양한 집단별 프로그램이 개발되었다. 역경으로 인해 현재 어려움을 경험하는 학생을 대상으로 하는 프로그램은 프로그램 참가와 관련한 낙인의 문제가 있는 데 반해, 학생 전체를 대상으로 하는 프로그램은 낙인으로 인한 거부감이 없으면서 학생들의 전반적인 보호요인을 높일 수 있다는 면에서 장점을 가진다. 국내외에서 개발된 다양한 적응유연성 증진 프로그램을 몇 가지 소개하면 다음과 같다.

1) RALLY 프로그램

RALLY(Responsive Advocacy for Life and Learning in Youth) 프로그램은 1994년 미국 하버드 대학교에서 개발되어 근처의 중학교를 대상으로 처음 실시된 이후 미국의 여러 주에서 적용된 적응유연성 프로그램이다. 이 프로그램은 적응유연성 프로그램이 학교에서 시행되기 위해서는 학업 성취가 프로그램의 중요한 축으로 통합되어야 한다는 가정하에 학업 성취의 향상을 프로그램의 주요한 목표 중의 하나로 두었으며, 학생들을 지지하면서 역경에 효과적으로 대처하도록 돕는 멘토를 두어 적응유연성의 보호요인인 사회적 지지가 적절하게 제공되도록 한 것이 특징이다. 학교장이 적응유연성 증진을 학교의 중요한 목표 중의 하나로 정하여 학교 수준에서 시행하는 것이 RALLY 프로그램의 성공에 중요한 요인이 된다.

RALLY 프로그램은 일반 학생을 대상으로 수업 시간에 진행하는 프로그램과 현재 적응상의 어려움을 경험하는 학생을 대상으로 한 집중적인 프로그램, 현재 문제를 나타내지는 않지만 문제를 경험할 가능성이 높은 학생을 위한 프로그램의 차별적인 프로그램 세 개를 구성하여 동시에 적용하도록 하였다. RALLY 프로그램의 목표는 다음과 같다(Noam & Hermann, 2002).

- 학업 성취의 향상
- 가족, 학교, 방과 후 수업, 지역사회와의 유대 강화
- 다양한 심리적 문제(우울이나 자살 시도)나 비행 가능성 감소
- 멘토링 관계를 포함한 다양한 지지적 관계의 형성과 유지
- 전교생의 프로그램 참가로 적응유연성 프로그램 참가에 대한 낙인을 줄이는 것
- 지역 상담센터 등 관련 기관과의 유대를 강화해 학생들이 지속적으로 서비스를 받을 수 있도록 하는 것

이와 같은 목표를 달성하기 위해 현재 심각한 비행, 우울, 자살의 위험 등을 드러

내는 집단에 대해서는 현재 문제를 낮추기 위해 매주 면대면 상담, 학업 지원, 가족과의 상담 및 지원 등의 집중적인 개입이 이루어진다. 현재 문제가 드러나지는 않지만 여러 가지 위험요소를 갖고 있어 문제를 경험할 가능성이 높은 학생들에 대해서는 지지 집단, 학업 능력 향상을 위한 집단, 정기적인 적응 상황의 확인, 방과 후나 방학 중에 참가할 수 있는 적절한 프로그램과의 연계 등이 이루어진다. 일반 학생 대상으로는 학생들이 원하는 경우 현재 관심사에 대한 짧은 상담, 학급에서 친사회적 기술을 증진하기 위한 프로그램 시행 등이 이루어진다. 학교상담자는 학생들에게 적합한 프로그램을 제공하기 위해 개개인에 대한 평가 및 지속적인 관찰, 학생들에 대한 사회적 지지의 제공, 담임교사와의 협력체계 구축, 필요한 경우 지역의 상담자에게 학생이나 가족을 의뢰하는 역할 등을 하게 된다. RALLY 프로그램의 학교상담자는 학생들의 학업과 관련해 필요한 경우 직접적인 학업지도까지 한다는 면에서 전형적인 상담자의 역할과는 차이가 있다.

2) 일반 학생을 위한 발달자산 증진 프로그램

발달자산(developmental asset)은 아동 · 청소년이 발달과업을 원활하게 수행하고 적응하는 데 필요한 필수 요인들을 추출해 둔 것이다(Sesma, Mannes, & Scales, 2013). 발달자산은 역경의 존재와 무관하게 모든 아동 · 청소년의 발달에 도움이 되는 자산이라는 점에서 보호요인과는 다르지만, 역경에 처했을 때 보호요인의 역할을 할 수 있다는 점에서 적응유연성의 보호요인과 유사하다. 아동 · 청소년의 발달자산에 관한 연구는 서치 연구소(Search Institute)의 연구자들을 중심으로 발달해 왔는데, 발달자산을 두 가지로 구분하여 제시하면 다음과 같다.

- 외적 자산: 가족 · 학교 · 지역사회의 사회적 지지, 아동 · 청소년에 대한 역량강화, 적절한 경계와 기대의 설정, 건설적인 시간 활용을 위한 기회 제공
- 내적 자산: 학업에의 헌신, 긍정적 가치, 사회적 유능성, 긍정적 정체성

발달자산을 강화하여 적응유연성을 촉진하고자 하는 모델에서는 이와 같은 내적 · 외적 자산 목록을 40개의 구체적인 요소로 세분화하여 수업 중 학생들을 대상으로 한 간단한 프로그램 실시, 부모 및 지역사회가 아동 · 청소년의 발달에 좀 더

관심을 갖고 개입하도록 하는 노력 등을 통해 발달자산을 강화하고자 한다. 발달자산이 많을수록 역경에 잘 대처할 수 있으며, 적응상의 문제를 경험하는 정도가 낮아진다.

3) 로체스터 아동 적응유연성 프로그램

로체스터(Rochester) 아동 적응유연성 프로그램은 빈곤 등 심각한 역경을 경험하면서 학교 적응에 어려움을 경험하는 도시 지역 아동의 학교 적응유연성을 키워 주기 위한 프로젝트로 다년간 진행되었다(Cowen et al., 1995; Cowen et al., 1997). 로체스터 프로젝트에서는 스트레스 상황에서 적응 유연한 아동을 예측하는 주된 보호요인을 전반적인 자기 가치감, 공감, 현실적인 통제 소재, 사회적 문제해결 기술, 자아존중감으로 보고 이러한 보호요인들을 증가시키기 위한 프로그램을 개발하여 적용하였다. 프로그램은 주로 아동의 내적 특성을 강화하는 쪽으로 초점이 맞추어져 있고, 초등학교에서 선별된 고학년 아동을 대상으로 주로 시행되었다. 〈표 3-2〉에는 프로그램의 개요가 제시되어 있다.

이 프로그램에서는 아동이 경험하는 일상적인 상황과 감정의 연결, 주어진 상황에서 타인의 감정에 대한 이해와 공감, 사회적 상황에서 문제해결을 위한 전략, 문제가 생겼을 때 자신이 해결할 수 있는 일과 도움을 요청해야 하는 일을 구분하고 도움을 요청하는 법 등을 주요 주제로 다루고, 아동이 대상인 만큼 반복적인 역할 연습을 주된 집단의 방식으로 활용한다. 사회적 상황에서의 문제 해결을 위해 소집단별로 방법을 찾아내어 그것을 좀 더 쉽게 느끼고 집단의 유대감도 높아지도록 한다.

〈표 3-2〉 로체스터 아동 적응유연성 프로그램 개요

회기	주제	내용
1	집단 구조화	집단 및 구성원 소개/아이스 브레이킹/집단의 목표 설명/모든 가족은 나름의 문제를 경험하며, 많은 문제는 효과적으로 다룰 수 있는 방법이 있음을 설명
2	감정 다루기 1	친밀감 형성 계속/감정이 무엇인지에 대한 소개/일상생활에서 경험하는 상황과 감정의 연결을 설명하고 이해
3	감정다루기 2/ 공감 연습	일상생활에서 경험하는 상황 및 감정 알아차리기/주어진 상황에서 타인의 생각과 감정 알아차리기/연습과 역할 연습 사용

4	감정 다루기 3	삶에서 경험하는 여러 사건은 우리의 감정과 연결되어 있음을 이해/ 생애그래프 사용
5	도움 얻기	생애그래프를 활용해 어려울 때 도움을 청하는 방법 다루기/도움을 줄 수 있는 사람 및 필요한 도움의 종류를 명료화하기
6	사회적 문제해결 기술 1	사회적 문제해결 기술 설명 및 연습
7	사회적 문제해결 기술 2	사회적 문제해결 기술 연습 계속-소집단별 연습
8	현실적 통재소재 1	계속(go) 혹은 멈춤(stop) 사인을 이용해 아동이 해결할 수 있는 문제와 해결할 수 없는 문제를 구분해 보기/해결할 수 있는 문제는 모둠을 이용해 해결방법을 찾아보기 연습
9	현실적 통재소재 2	아동이 해결할 수 없는 문제에 대한 대처 방법 찾아보기/역할 연습과 토론 사용
10	사회적 문제해결 기술/현실적 통재소재	모의 상황을 사용해 한 사람이 자신의 문제를 얘기하고 다른 아동들이 패널이 되어 문제를 규정하고 대안을 만들어 보는 연습
11	자아존중감	아동의 강점을 확인하고 집단에서 기여한 점에 대한 칭찬을 통해 강점 강화
12	마무리	집단 경험에 대한 소감 나누기/추수 집단 등 계획하기

출처: Cowen et al.(1995)에서 인용.

4) 국내 적응유연성 프로그램

역경에 처한 학생들을 대상으로 하는 국내 적응유연성 프로그램으로는 실직가정 자녀 대상 프로그램(박현선, 2000)과 다문화가정 자녀 대상 프로그램(박은민, 2015) 등이 개발되었다. 이러한 프로그램은 구체적인 역경에 처한 청소년들의 어려움을 구체화하고, 특정한 어려움에 잘 대처할 수 있는 차별적인 보호요인을 다루는 것을 특징으로 한다.

실직가정 자녀의 적응유연성 증진 프로그램(박현선, 2000)은 실직가정 학생들의 보호요인을 증진하기 위해 대학생 멘토들을 활용해 학업 지원, 사회적 문제해결 기술 향상, 자아존중감의 향상, 멘토를 통한 사회적 지지의 제공 등을 주된 내용으로 하는 프로그램이다. 다문화가정 청소년의 학교 적응유연성 증진을 위한 프로그램(박은민, 2015)은 대상자들이 학교에서 자기표현이 부족하고 자아존중감이 낮다는 결과를 기반으로 하여 그들의 자기표현과 자아존중감을 높이기 위한 프로그램으로 개발되었다. 주요 내용은 감정의 인식과 표현, 자기표현, 사회적 지지의 확인 등이다.

일반 학생을 대상으로 한 발달자산 증진 프로그램으로는 문영모와 최영신(2005)이 개발한 여고생을 위한 발달자산 프로그램이 있다. 이 프로그램은 크게 학업 능력 및 사회적 능력 영역의 발달을 위한 내용들을 포함하고 있으며, 사회적 능력에서는 의사소통 기술, 문제해결 기술, 갈등 해결과 저항에 대한 대처 등을 포함하여 다룬다.

국내에서 개발된 발달자산 증진 프로그램, 역경에 처한 청소년의 적응유연성 증진 프로그램 등은 대체로 기존의 연구 결과와 요구 조사 결과를 토대로 개발되었으며, 프로그램에 참가한 학생들의 자기 효능감, 대인관계 기술, 자기표현 등의 보호요인을 증가시키는 것으로 나타난다.

5. 인지행동적 접근 기반의 적응유연성 증진 프로그램의 실제

여기에서 소개하는 프로그램은 Alvord, Zucker와 Grados(2011)가 사회적 유능성과 자기조절 능력의 향상을 핵심으로 하면서 인지행동 접근을 사용하여 아동 · 청소년의 적응유연성을 증진시키고자 한 프로그램이다. 이 프로그램은 원래 소규모 집단상담용으로 개발되었으나 여기에서는 학급에서 사용하는 것으로 수정하였으며, 학급에서 운영하는 데 적합하도록 일부 요소를 추가 · 수정하여 소개한다.

이 프로그램은 적응유연성 증진을 위한 보호요인를 크게 삶에 대한 적극적인 자세, 자신의 인지 · 정서 · 행동을 조절할 수 있는 능력, 사회적 연결망과 애착, 특별한 재능을 키우고 인정하는 것, 지지적인 지역사회, 적극적인 부모 역할의 여섯 가지 요소로 보고 이러한 요소들을 강화하기 위한 내용들로 구성된다. 프로그램은 여섯 가지 요소를 다루는 15회기로 구성되는데, 회기별 주제는 삶에 대한 적극적인 자세, 대화의 시작과 유지 방법, 공감, 자기주장, 스트레스 대처, 친구관계에서 갈등 다루기 등을 포함한다.

프로그램의 회기는 구조화된 일련의 순서에 따라 진행된다. 매 회기는 환영하기, 지난 회기의 과제 확인, 질문을 통한 사고의 촉진, 인지행동적 개입, 자기 조절을 위한 이완 훈련, 다음 주의 과제 제시, 부모의 변화를 위한 협조문 발송의 과정으로 이루어진다. 특히 인지행동적 접근을 사용하여 매 회기 학생들의 사고에 대한 평가와 개입, 자기 조절을 위한 이완 훈련의 연습이 이루어지는 것이 특징이다. 참가자의 부모에게 매 회기가 끝난 후 회기의 내용과 과제를 설명하는 협조문을 보내어 부모가 지지적인 역할을 할 수 있도록 돕는 것도 이 프로그램의 특징이다. 프로그램의 진행 과정은 10회기인 '친구관계의 문제 다루기' 회기의 예를 통해 자세히 제시한다.

'친구관계의 문제 다루기' 회기는 문제해결 기술이 삶의 도전에 대처하는 능력에 영향을 주는 중요한 요소임을 알고, 문제해결 방법을 학습하여 친구관계에서의 갈등 상황에 적용해 보는 것을 목적으로 한다. 이 회기를 통해 학생들은 친구관계 문제에 보다 효과적으로 대처할 수 있으며, 궁극적으로 친사회적 유대감을 키울 수 있다. 회기의 목표, 회기의 준비, 회기의 진행 과정을 자세히 보면 다음과 같다.

1) 회기의 목표

- 친구관계에서 문제 해결의 순서를 설명할 수 있다.
- 문제 해결과 우정의 관계를 설명할 수 있다.
- 문제 상황에서 반사적 대응과 적극적 대응을 구분하여 적극적으로 대응할 수 있다.
- 이완/자기 조절 연습을 수행할 수 있다.

2) 회기의 준비

- 회기의 목표 및 내용을 미리 확인하고 준비한다.
- 친구관계에서의 갈등 상황, 과제 유인물, 부모에게 보내는 협조문을 미리 복사하여 준비한다.
- 이완 훈련을 미리 연습하여 익숙해지도록 한다.

3) 회기의 진행 과정

회기의 전개는 크게 도입, 전개, 마무리로 나누어진다. 도입 단계에서는 회기의 시작을 위한 준비, 전개 단계에서는 문제 해결과 관련된 참여자의 경험 나누기, 짧은 강의, 학생들의 활동 등이 이루어진다. 마무리 단계에서는 회기의 정리 및 과제 제시 등이 이루어진다. 〈표 3-3〉은 각 단계별 주요 내용을 제시하고 있다.

〈표 3-3〉 친구관계의 문제 다루기 회기의 주요 내용

단계	주요 내용
도입	• 환영/과제 확인/회기의 소개
전개	• 문제 해결에 관한 논의/의견 나누기 • 적극적 · 반사적 · 수동적 태도 및 행동 소개 • 문제 해결을 위한 절차 소개 • 문제 해결 활동하기 • 이완 연습과 자기 조절
마무리	• 회기의 정리 • 과제 제시

(1) 도입

- 새로운 회기를 시작하는 것에 대한 반가움과 환영을 전달하기
- 지난 회기와 관련해 성공 경험을 확인하고 축하하기
- 지난 회기의 과제를 확인하고 관련 경험 나누기
- 이번 시간의 주제와 활동을 개략적으로 소개하기

(2) 전개

- 활동 1: 문제 해결에 관한 논의 및 시범 보이기
  - "문제 해결이란 무엇이라고 생각하나요?" "우리가 일상생활에서 접하면서 해결해야 하는 문제에는 어떤 것이 있을까요?"와 같은 문제 해결에 관해 생각해 볼 수 있는 질문을 던지고 반응을 나눈다. 이때 문제 해결이란 도전적인 상황에 대한 해결책을 찾아가는 것으로, 친구관계에서의 문제 해결 등이 포함될 수 있음을 설명한다.
  - 문제 해결이 친구 사이의 우정과 어떻게 관련될 수 있는지를 질문하고 서로 의견을 나눈다. 친구 사이에도 서로 다른 의견이 있을 수 있으며, 이러한 차이를 조율하는 것이 친구관계를 유지하는 데 중요함을 설명한다.

- "친구관계에서 문제가 있었는데 잘 해결한 경험이 있었는지 한번 떠올려 볼까요? 그때 어떻게 해결하는 것이 도움이 되었나요?"와 같은 질문을 하고, 학생들의 반응을 듣고 경험을 지지한다.
- 질문에 대한 대답들을 정리하면서, 문제 해결의 단계를 설명하는 부분으로 전환한다.

• 활동 2: 적극적 · 반사적 · 수동적 태도 및 행동 설명하기
- 문제가 생겼을 때 우리가 선택할 수 있는 반응은 크게 적극적(proactive) · 반사적(reactive) · 수동적(passive) 행동으로 구분할 수 있음을 설명한다.
- 적극적 태도나 반응은 문제를 인정하면서 상황을 개선할 수 있는 방법을 찾아 행동으로 옮기는 것을 뜻한다. 이에 비해 반사적 행동은 갑작스럽게 화를 내는 등 기분에 따라 행동해서 상황을 악화시키는 반응이며, 수동적 행동은 문제를 무시하거나 문제가 없는 듯이 행동하는 것이다.
- 예를 들어, 학교 과제를 마치려고 열심히 했지만 짜증나고 좌절될 때 할 수 있는 적극적 · 반사적 · 수동적 행동의 예는 〈표 3-4〉와 같다.
- 적극적 · 반사적 · 수동적 행동이 자신이나 주변 사람에게 어떤 영향을 줄지를 함께 논의한 후, 적극적 태도와 행동이 자신과 관계 유지에 도움이 될 수 있음을 설명한다.

• 활동 3: 문제 해결의 단계 소개하기
- 문제 해결은 다음의 다섯 단계를 통해 바람직하게 이루어질 수 있음을 설명한다.

〈표 3-4〉 **적극적 · 반사적 · 수동적 태도와 행동 예시**

적극적 태도와 행동	반사적 태도와 행동	수동적 태도와 행동
• 마음을 가다듬고 적절한 사람에게 도움을 청함 • "계속 해 나가다 보면 방법을 찾을 수 있을 거야." 등의 긍정적인 자기 대화(self-talk)를 사용해 스스로를 격려하면서 계속 노력해 봄	• 연필을 집어던지거나 어려운 과제를 내준 교사를 비난함 • 상관없는 다른 사람에게 화를 내면서 못되게 굶	• 포기함

문제해결의 단계

- 1단계: 문제를 정의하기
- 2단계: 흥분하지 않도록 노력하면서 주어진 문제를 해결할 수 있음을 인지하기
- 3단계: 문제를 해결할 수 있는 방법을 적어도 세 가지 생각하기
- 4단계: 자신과 친구가 모두 동의할 수 있는 방법 찾아보기
- 5단계: 선택한 방법으로 문제가 해결되었으면 완료하고, 그렇지 않으면 다른 해결책 찾아보기

- 활동 4: 문제해결 활동하기
  - 소집단을 정해 소집단별로 친구관계에서의 갈등 상황에 대한 쪽지를 하나씩 뽑도록 한다. 이때 사용할 수 있는 갈등 상황의 예는 〈표 3-5〉에 제시되어 있다.
  - 소집단별로 선정한 갈등 상황에 대해 적어도 세 가지 해결 방법을 생각해 보고, 어떤 방법이 가장 바람직할지 결정하도록 한다.
  - 갈등 상황과 문제해결 대안, 가장 바람직하다고 생각하는 방법 등을 소집단별로 돌아가면서 소개한다.

〈표 3-5〉 **친구관계에서 경험할 수 있는 문제 상황 예시**

상황 1	친구와 토요일에 만나 놀고 있는데, 서로 다른 것을 하고 싶어 한다면 어떻게 하겠는가?
상황 2	토요일 아침에 친구에게 집에 놀러오라고 초대했는데, 약속 시간에 친구가 나타나지 않아 전화했더니 다른 친구의 집에서 놀고 있다고 한다. 이런 상황이라면 어떻게 하겠는가?
상황 3	친구가 뭔가 위험한 일을 하려고 한다고 고백했는데, 친구가 하려는 일이 정말 큰 문제를 일으킬 수 있는 상황이라면 어떻게 하겠는가?
상황 4	월요일에 중요한 시험이 있어 주말에 시험공부와 숙제를 하려고 하는데, 친한 친구가 주말에 영화를 보러 가자고 한다면 어떻게 하겠는가? 친구는 영화를 보기 싫으면 만나서 다른 걸 하면서 놀자고 한다.
상황 5	최근 함께 보내는 시간이 가장 많은 친구가 있다. 그런데 만날 때마다 이 친구가 자기 자랑을 많이 한다면 어떻게 하겠는가?
상황 6	늘 함께 어울리는 친구가 4명 있다. 그런데 주말에 나만 빼고 다른 친구 3명이 함께 영화를 보러 간 것을 알게 되었다면 어떻게 하겠는가?

- 이 과정에서 교사는 학생들이 생각한 대안이 적극적이고 현실적인 것인지 혹은 반사적이거나 수동적인 것인지를 검토하면서 피드백을 줄 수 있다.

• 활동 5: 이완 연습과 자기 조절

- 호흡과 상상하기를 합한 이완 연습을 실시한다. 이완 훈련을 위해 학생들이 자신의 자리에서 편안한 자세로 앉아 눈을 감도록 한 후, 교사는 〈표 3-6〉과 같은 지시문을 읽어 준다. 조용한 분위기에서 학생들이 집중할 수 있도록 한다.

〈표 3-6〉 이완 연습 지시문의 예

1. 숨을 깊이 들이마시면서 5를 셀 때까지 유지해 보세요. 하나, 둘, 셋, 넷, 다섯.
2. 이제 천천히 숨을 내쉬어 보세요.
3. 이 시간에 우리는 마음의 여행을 하려고 합니다. 각자가 가장 편안하고 쉴 수 있는 곳을 떠올려 보세요. 집일 수도 있고, 바닷가일 수도 있고, 공원일 수도 있어요.
4. 각각 가장 편안한 곳에 자신이 있는 모습을 그려 보세요.
5. 지금 상상하는 그곳의 모든 풍경과 소리, 냄새를 떠올려 보세요.
6. 그곳에서 보는 것과 듣는 것에 주목해 보세요. 무엇을 보고 있나요? 무슨 색깔인가요? 또 무엇을 듣고 있나요?
7. 이제 5에서 1까지 거꾸로 세어 볼까요? 숫자를 들으면서 더 편안해질 겁니다. 5, 4, 3, 2, 1.
8. 이제 지금 편안한 상태를 즐겨 보세요. 하루 중 어느 때, 어느 곳에서도 원한다면 이런 편안한 상태로 돌아갈 수 있습니다. (30초 정도 기다린다.)
9. 이제 내가 1부터 5까지 천천히 세면 점점 현실로 돌아올 거예요. 이제 시작할게요. 하나, 편안한 상태를 느끼면서, 둘, 숨을 깊이 들이마시고 셋, 이제 천천히 숨을 내쉬면서 눈을 뜨세요. 넷, 다섯.

- 이완연습이 끝난 후 '어떤 경험이었는지, 어디에서 무엇을 보고, 듣고, 느꼈는지'를 나누어 본다.
- 이완연습을 통해 스스로 편안한 상태가 되도록 조절할 수 있으면 일상생활에서 필요할 때 자신의 상태를 조절할 수 있음을 알려 준다.

(3) 마무리

• 열심히 참가한 학생을 선정해 칭찬과 작은 선물 등 강화물을 제공한다.
• 다음 회기까지의 과제를 나누어 주고 설명한다. 과제는 친구관계에서 경험하는 갈등 상황에 문제해결 접근을 적용하여 해결해 보는 것이다. 활동지는 〈표

3-7〉에 제시되어 있다.

- 학생들에게 이번 회기의 목적 및 활동 등을 설명하는 협조문을 나누어 주고 부모에게 전달하도록 한다.

〈표 3-7〉 문제해결 접근을 친구관계에 적용하기 위한 활동지

〈문제해결 접근을 친구관계에 적용하기〉

1. 문제해결 단계

- 1단계: 문제를 정의하기
- 2단계: 흥분하지 않도록 노력하면서 주어진 문제를 해결할 수 있음을 인지하기
- 3단계: 문제를 해결할 수 있는 방법을 적어도 세 가지 생각하기
- 4단계: 자신과 친구가 모두 동의할 수 있는 방법 찾아보기
- 5단계: 선택한 해결책으로 문제가 해결되었으면 완료하고, 그렇지 않으면 다른 해결책 찾아보기

2. 친구관계에서 경험한 문제 I

- 상황 ______________________________
- 가능한 대안 1. ______________________________
  2. ______________________________
  3. ______________________________
- 선택한 방법 ______________________________
- 결과 ______________________________

3. 친구관계에서 경험한 문제 II

- 상황 ______________________________
- 가능한 대안 1. ______________________________
  2. ______________________________
  3. ______________________________
- 선택한 방법 ______________________________
- 결과 ______________________________

6. 아동·청소년의 적응유연성 발달을 위한 과제

역경을 경험하고 잘 이겨 낸 사람은 역경을 전혀 경험하지 않고 성장한 사람보다 일반적인 대인관계 및 가족관계에서 더 잘 적응한다고 알려져 있다. 따라서 아동 · 청소년 대상의 개입에서는 역경의 예방을 위해 노력하면서 역경에 잘 대처할 수 있는 적응유연성을 길러 주는 것이 중요하다. 역경이 닥치더라도 잘 대처하면 이런 경험을 통해 자신감, 문제해결 능력 등을 키울 수 있으며, 이는 이후의 어려움을 평가하고 대처하는 데 긍정적인 영향을 준다. 적응 유연한 아동 · 청소년은 환경을 보다 긍정적으로 지각하면서 문제가 생기더라도 적극적으로 대처하고 적응해 나갈 수 있다.

아동기와 청소년기의 적응유연성은 개인, 가족 및 환경 수준의 다양한 보호요인이 역경과 상호작용하여 얻어질 수 있다. 학교에서는 아동 · 청소년 개인 수준에서의 보호요인의 증진뿐만 아니라 학급이나 학교 수준, 가족 수준에서의 보호요인의 증진을 위해 어떤 개입이 가능하고 효율적인지를 파악해 함께 적용하는 것이 바람직하다. 적응유연성 프로그램을 실시할 때에는 모든 학생 대상의 예방적 프로그램과 역경을 경험하는 학생에 대한 차별적인 개입을 동시에 적용하는 것이 도움이 된다.

적응유연성은 인성 발달과 마찬가지로 특정한 시기에 실시하는 한두 가지 프로그램을 통해 발달하는 것이 아니라 오랜 시간에 걸쳐 꾸준히 발달해 나간다. 아동 · 청소년이 가정과 학교에서 자신의 욕구와 의견이 존중받으면서 안전하다고 느낄 때 건강한 인성이 발달할 수 있는 것처럼, 적응유연성의 발달에서도 이 특성을 가르치기보다는 부모와 교사가 그것이 증진될 수 있는 우호적인 환경을 제공해 주는 것이 중요하다. 아동 · 청소년에 대한 부모 및 교사의 보살핌과 지지는 적응유연성 발달의 가장 기본적인 토대라고 볼 수 있다.

연구 과제

1. 자신의 담당 학급이나 실습 학급에서 실시하기에 유용한 적응유연성 프로그램은 무엇이며 그 이유는 무엇인지 제시해 보시오.
2. 교사로서 관심 있는 적응유연성의 보호요인은 무엇이며, 그 보호요인을 증가시키기 위해서는 어떤 개입이 가능한지 논의해 보시오.
3. 교사로서 학급의 학생들에게 보살핌과 정서적 지지를 제공할 수 있는 방법은 무엇인지 논의해 보시오.

참고문헌

문선모, 황영신(2005). 내적 발달자산 증진 프로그램이 여자고등학생의 내적 발달자산에 미치는 영향. 교육심리연구, 19(3), 577-594.

박은민(2015). 다문화가정 청소년 적응유연성 프로그램이 자아존중감과 자기표현에 미치는 효과. 인간발달연구, 22(1), 37-54.

박현선(2000). 실직가정 자녀의 적응유연성 증진을 위한 멘토링 프로그램 효과. 한국사회복지학, 41(5), 147-172.

신현숙(2003). 적응유연성 연구의 전망: 개념 및 방법론적 문제와 학교-기반 예방을 위한 시사점. 교육학연구, 41(2), 431-456.

좌현숙(2010). 빈곤 청소년의 적응유연성 영역간 종단적 상호관계: 심리, 사회, 학교 영역을 중심으로. 사회복지연구, 41(2), 247-278.

Alvord, M. K., Zucker, B., & Grados, J. J. (2011). *Resilience builder program for children and adolescents: Enhancing social competence and self-regulation.* Champion, IL: Research Press.

Benson, P. L. (1997). *All kids are our kids*. Minneapolis: Search Institute.

Bosworth, K., & Earthman, E. (2002). From theory to practice: School leaders' perspectives on resiliency. *Journal of Clinical Psychology, 58*, 299-306.

Cowen, E. L., Wyman, P. A., Work, W. C., & Iker, M. R. (1995). A preventive intervention for enhancing resilience among highly stressed urban children. *The Journal of Primary Prevention, 15*, 247-260.

Cowen, E. R., Wyman, P. A., Work, W. C., Kim, J. Y., Fagen, D. B., & Magnus, K. B. (1997). Follow-up study of young stress-affected and stress-resilient urban children. *Development and Psychopathology, 9*, 565-577.

Fletcher, D., & Sarkar, M. (2013). Psychological resilience: A review and critique of definitions, concepts, and theory. *European Psychologist, 18*, 12-23.

Garmezy, N. (1991). Resiliency and vulnerability to adverse developmental outcomes associated with poverty. *American Behavioral Scientist, 34*, 416-430.

Garmezy, N., Masten, A. S., & Tellegen, A. (1984). The study of stress and competence in children: A building block for developmental psychopathology. *Child Development, 55,* 97-111.

Henderson, N., & Milstein, M. (1996). *Resiliency in schools: Making it happen for students and educators.* Thousand Oaks, CA: Corwin.

Kaufman, J., Cook, A., Amy, L., Jones, B., & Pittinsky, T. (1994). Problems in defining resiliency: Illustrations from the study of maltreated children. *Development and Psychopathology, 6*, 215-229.

Luthar, S. S., Cicchetti, D., & Becker, B. (2000). The construct of resilience: A critical evaluation and guidelines for future work. *Child Development, 71*, 543-562.

Mak, W. W. S., Ng, I. S. W., & Wong, C. C. (2011). Resilience: Enhancing well-being through the positive cognitive triad. *Journal of Counseling Psychology, 58*, 610-617.

Masten, A. S. (2001). Ordinary magic: resilience processes in development. *American Psychologist, 56,* 227-238.

Masten, A. S., Best, K. M., & Garmezy, N. (1990). Resilience and development: Contributions from the study of children who overcome adversity. *Development and Psychopathology, 2,* 425-444.

Masten, A. S., Hubbard, J. J., Gest, S. D., Tellegen, A., Garmezy, N., & Ramirez, M. (1999). Competence in the context of adversity: Pathways to resilience and maladaptation from childhood to late adolescence. *Development and Psychopathology, 11,* 143-169.

Noam, G. G., & Hermann, C. A. (2002). Where education and mental health meet: Developmental prevention and early intervention in schools. *Development and Psychopathology, 14*, 861-875.

Noam, G. G., & Malti, T. (2008). Responding to the crisis: RALLY's developmental and relational approach. *New Directions for Youth Development, 120,* 31-55.

Richardson, G. E. (2002). The metatheory of resilience and resiliency. *Journal of Clinical Psychology, 58,* 307-321.

Sesma, A. Jr., Mannes, M., & Scales, P. C. (2013). Positive adaptation, resilience, and the developmental assets framework. In S. Goldstein & R. B. Brooks (Eds.). *Handbook of resilience in children* (2nd ed., pp. 427-442). New York, NY: Springer.

Thomsen, K. (2002). *Building resilient students: Integrating resiliency into what you already know and do.* Thousand Oaks, CA: Corwin.

Werner, E. E. (1993). Risk, resilience and recovery: Perspectives from the Kauai Longitudinal Study. *Development and Psychopathology, 5,* 503-515.

Werner, E. E. (2013). What can we learn about resilience from large-scale longitudinal studies? In S. Goldstein & R. B. Brooks (Eds.), *Handbook of resilience in children* (2nd ed., pp. 87-102). New York, NY: Springer.

Werner, E. E., & Smith, R. S. (1982). *Vulnerable but invincible: A study of resilient children.* New York, NY: McGraw Hill.

Werner, E. E., & Smith, R. S. (1992). *Overcoming the odds: High risk children from birth to adulthood.* Ithaca, NY: Cornell University Press.

제4장

인성계발을 위한 정서유능성 증진

개요

정서는 심리학의 핵심 주제일 뿐만 아니라 사회학, 경제학, 정치학, 인류학 등 다양한 학문의 탐구 주제로 인간의 학습은 물론 삶의 여러 측면에 영향을 미치는 것으로 알려져 왔다(Lewis, Haviland-Jones, & Barrett, 2008). 특히 심리학자들은 정서를 다양하게 정의하고 탐구하여 왔으며, 최근 10여 년 동안'정서 혁명'(Aldao, Nolen-Hoeksema, & Schweizer, 2010)이라는 말이 등장할 정도로 정서에 대한 기초 연구에서 획기적인 진보가 이루어졌다.

이 장에서는 특히 교과학습 편중 현상으로 초래된 교육의 비인간화 문제를 극복하기 위한 실천적 대안인 인성교육의 한 목표로서 정서유능성을 체계적으로 이해하고 구체적인 육성 방안을 고찰한다. 이를 위해 먼저 정서유능성에 대한 작동 정의와 이론적 관점을 간단히 개괄하고, 정서유능성의 발달과 심리적 적응의 관계를 살펴본 다음, 정서유능성을 육성하기 위한 구체적인 원리와 설천전략을 고찰한다.

연구 문제

1. 정서유능성과 정서지능의 차이는 무엇인가?
2. 정서유능성의 발달 과정과 그것에 영향을 미치는 요인은 무엇인가?
3. 개인의 정서유능성과 적응적 및 부적응적인 행동의 관계는 무엇인가?
4. 정서유능성 증진을 위한 다양한 접근과 구체적인 전략은 무엇인가?
5. 정서유능성 증진을 위한 인성교육 프로그램을 교육 실제에 적용할 수 있는가?

1. 정서유능성의 의미

정서유능성(emotional competence)은 특정 정서를 유발하는 사회적 상황에서 바람직한 결과 혹은 목표를 얻기 위해 자신의 정서 경험을 조절하거나 자신의 정서를 유능하게 사용하는 기술이다(Saarni, 1999, 2007). 그것은 독립적이지만 서로 연관된 여러 개의 기능(예: 정서 이해, 정서 조절, 정서 표현)으로 구성되며, 개인의 사회적 및 인지적 발달과 밀접하게 연결되어 있다. 또한 정서유능성의 부족으로 인한 정서 표현 및 정서 조절의 어려움은 내재화 혹은 외재화 행동문제의 주된 원인으로 작용한다(송재홍, 2015; Aldao, Nolen-Hoeksema, & Schweizer, 2010; Garnefski, Kraaij, & van Etten, 2005; Saarni, 2007). 따라서 정서유능성을 증진하는 일은 개인의 정서적 발달은 물론 그의 학업 및 사회적 적응과 정신건강에 매우 중요하다.

정서유능성은 종종 정서지능과 혼동되어 사용된다. Mayer와 동료들(Mayer & Salovey, 1997; Mayer, Salovey, & Caruso, 2004)은 정서지능이란 용어를 사용하여 정서유능성을 정의하고 있다. 그들은 정서의 지각과 평가 및 표현, 정서에 기초한 사고의 촉진, 정서적 정보의 이해와 분석, 정서 조절의 네 가지 요인에 관련된 능력을 포함하는 정서지능 개념 모형을 제안하였다. 정서지능의 관점에서 볼 때, 정서유능성이란 결국 자기 자신과 타인들의 감정을 확인 · 이해 · 표현 · 관리 · 사용하는 잠재 능력을 말한다고 볼 수 있다. 그러나 정서유능성은 직접적인 사회적 환경에 성공적으로 적응하고 대처하는 데 필요한 일련의 기술을 강조한다는 점에서 한 개인에게 잠재된 보편적 능력을 강조하는 정서지능과는 개념적으로 구분될 수 있다(Saarni, 1999, 2007). 정서유능성은 정서적 추리 능력을 포함할 수도 있지만 좀 더 적응적인 정서적 기능 발현에 초점을 둔다. 그것은 사회적 상호작용 과정에서 학습되는 것이므로 정서적 기능 발현은 부분적으로 개인적 요인(예: 기질)과 과거 사회학습의 결합 효과에 의해 결정되며, 직접적인 사회적 맥락(예: 가족, 학교, 매체 등)과 사회적 각본 그리고 정서 작동에 대한 순수한 이론 등의 영향을 받는다.

Saarni(1999, 2007)는 정서에 관한 여러 관점을 통합하여 정서유능성의 개념 모형을 제안하였다. 그의 모형에 따르면, 정서유능성이란 특정 정서를 유발하는 사회적 상황에서 바람직한 결과나 목표를 얻기 위해 자신의 정서 경험을 조절하거나 자신의 정서를 유능하게 사용하는 기술이다. 정서유능성의 구성요소에는 자신의 정서를 인식하는 일, 타인의 정서를 식별하는 일, 정서와 표정에 대한 어휘를 사용하는 일, 타인의 정서적 경험에 공감적으로 관여하는 일, 내적인 주관적 경험과 외적인 정서 표현을 구분하는 일, 혐오적 정서 또는 고통스러운 정서에 적응적으로 대처하는 일, 관계 안에서 정서적 의사소통을 인식하는 일, 그리고 정서적 자기 효능감과 관련된 잠재역량 등의 여덟 가지 기술이 포함된다. 이러한 기술들을 구체적으로 설명하면 다음과 같다.

- **자신의 정서 상태에 대한 인식**: 자신이 다중의 정서를 경험하고 있을 가능성을 인식하는 능력을 말한다. 또한 좀 더 성숙한 수준에서는 무의식적인 역동이나 선택적인 부주의로 인해 자신의 감정을 의식적으로 자각하지 못할 수도 있다는 인식까지도 포함한다.
- **타인의 정서를 분별하고 이해하는 기술**: 상황적 단서들의 정서적 의미에 대해 어느 정도 문화적인 합의를 갖는 상황적 · 표현적 단서들에 기초하여 타인의 정서를 분별하고 이해하는 기술을 말한다.
- **정서와 표정의 어휘를 사용하는 기술**: 자신의 (하위) 문화에서 보편적으로 이용 가능한 용어로 정서 및 표정의 어휘를 사용하고, 또한 좀 더 성숙한 수준에서는 개인의 정서와 사회적 역할을 연결하는 문화적 각본을 습득하는 기술을 말한다.
- **공감적으로 관여할 수 있는 잠재역량**: 타인의 정서적 경험에 동정적이고 공감적으로 관여할 수 있는 잠재역량을 말한다.
- **내적인 주관적 정서 경험과 외적인 정서 표현을 변별하는 기술**: 자기 자신과 타인 양자 모두에서 내부 정서 상태가 외부 표현과 일치하지 않는다는 것을 깨닫는 기술, 그리고 좀 더 성숙한 수준에서는 자신의 정서적 · 표현적 행동이 또 다른 것에 영향을 미칠 수도 있다는 것을 이해하고 이를 자신의 자기 제시 전략들에서 고려하는 능력을 말한다.
- **혐오적 혹은 고통스러운 정서에 적응적으로 대처하기 위한 잠재역량**: 혐오적 혹은 고통스러운 정서 상태(예: 스트레스)의 강도 혹은 시간을 개선하는 자기조절 전략을 사용함으로써 이와 같은 정서에 적응적으로 대처할 수 있는 잠재역량을 말한다.
- **관계 내에서 정서적 의사소통의 인식**: 관계의 구조나 본질이 부분적으로는 정서적 표현의 즉시성 혹은 진정성 정도와 관계의 상호성 혹은 대칭성의 정도의 두 가

지 모두에 의해 정의된다는 것을 인식하는 능력을 말한다. 예를 들어, 성숙한 친밀감은 부분적으로 진실한 정서들을 서로 공유하는 일에 의해 정의되는 반면, 부모-자녀 관계성은 진실한 정서들을 비대칭적으로 공유할 수도 있다.

- 정서적 자기 효능감에 대한 잠재역량: 개인은 자기 자신을 대체로 자기가 느끼고 싶어 하는 방식으로 느끼는 존재로 바라본다. 말하자면, 정서적 자기 효능감은 독특하고 유별나건 아니면 문화적으로 인습적이건 간에 자신의 정서적 경험을 수용한다는 것을 의미하며, 이러한 수용은 바람직한 정서적 '균형'을 이루는 것이 무엇인가에 관한 개인의 신념과 일맥상통한다. 본질적으로 우리 자신의 도덕관념과 통합된 정서적 자기 효능감을 증명해 보일 때 자신의 개인적인 정서 이론과 조화를 이루며 살아가는 것이다.

지금까지 살펴본 여덟 가지 기술은 정서 표현, 정서 이해, 정서 조절의 세 가지 범주로 요약될 수 있다. 정서 표현(emotion expression)은 개인이 사회적 상호작용 과정에서 언어적 · 비언어적으로 의사소통하는 정도를 말하고, 정서 이해(emotion understanding)는 개인이 자신과 타인의 정서적 경험에 관해서 갖고 있는 지식을 망라한다. 그리고 정서 조절(emotion regulation)은 타인과 관계를 맺거나 도전적인 상황에서 대처하기 위해서 자신의 정서 반응을 관리하는 것을 말한다.

2. 정서유능성의 발달과 심리적 적응

정서유능성의 발달은 학생들의 사회적 적응뿐만 아니라 학업적 성공의 일차적인 관문으로 인식되고 있으며, 반면에 정서유능성의 부족으로 인한 정서 표현 및 정서 조절의 어려움은 개인의 심리적 장애 및 행동문제와 밀접히 관련되는 것으로 밝혀지고 있다(송재홍, 2015 참조). 정서유능성의 발달과 심리적 적응의 관계에 대한 주요 연구 결과를 고찰하여 정리하면 다음과 같다.

1) 정서유능성의 발달

정서유능성의 발달은 개인이 자신의 정서를 효과적으로 관리함으로써 다양한 관계에서 자신의 길을 안전하게 항해할 수 있도록 안내할 뿐만 아니라 자아존중감을 향상시키고 스트레스 상황에서 적응적 회복력을 증대시키는 효과를 가져온다. 정서유능성은 연령이 증가함에 따라 독특한 발달 패턴을 형성한다. 유아기에는 동정심, 자제력, 순종 등과 같은 정서유능성의 초보적인 형태가 출현하며, 학령기에는 의무감과 양심이 발달하면서 정서유능성이 좀 더 성숙한 형태로 나타난다. 그리고 인격이 완성되는 청소년기에는 정서유능성이 완전한 틀을 갖추게 된다. 따라서 정서유능성은 높은 인지적 능력과 대인관계 기술을 포함하는 개념으로 청소년기가 되어야 완전한 모습으로 나타난다고 볼 수 있다. 〈표 4-1〉은 발달 시기에 따른 정서유능성의 변화 양상을 요약하여 제시한 것이다.

Saarni(1999)는 한 개인의 자기(또는 자아정체감), 도덕적 성향(또는 인격) 그리고 발달 내력(경험)을 정서유능성 발달의 일차적 기여자라고 제안하였다. 자기(self)가 개인의 정서 경험에 관여하는 방식에 따라 정서유능성이 달라질 수 있으며, 또한 인격 완성은 자신의 도덕적 이상과 일치된 삶을 의미하므로 정서유능성의 발달은 도덕적 성향을 반영한다고 볼 수 있다.

일부 학자(Lazarus, 1991; Saarni, 1999)는 자기를 정서 경험의 중요한 구성요소로 강조한다. 자기는 한 개인의 정서 경험에 독특한 방식으로 관여함으로써 정서유능성 발달에 긍정적으로 혹은 부정적으로 영향력을 행사한다. 그것은 특수한 감정 경험하기, 사실에 의미 부여하기, 사건들에 다양한 정도의 중요성을 귀속시키기, 상황에 대처하기, 자신이 결과에 대해 통제력을 지니는 정도를 고려하기 등과 같은 다양한 기능을 수행한다(Lazaus, 1991). 따라서 자기는 정서적 과정들과 불가분의 관계를 갖고 있는 것으로 인식될 수 있다. 한 개인은 자기 체계(self-system)로서 다수의 자기를 지닌 존재로 인식될 수 있는데, 자기 체계의 어느 한 측면과 다른 측면이 서로 다른 것을 원하게 된다면 자기에 관한 상이한 목표와 신념이 갈등을 빚게 된다. 결국 개인은 다중의 정서를 경험하고 자신이 하고자 하는 것에 관해서 동요하고 주저하거나 우유부단하며 심지어는 자기기만을 초래할 수도 있다(Saarni, 1999).

또한 한 개인의 인격 완성은 자신의 도덕적 이상과 일치된 삶을 의미하므로 정서

〈표 4-1〉 정서유능성의 발달 패턴

연령 시기	조절/대처	표현적 행동	관계 구축
영아기: 0~12개월	자기 위로(self-soothing)와 반응성을 조절함; 협응 행위를 위해 주의를 조절함; 스트레스 상황에서 '비계'를 얻고자 보호자에게 의존함	일부 표현 채널에서 타인과의 행동 공시성(synchrony); 타인 표정을 변별하는 능력이 증가함; 수반성 통제하 자극에 대한 표현적 반응성을 증가시킴; 정서 유발 상황과 표출 행동의 협응을 증가시킴	사회적 게임 또는 차례로 말하기(예: '까꿍놀이' '숨바꼭질'); 사회적 참조하기(social referencing); 사회적으로 도구적인 신호를 사용함(예: 주의를 끌기 위한 '거짓' 울음)
유아기: 1~2.5세	자신의 정서적 반응에 대한 자각(self-awareness)과 의식이 출현함; 자율과 탐구 욕구를 확장하는 일에 부과된 제약과 한계로 인해 머뭇거림	수치심, 긍지, 수줍음에 수반하는 표출 행동에서 자기평가와 자의식이 나타남; 표출 행동과 정동 상태 단어들의 이해와 생성이 증가함	서로 다른 사람에 대해 서로 다른 느낌을 예견함; 타인의 정서와 그것의 유의미성에 대한 변별력이 증가함; 공감과 친사회적 행동을 조기에 형성함
학령 전기: 2.5~5세	상징적 접근이 정서 조절을 촉진하지만, 상징들은 또한 고통을 유발할 수 있음; 타인과의 의사소통이 자신의 느낌과 정서 유발 사건들에 대한 아동의 평가와 인식을 확대함	놀이와 놀림(teasing)에서 가장된 표출 행동을 채택함; '거짓' 안면 표정이 자신의 감정에 관한 또 다른 것을 오도할 수 있음을 실용적으로 인식함	타인과의 의사소통이 사회적 교류에 대한 아동의 이해와 처신에 대한 기대를 정교화함; 동료에 대한 동조적이고 친사회적인 행동이 나타남; 타인의 정서에 대한 통찰을 증가함
아동 전기: 5~7세	자의식 정서(예: 당혹감)가 조절의 표적이 됨; 보호자의 지지를 구하는 것이 두드러진 대처 전략이지만, 상황적 문제해결 근거에 대한 의존이 증가함	동료들 앞에 '싸늘한 정서 들이대기(cool emotion front)'를 함	자기 자신 및 타인의 정서와 사회적 기능의 협응이 증가함; 여론적으로 합의된 정서 '각본'을 조기에 이해함
아동 중기: 7~10세	통제력이 중간 이상이라면 문제해결 전략을 선호하지만, 통제력이 최소라고 평가된다면 거리두기 전략을 사용함	진실하건 가식적이건 표출 행동에 대한 규범을 환영함; 표출 행동을 사용하여 관계 역동을 조절함(예: 웃으면서 친구를 질책함)	동일한 사람들에 대한 다중의 정서를 인식함; 다중의 시간틀(frame)과 특이한 개인적 정보를 친밀한 우정의 발달 도구로 사용함
청소년 전기: 10~13세	스트레스 상황에 대한 현실적 통제력의 평가를 증가시킴; 다중의 해결책과 차별적 전략을 사용하여 스트레스에 대처함	친한 친구에 대한 순수한 정서 표현과 타인에 대한 관리된 표현 간에 뚜렷한 차이를 드러냄	사회적 역할과 연접해서 사회적 민감성과 정서 '각본'의 인식이 증가함
청소년기: 13세 이후	자신의 정서회로에 대한 인식이 통찰적 대처를 촉진함; 스트레스와 후속 결정을 다룸에 있어서 도덕적 인격과 개인적 철학의 통합이 증가함	인상을 관리하기 위한 자기 제시 전략을 능숙하게 채택함	정서의 상호적이고 호혜적인 의사소통이 관계의 질에 영향을 미치는 것으로 인식함

출처: Saarni(1999, 2007).

유능성의 발달은 도덕적 성향을 반영한다. 특히 자만심은 물론 수치심이나 죄책감과 같은 자의식적 정서는 정서적 유능성의 발달을 저해함으로써 심리적 건강과 사회적 적응에 커다란 걸림돌로 작용할 수 있다. 상담에서 정서 자각과 표현 및 조절을 위한 다양한 개입전략을 시도하는 것도 개인의 삶을 구속하고 있는 자의식적 정서를 줄이고 일차적인 정서에 접근함으로써 개인의 자율성과 자발성을 회복하도록 조력하기 위한 것이다.

Saarni(1999)는 특히 발달 내력을 정서유능성 발달의 유의미한 요인으로 가정하였는데, 정서유능성은 개인의 인지 발달과 경험 속에서 정서 경험을 능동적으로 창조해 가는 것이다. Suveg, Southam-Gerow, Goodman과 Kendall(2007) 역시 사회정서적인 유능성의 발달에 대한 기질의 역할을 언급하고, 기질이 환경적 요인에 의해 영향을 받으며 맥락 속에서 검토되어야 한다고 주장하였다. 특히 양육자와의 관계는 아동의 정서적 인생이 펼쳐지는 일차적 맥락으로서 정서유능성의 발달에 결정적인 영향을 미친다. Denham, Blair, Schmid와 DeMulder 등(2002)는 안정애착이 아동에게 자유롭게 세상을 탐구하고 또래와 어울릴 수 있는 여지를 남기는 반면 불안정애착은 정서 및 사회적 무능력과 연합된다는 것을 확인하였다. Shields와 Cicchetti(2001)는 학대 경험이 정서 조절의 문제를 야기하고 동료와 성공적으로 관여하는 능력을 방해한다는 사실을 밝혀냈다. 만일 어떤 사회적 상황에서 반응성이 높고 불편하거나 거북함을 느낀다면 개인은 상호작용의 대인관계 본질보다는 정서적 각성을 줄이는 데 좀 더 초점을 두려고 할 것이며, 이는 다시 긴장된 사회적 관계를 초래할 수도 있다.

2) 정서유능성과 긍정적 성장

정서유능성의 발달은 동료관계, 학업 성취, 정신건강 등 개인의 성공적인 적응에 관한 다양한 지표의 예측요인으로 알려지고 있다. 정서유능성의 발달은 개인이 자신의 정서를 효과적으로 관리함으로써 다양한 관계에서 자신의 길을 안전하게 항해할 수 있도록 안내할 뿐만 아니라 자아존중감을 향상시키고 스트레스 상황에서 적응적 회복력을 증대시키는 효과를 가져온다.

첫째, 정서유능성은 학령전기 아동의 사회적 성공은 물론 그 후의 사회정서적인 기능 발현과 밀접하게 연관된다. Saarni(1999)는 정서적 발달과 사회적 발달의 불가

분성을 주장하고 정서유능성의 발달에서 인지적 · 사회적 매개자의 중요성을 강조하였으며, 일부 연구자(박영애, 김경은, 2005; 현채송, 2010; Ciarrochi & Scott, 2006)는 정서유능성과 사회적 기술의 정적 관계를 밝혀냄으로써 이 주장을 뒷받침하고 있다. Denham 등(2003)은 정서 표현, 정서 지식 및 정서 조절을 아동기 정서유능성의 세 가지 핵심 요소라고 강조하였고, 이 요소들의 연속적인 패턴을 사용하여 사회적 유능성의 다양한 지표를 예측하고 학령전기 정서유능성이 사회적 유능성에 이르는 통로가 될 수 있다고 주장하였다. 학령전기 아동의 한 가지 핵심 발달과업은 또래 관계를 성공적으로 이끌어 가는 능력이며, 이 과업을 성공적으로 이룩한 아동은 이후 학령기 동안에 더 커다란 사회적 세계를 항해할 수 있는 하나의 견고한 기반을 갖게 된다.

둘째, 정서유능성의 발달은 학령전기와 학령기 아동의 성공적인 학교생활을 위한 관문이다. Roeser, van der Wolf와 Strobel(2001)은 중학생을 대상으로 정서유능성과 연합된 자기 효능감이 학업 성공을 강화한다는 것을 밝혀냈다. 더 나아가 Jennings와 Greenberg(2009)가 제시한 교사의 사회정서적인 유능성과 교실 성과의 관계에 대한 개념 모형에 따르면, 교사의 사회정서적인 유능성과 안녕감은 건강한 교사-학생 관계와 효과적인 교실 관리 그리고 사회정서 학습 이행을 통해 건강한 교실 풍토를 조성함으로써 학생들의 학업 및 사회정서적인 발달에 긍정적인 영향을 미칠 수 있다. 이러한 노력은 또한 학교와 지역사회의 맥락적인 요인에 의해 영향을 받는다고 전제하고, 정서지능 훈련, 마음챙김 기반 개입, 가르치는 일에 대한 헌신, 학생의 사회정서적인 발달 훈련 등 교사의 사회정서적인 유능성을 육성하기 위한 프로그램의 중요성을 역설하였다.

셋째, 아동 · 청소년이 도전적인 생활 사건에 맞서도록 하는 정서유능성 기술은 흡연과 같은 건강 관련 행동을 관리하는 능력에 확실하게 영향을 미친다. Trinidad와 동료들(Trinidad & Johnson, 2002; Trinidad, Unger, & Johnson, 2004)은 자신과 타인의 정서를 관리하는 능력이 흡연의 사회심리적 위험요인에 반하는 하나의 보호요인으로 작용한다는 것을 밝혀냈다. 이 연구에서 정서유능성이 높은 초등학생들은 흡연의 유해한 결과에 대한 인식이 더 높았고, 담배 제안을 더 자신 있게 거부하였다.

3) 정서유능성의 결함과 심리적 장애

정서에 대한 신경과학과 임상심리학 분야에서 지금까지 수행된 연구들은 정서유능성과 사회적 적응 간에는 물론이고 정서유능성의 결함과 심리적 장애 간에도 밀접하게 관련된다는 것을 확인하였다. 정서유능성의 결함은 정서 명료성과 정서조절 전략의 결함을 반영하는 것으로 아동 · 청소년의 내재화 혹은 외재화 문제행동과 유의미한 정적 상관을 나타낸다고 알려지고 있다. 일부 연구자(Casey, 1996; de Castro, Merk, Koops, Veerman, & Bosch, 2005)는 주의력결핍 과잉행동장애(ADHD)나 공격성과 같은 외재화 문제행동에 관심을 두었으며, 반면에 다른 연구자들(Southam-Gerow & Kendall, 2000; Suveg & Zeman, 2004)은 불안, 우울, 분노와 같은 내재화 문제행동에 관심을 두었다. 이 연구자들은 내재화 및 외재화 행동문제를 지닌 아동들이 다양한 형태의 정서와 정서 조절 관련 문제를 드러내며 임상적 개입에서 차별화된 접근을 요구한다는 것을 시사한다.

Buckley와 Saarini(2006)는 아동 · 청소년의 행동장애와 보편적으로 연관되어 있는 정서유능성 결함의 다섯 가지 요인을 확인하였다. 첫째, 분노 및 여타 부정적 정동의 조절 곤란이다. 분노와 같은 부정적 정서를 과도하게 분출하는 아동은 자신의 정서를 언어화하는 데 어려움이 있고, 자신의 고통을 전달할 정서 어휘가 부적절하게 발달하여 발끈하는 행동을 드러낸다.

둘째, 빈약한 좌절 내성이다. 정서적 부정성을 참아 내지 못하는 아동은 자신의 정서 표출 행동이 타인에게 미치는 영향을 이해하지 못하거나 제어할 수 없는 분노 표출 충동이 강하여 이해를 무용지물로 만들며, 혐오적 정서에 적응적으로 대처할 기술이 부족하거나 정서적 자기 효능감을 쉽게 발달시키지 못한다.

세 번째와 네 번째 요인으로는 낮은 수준의 긍정적 정동과 공감 부재를 들 수 있다. 긍정적 정서와 공감은 자신의 감정을 진실하게 경험하고 표현하거나 타인의 정서를 분간하고 그러한 정서적 경험에 공감적으로 관여함으로써 사회적 상호작용을 확립하고 유지하는 과정에서 중요한 역할을 담당한다. 따라서 정서 표현의 억제와 공감의 부재는 이러한 과정을 방해함으로써 외재화 및 내재화 문제행동을 촉발하거나 따돌림과 같은 부적응적인 행동에 관여할 위험을 고조시킨다.

마지막으로, 타인의 정서에 대한 잘못된 지각이다. 타인의 정서적 단서를 읽고 이해하는 기술은 생산적인 대인관계에서 본질적인 부분이며, 이러한 기술의 부족은 동료에게 친사회적으로 반응하는 데 어려움을 겪고 동료들로부터 덜 호감이 가는 존재로 지각된다. 특히 빈약한 정서 이해는 정서조절 능력에 대한 자신감을 감소시키고 낮은 자신감은 정서 상태에 대한 두려움을 자극하며, 이는 다시 정서에 대한 부정적 신념의 부적응적인 대처전략의 사용을 유발한다. 이러한 부적응적인 대처전략은 정서에 관한 부정적 신념의 부당함을 거절하지 못하도록 방해함으로써 정신병리를 초래하거나 악화시킬 수도 있는 하나의 부적응적인 회로를 초래한다 (Turk, Heimberg, Luterke, Mennin, & Fresco, 2005).

3. 정서유능성 증진을 위한 접근

정서유능성이 아동의 심리적 적응은 물론 학업 성공에 중요한 역할을 한다는 사실이 확인되면서 최근에 아동의 정서유능성을 증진하기 위해 다양한 접근이 시도되어 왔다. 이 접근들은 크게 정서지능 교육, 사회정서 학습 프로그램, 정서 조절 문제를 지닌 아동·청소년을 위한 치료적 개입의 세 가지 유형으로 구분된다.

1) 정서지능 교육

정서지능 교육은 정서유능성을 증진하기 위해 개발된 프로그램의 대표적인 형태다. 정서지능은 학자에 따라 다양하게 정의되고 있다. 일부 학자는 개인적 특성 혹은 성향을 강조하고 다른 학자는 개인의 능력을 강조한다. Goleman(1995)은 정서지능의 개념을 대중화하는 데 기여했지만, 정서지능을 바람직한 성격 유형 또는 성격 특성으로 설명함으로써 자아 개념, 동기 등 여타의 심리적 구성 개념과 구별하기 어렵게 만들었다는 비판을 받았다. Bar-On(1997, 2000)은 정서지능을 훨씬 더 폭넓게 해석하여 일반지능의 정서적·개인적·사회적 차원을 포함한다고 보았다. 그는 정서지능이란 자신과 타인의 이해, 동료 및 가족과의 관계 형성, 변화하는 환경에의 적응 등에 관련된 능력, 유능성 및 기술이라고 정의하였다. Bar-On의 정서지능 개념은 단호함, 낙관주의, 자아실현, 독립성 등 개인적 특성은 물론 개인 및 대인관계 기술, 스트레스 관리 기술, 적응 기술 등 폭넓은 구성요소를 포함하고 있다.

정서지능 교육과 관련해서 가장 널리 채택되고 있는 개념 모형은 Mayer와 Salovey(1997)가 제시한 것이다. 그들은 인지적 능력이라는 관점에서 정서지능이란 자기 자신과 타인의 감정을 확인 · 이해 · 표현 · 관리 · 사용하는 잠재 능력이라고 정의하고, 정서의 지각과 표현, 정서에 기초한 사고의 촉진, 정서적 정보의 이해와 활용, 정서의 성찰적 조절의 네 가지 요인에 관련된 능력을 포함하는 정서지능 개념 모형을 제안하였다(Mayer & Salovey, 1997; Mayer, Salovey, & Caruso, 2004). 정서지능의 관점에서 볼 때, 정서유능성이란 결국 자기 자신과 타인의 감정을 확인 · 이해 · 표현 · 관리 · 사용하는 잠재 능력을 말한다고 볼 수 있다. 〈표 4-2〉는 Mayer와 동료들(Mayer & Salovey, 1997; Mayer et al., 2004)이 제안한 정서지능의 네 가지 하위 영역과 그 각각의 지능요소를 요약한 것이다.

외국의 경우, 정서지능 교육은 주로 대인관계 기술이나 창의적 갈등해결 능력

〈표 4-2〉 정서지능의 개념 모형

하위 영역	지능 요소
정서의 지각 및 표현	• 자신의 신체 및 정신 상태에 깃들어 있는 정서를 확인하는 능력 • (언어, 소리, 모양, 행동을 통해) 타인이나 사물의 정서를 확인하는 능력 • 정서를 정확하게 표현하고 그 정서와 관련된 욕구를 표현하는 능력 • 정서의 정확한/부정확한 표현, 정직한/부정적인 표현을 변별하는 능력
정서를 통한 사고의 촉진	• 대상, 사건, 타인과 연합된 감정에 기초해서 사고의 우선순위를 정하는 능력 • 생생한 정서를 생성/모방하여 정서에 관한 판단과 기억을 촉진하는 능력 • 기분의 변화(희로애락)에 편승하여 다중의 관점을 고려하고 통합하는 능력 • 정서 상태(예: 행복감)를 이용하여 문제해결과 창의성을 촉진하는 능력
정서의 이해와 활용	• 정서를 명명하고 상이한 정서들(예: '좋아함' '사랑함')의 관계를 이해하는 능력 • 감정의 원인과 귀결(예: '슬픔은 상실 뒤에 온다.')을 지각/해석하는 능력 • 혼합 정서(예: 경외심), 모순된 정서와 같은 복잡한 정서를 해석하는 능력 • 정서 변환(예: '화'에서 '만족'으로, '화'에서 '수치심'으로)을 인식/예측하는 능력
정서의 성찰적 조절	• 유쾌한 감정과 불쾌한 감정 모두에 개방적일 수 있는 능력 • (자신과 타인에 관한) 정서를 사려 깊게 감지하고 성찰하는 능력 • 정보성, 유용성 판단에 따라 정서에 관여하거나 초연할 수 있는 능력 • (정서에 담긴 정보를 억압/과장하지 않고) 자신과 타인의 정서를 관리하는 능력

출처: Mayer & Salovey(1997).

을 향상시키기 위한 목적으로 개발된 포괄적인 프로그램의 한 요소로 다루어졌다(Radford, 2003). 캘리포니아 발달연구소에서 개발한 아동발달 프로젝트, 뉴욕 창의적 문제해결 국립연구소에서 개발한 갈등해결 프로그램, 그리고 시카고 일리노이 대학교에서 개발한 예일 뉴헤이븐 사회적 능력 증진 프로그램 등이 대표적인 예다.

국내에서도 정서지능 계발을 위한 프로그램이 많이 개발되었다(곽윤정, 2005; 김광수, 이명경, 정태희, 정여주, 우홍련, 2007; 문용린, 1999; 장정옥, 2009; 최은실, 2010). 그러나 일부를 제외하면 이론적 타당성을 확보한 예는 많지 않다. 문용린(1999)은 Mayer와 Salovey(1997)의 정서지능 개념 모형을 토대로 정서지능 계발 프로그램을 개발하여 인성교육의 일환으로 활용하고자 하였다. 그는 정서지능과 인성교육에 대한 선행 연구에 기초하여 정서의 자각과 표현 능력, 감정이입 능력, 정서의 사고촉진 능력, 정서 지식의 이해 능력, 그리고 정서조절 능력의 정서지능의 5개 구성요소를 추출하였다. 〈표 4-3〉은 정서지능의 각 구성요소에 대한 정의와 프로그램의 내용을 제시하고 있다.

문용린(1999)은 정서지능의 각 구성요소에 대한 프로그램 내용을 수행하는 데 요구되는 소요 시간, 실시 대상, 실시 방법 및 요령 등을 선정하여 설계하였다. 프로그램의 목적은 대인관계 상황에서 경험하게 되는 정서적 측면에 초점을 두고 아동의 정서지능을 계발하는 것이다. 좀 더 최근에 곽윤정(2005)은 정서지능 계발을 위한 국내외의 다양한 프로그램을 비판적으로 검토하여 통합적인 프로그램을 개발

〈표 4-3〉 정서지능의 구성요소와 프로그램 내용

구성요소	정의	프로그램 내용
정서의 자각과 표현 능력	자신과 타인의 감정과 기분을 정확히 이해하고 표현할 수 있는 능력	EQ 출석을 불러 봐요 나만의 EQ 앨범
감정이입 능력	타인의 감정과 기분을 마치 자신의 것처럼 느낄 수 있는 능력	내가 겪은 사건의 기록 생각하는 의자
정서의 사고 촉진 능력	중요한 사건에 주의를 기울이게 하여 사고를 형성하고 촉진시킬 수 있는 능력	감정 용돈 기입장 감정의 분리수거
정서 지식의 이해 능력	정서를 이해하고 정서정보가 담고 있는 지식을 활용하는 능력	감정의 색깔들 좋아하는 마음, 싫어하는 마음
정서조절 능력	정서적-지적인 성장의 향상을 위하여 정서를 의식적으로 조절하는 능력	감정 저울/감정 라디오 화 안 낼 수 있어요

출처: 문용린(1999).

하고 그 효과를 검증하였으며, 김광수 등(2007)은 초등학생의 정서지능을 육성하기 위해서 용서 프로그램 개발 모형을 제안하고 그 효과를 입증하였다.

2) 사회정서 학습

학교교육의 지적 편중 현상으로 인한 부작용 인식과 대안 모색은 미국을 비롯한 서구에서도 커다란 관심사로 부각되어 왔다. Brown, Jones, LaRusso와 Aber(2010)는 읽기(Reading)와 쓰기(Writing)에 집중된 학교교육의 학문 학습 편중 현상을 극복하기 위해 핵심 교육목표에 존중(Respect)과 갈등해결(Resolution)을 포함하는 4Rs 프로그램으로 수업의 질을 개선할 것을 제안하였다. 나아가, 사회정서 학습(Social and Emotional Learning: SEL)이 학문 학습과 함께 학교교육의 양대 영역으로 강조되었으며, 미국에서는 각 주마다 「아동정신건강법」을 제정하여 학교급별 교육 프로그램에 아동의 사회정서 발달을 촉진하는 노력을 포함시켰다(Merrell & Gueldner, 2011).

사회정서 학습 프로그램은 발달적 · 문화적으로 적절한 교실 수업을 통해서 그리고 학습을 일상적인 상황에 응용함으로써 이루어진다. 이를 통해 학생은 자신의 정서를 인식 · 관리하고 타인의 관점을 이해하며, 긍정적인 목표를 세우고 책임 있는 결정을 내리며, 대인관계 상황을 처리하는 능력을 형성한다(Merrell & Gueldner, 2011). 사회정서 학습의 사회적 측면은 또래, 가족, 교사 등 타인과의 긍정적인 관계를 촉진하는 데 초점을 두며 개인의 대인적 발달을 반영한다. 정서적 측면은 정서(또는 감정) 그리고 그것과 연결된 인지(또는 사고)에 관련된 자기 인식과 자기 지식의 증진에 초점을 두며 개인적 발달을 반영한다. 사회정서 학습의 학습 측면은 학문 학습과 마찬가지로 사회정서적 영역의 성장과 적응이 수업과 연습, 피드백을 통해 가르치고 학습될 수 있으며, 학교를 비롯한 교육 장면에서 대인적 발달과 개인적 발달의 목적을 달성하기 위해 구체적인 교수 활동에 적용할 수 있음을 시사한다. 사회정서 학습 프로그램이 추구하는 다섯 가지 기술을 요약하여 정리하면 다음과 같다(Merrell & Gueldner, 2011).

- 자기 인식: 자신의 정서, 인지, 가치, 강점, 요구를 확인할 수 있는 능력(예: 한 학생이 어려운 수학문제를 풀면서 좌절을 느끼고 있는데, 이 좌절감이 부정적이며 비현실적인 사고를 초래함을 인식한다)

- 사회적 인식: 타인의 입장, 차이, 정서를 인식하는 능력(예: 야구할 때, 칭찬을 받은 팀원은 더 열심히 경기하며 더 행복해한다는 것을 인식한다)
- 책임 있는 의사결정: 도전을 인식하고 효과적인 문제해결 절차를 시행하는 능력; 자신의 행위를 평가하고 숙고하는 능력; 개인적 책임감을 발달시키는 능력(예: 한 학생이 몇 주 안에 제출해야 하는 어려운 학기말 프로젝트를 완성하기 위해 시간계획표를 짠다)
- 자기 관리: 개인적 목표를 달성하기 위하여 자신의 감정, 충동, 행동을 감독 · 통제하는 능력(예: 시험을 치르면서 심한 좌절과 불안을 느끼는 학생이 긴장을 풀기 위해 심호흡을 한다)
- 관계 관리: 만족스러운 대인관계를 이루기 위하여 의사소통하고 협동하며 타협하고 지지를 주고받는 능력(예: 규칙을 둘러싸고 부모와 갈등을 겪으면서 가정에서 힘든 시간을 보내고 있는 한 학생이 부모와 규칙에 대해 상의하고 타협한다)

유치원생이나 초 · 중 · 고등학교 학생들을 대상으로 그들의 사회정서 학습에 효과적인 것으로 확인된 프로그램은 학교 풍토 개선과 학교폭력 예방을 위한 것(예: 'Caring School Community' 'I Can Problem Solve' 'Second Step' 등)부터 사회적 기술과 의사결정 능력을 개선하기 위한 것(예: 'PATHS' 'Social Decision Making/Social Problem Solving' 'Strong Kids' 등)까지 다양하다(Merrell & Gueldner, 2011). 이러한 프로그램은 기존 교과 학습과 연계되거나 독립된 교육과정으로 운영되며, 정서 인식 및 조절, 공감과 배려 등 친사회적 기술, 의사결정과 문제해결 등의 체계적인 전략과 기술을 활용하여 학생들의 사회정서 유능성 증진을 시도하고 있다. 우리나라에서 인성교육을 강조하는 것도 학교교육의 학문 학습 편중 현상을 극복하려는 시도라고 볼 수 있다. 신현숙(2011)은 학업 수월성을 지향하는 우리나라 학교 장면에서 사회정서 학습의 도입 필요성과 지속적 실천 가능성을 검토하고, 집단상담 형태의 독립된 교육과정보다는 교과 학습과 연계하는 방법이 좀 더 적용 가능성이 높은 것으로 추정하였다.

3) 정서중심 치료적 개입

정서는 또한 심리치료와 상담 개입의 중심 주제다. 그것은 심리적 개입에서 다루는 문제의 핵심이 바로 정서이기 때문이다. 상담 이론의 최근 발전에서 가장 흥미로운 점 중 한 가지는 바로 내담자의 정서를 성공적인 개입의 핵심 요소로 보고 정서를 직접 다루려는 경향이 증가하고 있다는 것이다(김영근, 2014; Greenberg & Safran, 1989; Mennin, 2006). 대표적인 접근은 Gross(1998, 2002)의 정서조절 모형, Greenberg와 동료들(Greenberg, 2004, 2011; Greenberg & Paivio, 2008)이 개발한 정서중심치료(EFT), 그리고 Barlow와 동료들(Barlow, 1998; Barlow, Allen, & Chaote, 2004)이 개발한 정서중심 인지행동치료(ECBT)다(송재홍, 2015 참조).

먼저, 정서조절 모형(Emotional Regulation Medel: ERM)은 Gross(1998, 2002)가 제안한 것으로, 정서 조절과 조절 실패는 정서장애와 여타의 정신병리학에서 중요한 역할을 하며, 긍정적 및 부정적 정서의 수준은 그것이 기능적으로 관계하는 특수장애에 따라 상이하다고 전제한다. 이 모형에 따르면, 개인은 특정한 상황에 진입하고, 그 상황의 어떤 측면에 선택적으로 주의를 기울이며, 특정한 정서 반응을 촉진시키는 방향으로 그 상황의 선택된 측면을 평가한다. 그리고 이후에 전체적인 정서를 경험하는데, 이에는 신체적 변화, 행동적 충동 및 주관적 감정이 포함된다. 이 모형을 활용하면 한 개인이 정서 과정에서 어느 단계에 위치하고 있는가에 따라 정서조절 전략을 분류할 수 있고, 이러한 분류를 통해 전략의 차이가 다른 의미와 결과를 초래한다는 것을 이해할 수 있다. 정서조절 전략은 정서 과정의 개입 시점에 따라 크게 세 가지 범주로 구분된다(Gross, 2002). 첫째, 상황 초점적 전략은 상황 진입 단계에서 두 가지 상황 중 하나를 선택하거나 어떻게든 그 상황을 변화시킴으로써 그 상황을 통제하기 위해 활용된다. 둘째, 인지 초점적 전략은 선택적 주의와 평가 단계에서 상황의 어떤 측면에 주의를 기울이거나 인지적 재평가를 통해서 그 상황에 관해 생각하는 방식을 변화시킴으로써 어떤 정서를 북돋거나 다른 정서를 차단한다. 셋째, 반응 초점적 전략은 이미 작동하기 시작한 정서의 효과를 변경시키는 것을 말한다. 정서를 경험하고 표현하거나 억제할 수도 있고 약물이나 알코올을 섭취하여 정서적 경험으로부터 도피할 수도 있다. 또는 신체적으로 운동을 하거나 이완 훈련을 함으로써 생리적 반응을 조절할 수도 있다.

다음으로, 정서중심치료(Emotion-Centered Therapy: ECT)는 Greenberg와 동료들(Greenberg, 2004, 2011; Greenberg & Paivio, 2008)이 인본주의 심리학과 진일보한 정서이론, 애착이론, 변증법적 구성주의를 결합하여 발전시킨 것이다. 정서이론은 맥락에 따라 개인의 정서 반응 양식이 달라질 수 있다고 전제하고, 1차적 정서와 2차적 정서, 적응적 정서와 부적응적 정서를 구분한다. 정서중심치료의 과정은 관계 형성, 정서 활성화 및 탐색, 정서 재구성의 세 단계를 포함한다(Greenberg & Paivio, 2008). 첫째, 관계 형성 단계에서는 내담자의 감정에 주의를 기울이고 공감하며 수인화하고, 협력관계를 형성하여 기저의 인지적-정서적 과정이나 유발 조건을 확인하는 데 초점을 둔다. 둘째, 정서 활성화 및 탐색 단계에서는 내담자에게 중요한 부정적 감정을 활성화하고 각성시키며, 그 이면의 인지적-정서적 연쇄 과정을 탐색하고 벗겨 내는 데 초점을 둔다. 셋째, 정서 재구성 단계에서는 부적응적인 핵심 정서 도식이나 일차적인 적응적 정서에 접근하며, 일차적 정서 및 새롭게 출현하는 목표와 욕구에 의지하여 부적응적인 신념에 도전하고 부적응적 정서 도식의 재구성을 시도한다. 또한 새로운 감정과 긍정적인 자기 감각의 출현을 지지하고 수인화하며, 반성적 사고를 촉진하고 새로운 이야기와 은유를 구성하여 새로운 의미를 창조한다.

끝으로, 정서중심 인지행동치료(Emotion-Centered Cognitive-Behavioral Therapy: ECBT)는 Barlow 등(2004)이 근대 학습이론과 인지신경과학 분야에서 정서와 정서 과정에 대한 지식의 진보를 토대로 제시한 통합치료 접근으로, 정서장애에 대한 세 가지 기본적인 치료적 구성요소, 즉 인지적 재평가, 정서적 회피 예방하기, 행위 경향성 수정하기를 포함한다. 이 접근에는 정서 과정에 대한 연구 결과에 근거하여 개선된 세 가지 핵심 인지행동치료 전략이 포함되어 있다. 첫째, 선행 사건에 대한 인지적 재평가는 전통적인 인지행동치료의 인지적 전략과 유사하지만 부정적 정서가 각성되기 전 선행 사건을 재평가하는 일에 초점을 둔다는 점이 다르다. 이 단계의 전략은 Gross(1998)의 정서조절 모형에 의지하는 바가 크며, 나머지 두 단계의 전략을 촉진하는 데 강력한 영향을 미친다. 둘째, 정서적 회피 예방하기는 정서 경험이 노출 과제의 초점이 되도록 행동적 노출치료를 갱신한 것으로, 공포장애에서 행동적 회피를 방지하려던 전통적인 시도를 탈피하여 인지적 · 행동적 · 신체적 회피를 모두 표적으로 삼는다. 셋째, 행위 경향성 수정하기는 부정적 정서 경험과 연합된 행위 경향성을 방지하는 것(예: 두려움 및 불안과 연합된 회피의 회피)과 긍정적 정서 경험과 연합된 행위 경향성을 촉진하는 것(예: 행동 활성화)을 통해서 가능하다. 내담자는 부정적 정서 경험을 밀어내는 행위를 통해서 긍정적 정서 경험을 창조한다.

4) 정서유능성 증진을 위한 치료적 은유의 활용

상담 장면에서 치료적 은유의 사용은 낯선 것이 아니다. 하지만 치료 과정에서 은유를 의도적으로 사용하기 시작한 사람은 Milton Erickson과 그의 제자들이다. Erickson의 제자인 Zeig(1980)는 치료적 은유(therapeutic metaphor)란 내담자에게 심상 혹은 일화 형식의 정보를 제공하여 새롭고 생산적인 행동을 촉발하는 스토리텔링의 한 기법이라고 정의하고, 전설, 우화, 동화, 요정 이야기 형식을 갖춘 일화의 은유가 치료 접근에 관계없이 처치 과정의 모든 국면에서 사용될 수 있음을 확인하였다. 오늘날 상담자들은 자신들이 지향하는 이론적 접근을 초월해서 정서 개입을 위한 상담 실제에서 다양한 형태의 치료적 은유를 사용한다(송재홍, 2014). 이는 표현예술치료(Hanes, 1995), 이야기치료(Denborough, 2008), 수용전념치료(Hayes, Strosahl, & Wilson, 1999)와 제3세대 인지행동치료(Linehan, 1993)를 망라한다. 이처럼 치료적 은유를 사용하는 상담자들은 상담 혹은 심리치료 과정에서 심리학의 맥락주의 근본 은유를 채택하는 경향이 있으며, 사회구성주의 혹은 포스트모더니즘과 세계에 관한 기본 가정을 공유한다(송재홍, 2014). 또한 항구불변의 진리를 부정하고 언어를 매개로 하는 실재의 사회적 구성을 강조하며 실재는 사회적 담론 속에서 전개되는 이야기를 통해서 형성되고 지속된다고 보고, 내담자를 단순한 치료 대상으로 바라보지 않고 공동 작업자로 인정할 뿐만 아니라 그들이 생성한 은유와 이야기를 변화를 위한 치료 자원으로 적극 활용한다.

또한 치료적 은유의 사용은 아동 · 청소년을 대상으로 하는 정서 개입을 위한 임상 장면이나 정서지능 교육, 사회정서 학습 프로그램 등 정서유능성을 개발하기 위한 학교교육 장면에서도 다양한 형태로 사용되고 있다. Kendall(2010)은 아동 · 청소년을 대상으로 한 심리치료 과정에서 치료적 은유를 사용한 인지행동적 접근의 다양한 사례를 소개하고 있으며, Kolko와 Swenson(2002)은 학대받은 아동과 그 가족을 위한 평가와 치료 과정에서 일부 아동의 공격성이 힘 또는 자부심과 연합되어 있을 가능성을 지적하고 낚시의 은유를 통해서 친구의 도발행동을 다루는 방법을 제시하고 있다.

또한 Seiler(2016)는 아동 · 청소년의 자아존중감 및 적응유연성(또는 회복탄력성)을 향상시키기 위한 프로젝트에서 전구, 신호등, 괴물과 슈퍼스타 그리고 다양한 동물을 사용하여 감정을 이해하고 다루는 방법을 설명하고 있으며, Merrell과

Guelldner(2011)가 소개한 사회정서 학습 프로그램에서도 물이 끓을 때 뚜껑이 들썩거리는 주전자의 이미지를 은유로 활용하여 분노를 느낄 때 이글거리는 뇌의 상태를 묘사하고 있다.

국내에서도 문용린(1999)과 곽윤정(2005)은 아동을 대상으로 하는 정서지능 프로그램에서 감정일기장, 감정온도계, 감정저울, 감정라디오 등 다양한 형태의 은유를 활용하여 학생들의 정서 이해와 조절을 촉진하고자 시도하고 있다. 좀 더 최근에 김성준과 김은정(2015)은 학대받은 아동 · 청소년을 위한 인지행동치료에서 다양한 은유를 사용하여 감정의 인식과 표현을 촉진하고 정서적 대처 능력을 향상시키며 학대 관련 감정을 처리하도록 조력하는 방법을 제시하고 있다.

4. 정서유능성 증진 프로그램의 구성과 전개

지금까지 고찰한 정서유능성 발달과 치료적 은유에 관한 연구 결과를 토대로 여기서는 초등학생의 정서유능성 증진을 위한 은유 활용 프로그램의 목표와 구성 원리 그리고 구성 내용과 전개 과정을 소개한다.

1) 프로그램의 목표와 구성 원리

정서유능성 증진을 위한 은유 활용 프로그램의 목표는 학생들이 다양한 치료적 은유를 활용하여 정서유능성의 여덟 가지 하위 기술을 학습하도록 조력하는 것이다. 정서유능성 증진을 위한 은유 활용 프로그램을 구성하기 위해서 고려해야 할 다섯 가지 원리를 제시하면 다음과 같다.

첫째, 특정한 정서를 유발하는 맥락을 중심으로 문제(욕구)를 정의한다. 개인의 정서 경험은 완전히 독립적인 것이 아니고 어떤 사건이나 대상 또는 대인관계와 연합된 특정한 상황에서 발생하며 개인의 기본 심리 욕구와 연결되어 있다. 예를 들면, 불안은 실패와 밀접하게 연관되어 있고, 슬픔과 분노는 각각 상실 및 침입과 밀접하게 관련되어 있다. 또한 불안은 자기 증진을 위한 유능성의 욕구가 좌절된 결과이고, 슬픔은 타인 관여를 위한 관계성의 욕구가 단절된 결과이며, 분노는 두 가지 욕구의 조화를 통해 정체성을 확립하려는 자율성의 욕구가 파괴된 결과인 셈이다. 정서유능성은 이와 같이 개인의 기본 심리 욕구와 연결된 특정 상황에 맞서거나 대처하기 위해 요구되는 핵심적인 기술이라고 할 수 있다. 따라서 정서유능성 증진을 위한 프로그램을 구성하기 위해서는 한 개인에게 특정한 정서를 유발하는 상황적 맥락과 그에 연관된 개인의 기본 심리 욕구가 우선적으로 고려되어야 한다.

둘째, 특정한 정서유능성 기술과 관련된 구체적인 학습목표를 설정한다. [그림 4-1]에서 보여 주듯이, 정서유능성 기술은 크게 정서 알아차리기, 정서 불러오기, 정서 드러내기, 정서 다스리기, 정서 바라보기, 정서 보살피기, 긍정정서 되살리기, 정서 떠나보내기의 여덟 가지 범주로 유목화될 수 있다. 정서 알아차리기와 바라보기 및 보살피기는 한 개인이 자신과 타인의 정서적 경험에 관해서 갖고 있는 지식을 망라하며, 정서 불러오기와 드러내기는 한 개인이 사회적 상호작용 과정에서 언어적 · 비언어적인 정서적 의사소통에 관여하는 기술을 망라한다. 또한 정서 다스리기와 긍정정서 되살리기는 타인과 관계를 맺거나 도전적인 상황에서 대처하기 위해 자신의 정서 반응을 관리하고 개선하는 기술을 말한다. 이 여덟 가지 기술은 어느 정도 독립적인 성질을 갖고 있으나 상호 촉진적 기능을 한다. 정서 알아차리기와 불러오기 및 들여다보기는 내적 인식과 관련되며, 정서 드러내기와 다스리기 및 되살리기는 정서를 조절하고 관리하는 구체적인 기술을 반영한다. 따라서 정서유능성 증진을 위한 프로그램을 구성하기 위해서는 육성하고자 하는 특정한 정서유능성 기술의 범주를 확인하여 그에 따른 구체적인 학습목표를 명시해야 한다.

셋째, 학습목표를 달성하기 위한 학습과제를 개발해야 한다. 프로그램 개발 과정

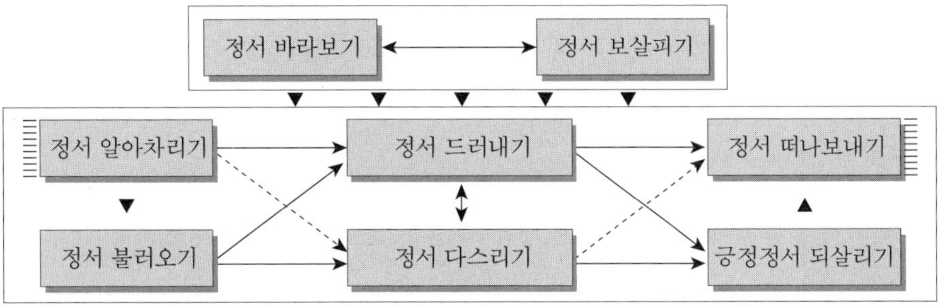

[그림 4-1] 정서유능성 증진을 위한 프로그램 개발의 개념 모형
주: 화살표는 정서적 정보처리의 인과적 방향(실선은 직접 영향, 점선은 간접 영향)을 나타냄

에서 설정된 학습목표는 일련의 학습과제를 수행하는 과정에서 점진적으로 달성될 수 있다. 이 단계에서 특히 강조되어야 할 점은 일련의 학습목표를 달성하기 위해 요구되는 학습과제를 선정할 때 치료적 은유를 활용할 수 있는 근거를 명확히 하는 것이다. 은유의 효과적인 활용은 학습 참여를 촉진하고 내면의 노출을 용이하게 한다. 따라서 정서유능성 증진을 위한 프로그램을 구성하기 위해서는 학습목표 달성에 필요한 학습과제를 효과적으로 개발해야 한다.

넷째, 학습과제 수행을 위한 학습 상황과 학습 활동을 구상해야 한다. 학습과제를 효과적으로 수행하기 위해서는 일정한 시간과 공간에서 행해지는 일련의 학습 활동이 체계적으로 전개될 수 있어야 한다. 이 단계에서는 또한 학습목표를 효과적으로 달성할 수 있도록 안내하기 위해 필요한 개입전략을 개발해야 한다. 이 단계에서 특히 강조되어야 할 점은 학습 활동을 구상할 때 치료적 은유를 활용할 수 있는 구체적인 전략을 개발하는 것이다. 따라서 정서유능성 증진을 위한 프로그램을 구성하기 위해서는 학습과제를 효과적으로 수행하기 위한 학습 상황과 학습 활동을 구상해야 한다.

다섯째, 정서유능성 증진을 위한 프로그램을 구성하기 위해 요구되는 것은 계획된 학습 활동을 수행하기 위해 필요한 학습 자료를 설계하고 준비하는 일이다. 사전에 정교하게 설계되고 제작된 학습 자료는 학습과제 수행을 위한 학습 활동의 효과성을 극대화하는 데 기여할 수 있다. 이 단계에서 특히 강조되어야 할 점은 학습 자료를 설계하는 과정에서 적절한 은유를 활용하기 위한 상징적 도구들을 함께 구상하는 것이다. 따라서 정서유능성 증진을 위한 프로그램을 구성하기 위해서는 학습목표 달성에 필요한 학습과제를 효과적으로 수행하기 위해서 요구되는 제반 활동과 자원을 사전에 준비해야 한다.

2) 프로그램의 내용과 전개 과정

앞서 살펴본 정서유능성 증진을 위한 은유 활용 프로그램의 목표와 구성 원리에 입각하여 정서유능성 증진을 위한 은유 활용 프로그램의 구성 내용을 간단히 정리하면 〈표 4-4〉와 같다.

〈표 4-4〉 정서유능성 증진을 위한 은유 활용 프로그램(희망 캠프 2박 3일)의 구성 내용

마당	소주제	활동 내용	비고
여는 마당 1회기	감성 클럽 입문하기	• (0-1) 신뢰감 쌓기 • (0-2) Who Am I?	음악 CD 활동지 1
첫째 마당 (생각의 정원) 2~3회기	환경 자각 - 감정을 키우는 '마음의 정원' 둘러보기	• (1-1) 생명의 나무 • (1-2) 생명의 숲(춘/하/추/동) • (1-3) 미션(Emotion Tracking)	모조지(4절) 스티커
환영의 밤*	공동체 한마당 1 - 클럽 회원 대면식	• '할리우드'(표정 연기) 도전 • 애니메이션 〈인사이드 아웃〉 감상	DVD
둘째 마당 (감정의 바다) 5~7회기	신체 자각 - 정서 알아차리기	• (2-1) 인생 내력(꽃 & 돌) • (2-2) 감정 일기예보(1주) • (2-3) 미션(Emotion-Mapping)	스케치북(8절) 활동지 2 활동지 3
셋째 마당 (꿈의 야구장) 8~11회기	감정 및 언어 자각 1 - 정서 불러오기 & 드러내기 & 다스리기	• (3-1) 인생게임(아군 vs. 적군) • (3-2) 고민해우소(감정 야구공) • (3-3) 희망제작소(소원 야구공) • (3-4) 미션(Decision Making)	스케치북(8절) 활동지 4 스펀지 야구공
넷째 마당 (하늘 정원) 12~15회기	감정 및 언어 자각 2 - 정서 바라보기 & 보살피기 & 되살리기	• (4-1) 꿈 잠자리의 비상 • (4-2) 감정낚시터(유혹 & 저항) • (4-3) 자기주장(나-메시지) 나팔 • (4-4) 미션(Letter/Song Writing)	스케치북(8절) 활동지 4 자기주장 카드
축제의 밤*	공동체 한마당 2 - 영웅의 귀환 환영식	• 퀴즈, 골든-벨을 울려라! • 노래 대항전, 개사 콘서트!	스케치북(8절) 음악 CD
닫는 마당 16회기	감성 클럽 수료하기 - 정서 떠나보내기	• (0-3) 수료식 시상식(희/로/애/락) • (0-4) Again Who Am I? • (0-5) 이별의식	DVD/수료증/상패 활동지 1

* '환영의 밤'과 '축제의 밤'은 2박3일 일정의 숙식을 겸한 집중 과정에서 요구되며, 집중 과정이 아닌 경우, 다음 활동을 위한 개별 과제로 대체할 수 있음

전체 프로그램은 여섯 마당으로 구성되어 있으며 16회기에 걸쳐 진행된다. 매회기는 80분 정도 소요되며, 도입-전개-정리의 3단계로 진행된다. 각 회기의 진행 순서를 상황에 따라 변경할 수 있으며, 정서 드러내기와 다스리기를 위해서 바라보기와 보살피기를 먼저 진행할 수도 있다. 〈표 4-4〉에 제시된 정서유능성 증진을 위한 은유 활용 프로그램의 구성 내용을 중심으로 각 마당의 학습목표와 학습 활동의 전개 과정을 기술하면 다음과 같다. 프로그램 운영에 필요한 일부 활동지는 이 장의 말미에 부록으로 제시한다.

(1) 여는 마당(1회기): 감성 클럽 입문하기

이 모임의 목적은 '감정탐험대'에 입문한 학생들에게 프로그램에 대한 기대감을 갖고 적극적으로 참여할 수 있도록 동기를 유발하는 것이다. 한바탕 놀이를 통해 흥미를 유발하고 자기지도(I-Map)를 작성하여 다른 구성원들에게 보여 주면서 자기 자신을 간단히 소개한다.

[준비물] 음악, 필기구, 색연필, 활동지 1[자기지도(I-Map)]

#1. 교사는 학생들에게 집단의 목적을 소개하고, 인사 나누기와 친교 활동을 통해 상호 신뢰감을 형성하도록 안내한다. 학생들에게 음악을 들려주면서 다음과 같이 지시한다.

> 여러분 나를 따라서 음악에 맞추어 신나게 몸을 흔들어 봐요. 마주치는 사람과 자연스럽게 서로 눈인사를 나누어요. ('방가! 방가!') …… 반가운 표정과 함께 손을 흔들거나 손바닥을 마주치면서 하이파이브를 외쳐 보고 애교 있는 몸짓으로 신호를 보내요.…… 그리고 다정하게 인사말을 건네 봐요. ("만나서 반가워, 친구!") …… 점점 빠른 속도로 또 다른 사람과 인사를 나누어 봐요.

#2. 교사는 학생들에게 활동지 1[자기지도(I-Map)]을 나누어 주고 작성 요령을 설명한다. 학생들은 먼저 10개의 원에 제시된 단어 중에서 자신의 감정 상태를 더 잘 나타내는 단어를 선택한 후 그것이 위의 것이면 파란색을 칠하고 아래의 것이면 빨간색을 칠하여 구분한다. 또한 그 밖에 자신의 모습을 잘 나타내는 단어들을 떠올려서 주변의 사각형에 기입하여 '자기지도'를 완성한다. 학생들은 모둠을 이루어 완성된 지도를 매개로 하여 자기 자신을 간단히 소개하고, 프로그램을 통해 얻고 싶은 것을 말하여 잠정적인 집단목표를 설정한다. 이어서 평소 자신이 어떤 사람이라고 생각해 왔는지를 정리하여 'Who Am I?' 칸에 기록한다.

(2) 첫째 마당(2~4회기): 생각의 정원-감정을 키우는 '마음의 정원' 둘러보기

이 모임의 목적은 학생들이 자신의 감정이 자라게 된 환경(가정, 학교 등)을 둘러보면서 서로의 생각과 감정을 알아 가도록 안내하는 것이다. 학생들은 '생명의 나무' 그리기 활동을 통해서 자신의 성장 과정을 표현하고 그 과정에서 자신에게 힘 또는 상처를 준 주변 인물과의 관계를 탐색하는 미션(Emotion Tracking) 과제를 수행한다.

[준비물] 필기구, 색연필, 모조지(2절 또는 4절), 스티커(얼굴 표정)

#0. 교사는 학생들에게 준비물을 나누어 주고 학습 주제와 학습 활동을 제시한 후 각자 나무에 대한 추억 또는 생각을 말하게 하여 대화의 분위기를 조성하면서 작업의 방향을 안내한다.

#1. 학생들은 각자 모조지에 뿌리와 토양, 줄기, 가지 그리고 잎과 열매를 그려 넣어 '생명의 나무'를 완성한다. 그런 다음 나무의 뿌리에는 자신의 출생과 가족사를 표시하고, 나무가 서 있는 토양에는 현재 사는 곳과 일상적인 활동을, 줄기와 가지에는 각각 개인의 자원과 소망이나 꿈을, 그리고 잎과 열매에는 각각 개인적으로 의미 있는 사람들과 그들에게서 물려받은 정신적 선물이나 가치, 신념 등을 표시한다. 학생들은 각자 완성한 '생명의 나무' 그림을 매개로 자신의 인생 스토리를 소개하면서 경험을 공유하는 시간을 갖는다.

#2. 학생들은 준비된 공간의 벽이나 마루에 각자가 완성한 '생명의 나무'를 부착한 후 잠시 성찰의 시간을 갖고 대화를 이어 간다. 교사는 나무의 각 구성요소에 주의를 기울이면서 인생에 대한 꿈과 소망을 말하게 하고 의미 있는 타인과의 관계를 어떻게 이어갈지 질문한다. 학생들은 서로 공통점과 차이점을 확인하고 공동의 문제와 상호 지지 방식을 논의한다.

#3. 교사는 학생들이 살아오는 동안 겪은 아픈 기억을 편하게 이야기할 수 있는 안전한 공간을 마련한다. 이어서 학생들에게 아픈 기억이 자신의 인생에 미칠 영향을 깊이 인식하되 자신을 책망하는 일이 없도록 주의를 주고, 숲 속에 몰아닥친 폭풍우로 인해 아름다운 나무들이 겪게 될 잠재적인 수난을 말하라고 요청하여 각자 자신이 고민하는 문제를 털어놓게 한다. 또한 학생들에게 나무들의 시련이 불가항력적임을 자각하도록 안내하고, 소집단 활동을 전개하여 수난으로부터 자신의 안전을 지키기 위해 채택할 수 있는 주도적인 방안을 논의하여 공동의 문제 해결을 위한 건설적인 집단정신을 개발하도록 유도한다.

환영의 밤

이 모임의 목적은 '감정탐험대'에 입문한 참가자들을 환영하기 위해 공동체 한마당을 전개하는 것이다. 학생들은 일명 '할리우드'에 도전하기 위해 표정 연기 경연을 펼치고, 애니메이션 영화 〈인사이드 아웃〉을 관람하면서 다양한 감정의 세계를 여행한다.

참조: 1. 이 공동체 한마당은 숙박을 겸한 집중 프로그램의 첫날 저녁을 위해 설계된 것임
2. 프로그램에 숙박 일정이 예정되어 있지 않을 경우, 이 활동은 둘째 마당을 위한 개별 과제로 수행될 수 있음

(3) 둘째 마당(5~7회기): 감정의 바다 - 정서 알아차리기

이 모임의 목적은 '정서 알아차리기' 연습을 촉진하는 일련의 활동을 통해 학생들에게 일상생활에서 경험하는 다양한 감정을 자각하도록 안내하는 것이다. 학생들은 일명 '인생내력(꽃 & 돌)'을 통해 지나온 날들의 기억을 정리하고, '감정일기장'을 작성하여 지난 1주일 동안 각 요일에서 가장 기억에 남는 정서적 사건과 그 사건에 연루된 감정을 탐색한다. 그리고 가슴속에 숨어 있는 감정을 찾아내어 감정지도를 작성하는 미션(Emotion Mapping) 과제를 수행한다.

[준비물] 스케치북, 필기구, 색연필, 표정 스티커, 활동지 2(감정일기장), 활동지 3(감정지도)

#0. 교사는 학생들에게 준비물을 나누어 주고 학습 주제와 학습 활동을 제시한 후, 좋았던 기억(예: 상, 선물)과 나빴던 기억(예: 벌, 상처)을 자연스럽게 떠올려 보고 각각의 경우에서 느꼈던 자신들의 감정을 서로 이야기하게 하여 대화의 분위기를 조성하면서 작업의 방향을 안내한다.

#1. 학생들은 먼저 스케치북의 중앙에 가로로 수평선을 긋고 자신의 과거 기억을 탐색하여 '인생 내력(History of Life)'을 작성한다. 가장 최근에 경험한 정서적 사건부터 시작하여 과거로 기억을 더듬어 가면서 수평선 위에 적당한 시점을 정한 후, 각 사건들의 연대(또는 연령)를 기입하고 그 위 또는 아래로 선을 연결하여 이야

기 풍선을 그려 넣는다. (주: 즐거운 추억이나 좋았던 경험에 대해서는 '꽃' 모양의 풍선을 그리고 아픈 기억이나 나빴던 경험에 대해서는 '돌' 모양의 풍선을 그리되, 선의 길이와 풍선의 크기를 이용하여 기쁨 혹은 슬픔의 강도를 표시한다.) 이어서 각 풍선 안에는 해당 사건의 발생 시간 및 장소와 사건 내용을 간단히 기록한다. 인생 내력을 작성한 다음, 조별로 서로 이야기를 나누어 경험을 공유하고 피드백을 교환한다.

#2. 학생들은 먼저 활동지 2(감정일기장)을 모사하거나 복사하여 스케치북에 붙인 다음, 지난 1주일 동안 각 요일별로 하루 중에 자신이 경험한 대표적인 정서적 사건들을 떠올리면서 각 원의 사각형에는 사건의 발생 장소를 기입하고, 중앙선과 아래 타원 안에는 각각 사건 내용과 그 사건에 연루된 감정을 기술하여 '감정일기장'을 완성한다. '감정일기장'에 기록된 사건과 그 사건에 연루된 감정을 중심으로 이야기를 나누어 경험을 공유하고 피드백을 교환한다.

#3. 학생들은 먼저 형형색색의 쓰레기로 오염된 채 출렁이는 검은 바다의 모습을 떠올려 보고, 스케치북에 지난 날 자신이 스트레스를 경험한 정서적 사건들을 상상하면서 자신의 감정 세계를 나타내는 오염된 바다의 모습을 그린다. 그런 다음 '감정의 바다' 그림 위 또는 옆에 활동지 3(감정지도)을 오려서 붙이고, 각 막대인형에 자신의 감정 상태를 표시하여 '감정지도'를 완성한다. [주: 막대인형의 상단에는 자신이 일상생활에서 경험하는 감정을 나타내는 얼굴 표정 스티커를 붙이고, 하단에는 그 감정의 유형(색깔)과 강도(눈금)를 표시하여 감정막대(송재홍, 2006 참조)를 그린다.] 감정막대의 눈금이 일정한 수위로 올라오면 감정 주의보 또는 감정 경보를 발령하고, 그 상황에서 취할 수 있는 대안행동을 탐색한 후 서로 이야기를 나누어 경험을 공유하고 피드백을 교환한다.

(4) 셋째 마당(8~11회기): 꿈의 야구장 - 정서 불러오기 & 드러내기 & 다스리기

이 모임의 목적은 감정을 끌어내서 적절히 드러내고 다스리는 일련의 활동을 통해서 학생들에게 일상생활에서 경험하는 다양한 감정을 표현하고 관리하도록 안내하는 것이다. 학생들은 꿈의 야구장에서 펼쳐지는 인생 게임의 여러 장면을 떠올리면서 마음속에서 출렁이는 감정의 변화를 자각하고 대처하는 요령을 학습한다. 그리고 모둠 활동을 통해서 감성 클럽의 축제 한마당을 수놓을 민속놀이를 선정하기 위해 집단 여론을 수렴하는 미션(Decision Making) 과제를 수행한다.

[준비물] 스케치북, 필기구, 네임펜, 색연필, 신문지, 스펀지 야구공,
활동지 4(감정탐정/3B)

#0. 교사는 학생들에게 준비물을 나누어 주고 학습 주제와 학습 활동을 제시한 후, 즐겨하는 취미 활동이나 좋아하는 스포츠를 떠올려 보고 그것과 관련된 자신들의 경험을 서로 이야기하게 하여 대화의 분위기를 조성하면서 작업의 방향을 안내한다.

#1. 학생들은 스케치북에 야구경기장의 전경을 그린다. 먼저 적당한 간격으로 투수 마운드와 내야 베이스를 표시하고 각 포지션을 정한 다음, 경기장 좌우에 자기 팀과 상대 팀을 응원하는 관중이 들어설 내야석과 외야석을 그려 넣는다. 이어서 학생 자신이 타자가 되어 타석에 들어설 때 자신을 응원할 사람과 방해할 사람을 각각 세 사람씩 떠올려 보고, 그들을 초대하여 각각 자기 팀과 상대 팀의 내야석에 그려 넣는다. 학생들은 경기장에 초대한 사람들에 대해 이야기를 나누면서 경험을 공유하고 피드백을 교환한다.

#2. 학생들은 평소 살아가면서 가장 심하게 스트레스를 받았던 생활 사건을 떠올려 보고, 다시 활동지 4(감정탐정/3B)를 이용하여 그 상황에서 자신이 경험하는 신체 감각, 감정 및 생각을 관찰하여 기록한다. 이어서 또 다른 사건들을 떠올리면서 자신이 경험하는 스트레스 상황과 구체적인 고민거리를 정리하여 신문지에 적은 다음, 그 종이를 접거나 스펀지 야구공에 부착하여 '감정야구공'을 만든다. 다 만들었으면, 상황극을 통해 타석에 들어서면서 '스트레스(또는 고민거리)를 날려 버린다.'고 상상하고 "스트레스, 날려 버려!"라고 외치면서 '감정야구공'을 힘껏 던진다. 이 활동에 대해 서로 이야기를 나누면서 경험을 공유하고 피드백을 교환한 후, 스트레스를 감소시키기 위해서 선택할 수 있는 대처 기술을 브레인스토밍하여 대처 목록을 완성한다.

#3. 학생들은 자신의 고민거리가 사라지면 어떤 세상을 경험하게 될지 상상하여

보고 또다시 활동지 4(감정탐정/3B)를 이용하여 그 상황에서 자신이 경험하는 신체 감각, 감정, 생각 등을 관찰하여 기록한다. 이어서 자신이 진정으로 원하는 소망 혹은 인생목표를 찾아서 신문지에 적은 다음, 그 종이를 접거나 스펀지 야구공에 부착하여 '소원야구공'을 만든다. 다 만들었으면, 상황극을 통해 다시 타석에 들어서서 각자의 소망을 큰 소리로 외치면서 '소원야구공'을 힘껏 던진다. 이 활동에 대해 서로 이야기를 나누면서 경험을 공유하고 피드백을 교환한 다음, 야구경기장의 내야 베이스와 외야 포지션에 자신의 소망 또는 인생목표를 그려 넣는다.

#4. 교사는 꿈의 야구장을 빠져나오는 과정에서 뒤풀이 행사의 일환으로 민속놀이 한마당이 준비되어 있다고 소개하고 참가자들의 '끼'와 '깡'을 겨룰 다양한 '인생게임(Game of Life)'(예: 구기-격투기-철인 3종, 신뢰-공동체-공감 3종)을 제시한 후, 전원 합의를 통한 집단 의사결정을 통해 '인생게임'의 우선순위를 정하라는 미션을 제시한다. 전체를 3개 모둠으로 나누어 모둠별 결정을 하고 나서 모둠 사이의 이견을 절충하도록 안내한다. 전원 합의에 의한 집단 의사결정을 통해 우선순위가 정해지면, 역할극을 통해 몇 가지 인생게임을 시연한다.

(5) 넷째 마당(12~15회기): 하늘 정원-정서 바라보기 & 보살피기 & 되살리기

이 모임의 목적은 이완된 마음으로 일련의 사건 속에서 전개되는 감정을 바라보고 보살피며 생각 바꾸기와 문제해결 활동을 통해 감정 세계의 원래 모습을 회복하도록 안내하는 것이다. 학생들은 꿈 잠자리가 되어 '하늘 정원'을 여행하는 과정에서 경험하는 일련의 활동을 통해 자신이 소원하는 세상의 모습을 성찰하고 자신들의 소망과 의지를 명료화하며 체계적인 문제해결 기술을 학습한다. 그리고 모둠 활동을 통해서 자신들의 소망과 의지가 담긴 노래가사를 만드는 미션(Letter/Song Writing) 과제를 수행한다.

[준비물] 스케치북, 필기구, 색연필, 활동지 4(감정탐정/3B)

#0. 교사는 학생들에게 준비물을 나누어 주고 학습 주제와 학습 활동을 제시한 후, 자신들이 꿈꾸는 미래의 세계(꿈, 소망, 의지 등)를 자연스럽게 떠올려 보고 자신들의 소망과 의지를 서로 이야기하게 하여 대화의 분위기를 조성하면서 작업의 방향을 안내한다.

#1. 학생들은 스케치북에 '꿈의 야구장'에서 자신이 적어 넣었던 소망(또는 인생 목표)의 자리에 각각의 꿈나무를 심어서 물과 자양분을 받아 풍성한 열매를 맺은 소원나무의 숲과 그 한가운데 감정물고기들이 헤엄쳐 다니는 물길을 그려 넣어 '하늘 정원'을 완성한다. 그런 다음 상상력을 발휘하면서 꿈 잠자리가 되어 물길을 따라 '하늘 정원'을 날아다니며 소원나무의 열매를 감상하는 자신의 모습을 떠올리고, 활동지 4(감정탐정/3B)를 이용하여 그 상황에서 자신이 경험하는 신체 감각, 감정, 생각 등을 관찰한다. 이 '하늘 정원' 여행을 통해서 자신이 꿈꾸었던 미래의 모습(꿈, 소망, 의지 등)을 구체화하여 물길 위에 기록하고, 그 내용을 바탕으로 서로 이야기를 나누고 피드백을 교환한다.

#2. 학생들은 스케치북에 '하늘 정원'의 물길 한가운데에 펼쳐진 호수 위에서 헤엄치며 놀고 있는 감정물고기를 그린 다음, 다시 호숫가에서 낚시꾼이 그 물고기를 낚기 위해 낚싯바늘에 미끼를 달아 낚싯대를 드리우고 있는 모습을 그려 넣는다. 이어서 감정물고기의 감정 상태(예: 분노, 불안, 우울)와 그러한 감정을 유발하는 상황을 상상하여 떠올린 후, 감정을 유발하는 낚시꾼(사람 혹은 사건)의 이름과 그가 던진 미끼(표정, 몸짓, 행동 등)를 구체적으로 기술하고 그 미끼의 유혹에 저항하기 위해 애쓰는 물고기의 모습을 떠올리면서 활동지 4(감정탐정/3B)를 이용하여 그 상황에서 물고기가 경험하는 신체 감각, 감정, 생각 등을 상상하여 기록한다. 또한 그 상황에서 부정적인 감정을 유발하는 혼잣말과 긍정적인 감정을 유발하는 혼잣말을 찾아서 기록하고, 상황극을 연출하여 혼잣말 바꾸기 역할을 연습한 후 경험을 공유하고 피드백을 교환한다.

#3. 학생들은 모둠별로 의자에 원형으로 둘러앉아서 '뜨거운 자리' 상황극을 이용하여 개인의 감정(분노, 불안, 우울 등)을 유발하는 장면을 연출하고, 활동지 4(감정탐정/3B)를 이용하여 그 상황에서 자신의 신체 감각, 생각, 감정 등을 관찰하여 기록한다. 이어서 자신의 감정과 소망(Need & Want)을 전달하는 나-메시지(I-Massage)를 작성하고, 다시 상황극을 연출하여 자기주장 나팔을 통해서 자신의 감정과 소망을 효과적으로 전달하는 역할을 연습한 후 경험을 공유하고 피드백을 교환한다.

#4. 학생들은 모둠별로 자신들의 소망과 의지를 담아서 편지를 작성하거나 노래가사를 만들고 익숙한 노래의 가락에 맞추어 편곡한 다음, 전체가 모인 자리에서 발표하기 위해 준비한다.

축제의 밤

이 모임의 목적은 '감정탐험대' 활동을 성공적으로 마친 영웅들의 귀환을 환영하기 위해 공동체 한마당을 전개하는 것이다. 학생들은 일명 '퀴즈, 골든-벨을 울려라!'라는 감정탐험을 위한 퀴즈 왕 선발대회에 도전하고, '노래 대항전, 개사 콘서트!'를 통해 넷째 마당의 미션(Letter/Song Writing) 수행 결과를 공개하여 집단 경험을 공유한다.

참조: 1. 이 공동체 한마당은 숙박을 겸한 집중 프로그램의 마지막 날 저녁을 위해 설계된 것임
2. 프로그램에 숙박 일정이 예정되어 있지 않을 경우, 이 활동은 넷째 마당의 마지막 활동으로 포함되거나 닫는 마당에서 집단 경험을 평가하기 전에 시행될 수 있음

(6) 닫는 마당(16회기): 정서 떠나보내기

이 모임의 목적은 '감정탐험대'의 임무를 무사히 마친 학생들이 탐험 활동의 성과를 점검하고 일상생활의 무대로 복귀하도록 안내하는 것이다. 학생들은 수료식(일명 '할리우드' 시상식)과 일련의 평가 과정을 통해 각자가 탐험 과정에서 경험한 '희/로/애/락'을 공유하고 자신의 학습 성과를 점검한다.

[준비물] 음악, 필기구, 색연필, 활동지 1[자기지도(I-Map)]

#1. 교사는 학생들에게 집단의 목적과 탐험 과정을 상기시킨 후 각자가 탐험 과정에서 보여 준 활약상을 기념하기 위해 일명 '할리우드' 시상식을 거행할 것이라고 소개하고, 각자 자신이 받게 될 상의 종류와 수상 소감을 작성하라고 요청한다. 학생들은 탐험 과정에서 자신이 경험한 희로애락을 상기하여 자신에게 줄 만한 상의 종류를 정하고 그에 따른 상패와 수상 소감을 작성한 후, 차례로 앞에 나와서 상패 내용과 수상 소감을 발표하여 탐험 과정의 '희/노/애/락'을 공유한다.

#2. 교사는 학생들에게 다시 활동지 1[자기지도(I-Map)]을 나누어 주고 작성하

게 한다. (주: 작성 요령은 '여는 마당'에서와 동일하다.) 학생들은 다시 '자기지도'를 완성하고 프로그램을 통해 새롭게 발견하거나 변화된 자신의 모습을 정리하여 'Again Who Am I?' 칸에 기록한 후 차례로 돌아가면서 기록한 내용을 읽는다.

#3. 학생들은 전체가 원을 그리고 서서 한 사람씩 돌아가면서 서로 마주보고 탐험 과정에서 새롭게 느낀 점을 이야기하면서 서로에게 감사의 말을 전하고 작별의 아쉬움을 나눈다.

연구과제

1. 정서지능과 정서유능성을 비교하여 설명하시오.
2. 정서유능성의 여덟 가지 기술 간 상호 관련성을 논하시오.
3. 정서유능성의 발달에 영향을 미치는 세 가지 요인을 설명하시오.
4. 사회적 맥락의 관점에서 양육자와의 관계가 정서유능성의 발달에 미치는 영향을 논하시오.
5. 정서유능성과 심리적 적응의 관련성을 긍정적 측면과 부정적 측면으로 나누어 설명하시오.
6. 정서유능성을 증진하기 위한 다양한 접근을 설명하고 인성교육에 미치는 시사점을 논하시오.
7. 정서유능성을 증진하기 위한 인성교육 프로그램을 개발하여 적용해 보고 그 효과를 논하시오.

참고문헌

곽윤정(2005). 정서지능 교육프로그램 모형 개발 연구. 열린유아교육연구, 10, 11-25.

김광수, 이명경, 정태희, 정여주, 우홍련(2007). 초등학생 정서지능 향상을 위한 정서교육 일 모형으로서 용서교육 프로그램 개발. 초등교육연구, 20, 297-323.

김성준, 김은정(2015). 학대받은 아동 · 청소년을 위한 인지행동치료. 서울: 학지사.

김영근(2014). 상담과정에서 정서의 활성화 및 반복적 수용의 역할. 서울대학교 대학원 박사학위논문.

문용린(1999). 인성교육을 위한 정서지능 개발 프로그램에 관한 연구. 사대논총, 59, 31-98.

박영애, 김경은(2005). 아동과 청소년의 정서유능성과 사회적 적응 간의 관계. 한국생활과학회지, 14, 11-25.

송재홍(2006). 가르침과 배움의 여정으로서 자기성찰: 교과교육과 상담의 통합 가능성에 대한 검토와 제안. 종합교육연구, 4, 1-25.

송재홍(2011). 양자심리학과 이야기 은유: 교과 기반 자기성찰학습 프로그램의 개발 논리. 교육심리연구, 25, 835-852.

송재홍(2014). 상담에 있어서 맥락주의와 치료적 은유의 활용. 초등상담연구, 13, 21-48.

송재홍(2015). 아동 상담에서 정서의 이해와 개입: 인성교육의 실천적 대안. 초등상담연구, 14, 467-496.

신현숙(2011). 학업수월성 지향 학교에서 사회정서학습의 필요성과 지속가능성에 관한 고찰. 한국심리학회지: 학교, 8, 175-197.

장정옥(2009). 정서자각에 기초한 정서표현 훈련이 심리적 안녕감과 대인관계에 미치는 영향. 영남대학교 대학원 박사학위논문.

최은실(2010). 정서 인식 및 표현 능력 향상 프로그램의 효과 연구. 이화여자대학교 대학원 박사학위논문.

현채송(2010). 정서조절과 행복의 관계에서 사회 지지와 임파워먼트의 매개효과. 홍익대학교 대학원 박사학위논문.

Aldao, A., Nolen-Hoeksema, S., & Schweizer, S. (2010). Emotion-regulation strategies across psychopathology: A meta-analytic review. *Clinical Psychology Review, 30*, 217-237.

Barlow, D. H. (1998). *Anxiety and its disorders: The nature and treatment of anxiety and panic*. New York: The Guilford Press.

Barlow, D. H., Allen, L. B., & Chaote, M. L. (2004). Toward a unified treatment for emotional disorders. *Behavior Therapy, 35*, 205-230.

Bar-On, R. (1997). *Bar-On Emotional Quotient Inventory (EQ-1): Technical manual*. Toronto, CA: Multi-Health Systems.

Bar-On, R. (2000). Emotional and social intelligence: Insights from the Emotional Quotient Inventory. In J. D. A. Parker (Ed.), *The handbook of emotional intelligence* (pp. 363-390). San Francisco, CA: Jossey-Bass.

Brown, J. L., Jones, S. M., LaRusso, M. D., & Aber, J. L. (2010). Improving classroom quality: Teacher influences and experimental impacts of the 4Rs program. *Journal of Educational Psychology, 102*, 153-167.

Buckley, M., & Saarni, C. (2006). Skills of emotional competence: Developmental implications. In J. Ciarrochi, J. P. Forgas, & J. D. Mayer (Eds.), *Emotional intelligance in everyday life* (2nd ed., pp. 51-76). New York: Psychology Press.

Casey, R. J. (1996). Emotional competence in children with externalizing and internalizing disorders. In M. Lewis, & M. W. Sullivan (Eds.), *Educational development in atypical children* (pp. 161-183). Mahwah, NJ: Lawrence Erlbaum Associates.

Ciarrochi, J., & Scott, G. (2006). The link between emotional competence and well-being: A longitudinal study. *British Journal of Guidance and Counseling, 34*, 231-243.

de Castro, B., Merk, W., Koops, W., Veerman, J., & Bosch, J. (2005). Emotions in social information processing and their relations with reactive and proactive aggression in referred aggressive boys. *Journal of Clinical Child and Adolescent Psychology, 34*, 105-116.

Denborough, D. (Ed.). (2008). *Collective narrative practice: Responding to individuals, groups, and communities who have experienced trauma*. Adelaide, AU: The Dulwich Centre Publication.

Denham, S. A., Blair, K. A., Schmidt, M., & DeMulder, E. (2002). Compromised emotional competence: Seeds of violence sown early? *American Journal of Orthopsychiatry, 72*, 70-82.

Denham, S. A., Blair, K. A., DeMulder, E., Levitas, J., Sawyer, K., Auerbach-Major, S., & Queenan, P. (2003). Preschool emotional competence: Pathway to social competence. *Child Development, 74*, 238-256.

Garnefski, N., Kraaij, V., & van Ethen, M. (2005). Spcificity of relations between adolescents cognitive emotion regulation strategies and Internalizing and Externalizing psychopathology. *Journal of Adolescence, 28*, 619-631.

Goleman, (1995). *Emotional intelligence*. New York: Bantam.

Greenberg, L. S. (2004). Emotion-focused therapy. *Clinical Psychology and Psychotherapy, 11*, 3-16.

Greenberg, L. S. (2011). *Emotion-focused therapy*. Washington, DC: American Psychological Association.

Greenberg, L. S., & Paivio, S. C. (2008). 심리치료에서 정서를 어떻게 다룰 것인가(*Working with emotions in psychotherapy*). (이홍표 역). 서울: 학지사. (원저는 1997년 출판).

Greenberg, L. S., & Safran, J. D. (1989). Emotion in psychotherapy. *American Psychologist, 44*, 19-29.

Gross, J. J. (1998). Antecedent-and response-focused emotion regulation: Divergent consequences for experience, expression, and physiology. *Journal of Personality and Social Psychology, 74*, 223-237.

Gross, J. J. (2002). Emotion regulation: Affective, cognitive, and social consequences.

Psychophysiology, 39, 281-291.

Hanes, M. J. (1995). Utilizing road drawings as a therapeutic metaphor in art therapy. *American Journal of Art Therapy, 34,* 19-23.

Hayes, S. C., Strosahl, K. D., & Wilson, K. G. (1999). *Acceptance and commitment therapy: An experiential approach to behavior change*. New York: The Guilford Press.

Jennings, p. A., & Greenberg, M. T. (2009). The prosocial classroom: Teacher social and emotional competence in relation to student and classroom outcomes. *Review of Educational Research, 79*, 491-525.

Kendall, P. C. (2010). 아동 · 청소년 심리치료: 인지행동적 접근(*Child and adolescent therapy: Cognitive-behavioral procedures,* 3rd ed.). (신현균, 김정호, 최영미 공역). 서울: 학지사. (원저는 2006년 출판).

Kolko, D. J., & Swenson, C. C. (2002). *Assessing and treating physically abused children and their families: A cognitive-behavioral approach*. Thousand Oaks, CA: Sage Publications Inc.

Lazarus, R. S. (1991). *Emotion and adaptation*. New York: Oxford University Press.

Linehan, M. (1993). *Skills training manual for treating borderline personality disorder*. New York: The Guilford Press.

Mayer, J. D., & Salovey, P. (1997). What is emotional intelligence? In P. Salovey & D. J. Sluyter (Eds.), *Emotional development and emotional intelligence: Educational implications* (pp. 3-34). New York: Basic Books.

Mayer, J. D., Salovey, P., & Caruso, D. R. (2004). Emotional intelligence: Theories, findings, and implications. *Psychological Inquiry, 15*, 197-215.

Mennin, D. S. (2006). Emotion regulation therapy: An integrative approach to treatment-resistant anxiety disorders. *Journal of Contemporary Psychotherapy, 36*, 95-105.

Merrell, K. W., & Gueldner, B. A. (2011). 사회정서학습: 정신건강과 학업적 성공의 증진(*Social and emotional learning in the classroom: Promoting mental health and academic success*). (신현숙 역). 경기: 교육과학사. (원저는 2010년 출판).

Radford, M. (2003). Emotional intelligence and Education. *International Journal of Children's Spirituality, 8*, 255-268.

Roeser, R. W., van der Wolf, K., & Strobel, K. R. (2001). On the relation between social-emotional and school functioning during early adolescence: Preliminary findings from Dutch and American samples. *Journal of School Psychology, 39,* 111-139.

Saarni, C. (1999). *The development of emotional competence*. New York: Guilford Press.

Saarni, C. (2007). The development of emotional competence: Pathways for helping children to become emotionally intelligent. In R. Bar-On, J. G. Maree, & M. J. Elias (Eds.), *Educating people to be emotionally intelligence* (pp. 15-48). Westport, CT:

Praeger Publishers.

Shields, A., & Cicchetti, D. (2001). Parental maltreatment and emotion dysregulation as risk factors for bullying and victimization in middle childhood. *Journal of Clinical Child Psychology, 30*, 349–363.

Seiler, L. (2016). 아동과 청소년을 위한 인지행동치료: 자아존중감 및 자아탄력성 향상 프로젝트 (*Cool connections with cognitive behavioral therapy*). (김정민 역). 서울: 학지사. (원저는 2008년 출판).

Southam-Gerow, M. A., & Kendall, P. C. (2000). A preliminary study of the emotion understanding of youth referred for treatment of anxiety disorders. *Journal of Clinical Child Psychology, 29*, 319–327.

Suveg, C., Southam-Gerow, M. A., Goodman, K. L., & Kendall, P. C. (2007). The role of emotion theory and research in child therapy development. *Clinical Psychology: Science and Practice, 14*, 358–371.

Suveg, C., & Zeman, J. (2004). Emotion regulation in children with anxiety disorders. *Clinical Child and Adolescent Psychology, 33*, 750–759.

Trinidad, D. R., & Johnson, C. A. (2002). The association between emotional intelligence and early adolescent tobacco and alcohol use. *Personality and Individual Differences, 32*, 95–105.

Trinidad, D. R., Unger, J. B., & Johnson, C. A. (2004). The positive association of emotional intelligence with psychosocial smoking risk factors for adolescents. *Personality and Individual Differences, 36*, 945–954.

Turk, C. L., Heimberg, R. G., Luterke, J. A., Mennin, D. S., & Fresco, D. M. (2005). Emotional dysregulation in generalized anxiety disorder: A comparison with social anxiety disorder. *Cognitive Therapy and Research, 29*, 89–106.

Zeig, J. K. (1980). Erickson's use of anecdotes. In J. Zeig (Ed.), *Teaching seminar with Milton H. Erickson, M. D.* New York: Brunner/Mazel, Inc.

|부록|

은유 활용 정서유능성 증진 프로그램에서 사용할 활동 자료*

활동지 1 자기지도(I-map)

각각의 원에 제시된 대립 쌍 중 자신의 감정과 가까운 단어를 선택하고, 다음 요령에 따라 그 감정과 연관된 인물 또는 사건을 기입하여 자기지도를 완성하시오.

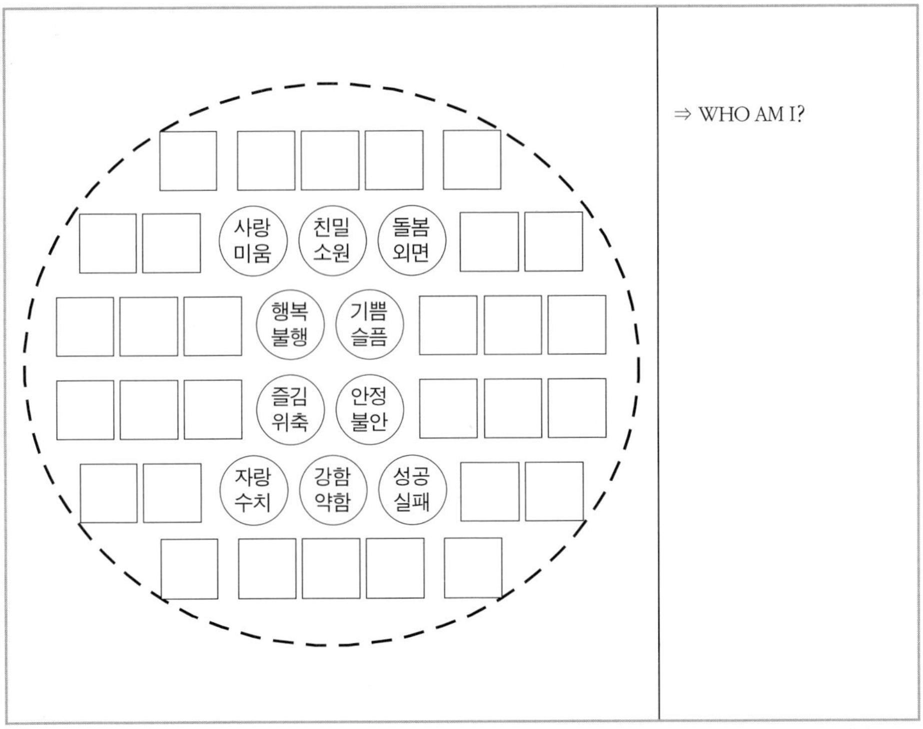

* □ 안에는 ○의 감정과 연관된 인물 혹은 사건을 찾아서 기입하고, 'WHO AM I?'란에 자기자신을 간단히 소개한다.

* 독자는 연구자의 허락을 받아 활동지 양식을 복사하여 사용할 수 있다.

활동지 2 감정일기장

지난 일주일 또는 하루 중에 자신이 경험한 주요 사건을 찾아서 그 사건에 연관된 장소와 핵심 감정을 떠올려 보고, 다음 요령에 따라 감정일기장을 완성하시오.

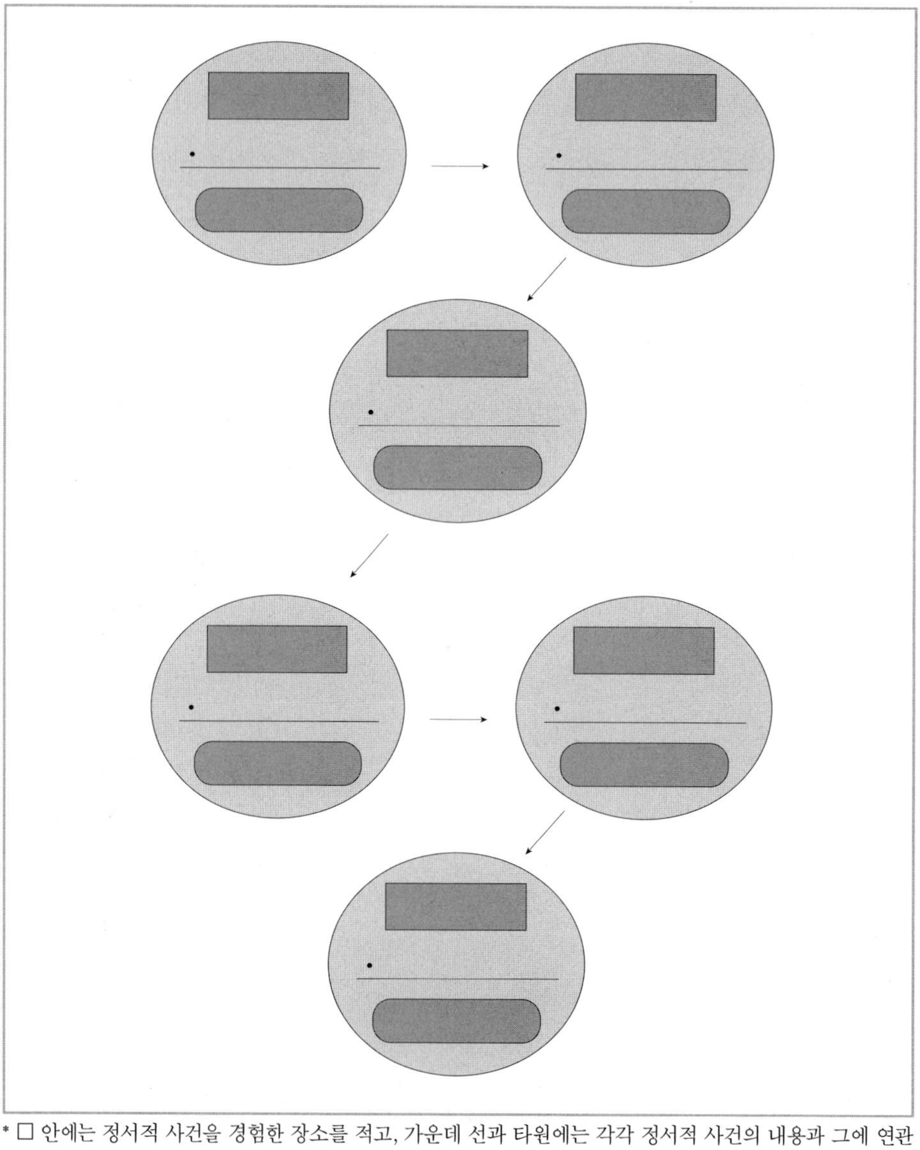

* □ 안에는 정서적 사건을 경험한 장소를 적고, 가운데 선과 타원에는 각각 정서적 사건의 내용과 그에 연관된 감정을 찾아서 기입한다.

활동지 3 감정지도

지난 일주일 또는 하루 동안 자신이 경험한 핵심 감정을 다섯 가지로 정하고, 다음 요령에 따라 각각의 감정에 연관된 얼굴 표정과 감정 강도를 표시하여 감정지도를 완성하시오.

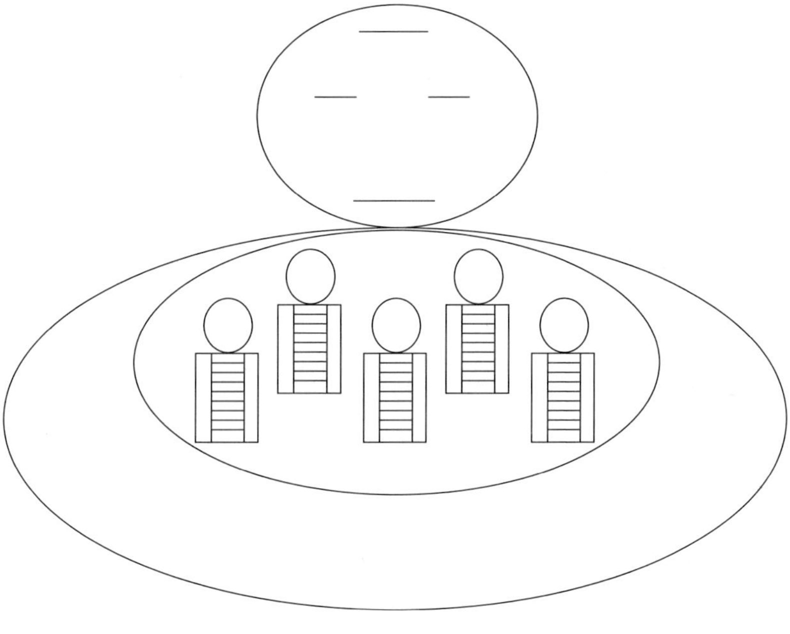

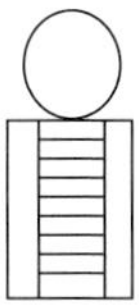

→ 특수한 감정을 반영하는 얼굴 표정을 표시한다.

→ 감정온도계(○에 표현된 감정의 색깔과 강도)를 표시한다.

활동지 4 감정탐정/3B

특정 시점에서 자신이 경험한 외적 사건에 대한 생각 & 감정, 표정 & 언어, 신체 반응 그리고 행동과 그 결과를 탐색하고, 아래 요령에 따라 A, B, C를 채우시오.

A: ______________________________

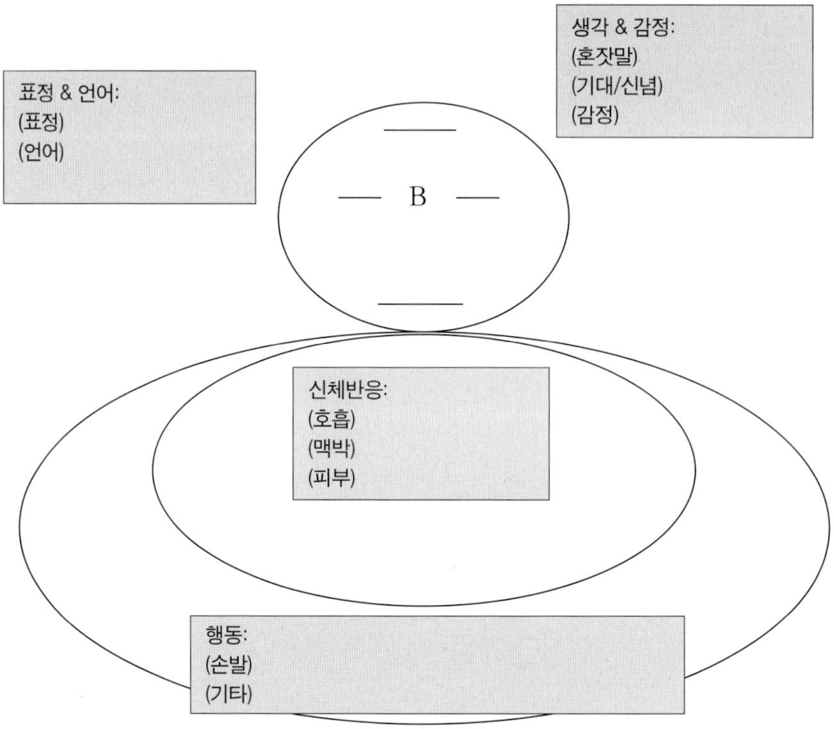

C: ______________________________

A = Activating experience. 자신이 마주치는 외적 사건, 문제 혹은 '촉발 요인(사건)' 등
B = Brain(Belief)/Body/Behavior. 외적 사건(A)에 반응하여 일어나는 인지 과정/행동
C = Consequence. 자신의 행동 이후에 타인들의 피드백 반응 혹은 상황적 변화

제5장 긍정심리학과 인성교육

개요

이 장에서는 긍정심리적 접근을 통한 인성교육 방안을 소개한다. 이를 위해 긍정심리학은 무엇이며 긍정심리학에서 말하는 행복한 삶과 성격강점, 성격강점과 인성교육 간의 관계를 살펴본 후 인간이 보편적으로 소유하고 있는 다양한 강점을 개발하여 건강한 인성을 기르며 행복한 삶의 기초를 다질 수 있는 구체적인 방안들과 프로그램들을 알아본다.

연구문제

1. 긍정심리학과 인성교육은 어떠한 관계가 있는가?
2. 성격강점과 행복 그리고 인성교육은 각각 어떠한 관계가 있는가?
3. 성격강점을 증진시킬 수 있는 구체적인 방안에는 어떠한 것들이 있는가?

1. 긍정심리학과 인성교육

1) 긍정심리학

(1) 긍정심리학의 이해

심리학은 오랜 시간 동안 인간의 정신과 행동에 관한 연구를 수행해 왔다. 심리학은 크게 두 가지 사명을 가지고 있다. 그것은 정신질환과 같은 질병의 원인과 치료 방법을 발견하여 사람들이 그러한 어려움과 고통으로부터 나아지도록 돕는 것과 평범한 사람들이 어떻게 더 건강하고 풍성하며 행복한 삶을 살아갈 수 있는지를 안내해 주는 것이다. 그러나 지난 50여 년 동안 심리학자들은 한 가지 사명에만 더 특별하게 관심을 가져왔다 그 덕분에 50여 년 전에는 알지 못했던 10여 가지 정신적 질병의 치료 방법을 알게 되었지만 삶의 긍정적 가치를 부각시켜 더 건강하고 행복한 삶을 살도록 돕기 위한 노력은 소원했던 것이 사실이다(Seligman, 1995).

정신적 질병이나 인간의 불행과 관련된 연구들이 심리학 연구의 대부분을 차지했던 시절에도 인간의 긍정적인 영역을 탐구하는 움직임들이 있었지만 펜실베이니아 주립대학교의 Martin Seligman 교수가 미국심리학회(American Psychological Association: APA) 회장으로 취임하면서 '긍정심리학(positive psychology)'이라는 개념을 도입하고 문제행동의 교정보다는 긍정적 특질 및 행동의 체계적 강화를 통한 행복한 삶에 초점을 맞추는 긍정심리학의 흐름이 형성되었다. 긍정심리학은 평범한 사람들이 지니고 있는 강점과 미덕에 대한 과학적인 연구다. 긍정심리학은 평범한 사람들이 어떻게 잘 기능하고, 올바르게 행동하며 그들의 삶을 풍성하고 충만하게 이끌어 가는지 알아내려고 노력한다. 이를 위해 긍정심리학은 크게 다음 두 가지 질문을 탐구한다.

- 여러 가지 역경에도 불구하고 목적의식을 가지고 의연하게 살아가는 많은 사람의 삶을 어떻게 심리학적으로 설명할 것인가?
- 타고난 적응 능력과 학습된 기술들을 성공적으로 활용하면서 효율적으로 잘 살아가는 사람들의 특징은 무엇인가?

지금까지의 심리학이 설명하기 어려웠거나 설명해 주지 않았던 이러한 질문들은 심리학자들로 하여금 인간이 지니는 잠재력이나 동기 그리고 인간의 다양한 능력에 좀 더 관심을 갖도록 만들었다(Sheldon & King, 2001). 이처럼 긍정심리학은 인간의 긍정적인 심리적 측면을 과학적으로 연구하고 인간의 행복과 성장을 지원하는 학문이다. 그동안 체계적으로 긍정심리학을 연구해 온 Seligman은 긍정심리학은 결국 '행복'에 관한 심리학임을 말하며 행복한 사람만이 좋고 기쁘고 의미 있는 웰빙의 삶을 살아갈 수 있다고 하였다.

(2) 긍정심리학의 연구 주제

긍정심리학자들은 다음과 같은 세 가지 영역을 긍정심리학의 연구 주제로 제시하였다.

- **긍정정서:** 긍정적인 주관적 경험 · 행복, 기쁨, 감사, 웰빙 등
- **긍정 특성:** 개인의 긍정적 강점 · 성격, 강점, 재능, 가치 등
- **긍정 제도:** 긍정정서와 특질의 증진 · 가족, 학교, 지역사회 등

긍정정서를 계발하는 것이 값지고 중요한 이유는 긍정정서가 그 자체로서도 즐거움과 기쁨, 행복감을 주지만 더 나아가 사회 속에서 다른 사람들과의 상호작용을 더욱 성공적으로 이끌어 주기 때문이다. 이러한 상호작용은 웰빙 이론의 핵심 요소인 관계에서 오는 행복감을 증대시키고 함께하는 삶의 의미를 깨닫게 하여 자존감을 높일 뿐만 아니라 그 외 다양한 긍정정서를 갖게 하는 선순환으로 나타난다.

긍정 특성은 개인이 가지고 있는 강점이나 덕목, 재능 등을 의미하는데, Peterson과 Seligman(2004)는 특히 강점과 덕목에 초점을 맞추어 지혜와 지식(wisdom and knowledege), 용기(courage), 인간애(humanity), 정의(justice), 절제(temperance), 초월(transcendence)의 6개 핵심 덕목과 창의성, 호기심, 사랑, 친절성, 리더십, 공정성, 감사 등의 24개 성격강점을 체계화하여 VIA(Value In Action) 분류 목록을 제시하였다(〈표 5-1〉 참조).

이러한 분류체계가 중요한 이유는 행복하고 평안한 웰빙의 삶이 무엇인지 이해하려면 먼저 개인의 강점과 미덕이 무엇인지 알아야 하기 때문이다. 자신의 강점(strengths)과 미덕(virtues)을 발휘하여 행복을 얻을 때 그 사람은 참된 삶을 누리게

〈표 5-1〉 6개의 핵심 덕목과 24개의 성격강점

핵심 덕목	성격강점
지혜와 지식 (wisdom & knowledge)	창의성(creativity), 호기심(curiosity), 개방성(open-mindedness), 학구열(love of learning), 지혜(wisdom)
인간애(humanity)	사랑(love), 친절성(kindness), 사회지능(social intelligence)
용기(courage)	용감성(bravery), 끈기(persistence), 진실성(honest), 활력/열정 (vitality/zest)
절제(temperance)	용서(forgiveness), 겸손(modesty), 신중(prudence), 자기조절(self-regulation)
정의(justice)	시민의식(citizenship), 공정성(fairness), 리더십(leadership)
초월(transcendence)	심미안(appreciation of beauty & excellence), 감사(gratitude), 낙관성/희망(optimism/hope), 유머(humor), 영성(spirituality)

출처: Peterson & Seligman(2004).

된다. 감정은 순간적으로 일어나는 마음의 상태이지만, 특질은 시간이 흐르고 환경이 바뀌어도 반복적으로 일어나는 개인의 특성이다. Seligman은 단점을 고치려고 시간과 노력을 투자하는 것은 바람직하지 않으며 인생 최대의 성공과 더 없는 만족은 개인의 대표적인 강점을 연마하고 활용하는 데서 비롯된다고 믿었다. 행복한 삶이란 참된 행복과 큰 만족을 얻기 위해 날마다 자신의 대표적인 강점들을 활용하는 것이다. 일, 사랑, 자녀 양육을 비롯한 삶의 주요 영역마다 이러한 강점들을 활용하여 행복한 삶을 누릴 수 있는 것이다(Seligman, 2006).

긍정 제도는 긍정 경험과 긍정 특성을 격려할 수 있는 제도 또는 조직이라고 할 수 있다. 이는 작게는 가족으로부터 학교나 기업, 지역사회 또는 국가 전체일 수도 있다. 이러한 제도가 중요한 이유는 개인이 느끼는 긍정정서와 개인의 긍정 특성이 그들이 속해 있는 조직이나 사회의 분위기와 무관하지 않기 때문이다. 개인의 자유와 행복이 보장된 사회나 국가라면 그 국민은 그렇지 않는 나라에 비해 훨씬 더 많이 긍정정서를 느끼게 될 것이다. 또한 어떤 사회에 널리 퍼져 있는 공동의 가치나 분위기는 그것의 옳고 그름을 떠나 그 사회에 속한 사람들에게 영향을 끼치게 된다. 예를 들어 우리나라의 경우에는 성적 위주의 학교 문화와 학력 중심의 사회 분위기 때문에 학생들의 '학업'에 대한 부담이 매우 높은 편이고 그로 인한 스트레스도 많은 것이 사실이다. 이러한 분위기로 가장 힘든 것은 학생들임이 분명하지만, 사실상 그러한 것들을 뒷바라지해야 하는 부모의 경제적 부담 및 다른 가족들과의 비교로 인한 극도의 박탈감, 기러기 아빠 등으로 인한 가족 해체 또한 심각한 사회 문제가 되어 가고 있다. 이러한 사회 분위기 속에서는 어떤 학생의 강점이 공부나 학력과 직접적으로 관련 있어 보이지 않는 것이라면 자신의 강점을 드러나게 추구해 나가기가 쉽지 않다. 왜냐하면 그것은 그들의 조직이나 사회 분위기 속에서 그렇게 가치 있는 일로 여겨지지 않기 때문이다. 따라서 행복한 삶을 위해서는 긍정 정서를 경험하고 긍정 특성을 개발해 나가는 것 못지않게 중요한 것이 긍정 제도를 발전시켜 나가는 것이라 할 수 있겠다.

2) 긍정심리학과 행복

긍정심리학은 행복을 과학적으로 연구하는 학문이다. 아주 오래전부터 종교나 철학의 주요 관심사 중 하나였던 행복에 대한 다양한 관점과 긍정심리학에서 말하는 행복은 과연 무엇인지 살펴보자.

(1) 행복의 두 가지 관점

행복은 오랫동안 철학의 주요 관심 주제였다. 특히 서양 철학에서 행복은 크게 두 가지 흐름으로 나누어 볼 수 있는데, 하나는 쾌락주의(hedonism)이고 다른 하나는 자아실현주의(eudaimonism)다.

① 쾌락주의적 행복관

쾌락주의적 행복관에서는 행복을 “자신의 삶에 만족하여 긍정적인 정서를 느끼는 주관적인 심리 상태”(권석만, 2010)라고 규정하는데, 이는 쾌락을 느끼는 것이 곧 행복이라고 이해하는 것으로 행복한 삶을 위해서는 더 많은 긍정정서를 가져야 한다고 보았다. 즉, 행복은 자신이 주관적으로 경험하는 것으로 자신의 삶에 ‘즐거움’이나 ‘기쁨’ 같은 긍정적 정서를 경험하는 상태라고 생각했다.

② 자아실현주의적 행복관

자아실현주의적 행복관에서는 쾌락주의적 행복관과 달리 행복한 삶을 쾌락이나 즐거움을 느끼는 것 이상이라고 보았다. 인간은 가치 실현을 추구하는 존재이며 행복은 인간이 자신의 잠재력이나 강점을 발현하여 자신뿐만 아니라 사회적으로도 의미 있는 삶을 사는 것이라고 생각했다. 즉, 행복한 삶은 주관적으로 느끼는 쾌락의 정서를 넘어 사회적으로 바람직한 삶을 사는 것이라고 보았다.

(2) 긍정심리학의 행복

긍정심리학에서 말하는 행복은 웰빙과 번성하는 삶(flourish)를 의미하는 것으로 긍정정서(Positive emotion), 몰입(Engagement), 관계(Relationship), 의미(Meaning), 성취(Accomplishment)의 다섯 가지 핵심 요소로 구성되며 이들 단어의 첫 글자를 따서 PERMA라고 부르기도 한다(Seligman, 2011). 즉, 행복한 삶이란 즐거움과 기쁨 같은 긍정정서를 많이 느끼고 자신의 일이나 직업에 열정적으로 몰입하며, 사람들과 좋은 관계를 유지하고, 가치 있는 활동을 통해 삶의 의미를 추구하며, 자신이 세운 목표를 성취해 나가는 삶이라고 할 수 있다. 긍정심리학의 행복관은 긍정정서를 추구하는 측면에서는 쾌락주의적 행복관을, 관계와 의미 추구, 몰입과 성취를 지향하는 입장에서는 자아실현주의적 행복관을 견지하고 있다고 볼 수 있다.

긍정정서(P)	만족, 기쁨, 즐거움 등 긍정적인 감정을 갖는 것
몰입(E)	일과 여가 등에 열정적이고 몰입하는 것
관계(R)	친밀하고 지지적인 인간관계를 맺는 것
의미(M)	개인의 행위와 삶에 소중한 의미를 찾고 가치를 부여하는 것
성취(A)	자신이 정한 목표를 이루고 업적을 내는 것

[그림 5-1] Seligman의 행복 구성요소

3) 행복한 삶과 성격강점

지금까지 살펴보았듯이 긍정심리학에서의 행복은 웰빙을 구성하는 핵심 요소인 긍정정서, 몰입, 관계, 의미, 성취의 다섯 가지 구성요소를 자신의 삶의 영역에서 균형 잡히게 실현하는 것이라고 볼 수 있다. 그렇다면 개인의 삶에서 이러한 핵심 요소는 어떻게 성취될 수 있을까? Seligman은 이에 대한 해답을 성격강점에서 찾았다. 사람은 누구나 자신의 강점을 가지고 있는데 이러한 강점을 충분히 발휘하면 웰빙을 구현하는 이 핵심 요소가 삶에서 증진될 수 있다고 보았다. 즉, 자신의 긍정적 특성, 특히 대표 강점을 인식하고 계발하여 자신의 여가, 사랑, 인간관계, 직업, 자녀 양육 등의 생활 장면에서 사용하게 되면 웰빙의 핵심 요소가 증진되며 행복한 삶을 살게 된다는 것이다.

24개의 성격강점 중 사람들은 대부분 2~5개 정도의 대표 강점을 가지고 있는데, 이는 다양한 검사를 통해서 확인할 수 있다. 자신의 대표 강점을 인식하고 이해하며 활용해 가는 단계를 통해 행복한 웰빙의 삶이 실현되는 것을 알기 쉽게 나타내 보면 [그림 5-2]와 같다.

따라서 이러한 웰빙의 삶에 가장 중요한 것은 자신의 대표 강점을 알고 그러한 것들을 삶 속에서 활용하고 계발해 나가는 일이라 할 수 있다. 〈표 5-2〉는 24개 성격강점의 종류와 그 정의를 제시하고 있다. 인성교육이라는 것을 단순히 몇 가지 정해진 덕목을 배워 나가야 하는 좁은 개념이 아닌 자아실현을 통한 개인과 사회의

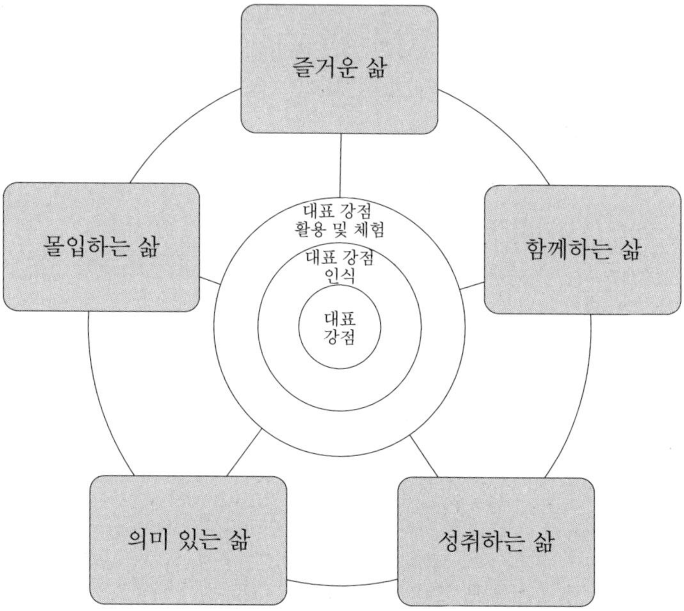

[그림 5-2] 대표 강점을 통한 행복 실현의 삶

〈표 5-2〉 24개 성격강점의 정의

덕목	성격강점	정의
지성	창의성	어떤 일을 하면서 새롭고 더 좋은 방법을 생각해 낼 수 있는 능력
	호기심	새롭고 신기한 것을 좋아하며 흥미 있는 것을 적극적으로 탐색하려는 태도
	개방성	다양한 관점에서 생각하고 나와 다른 생각을 기꺼이 받아들이려는 태도
	학구열	새로운 것을 배우고 익히는 데 재미를 느끼고 열심히 노력하는 태도
	지혜	폭넓게 생각하고 어려운 상황에 처했을 때 좋은 해결 방법을 생각해 내는 능력
인간애	사랑	관계를 소중히 여기고 그러한 마음을 행동으로 잘 실천하는 능력
	친절성	다른 사람을 존중하고 위하는 마음으로 상냥하게 대하고 도움을 주려는 태도
	사회지능	나와 다른 사람들의 마음을 잘 알아차려 사람들과 잘 어울리는 능력
용기	용감성	두려운 마음이 드는 상황에서도 위축되지 않고 두려움을 극복하는 능력
	끈기	시작한 일을 포기하지 않고 끝까지 마무리하여 완성하는 능력
	진실성	자신의 생각이나 감정을 솔직하게 표현하고 진실하게 행동하려는 태도
	활력	열정과 에너지를 가지고 활기차게 생활하는 능력
절제	용서	내게 잘못을 저지른 사람을 너그럽게 용서해 주는 능력
	겸손	지나치게 자신을 드러내어 잘난 체하거나 뽐내지 않고 자신이 무엇을 더 노력해야 하는지 아는 태도
	신중성	말이나 행동을 하기 전에 한 번 더 조심스럽게 생각하는 태도
	자기 조절	자신의 다양한 감정, 욕구, 행동을 적절하게 조절하는 능력
정의	시민의식	집단 구성원으로서 집단의 이익을 위해 최선을 다하는 태도
	공정성	사람을 대하거나 일을 처리할 때 차별하지 않는 태도
	리더십	집단 활동을 계획 · 조직하고 좋은 성과를 이루도록 이끌어 가는 능력
초월	심미안	다양한 영역에서 아름다움과 뛰어남을 발견하고 느낄 줄 아는 능력
	감사	좋은 일을 알아차리고 그에 대한 고마움을 느끼며 표현하는 행동과 태도
	낙관성	자신의 경험에 대해 긍정적으로 생각하고 좋은 일을 기대하며 행동하는 태도
	유머	웃기고 재미있는 것을 좋아하며 다른 사람에게 웃음과 즐거움을 주는 능력
	영성	삶의 의미와 목적에 대한 관심과 믿음을 가지고 눈에 보이지 않는 보다 넓은 세계와 연결되기를 바라는 태도

출처: 김광수 외(2015).

행복을 추구하는 것이라고 생각해 본다면, 이것은 긍정심리학에서 말하는 성격강점을 통한 행복한 웰빙의 삶과 일맥상통하는 것으로 생각할 수 있다. 개인이 자신의 대표 강점을 활용하여 일상의 삶을 살고 이러한 것을 통해 삶의 의미와 즐거움을 느끼고 열정을 가지고 몰입하는 삶을 살면서 자신의 꿈을 성취해 나가며 그 과정에서 더불어 살아가는 삶의 모습이 증진된다면, 이것은 개인의 웰빙뿐만 아니라 사회의 번영과 건강한 공동체 형성에도 큰 기여를 하게 될 것이다. 따라서 학생들이 자신의 대표 강점을 인식하고 다양한 방법으로 활용해 나가도록 돕는 것은 학교에서 인성교육을 실현할 수 있는 좋은 방법이 될 것이다.

4) 성격강점과 인성교육

긍정심리학은 자신의 대표 강점을 발견하고 활용하여 즐겁고 의미 있으며, 몰입하고 성취하며, 함께 나누는 웰빙의 삶을 통해 자신의 삶을 더욱 풍성히 하고 건강한 가정과 사회를 이루어 나가는 것을 연구하는 학문이다. 이러한 긍정심리학의 핵심 이론에는 성격강점이 있다. 그렇다면 성격강점과 인성교육은 어떠한 관련이 있을까? 인성교육은 전통주의적 관점에서는 덕목을 함양해 나가는 것을 중요하게 생각하며, 발달론적 관점에서는 좋은 사람으로 성장해 나가는 것을, 배려공동체적 접근에서는 좋은 인성을 실천해 나가기 위해 신뢰와 존중의 배려공동체를 형성하는 것을 중요하게 생각한다. 인성교육은 접근하는 이론들에 따라 조금씩 차이가 있지만 분명한 것은 인성교육이 바람직한 개인으로서의 인간 혹은 사회에 기여하는 구성원으로서의 인간 중 어느 한쪽만을 강조해서는 안 된다는 것이다. 인성교육은 각각의 이론에 따라 접근은 다르더라도 개인으로서 그리고 사회 구성원으로서 건전한 삶을 살아가기 위한 바람직한 성품을 길러 주는 것을 목표로 해야 한다(김수진, 2015). 긍정심리학의 핵심 이론인 성격강점과 인성교육의 관련성을 살펴보면 다음과 같다.

(1) 성격강점과 인성교육의 관련성

Peterson과 Seligman(2004)은 인간의 긍정적인 면에 초점을 맞추는 강점과 미덕에 관한 분류체계인 VIA 체계를 제시하였다. 이것은 철학과 문화, 종교를 초월하여 대부분의 사회에서 가치 있게 여겨지는 6개의 핵심 덕목과 그 덕목에 이르도록 이끄는 24개의 성격강점으로 이루어져 있다. 사실 24개의 강점은 원래 190여 가지의 긍정적인 아동 특질과 200여 가지의 성인 특성 중에서 10개의 준거를 세우고(〈표 5-3〉 참조) 그에 부합하는 것을 선정한 것으로, 인간의 사고와 정서 및 행동에 반영되어 있는 긍정적 특질을 의미한다(Park, Peterson, & Seligman, 2004).

이러한 선정 과정을 거친 성격강점과 인성교육의 관련성을 자세히 살펴보면 다음과 같다.

첫째, 성격강점을 발휘하는 것이 자신과 타인의 행복에 기여한다는 점이다. 여기서 행복이란 앞에서도 많이 언급했듯이 단순한 기쁨이나 즐거운 느낌 이상의 것을 의미한다. 긍정심리학에서의 행복은 긍정적 정서를 느끼며 자신의 일이나 직업에서의 몰입과 성취, 그리고 의미 있는 삶을 살아가며 갖게 되는 자기실현과, 함께하는 삶을 통한 웰빙의 삶을 살며 타인에게 기여하는 것을 의미하는데, 이러한 삶은 개인과 사회 구성원으로서 건전하고 바람직한 삶을 살아가게 하려는 인성교육의 목표와 일치한다.

둘째, 도덕적 가치를 보유하고 있는 것으로 판명된 성격강점은 그 자체로서 인성교육의 구성요소, 함양해야 할 덕목 등으로 선정될 가치가 있다. 인성교육은 분명히 선정된 덕목을 기르는 것 이상이지만, 바람직한 덕목과 그렇지 않은 것을 알고

〈표 5-3〉 성격강점 선정 준거

준거	내용
실현(fulfillment)에 기여	그 강점을 발휘하는 것이 자신과 타인의 행복에 기여하는가?
도덕적 가치 보유	그 자체가 도덕적으로 가치 있는가?
타인에게 무해함	그 강점을 표현하는 것이 주변 사람의 강점을 감소시키지 않는가?
반대 특성 존재	그 강점과 반대되는 부정적 특성이 있는가?
측성 가능성	개인의 사고와 감정, 행위의 범위에서 측정 가능한 방식으로 나타나는가?
특수성	다른 감정과 잘 구분되는가?
모범 존재	그 강점을 지닌 모범적 인물이 있는가?
신동 존재	어릴 때 그 강점을 뛰어나게 발휘하는 사람이 있는가?
부족한 사람 존재	그 강점이 현저하게 부족한 사람들이 있는가?
제도 존재	그 강점을 기르기 위한 제도나 풍습이 있는가?

출처: Peterson & Seligman(2004).

분별하여 바람직한 덕목을 실천하며 살아가게 하는 것이 인성교육이 강조하는 중요한 부분임에 틀림없다. 따라서 많은 문화권에서 가치 있고 도덕적이라고 여겨지는 24개의 성격강점은 바람직한 덕목으로 선정되고 실천이 강조되어야 할 중요한 요소들이다.

셋째, 성격강점 중 개인에게 두드러지게 나타나는 대표 강점을 발견하고 계발해 나가는 과정은 진정한 '자기'를 실현해 나가는 과정이라고 할 수 있다. 인본주의 심리학자인 Rogers는 인간을 긍정적인 존재로 보았으며 사람들은 누구나 긍정적인 방향으로 성장하고자 하는 '자기실현 경향성'을 가지고 있다고 주장하였다. Peterson과 Seligman(2004)은 대표 강점이 가지고 있는 열 가지 특성을 다음과 같이 제시했는데, 이러한 특성들을 살펴보면 성격강점을 인식하고 증진해 나가는 것이 왜 자기를 실현해 가는 과정인지 알 수 있다.

- 성격강점은 '진정한 나'를 나타내는 것이다.
- 성격강점을 활용할 때 기쁨을 느낀다.
- 강점과 관련된 것에는 배우는 속도가 매우 빠르다.
- 학습을 할 때는 강점을 유발하는 새로운 방식을 찾는다.
- 강점에 따라 행동하기를 원한다.
- 강점은 저절로 드러나며 그것을 사용하는 것이 당연하게 느껴진다.
- 통찰과 직관으로 강점을 발견하는 경우가 많다.
- 강점을 사용할 때 지치기보다 오히려 더욱 고무된다.
- 강점과 관련된 일을 추구하고 만들어 낸다.
- 강점 사용에 대한 내적 동기를 가진다.

사람은 진정한 나의 모습을 나타내는 강점을 사용하며 더욱 고무되거나 기뻐하게 되고 계속해서 이러한 강점을 사용하고 싶어 하는 내적 동기를 갖게 되는 삶을 통해 자기를 실현해 나가게 된다고 할 수 있다. 이러한 삶은 곧 인성교육에서 중요한 축이 되는 건전하고 바람직한 개인의 삶을 살아가게 해 주는 중요한 원동력이 될 수 있다.

넷째, 대표 강점은 성격강점 중에서도 개인에게 두드러지게 나타나는 특성을 말한다. 긍정심리학에서는 약점이나 부족한 부분을 보완하기보다는 이러한 개인의 대표 강점을 활용하여 자기를 실현하는 웰빙의 삶을 사는 것을 독려한다. 이러한 부분은 지금까지 개인의 개성이나 내적 욕구 등을 일일이 돌아보지 못하고 조직이나 사회의 필요에 따른 인성교육을 하게 됨으로써 갖게 되는 여러 가지 부작용을 해소하고 개별화된 인성교육을 통해 건전한 자기를 실현하면서도 함께하는 건전한 사회인으로서의 행복한 삶을 살 수 있도록 도와준다는 측면에서 그 의미가 크다고 할 수 있다.

사례 1. 행복한 수녀 이야기

행복한 삶과 장수에 대한 연구를 진행하기 위해 약 180여 명의 수녀들을 대상으로 연구를 진행하였다. 연구는 그들이 쓴 종신서원문과 자기 소개서 같은 글을 분석하였는데, '참으로 행복하다' '크나큰 기쁨' 등과 같은 활기 넘치는 표현들을 자주 사용하거나 긍정정서를 자주 느끼는 것으로 드러난 수녀 집단은 90%가 85세까지 산 반면 무미건조하게 지낸 수녀 집단 중 85세까지 산 사람은 34%에 불과했다. 또한 긍정정서를 충분히 느끼며 활기차게 살아온 수녀들의 54%가 94세까지 살았지만 그렇지 않은 집단은 11%만이 94세까지 살았다. 신앙심의 깊이나 기대감의 정도 등 다른 변인들이 큰 영향을 미치지 않은 것으로 드러나, 이 연구는 긍정정서의 정도만이 수녀들의 삶에 영향을 미친 것으로 드러났다. 곧 행복한 수녀가 장수했다는 것이다.

출처: Seligman(2011).

사례 2. 쇼핑보다 봉사가 더 행복하다

한 대학의 교수가 인간은 즐거운 일보다 친절을 베푸는 행위에서 더 행복을 느낄 수 있다고 하자 학생들 사이에서는 열띤 토론이 벌어졌고 그 후 학생들은 즐거운 일과 친절한 행동을 한 가지씩 하고 보고서를 제출하기로 했다. 그 보고서의 내용은 예상 외로 친구와 어울리기, 영화 보기, 아이스크림 먹기 따위의 즐거운 활동보다 친절한 행동을 한 후의 여운이 더 강렬하다는 의견이 압도적이었다. 대학교 3학년의 한 여학생은 초등학교 3학년인 조카의 부탁을 받고 수학을 가르쳐 준 후 다음과 같은 느낌을 적었다.

"그날 내내 나는 평소보다 다른 사람의 말을 호의적으로 들어주었고 마음도 넉넉

해졌어요. 그리고 사람들이 나를 훨씬 많이 좋아하는 것같이 느껴졌어요." 또 다른 학생은 돈을 많이 벌어 행복해지기 위해 경영대학원에 입학했지만 결국 쇼핑몰에서 돈을 쓰는 것보다 다른 사람들을 도와줄 때 훨씬 더 행복하다는 사실을 깨닫게 되었다고 고백하기도 했다. 이처럼 친절한 행위는 쾌락과는 다른 희열감을, 그로 인한 행복감을 갖도록 해 준다.

출처: Seligman(2011).

2. 성격강점을 활용한 인성교육 방안

1) 대표 강점 인식하기

자신의 성격강점을 발휘하며 행복하고 건강한 개인과 사회인으로서의 삶을 살기 위해서는 자신의 성격강점을 인식하고 이해하며 그것을 증진시키고 활용해 나가야 한다.

이를 위해서는 먼저 자신의 강점이 무엇인지 인식할 필요가 있는데, 자신의 강점을 인식하는 방안에는 자신과 타인에게 지각된 '나'의 강점을 알아보는 방법과 타당화된 검사지를 활용하여 '나'의 강점을 알아보는 방법이 있다.

(1) 자신과 타인에게 지각된 '나'의 강점 알아보기

자신의 대표 강점을 알아보는 방법은 각 성격강점의 의미를 이해하고 자신을 가장 잘 나타낸다고 생각되는 강점을 찾아보는 것이다. 24개의 성격강점과 그 정의가 적혀 있는 표를 살펴보면서 자신을 가장 잘 설명한다고 생각되는 강점을 선택하고 나를 잘 알고 있는 친한 친구나 가족에게도 그 표를 제시한 후 나의 강점을 찾아 달라고 부탁한다. 내가 찾은 강점과 친한 사람들이 찾아 준 강점을 비교해 보면 여러 번 중복되는 강점이 생기는데 이것을 자신의 대표 강점이라고 추측해 볼 수 있다 (197쪽의 활동지 1-3 참조). 타인의 지각을 통해 나의 대표 강점을 알아보는 또 다른 방법으로는 '성격강점 텔레게임'을 들 수 있다. 이는 그 강점의 특징을 잘 나타내는 문장을 질문 형식으로 물어보고 같은 모둠을 이루고 있는 구성원 중에서 그 문장의 내용과 가장 일치할 것 같은 모둠원의 어깨에 손을 얹거나 모둠원을 지목하는 활동으로서 타인에 의해 지각된 '자기'의 강점을 추측해 보는 데 많은 도움이 된다(199쪽의 예시자료 1-3 참조).

(2) 검사지를 활용한 성격강점 검사

김광수 등(2015)은 검사도구를 활용하여 자신의 대표 성격강점을 좀 더 명확하게 인식할 수 있는 최근 한국형 아동 성격강점검사(Korean Inventory of Character Strengths for Children: KICS)를 개발하였다. 지금까지는 성인이나 청소년용 성격강점 검사지를 재구성하여 사용하거나 해외에서 사용되는 강점 검사지를 번안하여 사용하였는데, 이러한 검사도구는 아동의 발달 단계에 맞지 않거나 사회문화적 차이가 있어 검사의 오류 가능성이 있었다. 이에 우리나라 아동의 발달 특성과 사회문화적 차이를 고려한 검사도구인 한국형 아동 성격강점검사(KICS)의 개발은 우리나라 아동들이 자신의 대표 강점을 좀 더 명확하게 인식할 수 있도록 도와준다는 측면에서 그 의의가 크다고 할 수 있겠다. KICS의 구성 및 특징, 실시 및 채점 방법을 살펴보면 다음과 같다.

① 한국형 아동 성격강점검사(KICS)의 구성 및 특징

KICS는 아동이 자신의 대표적인 성격강점을 발휘함으로써 진정한 행복과 자아실현의 삶을 살게 된다는 긍정심리학의 관점에 근거하여 VIA 분류체계를 토대로 개발되어 24개의 성격강점을 측정하는 24개의 하위 척도로 구성되어 있다. 24개의 하위 척도가 각 4~5개의 문항으로 측정되는 KICS는 모두 117개 문항으로 이루어져 있으며 각 문항은 피검자에 의해 리커트(Likert) 5점 척도로 평정된다.

이 검사지가 갖는 특징은 다음과 같다. 첫째, 초등학생의 발달 단계를 고려해 그림, 캐릭터 등의 시각 자료를 적극 활용하여 피검자들이 검사 결과를 보다 직관적으로 이해하도록 돕는다. 기존의 많은 심리검사 결과지가 정보를 글로만 전달하여 초등학생들이 검사 결과지를 파악하는 데 지루해하고 어려워하였다는 의견들이 있었다. 이에 KICS 검사 결과지는 이를 반영하여 핵심 덕목, 상위 강점을 그래프로 제시하고 덕목별 캐릭터, 강점별 아이콘 스티커를 제작해 피검자가 검사 결과를 보다 흥미롭고 직관적으로 이해할 수 있도록 도왔다.

둘째, 검사 결과를 바탕으로 피검자들이 자신의 성격강점을 보다 깊이 탐구해 볼 수 있는 워크북 형태의 결과 보고서를 제작하였다. 의견을 수렴한 결과, 심리검사

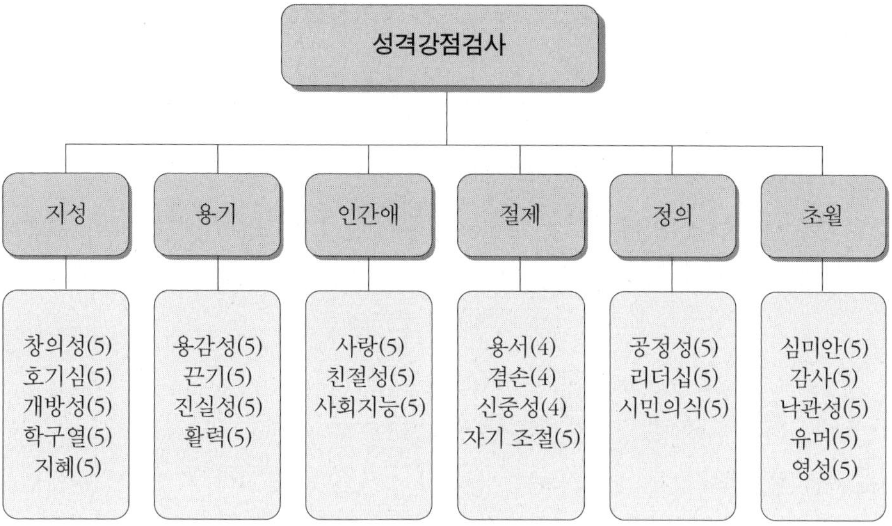

[그림 5-3] KICS의 기본 구조

주: ( ) 안의 숫자는 문항 수
출처: 김광수 외(2015).

후에 결과 고지에서 그치지 않고 검사 결과를 활용하고 확장시키는 보충 활동의 필요성에 대한 요구가 있었다. 이에 검사 결과를 바탕으로 피검자들이 자신의 성격강점을 탐구하는 기회를 가질 수 있는 간단한 활동들을 첨가한 표준형-종합형 결과 보고서를 제작하여 피검자가 선택할 수 있도록 하였다. 다음은 워크북 형태의 종합형 결과 보고서에 포함된 내용들이다.

- 검사 결과의 신뢰도를 알아보는 '검사 결과의 타당성'
- 덕목별 원점수 평균을 알아보는 '핵심 덕목 프로파일'
- 자신의 상위 덕목을 확인하는 '나는 이런 사람'
- 상위 5개 강점을 알아보고 탐색해 보는 '성격강점 프로파일'과 '나의 대표 강점'
- 대표 강점의 의미를 알고 그와 관련된 경험을 탐색하는 '대표 강점 결과 해석'
- 강점별 대표 인물과 자신의 공통점, 차이점을 탐구하는 '대표 강점을 가진 인물'
- 대표 강점의 추후 활용 방안을 탐구해 보는 '대표 강점 활용방안'
- 향후 자신의 대표 강점을 더 탐구하는 데 도움을 줄 수 있는 '추천자료'
- 친구들과 서로의 대표 강점을 소개하는 '강점을 통해 서로 이해하기'

• 활동 후 검사 결과에 대한 소감과 각오를 정리하는 '자랑스러운 나에게'

또한 종합형 결과 보고서는 초등학생의 수업 시간을 고려해 약 40여 분 정도의 활동 시간이 소요되도록 제작하였다. 이 검사 결과 보고서를 사용한다면 자신의 대표 강점뿐 아니라 교실에서 학급 친구들 간에 서로를 긍정적인 관점에서 이해하는 시간을 가질 수 있을 것이다.

② 한국형 아동 성격강점검사(KICS)의 실시 및 채점

KICS는 다양한 방법으로 검사를 할 수 있으며 그 결과도 바로 확인할 수 있다. 온라인과 오프라인으로 모두 검사를 실시할 수 있으며 학교나 기관에서 단체로 실시한 후 결과 보고서를 받아 볼 수 있다.[1]

1. • 인터넷을 통한 온라인 검사 실시 및 채점: 검사는 인싸이트 홈페이지(www.inpsyt.co.kr)에 접속하여 회원가입 후 My page 심리검사실시의 KICS '답안입력 실시/온라인검사' 중 '온라인검사'를 선택하여 실시하면 된다. 실시 종료 후 바로 확인 및 출력할 수 있다.
   • 검사지를 통한 오프라인 검사 실시 및 채점: 인싸이트 홈페이지나 팩스를 통하여 검사지와 답안지를 구입한 후 편안한 분위기 속에서 20~30분간 답안을 작성하면 된다. 그 후 인싸이트 홈페이지에 로그인하여 My page 심리검사실시의 KICS '답안입력 실시/온라인검사' 중 '답안입력 실시'를 선택하여 피검자의 답안을 입력하면 웹사이트상에서 바로 결과를 확인 및 출력할 수 있다.
   • 학교나 기관을 통한 단체검사 실시 및 채점: 인싸이트 전국 지사 또는 팩스로 단체검사를 신청한 후 검사지가 도착하면 각 단체에서 약 30~40여 분간 검사를 실시한다. 검사 후 답안지를 모두 수거하여 인싸이트로 보내면 1주일 이내에 단체검사용 A3 결과 프로파일을 받아 볼 수 있다.

KICS

아동 성격강점검사

학생용 검사결과표 ①

연구개발 | 김광수 · 김경집 · 김은향 · 양곤성 · 하요상 · 한선녀

본 검사는 인간의 행복증진을 궁극적 목표로 하는 긍정심리학에 기인하여 아동의 긍정적 성품인 성격강점을 자기보고식으로 측정하는 검사입니다.

▶ 홈페이지 PDF 결과보기
학지사 심리검사연구소 학교 표준화검사 홈페이지(www.mindschool.co.kr)에 __홍길동__ 님의 검사결과 조회번호를 입력하시면 PDF 검사결과표, 검사결과 해석동영상과 검사결과상담서비스를 제공받을 수 있으며, 동일한 서비스를 스마트폰으로도 제공 받을 수 있습니다.

학지사 심리검사연구소

• 학교 / 소속	• 학년 / 반 / 번호	• 이름	• 성별	• 검사실시일	• 검사결과 조회번호
학지초등학교	5/1/30	홍길동	남	2015-1-20	AC001-30102-10203-10123-F9W3V

01 | 검사결과의 타당성

척도	응답결과	신뢰도
무응답 수	0	무응답이 많으면 검사 결과에 영향을 미칠 수 있습니다.
연속동일반응 수	0	25문항 이상 동일하게 반응하였다면 결과의 신뢰도를 신중히 고려해야 합니다.
반응성실성	예	'아니오'로 표시된 경우 성실하지 않게 응답했음을 의미합니다.

02 | 핵심덕목 프로파일

핵심덕목	원점수 평균	핵심덕목의 뜻
지성	4	지식을 얻고 활용함에 있어 지혜롭게 생각하고 판단함 : 지혜로운 사람
인간애	3	자신과 다른 사람들을 잘 이해하고 보살피며 원하게 관계 맺음 : 마음이 따뜻한 사람
용기	3	어렵고 힘든 상황에서도 두려움을 이기고 목표를 이루려는 강한 의지를 지님: 용기 있는 사람
절제	3	자신의 감정, 욕구, 행동이 지나치지 않고 균형을 이루도록 관리함: 절제할 줄 아는 사람
정의	3	집단 구성원 모두 만족하면서 건강하게 살도록 공동선을 실천함: 정의로운 사람
초월	2	삶을 긍정적으로 바라보고 의미와 희망을 갖는 태도를 지님 : 긍정적인 사람

03 | 나는 이런 사람

나 자신에 대해 잘 이해하고, 스스로를 긍정적으로 생각하는 것은 행복한 삶을 살아가기 위해 꼭 필요한 일입니다.
나를 대표하는 핵심덕목을 통해 나를 더 잘 알아봅시다.

홍길동 학생은 지식을 얻고 활용함에 있어 지혜롭게 생각하고 판단하는 지성을 가지고 있습니다. 지혜로운 사람들은 자신을 비롯한 모든 사람들이 행복하게 살 수 있도록 창의성, 호기심, 개방성, 학구열, 지혜를 발휘합니다.

내가 __지혜로운__ 사람이라는 것을 떠올리게 하는 경험을 적어봅시다.

수학 시험을 100점 맞았다.

내가 생각하는 __지혜로운__ 사람의 특징을 적어봅시다.

똑똑하다. 공부를 잘한다. 기억력이 좋다. 시험을 잘 본다.

나는 __지혜로운__ 사람!

04 | 성격강점 프로파일

이 그래프는 학원의 24개 성격강점별 원점수 평균을 나타낸 것입니다. 점수가 높을수록 해당 성격강점의 특성이 많다는 것을 의미합니다. 자신에게 어떤 성격강점이 높은지 살펴보고 가장 높은 점수를 얻은 상위 5개의 성격강점을 찾아봅시다. 주의할 것은 점수가 낮은 성격강점을 약점으로 오해 하지 않는 것입니다.

핵심덕목	성격강점	원점수 평균	성격강점의 뜻
지성	창의성	3	어떤 일을 하면서 새롭고 더 좋은 방법을 생각해낼 수 있는 능력
	호기심	3	새롭고 신기한 것을 좋아하며 흥미 있는 것을 적극적으로 탐색하고자 하는 태도
	개방성	3	일이나 사물에 대해 다양한 관점에서 생각할 수 있고, 나와 다른 생각을 기꺼이 받아들이는 태도
	학구열	5	새로운 것을 배우고 익히는 일에 재미를 느끼고 열심히 참여하는 태도
	지혜	3	폭 넓게 생각하고, 어려운 상황에 처했을 때 좋은 해결방법을 생각해내는 능력
인간애	사랑	3	사람들과의 관계 속에서 좋아하는 마음을 잘 느끼고 표현하고 받아들이며 친하게 지내는 능력
	친절성	3	다른 사람을 존중하고 배려하며 다정하게 대하고 도움이 필요할 때 기꺼이 돕는 태도
	사회지능	3	나와 다른 사람들의 기분과 바람을 잘 알아차리고 상황에 맞게 행동하여 사람들과 잘 어울리는 능력
용기	용감성	3	두려운 마음이 드는 상황에서도 위축되지 않고 이를 극복하는 능력
	끈기	3	시작한 일을 포기하지 않고 끝까지 마무리하여 완성하는 능력
	진실성	3	자신의 생각이나 감정을 솔직하게 표현하고 진실하게 행동하려는 태도
	활력	4	열정과 에너지를 가지고 활기차게 생활하는 능력
절제	용서	1	자신에게 잘못한 사람에 대하여 나쁜 감정을 내려놓고 너그럽게 받아들이는 태도
	겸손	2	지나치게 자신을 드러내며 잘난 체하거나 뽐내지 않고 자신이 무엇을 더 노력해야 하는지 아는 태도
	신중성	2	말이나 행동을 하기 전에 한 번 더 조심스럽게 생각하여 후회할 일을 피하는 태도
	자기조절	3	자신의 다양한 감정, 욕구, 행동을 적절하게 조절하는 능력
정의	시민의식	3	집단 구성원으로서 규칙을 잘 지키며 집단의 이익을 위해 최선을 다하는 태도
	공정성	4	차별하지 않고 사람을 대하거나 일을 처리하는 태도
	리더십	3	집단의 리더로서 활동을 계획하고 조직하며 좋은 관계와 성취를 이루도록 구성원을 이끄는 능력
초월	심미안	1	다양한 영역에서 아름다움과 뛰어남을 발견하고 느낄 줄 아는 능력
	감사	2	자신에게 일어난 좋은 일을 잘 알아차려 고마움을 느끼고 그 고마움을 잘 표현하는 태도
	낙관성	3	경험한 일에 대해서 긍정적으로 생각하고 앞으로의 일에 대해서 좋은 결과를 기대하며 행동하는 태도
	유머	3	웃기거나 재미있는 것을 좋아하고 다른 사람에게 웃음과 즐거움을 줄 수 있는 능력
	영성	1	삶의 의미와 목적에 대한 관심과 믿음을 가지고 눈에 보이지 않는 보다 넓은 세계와 연결되기를 바라는 태도

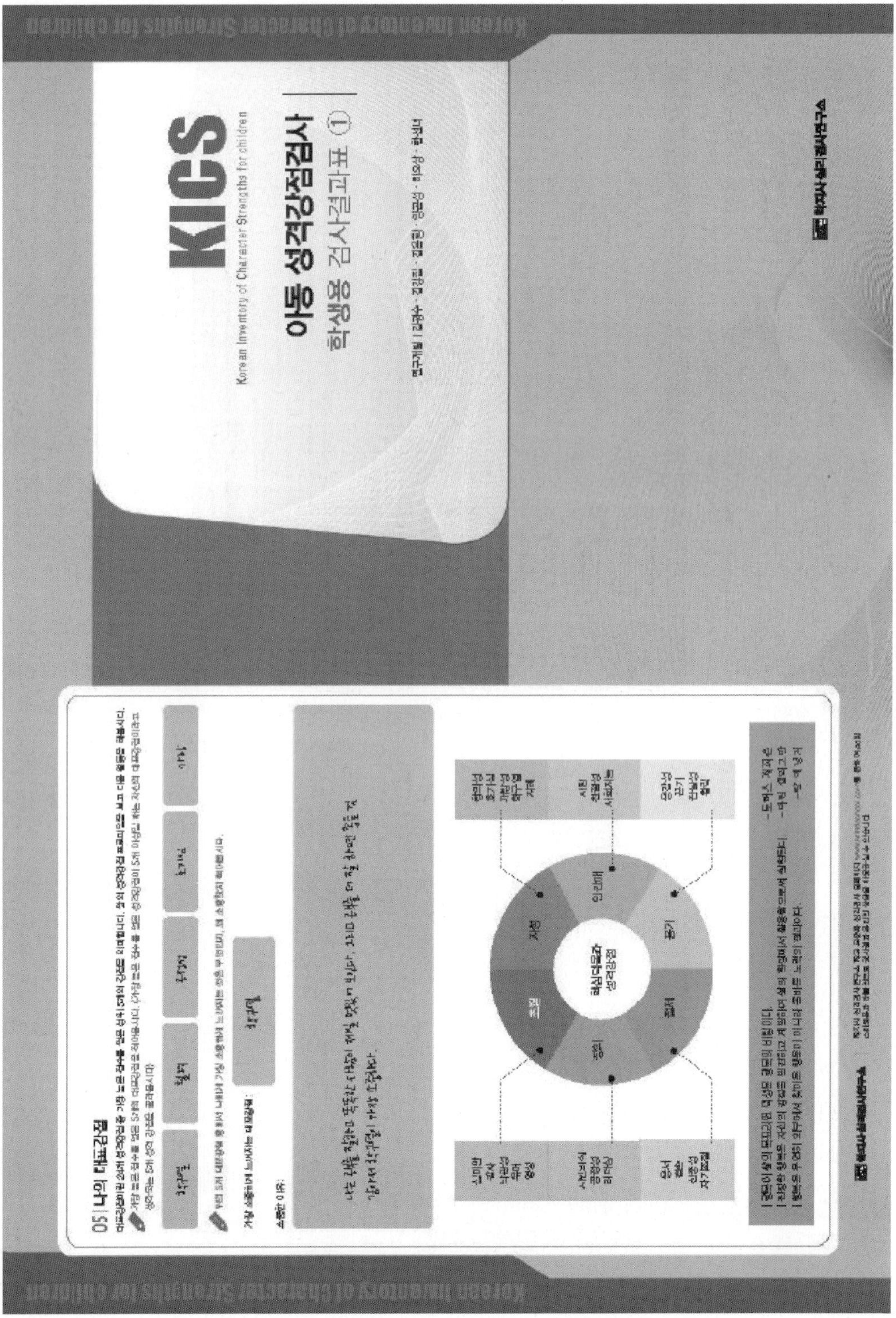
Korean Inventory of Character Strengths for children
KICS
Korean Inventory of Character Strengths for children
아동 성격강점검사
학생용 검사결과표 ①

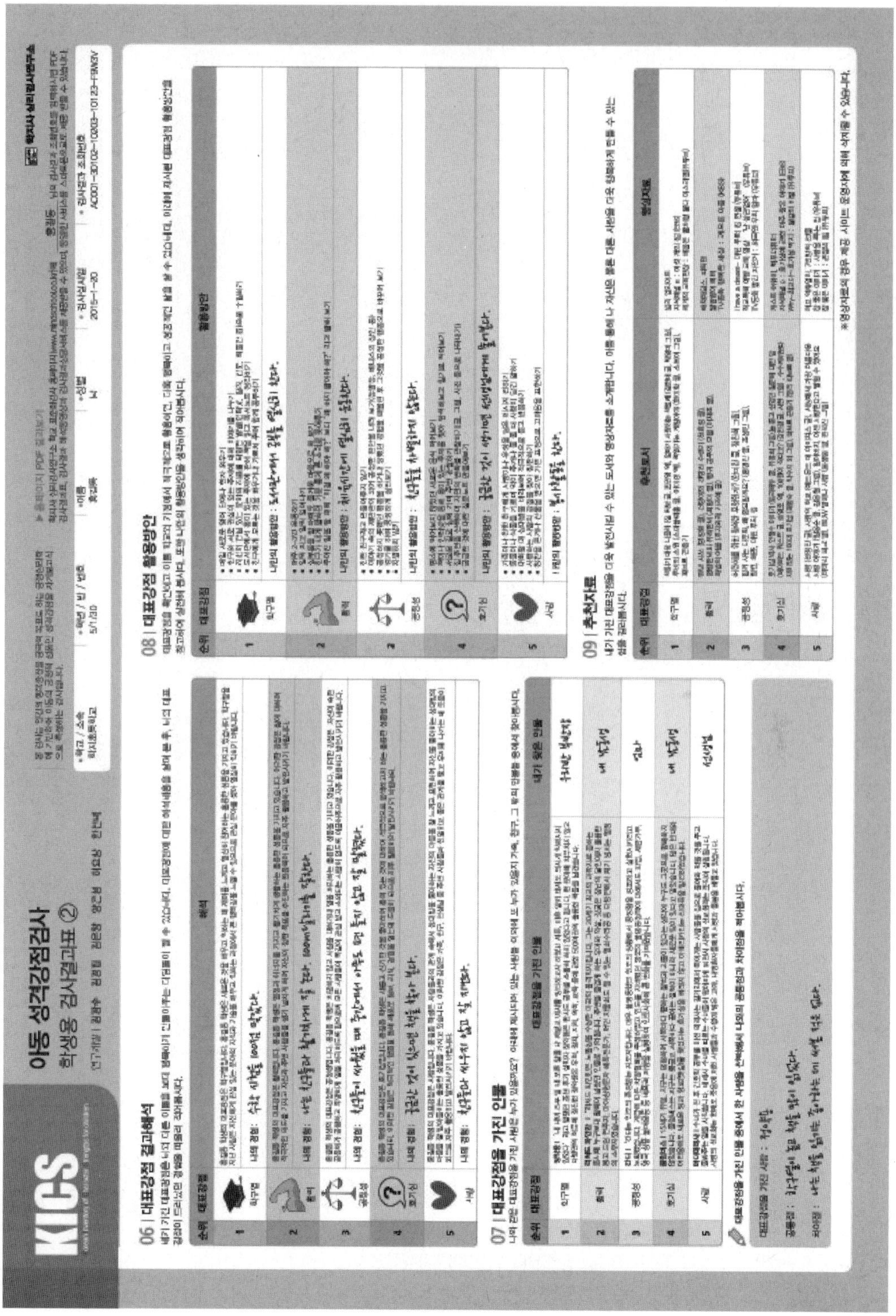
KICS
아동 성격강점검사
학생용 검사결과표 ②
연구개발 | 권경수 김경림 김은향 양은비 하요상 한민혜
학지사 심리검사연구소

• 학교 / 소속	• 학년 / 반 / 번호	• 이름	• 성별	• 검사실시일	• 검사결과 조회번호
학지초등학교	5/1/30	홍길동	남	2015-1-20	AC001-30102-10203-10123-F9W3V

06 | 대표강점 결과해석

순위	대표강점	해석
1	학구열	나의 경험: 수학 시험을 100점 맞았다.
2	활력	나의 경험: 나는 친구들과 활기차게 잘 논다. 100m달리기를 잘한다.
3	공정성	나의 경험: 친구들이 싸웠을 때 중간에서 아무도 편 들지 않고 잘 말했다.
4	호기심	나의 경험: 궁금한 것이 있으면 책을 찾아 본다.
5	사랑	나의 경험: 친구들과 싸우지 않고 잘 지낸다.

07 | 대표강점을 가진 인물

순위	대표강점	대표강점을 가진 인물	내가 찾은 인물
1	학구열	정약용	우리반 부반장
2	활력	리처드 파인만	내 짝꿍
3	공정성	간디	엄마
4	호기심	콜럼버스	내 짝꿍
5	사랑	마더테레사	선생님

대표강점을 가진 인물 중에서 한 사람을 선택해서 나와의 공통점과 차이점을 적어봅시다.

대표강점을 가진 사람 : 정약용
공통점 : 학구열이 높고 책을 많이 읽었다.
차이점 : 나는 책을 읽기는 좋아하는 데 써 본 적은 없다.

08 | 대표강점 활용방안

순위	대표강점	활용방안
1	학구열	나만의 활용방안 : 도서관에서 공부를 열심히 한다.
2	활력	나만의 활용방안 : 체육시간에 열심히 운동한다.
3	공정성	나만의 활용방안 : 친구들을 차별하지 않는다.
4	호기심	나만의 활용방안 : 궁금한 것이 생기면 선생님에게 물어본다.
5	사랑	나만의 활용방안 : 봉사활동을 한다.

09 | 추천자료

순위	대표강점	추천도서	영상자료
1	학구열		
2	활력		
3	공정성		
4	호기심		
5	사랑		

※영상자료의 경우 제공 사이트 운영자에 의해 삭제될 수 있습니다.

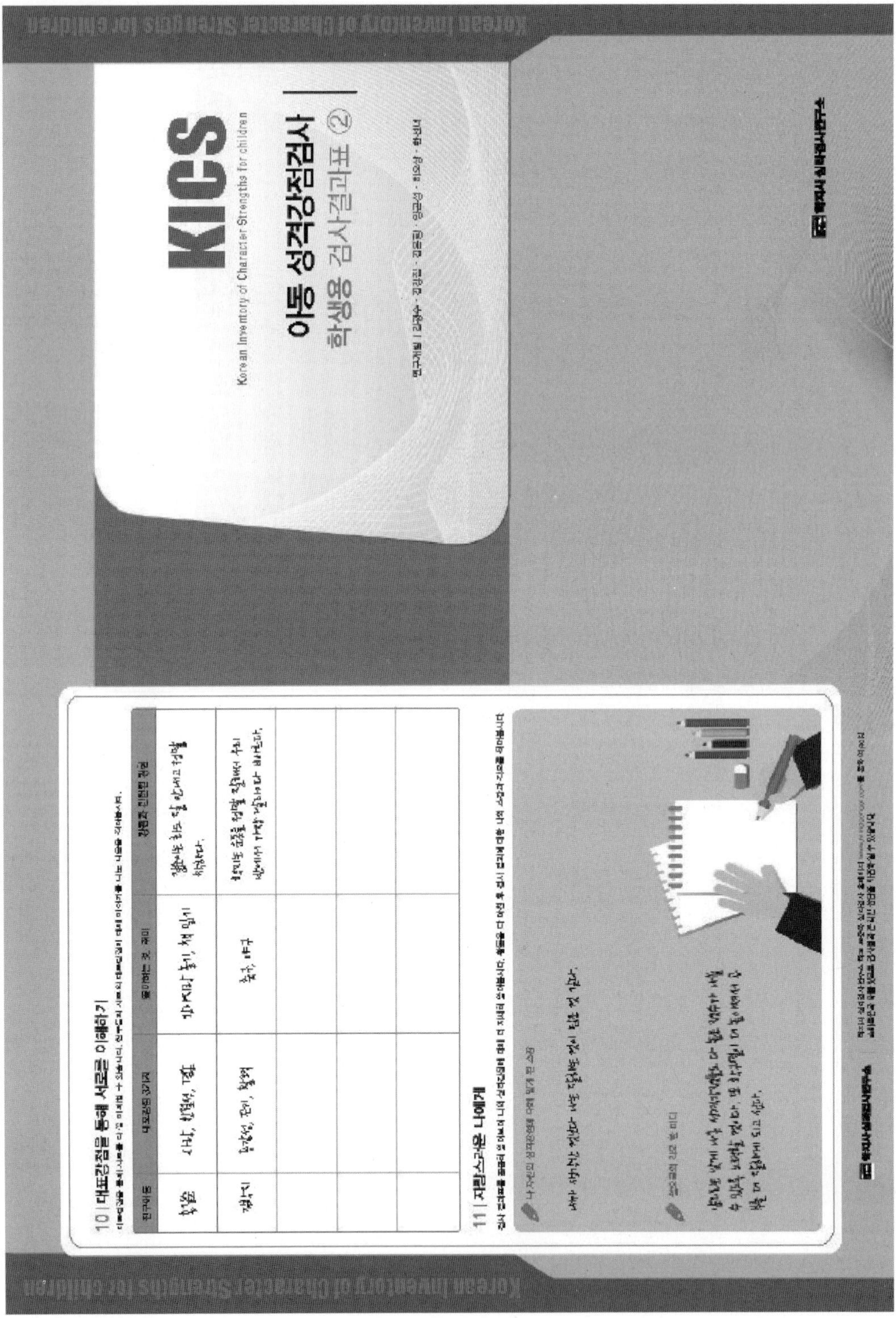

[그림 5-4] KICS의 검사 결과표

2) 대표 강점 증진하기

건강한 인성의 함양과 행복한 웰빙의 삶을 위해서는 다양한 방법으로 인지된 자신의 대표 강점을 활용 · 증진시키는 삶을 살아야 한다. 〈표 5-4〉에는 각 성격강점을 활용하여 증진시킬 수 있는 다양한 방법이 제시되어 있다. 물론 여기에 나와 있는 방법들 이외에도 자신의 대표 강점을 증진시킬 수 있는 방법은 여러 가지가 있을 것이다. 중요한 것은 간단한 것이라고 생각되는 방안들도 끈기 있게 계속해서 실천해 나가야 한다는 것이다. 그러한 실천을 통해 개인은 바람직한 인성을 함양하게 되고 결국 자신과 공동체를 건강하고 행복하게 만들어 주는 웰빙의 삶을 살아갈 수 있을 것이다.

특히 교사들이 학급에서 학생들의 성격강점을 인식하고 활용 · 증진해 나갈 수 있도록 학급을 운영하는 것 또한 학생들의 행복한 삶에 도움이 될 것이다. 그에 따른 방안으로는 일단 학기 초에 앞에서 언급했던 강점검사나 성격강점 텔레게임, 자기 강점 찾기 등의 활동을 통해 자신의 강점을 인식할 수 있도록 돕는 것이 중요하다. 학생들이 저마다 성격강점을 인식한 후에는 자신의 강점을 활용한 일기 쓰기 등을 지도하여 그들이 자신이 인식한 강점을 실생활에서 활용하여 증진해 나가도록 도울 수 있다. 또한 자신의 강점과 같은 강점을 가지고 있는 위인들의 이야기들을 읽거나 그들에 대해 조사한 내용을 미니북, 포트폴리오, 가상 인터뷰 동영상 등으로 제작해 보는 것도 강점을 인식하고 증진해 나가는 데에 많은 도움이 될 것이다. 아울러 자신의 인생계획을 10년 단위로 세워 보게 하고 성격강점과 어울리는 직업 등에 대한 정보를 제공하여 미래의 진로에 대한 관심과 흥미를 유도하는 진로교육도 유익한 활동이 될 것이라고 생각된다.

〈표 5-4〉 성격강점 활용 및 증진 방안

성격강점	활용 및 증진 방안
창의성	• 주변 물건에 대한 새로운 활용 방안 생각해서 활용해 보기 • 매주 자기가 흥미를 가지고 있는 것 중에서 한 가지 이상 새롭다고 생각되는 아이디어를 찾아서 일기로 적어 보기
호기심	• 새로운 길로 집에 가며 주변 관찰하기 • 궁금한 것에 대한 질문 노트 만들어 보기

개방성	• 자기가 어떤 것을 결정할 때 각각의 장점과 단점을 찾아 기록해 보기 • 친구와 의견이 다를 때 틀리다고 생각하지 않고 다르다고 생각하기
학구열	• 자신이 관심 있는 분야의 자료를 다양한 방법(인터넷, 잡지, 신문, 박물관 등)으로 수집하기 • 친구에게 모르는 것을 배우거나 가르쳐 주며 함께 공부하기
지혜	• 가족이나 친구의 고민을 듣고 좋은 해결 방법을 찾도록 돕기 • 내 주변에서 지혜로운 사람을 찾아 이야기 나누기
사랑	• 가족이나 친한 친구에게 사랑이나 우정을 담은 메시지 전하기 • 사랑하는 사람의 강점을 찾아 칭찬하기
친절성	• 사람들을 만나면 웃으며 반갑게 인사하기 • 도움이 필요한 사람에게 친절맨(친절우먼) 되어 주기
사회지능	• 하루 한 번 이상 내가 바라는 것을 말로 표현하기 • 대화할 때 상대방의 목소리, 표정, 몸짓의 변화 관찰하기
용감성	• 놀림 받거나 괴롭힘 당하는 친구가 있을 때 도와주기 • 아무리 친한 사이라 할지라도 옳지 않은 일을 부탁받았을 경우에 '싫다.'고 거절하기
끈기	• 줄넘기 등의 운동을 목표를 세워 매일 10분 이상 하기 • 문제집을 끝까지 풀어 보기
진실성	• 작은 거짓말이라도 하지 않으려고 노력하기 • 가게에서 거스름돈을 더 많이 받을 경우, 솔직히 말하고 다시 돌려주기
활력	• 매주 2~3번 운동하기 • 친구가 내게 말하면 기분 좋게 큰 소리로 웃어 주기
용서	• 나와 사이가 나쁜 친구에게 먼저 다가가 작은 선행(인사하기, 눈 맞추고 웃어 주기 등) 베풀기 • 나와 다퉜던 친구의 입장에 서서 생각해 보기
겸손	• 친구를 몰래 도와주고 알리지 않기 • 우리 반 친구 3명을 선택해 나보다 잘하는 점을 한 가지씩 찾아보고 칭찬하기
신중성	• 무슨 일을 시작하기 전에 구체적인 계획표 만들기 • 사고 싶은 물건이 있을 때 나에게 꼭 필요한 것인지 한 번 더 생각하기
자기 조절	• 내가 해야 할 과제를 먼저 끝마친 후 하고 싶은 일 하기 • 스마트폰, TV, 컴퓨터 등 전자기기들을 사용하는 시간을 정해 두고 그 시간만 사용하기
시민의식	• 주변에 떨어진 쓰레기를 주워 휴지통에 버리기 • 공공장소에서 예의 바르게 행동하기
공정성	• 이야기 속의 재판관이 되어 공정한 판단을 내려 보기(장발장, 베니스의 상인 등) • 차별하지 않기

리더십	• 임원이나 조장 등 학급 내 리더십을 발휘할 수 있는 역할에 적극적으로 참여하기 • 친구들의 생일파티나 놀이 모임 등을 계획하고 주도하기
심미안	• 사랑하는 사람이나 좋아하는 사물, 아름다운 그림이나 사진 등을 컴퓨터나 휴대폰 바탕화면으로 설정하기 • 인터넷에서 멋진 경기나 연주 등을 찾아 감상하고 댓글을 적어 보기
감사	• 저녁 식사를 하는 동안 가족에게 그날 좋았던 일이나 감사한 일 2개 정도 이야기하기 • 오늘 감사한 일들을 생각하며 잠들기
낙관성	• 하루 종일 아무 불평하지 않고 "다 잘 될 거야."라고 말하며 살아 보기 • 힘들어하는 친구에게 긍정적인 말 해 주기("괜찮아, 잘 될 거야, 넌 할 수 있어.")
유머	• 유머 수첩을 만들어 유머를 기록하고 틈틈이 읽어 보거나 얘기해 보기 • 재미있는 개그 또는 시트콤 프로를 보거나 코믹 만화 읽기
영성	• 하루를 시작하기 전에 5~10분 정도 잠깐 기도나 명상 하기 • 같은 생각이나 신앙(종교)을 가진 친구(사람)들과 함께 봉사활동이나 종교 활동 하기

3. 성격강점 증진 프로그램

지금까지 살펴보았듯이 성격강점을 인식하고 다양한 방법으로 활용해 나가는 삶을 통해 증진된 성격강점은 개인의 바른 인성 함양과 웰빙의 삶에 큰 도움이 되는 것을 알 수 있었다. 다음에 소개할 성격강점 증진 프로그램은 학교나 단체에서 사용할 수 있도록 김수연(2013)이 고안한 성격강점 증진 집단프로그램으로서 교사나 집단의 리더가 상담적 · 교육적으로 쉽게 접근하여 사용할 수 있도록 구성되었다. 〈표 5-5〉는 전체 집단 프로그램의 개요이며 〈표 5-6〉, 〈표 5-7〉은 전체 프로그램 중 일부 회기의 수업지도안, [그림 5-5], [그림 5-6]은 전체 프로그램 중 일부 회기의 학생 활동지다. 이후에 나오는 전체적인 프로그램은 김수연(2013)의 논문인 「성격강점기반 행복증진 프로그램이 초등학생의 주관적 안녕감에 미치는 효과」를 참고하면 된다.

〈표 5-5〉 성격강점 증진 집단상담 프로그램 개요

회기	제목	활동 목표	주요 활동 내용
1	'반짝반짝 빛나는, 행복한 나'의 첫걸음	프로그램 실시 목적과 24가지 성격강점을 알고 참여 의지 높이기	• 프로그램 소개하기 • 24가지 성격강점 알기 & 대표 강점 추측하기 • '성격강점' 텔레게임 하기 • 약속 다짐하기 • 과제: 주변 사람이 말하는 나의 강점은?
2	'나'를 찾아봐요	대표 강점을 찾는 과정을 통해 소중한 '나'의 가치 느끼기	• '나는 미운 오리? 빛나는 백조!' 놀이하기 • 자신의 대표 강점 3~5가지 찾기 • 별칭 짓기 & 성격강점 이름표 만들기 • 과제: 모둠 친구들의 별칭 외우기
3	'나'처럼 반응해 주세요	긍정적 반응을 주고받으며 대표 강점에 깊은 관심 갖기	• 나의 이야기를 들어줘, 제발~ • 좋은 대화를 위한 행동을 찾아라! • 소개 사인받기(별칭, 대표 강점 등) • 과제: 반 친구들의 별칭 외우기
4	특별한 '나'를 알아요 I(1부)	대표 강점을 구체적으로 살펴보며 특별한 '나'의 유능감 느끼기	• 마인드맵으로 대표 강점 나타내기(1) • 과제: 강점일기 쓰기
5	특별한 '나'를 알아요 I(2부)	대표 강점을 구체적으로 살펴보며 특별한 '나'의 유능감 느끼기	• 마인드맵으로 대표 강점 나타내기(2) • 대표 강점을 찾아라! (골든벨 게임) • 과제: 강점일기 쓰기
6	감사하고 사랑해요	자기, 주변 등의 감사함을 찾고, 사랑하는 가족의 성격강점을 찾으며 긍정정서 높이고 부정 정서 감소시키기	• 감사한 순간 포착! • 빛나는 성격강점나무를 만들어요 • 과제: 성격강점나무를 가족과 함께 완성하기
7	우리는 서로 돕고 아껴 줘요	가족들이 사용하는 대표 강점이 좋은 관계 유지에 중요함을 느끼고, 자신의 대표 강점으로 가족을 도우며, 좋은 가족관계 형성하기	• 만약, 나 홀로 집에? • 넌 감동이었어! • 과제: 넌 감동이었어!(가족) → 강점일기 쓰기
8	우리는 좋은 친구예요	친구의 대표 강점을 찾고, 자신의 대표 강점으로 친구를 도우며, 좋은 친구관계 맺기	• 칭찬 페이퍼 쓰기 • 넌 감동이었어! • 과제: 넌 감동이었어!(친구) → 강점일기 쓰기

9	나의 꿈을 이뤄요	꿈과 목표를 이루는 데 지속적으로 대표 강점을 사용하며 긍정정서를 높이고 부정정서 낮추기	• '내 인생의 꿈 지도' 만들기 • '병 속에 담긴 편지' 쓰기 • 과제: 강점일기 쓰기
10	반짝반짝 빛나는 나, 행복한 나	프로그램을 정리하며 새로워진 나를 느끼고 대표 강점의 지속적인 활용 의지 다짐하기	• 그동안 써 온 강점일기 읽어 보기 및 이야기 나누기 • 나에게 주는 성격강점 상장 만들기 • 프로그램의 과정 되돌아보기 및 소감문 작성하기

〈표 5-6〉 1회기 프로그램 지도안

반짝반짝 빛나는, 행복한 나의 첫걸음

<table>
<tr><td>활동 목표</td><td colspan="3">프로그램의 실시 목적과 24가지 성격강점에 대해 이해하며, 프로그램에의 참여 의지를 높일 수 있다.</td></tr>
<tr><td>준비 자료</td><td colspan="3">활동지, 사인펜, 색연필, 필기구</td></tr>
<tr><td>활동 절차</td><td>활동 내용</td><td>시간</td><td>집단 구성(※)
준비물(■)
유의점(◇)</td></tr>
<tr><td>준비 하기</td><td>• '행복'을 선과 색으로 표현하기
- [활동지 1-1]에 1~2분 동안 자신의 '행복한 경험'을 생각하며 사인펜과 색연필로 선으로 나타낸다.
- 자신이 생각하며 그린 '행복한 경험'을 발표한다.
- 학생들의 발표 대답을 통해 행복은 일부러 찾으러 다녀야 할 대상이 아니라 자기 주변에 있으며, 행복이란 자신의 변화와 마음가짐을 통해 바꿀 수 있는 것임을 언급한다.
* 학생들은 주로 자기 주변에서 경험한 행복을 이야기한다.</td><td>7′</td><td>※ 개인, 전체
■ 활동지, 사인펜,색연필
◇선으로 그리기에 초점이 있는 것이 아니라 행복한 경험을 떠올리는 데 초점이 있음을 강조</td></tr>
<tr><td>활동 하기</td><td>• 프로그램 소개하기

'빛나는 강점, 그리고 행복한 나' 프로그램은 다양한 활동을 통해 행복을 높여 주기 위한 프로그램입니다. 행복을 높여 주는 방법 중 하나로 자신의 가장 대표적인 성격강점인 대표 강점을 찾고, 일상생활에서 자신의 대표 강점을 계속 사용하도록 하여 개개인이 가진 자신의 능력을 깨닫고, 행복한 생활을 할 수 있도록 도와주고자 합니다(활동지 1-1 프로그램 소개 요약).</td><td>3′</td><td>※ 전체
■ 활동지</td></tr>
</table>

	• 24가지 성격강점 알기 및 나의 대표 강점 추측하기 - 활동지 1-2를 보며 함께 24가지 성격강점을 크게 읽는다. 중간중간에 보충 설명을 한다. - 나의 대표 강점인 것 3~5가지를 찾아서 ○ 표시한다. ♧ 지혜: 창의성, 호기심, 개방성, 지혜, 학구열 ♧ 자애: 사랑, 친절, 사회지능 ♧ 용기: 용감성, 끈기, 진실성, 활력 ♧ 정의: 공정성, 리더십, 시민정신 ♧ 절제: 용서, 겸손, 신중성, 자기조절 ♧ 초월: 심미안, 감사, 낙관성, 유머감각, 영성	10′	※전체, 개인 ■ 활동지
	• '성격강점' 텔레게임 하기 - 전체 학생을 2모둠으로 나누어 게임 시범을 보이며, 게임 방법을 설명한다. 이때 모둠이 나뉘어 활동을 잘할 수 있도록 영역을 정해 준다. '즐겁게 춤을 추다가 그대로 멈춰라.' 문장을 교사가 노래로 부르기 시작하면 학생들이 교실을 돌아다니다가, 교사가 노래를 끝마치면 그대로 멈추기 → 교사가 활동지 1-3 질문 중 한 가지 하기 → 학생들은 질문에 가장 해당될 것 같은 친구 어깨에 손 올림 → 교사는 가장 많이 지목받은 학생에게 지금 기분과 해당 질문이 자신과 일치하는지 묻기 → 교사는 해당 학생에게 해당 질문 관련 강점으로 칭찬하기 → 활동 반복	15′	※모둠 ◇진지하게 게임에 참여할 수 있게 분위기 유도 ◇친구들의 의견에 휩쓸리지 않고 자신이 생각한 대로 어깨에 손 올리도록 하기
	• 약속 다짐하기 - [활동지 1-2] '우리들의 약속'에 들어갈 빈칸을 짝과 함께 찾아서 적는다. - [활동지 1-2] '우리들의 약속'을 선서를 하여 함께 크게 소리 내어 읽으며, 프로그램 참여시의 규칙을 익힌다. - 프로그램 시간 동안 지켜야 할 약속사항을 진지하게 다짐한다.	8′	※개인, 단체 ■ 활동지
정리하기	• 느낀 점 나누기 - 이번 시간에 느낀 점을 발표한다. • 과제 안내하기 - [활동지 1-3]의 미션! 나의 가장 가까운 사람이 생각하는 나의 장점과 대표 강점 찾아오기 • 다음 활동 안내하기 - 다음 시간에는 나의 대표 강점을 찾아보는 시간을 갖는다.	7′	

활동지 1-1 행복을 선과 색으로 표현하기 & 프로그램 소개

이름 ______________

자신의 '행복한 경험'을 생각하며 선으로 표현해 보세요.

'빛나는 강점, 행복한 나' 프로그램을 소개합니다.

여러분은 행복한 하루하루, 행복한 삶을 원하나요? 네, 아마도 자신이 불행해지기를 원하는 사람은 아무도 없을 겁니다. 앞에서도 말했듯이 행복은 자기 스스로의 변화를 위한 노력과 어떤 마음가짐을 가지느냐에 따라 여러분에게 찾아오기도 하고 멀어지기도 합니다. 모든 것은 자기 마음먹기에 달려 있다는 말도 있잖아요. 하지만 요즘 우리 학생들은 성적, 친구 문제 등으로 자신이 불행하다고 여기며 힘들어하고, 극단적으로 자살을 선택하기도 합니다. 특히 '나는 못났다, 쓸모없는 사람이다, 잘하는 것이 하나도 없다.'라고 생각하는 학생들도 있을 거예요. 그래서 '반짝반짝 별보다 빛나는 우리'라는 우리 반의 급훈에 걸맞게 여러분 스스로의 빛나는 성격강점을 찾고 평소에 사용해 보면서 여러분 개개인이 가진 능력을 깨닫고, 행복한 생활을 할 수 있도록 '빛나는 강점, 행복한 나' 프로그램을 여러분과 함께 진행해 보고자 합니다. 여기서 성격강점은 쉬운 말로 장점과 비슷한 거예요. 즉, 장점은 자신이 잘할 수 있고 자랑할 수 있는 특성을 말하는데, 강점은 다양한 성격을 24가지로 나누어 이 중에서 자신이 평소에 자주, 자연스럽게, 자주 사용하는 3~5가지의 성격을 자신의 대표 강점이라고 합니다. 여러분 각자마다 대표 강점을 가지고 있어요. 자신의 빛나는 대표 강점을 찾고, 사용해 보면서 내가 잘할 수 있는 것이 있고, 누군가에게 도움을 줄 수 있는 '빛나는 나'라는 자신감을 가지면서 '씩씩하게! 즐겁게! 행복하게!' 생활을 하는 데 도움이 되길 바랍니다.

활동지 1-2 우리들의 약속

이름 ______________

우리는 자신의 성격강점, 즉 나의 장점, 내가 잘할 수 있고 자랑할 수 있는 나의 성격을 잘 알고, 일상생활에서 사용하면서 자신감을 얻고, 행복하게 살아가기 위해서 모였습니다. 우리는 여기서 자신의 모습을 솔직하게 보여 주고 친구들의 뜻밖의 모습도 보게 될 것입니다. 자신의 새로운 모습을 발견해 기쁘고, 친구들의 새로운 모습을 보며 관심이 생기기도 하겠지만, 때로는 친구들과의 활동 중에 실망하거나 화가 나는 일이 생길 수도 있습니다. 하지만 보람 있고 행복한 시간이 되기 위해서 우리는 다음과 같은 약속을 지키려고 합니다.

〈우리들의 약속〉

★ 나는 본 프로그램에 성실하게 적극적으로 참여하겠습니다.
★ 나는 나의 생각과 느낌을 솔직하게 이야기하겠습니다.
★ 나는 친구들의 이야기를 비판 없이 존중하며 있는 그대로 듣겠습니다.
★ 나는 프로그램에서 나눈 이야기를 밖에 나가서 알리지 않겠습니다.

위의 약속을 반드시 지킬 것을 약속합니다.

년 월 일

이름 (인)

활동지 1-3 나의 대표 강점 추측하기

이름 ______________

나의 대표 강점이라고 생각하는 것을 3~5가지 찾아 ○ 표해 보세요.

지성(슬기로움)	창의성	다른 사람은 잘 생각하지 못하는 새로운 생각이나 상상을 잘해요.	
	호기심	주변의 일이나 대상(사람, 동식물, 물건 등)에 관심과 흥미가 많아요.	
	개방성	마음이 열려 있어서 다른 사람의 생각을 잘 받아들여요.	
	학구열	공부하는 것, 새로운 것을 배우는 것이 즐거워요.	
	지혜	슬기로운 생각을 잘해서 다른 사람에게 도움이 되는 말을 해 줘요.	
인간애(인자함)	사랑	다른 사람이나 동식물을 소중히 여기고 사랑하는 마음이 커요.	
	친절성	평소에 상냥한 말투와 친절한 행동으로 사람들을 대해요.	
	사회지능	주변의 분위기나 다른 사람의 마음과 입장을 잘 헤아릴 수 있어요.	
용기	용감성	겁이 없는 편이고, 옳다고 생각하는 일은 꼭 해내고 말아요.	
	끈기	어떤 일을 한번 시작하면 끝까지 열심히 해내요.	
	진실성	친구나 가족 등의 주변 사람들에게 거짓말을 하는 일이 없어요.	
	활력	쾌활한 성격이고, 언제나 활기와 에너지가 넘치는 것 같아요.	
절제(참을성)	용서	친구나 가족이 나에게 잘못해도 금방 용서해 줄 수 있어요.	
	겸손	잘난 체하지 않는 성격이고, 누가 나를 칭찬해 주면 부끄러워요.	
	신중성	어떤 일을 결정할 때 곰곰이 생각하고 결정해서 나중에 후회하는 일이 별로 없어요.	
	자기 조절	슬프거나 기쁘거나 화날 때, 내 마음 · 행동을 스스로 잘 조절해요.	
정의	시민정신	질서와 규칙, 약속을 잘 지키며, 모둠 활동에 책임감 있게 참여해요.	
	공정성	친구들이나 가족들 또는 주변 사람들을 공평하게 대해요.	
	리더십	친구들이 나를 잘 믿고 따르는 편이에요.	

초월	심미안	책을 읽거나 음악, 그림을 감상하는 일, 또는 아름다운 자연을 보는 일이 정말 즐겁고 행복해요.	
	감사	나는 부모님, 친구, 선생님 등에게 감사할 일이 많아요.	
	낙관성	나는 내가 하는 일들이 잘될 거라는 믿음을 가지고 노력해요.	
	유머감각	재미있는 말과 행동으로 사람들을 즐겁게 해 줄 때가 많아요.	
	영성	교회, 성당, 절 등에 열심히 다니고, 종교 행사에 잘 참여해요.	

미션! 나와 가장 가까운 사람이 생각하는 나의 장점과 대표 강점은?

나와 가장 가까운 사람이 생각하는 나의 장점들은?(여러 가지)

내가 생각하는 나의 대표 강점은?(여러 가지)

예시자료 1-3 '성격강점' 텔레게임

이름 ______________

다음 질문을 잘 듣고 하나, 둘, 셋을 세면 질문과 가장 가깝다고 생각하는 사람에게 손을 얹어 보세요.

<예시 질문>

지성	창의성	종이 한 장을 가지고 가장 재미있고 놀라운 작품을 만들 것 같은 사람은?
	호기심	바퀴벌레를 보면 도망가지 않고 어떻게 생겼나 하나하나 신기하다며 관찰할 것 같은 사람은?
	개방성	내 의견을 존중해 주고 가장 잘 들어줄 것 같은 사람은?
	학구열	한번 앉으면 엉덩이를 떼지 않고 공부에 빠져들 것 같은 사람은?
	지혜	고민 상담을 하면 솔로몬처럼 명쾌한 답을 해 줄 것 같은 사람은?
인간애	사랑	친구나 가족 등을 자주 잘 안아 줄 것 같은 사람은?
	친절성	쓰레기가 교실에 있으면 알아서 먼저 주울 것 같은 사람은?
	사회지능	내 기분이 어떤지 족집게처럼 알아맞힐 것 같은 사람은?
용기	용감성	왕따 친구가 있으면 먼저 나서서 도와줄 것 같은 사람은?
	끈기	컴퓨터 게임을 한번 하면 최고가 될 때까지 계속 게임할 것 같은 사람은?
	진실성	놀다가 이웃집 유리창을 깼는데 본 사람이 없다. 그럼에도 불구하고 이웃집에 가서 바로 사과할 것 같은 사람은?
	활력	선생님이 교실 청소를 시켜도 노래를 부르며 즐겁게 청소할 것 같은 사람은?
절제	용서	의리가 있어서 친구를 절대 배신하지 않을 것 같은 사람은?
	겸손	100점을 받아도 잘난 척하지 않을 것 같은 사람은?
	신중성	물건을 살 때 꼼꼼히 따져 보며 살 것 같은 사람은?
	자기 조절	먹고 싶은 것이 있거나 게임을 하고 싶어도 잘 참을 수 있을 것 같은 사람은?
정의	시민정신	약속을 하면 절대 약속시간에 늦지 않을 것 같은 사람은?
	공정성	피자 1판을 가장 공평하게 7명의 친구에게 나누어 줄 것 같은 사람은?
	리더십	나중에 커서 대통령이 될 것 같은 사람은?

초월	심미안	만화책을 보며 만화 그림에 푸욱 빠져들 것 같은 사람은?
	감사	내가 맛있는 것을 사 주면 고맙다고 가장 표현을 잘 할 것 같은 사람은?
	낙관성	빵점을 맞아도 속상해하지 않고 "나는 잘할 수 있다."라고 외칠 것 같은 사람은?
	유머감각	나를 가장 배꼽 빠지게 웃게 해 줄 것 같은 사람은?
	영성	하느님 또는 부처님 등 절대적인 신을 가장 잘 따를 것 같은 사람은?

〈표 5-7〉 9회기 프로그램 지도안

나의 꿈을 이뤄요

활동 목표	프로그램의 실시 목적과 24가지 성격강점에 대해 이해하며, 프로그램에의 참여 의지를 높일 수 있다.		
준비 자료	활동지, 사인펜, 색연필, 필기구		
활동 절차	활동 내용	시간	집단 구성(※) 준비물(■) 유의점(◇)
준비하기	• '넌 감동이었어!' 과제 느낀 점 발표하기 - '넌 감동이었어!' 과제로 문자로 받은 메시지들을 학생들의 동의를 받아 ppt로 보여 주고, 열심히 과제에 임한 학생들을 칭찬한다.	5′	※전체 ■ ppt
	• '네모의 꿈' 노래 부르기 - 꿈을 이루기 위해 노력해야 할 점을 발표한다.	3′	※전체 ■ 노래 동영상
	• 활동 목표 안내하기 여러분은 어떤 꿈과 목표를 가지고 있나요? 꿈과 목표가 있어야 행복한 미래를 이루는 데 한 걸음 더 가까이 다가갈 수 있답니다. 꿈과 목표를 이루기 위해 노력할 수 있는 방법은 다양하지만 그중에서 여러분이 지금까지 찾고 탐구한 자신의 대표 강점이 여러분의 꿈과 목표를 이루는 데 때에 따라 도움을 줄 수 있을 것입니다. 그래서 이번 시간에는 자신의 꿈과 시간시간마다의 목표를 세운 후, 그것을 이루기 위해 지속적으로 자신의 대표 강점을 어떻게 사용할 것인지 알아보고, 실제로 나의 생활에서 대표 강점을 사용하기를 바랍니다.	2′	

활동 하기	• '내 인생의 꿈 지도' 만들기 - 별보다 빛나는 자신의 꿈에 대해 공 던지며 말하기 시간을 갖는다. 지목하고 싶은 학생에게 "ㅇㅇ아, 너의 별보다 빛나는 꿈은 뭐니?"라고 물어보며 공을 해당 학생에게 던지기 → 공을 받은 학생이 자신의 꿈 말하기 → 대답한 학생이 다시 다른 학생에게 질문하며 공 던지기 → 활동 반복 - '내 인생의 꿈 지도' 만들기 예시자료를 보여 주며 만드는 방법을 안내한다. - 활동지에 자신의 꿈을 적고, 꿈을 이루기 위한 구체적인 목표(예: 지금, 중1~고3, 대학생, 26세, 30세, 35세 때)를 적고, 그러한 목표와 꿈을 이루는 데 나의 어떤 대표 강점을 활용할지 적는다. - 모둠원끼리 꿈 지도를 돌려보며 친구가 어떻게 꿈 지도를 만들었는지 살펴본다. - 자신의 꿈 지도를 발표하고, 교실 뒤에 있는 판에 게시한다.	17′	※전체, 개인 ■ 고무공, 활동지, 색연필, 사인펜 ◇구체적으로 자신의 목표를 설정하고, 그 꿈을 이루는 데 활용할 강점을 적도록 함
	• '병 속에 담긴 편지' 쓰기 - '병 속에 담긴 편지' 예시자료를 보여 주며 쓰는 방법을 안내한다. - 편지내용에 대표 강점을 지속적으로 활용하고 있는 자신의 모습도 언급해 주도록 강조한다. (예: "저의 대표 강점은 ~인데, 제 꿈을 이루는 데 어떤 곳에 도움이 되었습니다. 아직도 ~대표 강점을 ~에 사용하고 있습니다." 등) - 교사는 내가 나의 꿈을 이룬 상태를 상상하며, 그때의 자신이 되어 선생님에게 편지를 쓰도록 안내하고, 학생들은 편지쓰기 활동을 한다. - 모든 학생의 편지를 모아 큰 병 속에 편지들을 담아서 ~ 년 뒤에 함께 열어 보도록 한다.	20′	※개인 ■ 편지를 담을 병, 활동지 ◇병을 개봉할 연월일시를 정하여 진지하게 자신의 꿈과 목표를 생각하도록 분위기 조성
정리 하기	• 정리 및 느낀 점 나누기 - 이번 시간을 통해 알게 된 점, 나를 변하게 만든 것, 느낀 점, 아쉬웠던 점, 힘들었던 점 등을 발표한다. • 과제 안내하기 - 강점일기 쓰기	3′	

활동지 9-1 내 인생의 꿈지도

이름 ____________ 별칭 ____________

나의 꿈을 적고, 꿈을 이루기 위한 구체적인 목표(예: 지금, 14~19세, 대학생, 25~30세, 35세)를 차례대로 적어 보세요. 목표를 다 적었으면, 그 목표를 이루기 위해 나의 어떤 대표 강점을 사용할 것인지도 적어 보세요.

(　　세) 내가 이룬 나의 꿈:	(　　세) 꿈을 성취하기 위해 실천해야 할 목표:
꿈을 이루는 데 사용할 대표 강점:	꿈을 이루는 데 사용할 대표 강점:

(고등학생) 꿈을 성취하기 위해 실천해야 할 목표:	(대학생) 꿈을 성취하기 위해 실천해야 할 목표:
목표를 이루는 데 사용할 대표 강점:	목표를 이루는 데 사용할 대표 강점:

(중학생) 꿈을 성취하기 위해 실천해야 할 목표:	(초등학생) 꿈을 성취하기 위해 실천해야 할 목표:
목표를 이루는 데 사용할 대표 강점:	목표를 이루는 데 사용할 대표 강점:

활동지 9-2 병 속에 담긴 편지

이름 ______________ 별칭 ______________

나의 꿈을 적고, 나의 꿈을 이루기 위한 구체적인 목표(예: 지금, 14~19세, 대학생, 25~30세, 35세)를 차례대로 적어 보세요. 목표를 다 적었으면, 그 목표를 이루기 위해 나의 어떤 대표 강점을 사용할 것인지도 적어 보세요.

연구 과제

1. 긍정심리학에서 말하는 성격강점과 행복한 삶 그리고 인성교육 간의 관계에 대해서 논의하시오.
2. 이 장에서 제시한 방안들 외에 성격강점을 활용하여 증진시킬 수 있는 방안들에 대해 논의하시오.
3. 학급의 담임교사로서 아동의 인성교육을 위한 학급경영 및 생활지도 계획을 긍정심리학적 접근을 통해 세워 보시오.

참고문헌

권석만(2010). 욕망과 행복: 심리학의 관점에서 본 욕망과 행복의 관계. 철학사상, 36, 121-152.

김광수, 김경집, 김은향, 양곤성, 하요상, 한선녀(2015). 아동 성격강점검사(KICS) 전문가지침서. 서울: 학지사.

김광수, 한선녀(2015). 성격강점을 활용한 아동의 인성교육 방안. 초등상담연구, 14(2), 125-147.

김수연(2013). 성격강점기반 행복증진 프로그램이 초등학생의 주관적 안녕감에 미치는 효과. 서울교육대학교 대학원 석사학위논문.

김수진(2015). 인성교육의 주요 접근 및 쟁점 분석. 이화여자대학교 대학원 박사학위논문.

Park, N., Peterson, C. R., & Seligman, M. E. P. (2004) Strengths of Character and Well-being. *Journal of social and clinical psychology, 23*(5), 603-619.

Peterson, C., & Seligman, M. E. P. (2004). *Character strengths and virtues: A handbook and classification.* New York: Oxford University Press/Washington, DC: American Psychological Association.

Seligman, M. E. P. (1995). The effectiveness of psychotherapy: The Consumer Reports study. *American Psychologist, 50*(12), 965-974.

Seligman, M. E. P. (2011). 플로리시*(Flourish: A Visionary New Understanding of Happiness and Well-being).* (우문식, 윤상운 공역). 서울: 물푸레. (원저는 2011년 출간).

Sheldon, K. M., & King, L. (2001). Why positive psychology is necessary. *American Psychologist, 56*(3), 216.

제6장

진로개발과 인성교육

개요

진로개발은 자신의 잠재력, 비전, 꿈을 실현하는 과정으로 인성실현의 과정이라고 할 수 있다. 이 장에서는 개인의 인성실현의 과정으로서 진로개발이 갖는 의미를 살펴보고, 진로교육의 목표와 과정을 살펴본다. 특히 개인의 진로개발 과정에서 기본 토대가 되는 자아 특성의 이해와 직업 정보의 탐색 과정을 보다 구체적으로 살펴보고, 끝으로 인성실현을 위한 진로개발의 방향과 과제에 대해 논의한다.

연구문제

1. 인성실현 과정으로서의 진로개발이 갖는 의미는 무엇인가?
2. 인성 함양을 위한 진로개발의 목표와 과정은 무엇인가?
3. 인성실현을 위한 진로개발의 방향과 과제는 무엇인가?

1. 인성실현 과정으로서의 진로개발

개인의 인성실현 과정으로서의 진로개발에 대해 논의하기에 앞서 진로와 진로개발, 진로교육의 정의를 간략히 살펴보면 다음과 같다. '진로'를 광의의 의미로 보면 "개인이 일생을 통해 수행하는 역할들"(Niles & Harris-Bowlsbey, 2002)로 정의된다. 이는 진로를 폭넓게 바라보는 견해로서 '삶을 구성하는 사건들의 과정'으로 보는 Super(1976)나 '일생 동안 수행하게 되는 역할의 총체'로 보는 Herr 등(2004)의 정의와 같은 맥락에 있다. 이에 비해 Sears(1982)는 진로를 '일생 동안 개인이 하는 일(work)의 총체'로 비교적 제한된 관점에서 정의하고 있으며, 미국진로발달협회(NCDA)는 '개인에게 일생 동안 발생하는 일과 여가'로 비교적 협의의 의미로 정의하고 있다(Sharf, 2006). 이러한 협의의 의미에서의 진로 혹은 진로교육은 직업교육, 기능인력 양성, 학교나 직업의 선택, 경제적 요구 등의 측면에서 이해하기 때문에 진로교육의 목적, 내용, 방법 등을 직업이나 일에 국한시켜서 다루게 된다.

초·중·고등학교 교육이 학생의 전인적 발달을 지향한다는 점을 고려할 때, 학생의 진로개발과 이를 촉진하는 진로교육은 '진로'의 포괄적 의미를 기준으로 삼는 것이 적절해 보인다. 보다 넓은 의미에서의 진로, 즉 '생애(career)'는 훨씬 더 포괄적인 개념으로 개인의 인생 행로를 의미한다. 이때 진로교육(career education)은 생애교육 또는 인생교육이라고 할 수 있으며, 기본적으로 각 개인으로 하여금 자신의 삶을 보람 있게, 의미 있게, 또한 행복하게 잘 영위해 나갈 수 있도록 하는 교육이라고 할 수 있다. 이러한 맥락에서 진로교육은 자신의 적성에 맞는 전공이나 일을 찾아 자신의 능력과 잠재력을 실현하여 자신의 행복은 물론 사회에 기여하는 기존의 진로교육 이외에 자신의 삶을 좀 더 풍요롭게 할 수 있는 문화생활이나 여가생활을 즐길 수 있도록 하는 것도 포함된다(이재창, 2005). 비슷한 관점에서 장석민(1999)은 진로교육을 '생산적 사회 성원으로서 그리고 행복한 개인으로서 삶을 영위할 수 있도록 성장을 돕는 교육의 과정'으로 본다.

진로교육은 개인의 진로 발달을 촉진하는 계획된 교육적 경험과 일의 세계에 대한 준비를 의미한다. 즉, 생활양식의 일부로서 일에 대해서 학습하고 준비하는 경험의 총체이며, 진로에 관해서 학습, 계획 및 준비하는 학교의 책임을 의미한다(이재창, 2005). 또한 진로개발(career development)은 각 개인이 자기가 설정한 진로목표에 접근해 가고 그 목표를 달성해 가는 과정을 지칭하는 것으로(김봉환, 정철영, 김병석, 2006), 이는 직업 가치를 발달시키고, 직업 정체를 구체화하고, 기회에 관해서 학습하고, 개인의 진로계획을 시간제, 여가, 전일제 등의 기업 상황에서 시도해 보는 전 생애를 통한 과정이라고 할 수 있으며, 진로개발은 진로교육을 포함한다(이재창, 2005).

포괄적 의미에서 개인의 진로개발을 촉진하는 진로교육은 인성교육에 대한 김광수(2015)의 개념 정의[1]에 비추어 보면 그 목적과 방향 면에서 많은 부분이 중첩된다. 개인은 일과 직업을 통해 자신의 독특한 특성과 잠재력을 개발하고 발휘하며, 이를 통해 공동체와 사회적 가치에 기여할 뿐만 아니라 궁극적으로 자신의 본성을 실현해 나간다. 특히 직업윤리나 직업 가치관 교육 등은 바람직한 가치교육의 측면이 반영되어 있는 예라고 할 수 있다. 즉, 개인은 진로개발을 통해 자신의 인성실현뿐만 아니라 궁극적으로 사회 공동체에 기여하게 되는 것이다. 이러한 면에서 볼 때 개인의 진로개발 과정은 인성실현의 과정이며, 개인의 진로개발을 조력하는 진로교육은 인성교육과 본질상 같은 목적을 향해 움직이고 있는 것이다. 다만 협의의 의미로 진로를 정의하는 경우, 진로교육은 일 또는 직업 등에 초점을 두고 이루어지므로 보다 포괄적인 주제들을 교육 내용으로 삼고 있는 인성교육의 한 영역에 속하는 것으로 보일 수 있다.

진로교육이 인성교육과 그 목적 및 방향 면에서 맥을 같이하고 있음을 전제로 할 때, 인성실현의 과정으로서 진로개발을 촉진하기 위한 진로교육은 다음과 같은 세 가지 특징을 가진다(장석민, 1999).

첫째, 삶에 있어서 사회적 역할의 중요성을 새롭게 인식하는 것이다. 우리는 일생을 살아가면서 여러 가지 사회적 역할을 수행해야 한다. 직장의 일원으로서, 가족의 일원으로서, 그리고 각종 사회 집단의 일원으로서 역할을 수행해 나간다. 따라서 진로교육은 각 구성원으로 하여금 생산적으로 사회적 역할을 수행할 수 있도록 교육시키는 것이다.

---

1. 김광수(2015)는 인성을 가치 중립적인 개인의 심리적 특성으로서 '성향 또는 성격(personality)'으로 보는 관점, 도덕적 가치가 포함된 '품성 또는 인격(character)'으로 보는 관점, '인간이 도달해야 할 이상적인 인간다운 성품, 인간 본연의 모습'으로 보는 관점의 세 가지를 종합하여 인성교육을 '개인의 자아실현과 사회의 발전에 기여하는 바람직한 가치를 삶 속에서 다양하게 실현할 수 있도록 타고난 잠재력을 발견하고 계발하도록 돕는 교육'으로 정의하고 있다.

둘째, 행복한 삶에 대한 새로운 인식이다. 행복하게 살기 위해서 삶의 목표를 바르게 세우고 현명한 삶의 방법을 터득하도록 교육해야 한다. 그렇게 하기 위해서 적성, 능력, 흥미, 신체적 특성 등을 포함한 개인의 특성을 바르게 파악하고 가꾸어 나갈 수 있도록 해야 한다. 각자의 개성을 최대로 살리고 그 바탕 위에서 자기 나름대로의 행복한 삶을 설계하고 추구하는 데 도움이 되는 교육이 되어야 한다.

셋째, 교육의 과정에 대한 새로운 인식이다. 교육이 일과 직업 세계를 포함한 현실적 삶의 세계를 경험하고 이해하고 준비하는 과정이 되어야 한다.

2. 진로교육의 목표와 과정

여기서는 진로교육의 목표와 과정을 자신에 대한 정확한 이해 증진, 직업 세계에 대한 이해 증진, 진로 정보의 탐색 및 활용 능력 함양, 합리적인 의사결정 능력 증진, 일과 직업에 대한 올바른 가치관 및 태도 형성으로 나누어 살펴보기로 한다(이재창 외, 2014). 인성교육의 목적이 "자신의 내면을 바르고 건전하게 가꾸고 타인·공동체·자연과 더불어 살아가는 데 필요한 인간다운 성품과 역량을 기르는 것"(「인성교육진흥법」 제2조 제1항)으로 정의되어 있는 점을 감안해 볼 때, 한 개인이 진로교육의 목표와 과정을 충실하게 수행한다면 인성실현을 위한 토대가 구축될 수 있다고 여겨진다.

1) 진로교육의 목표

(1) 자신에 대한 정확한 이해 증진

진로계획을 세울 때 먼저 중요한 것은 자기 자신에 대해 아는 것이다. 개개인이 가지고 있는 특성에 대한 객관적이고 정확한 이해 없이는 올바른 진로 선택을 하기 어렵다. 특히 직업의 종류에 따라 요구되는 능력과 적성, 기능, 역할은 매우 다양하기 때문에 자기에게 맞는 일과 직업을 선택하기 위해서는 무엇보다도 자기의 가치관, 능력, 성격, 적성, 흥미, 신체적 특성 등에 대하여 정확히 이해하는 것이 필수적이다.

있는 그대로의 자신을 발견하고 이해할 수 있게 되면 자기가 처한 상황에서 보다 효율적인 판단과 선택이 가능해지므로, 자신의 생각과 감정을 정확하게 자각하고,

자신의 필요와 욕구를 인식하고 충족시키며, 자신의 장점과 약점, 흥미, 적성, 포부 등을 이해하고 수용할 수 있도록 도와줄 필요가 있다(연문희, 강진령, 2002). 이를 위해서는 학생이 여러 가지 측면에서 자신을 있는 그대로 정확하게 인식하도록 하는 자기 탐색(self-exploration)의 경험을 제공해 주는 것이 필요하다(Sharf, 2004). 표준화된 심리검사나 다른 진단 방법을 통해서 학생의 특성을 발견할 수 있으며, 개인상담, 집단상담, 집단지도 등을 통해 자아를 발견하고 인식하도록 조력할 수 있다(이재창, 2005).

(2) 직업 세계에 대한 이해 증진

진로교육은 학생들로 하여금 일의 종류, 직업 세계의 구조와 특성, 직업 세계의 변화, 고용 기회 및 경향 등을 이해하도록 도와주는 것이어야 한다. 즉, 직업에 필요한 요구 조건, 훈련 기회, 고용 기회, 보수관계, 작업 조건, 장래의 전망 등 직업 세계에 대해 학생들이 보다 구체적이고 현실적으로 이해할 수 있도록 도와주어야 한다. 현대 사회는 직업의 전문화와 고도화가 급속하게 진전되고 있으며 이러한 현상은 앞으로도 계속될 것으로 전망된다. 따라서 일과 직업 세계의 다양한 측면과 변화 양상 등을 올바르게 이해할 수 있도록 조력하는 것은 진로교육의 매우 중요한 목표가 된다.

직업 세계의 환경뿐만 아니라 사회가 복잡하게 발전함에 따라 개인을 둘러싸고 있는 환경의 특성도 다양하게 변화하고 있으므로, 학생들이 당면 문제를 해결하고 미래를 계획할 수 있도록 하기 위해서는 그들을 둘러싸고 있는 가정, 학교, 사회, 국가, 세계에 관한 이해와 더불어 생활에서 필요한 여러 가지 교육, 직업, 개인 · 사회적 정보에 대한 현실적 이해가 이루어질 수 있도록 도와주어야 한다(조붕환, 임경희, 2013).

(3) 진로 정보의 탐색 및 활용 능력 함양

학생들로 하여금 더 광범위한 직업 세계를 인식하고 각 직업과 관련된 발달 단계, 성숙 단계, 훈련, 보상 등에 대해서 제대로 이해할 수 있도록 하기 위해서는 직업 세계에 관한 정보 제공뿐만 아니라 교육이 필요하다. 즉, 학생들이 진로에 대한 다양한 정보를 스스로 탐색하는 능력을 길러 줄 필요가 있다. 자신의 진로를 현명하게 선택하고 결정하기 위해서는 다양한 진로 정보를 수집 및 활용하는 능력을 갖출 필요가 있으며, 이는 스스로 합리적인 진로 의사결정을 할 수 있는 기초적인 자원이 된다.

원하는 정보를 알려 줄 뿐만 아니라 학생 스스로가 필요한 정보를 탐색하고 활용할 수 있도록 가르치고 안내해 주는 역할도 수행해야 한다. 이를 위해서는 학생 스스로가 정보를 탐색할 수 있는 '방법'을 알려 주고 이를 수행해 볼 수 있도록 조력하는 것이 필요하다. 학생은 스스로 정보를 찾는 과정을 연습하고 수행해 봄으로써 자기가 필요한 정보를 스스로 수집해서 활용하는 능력을 갖추어 가게 되며, 이는 진로 정보의 탐색에만 국한되지 않고 나아가 삶의 모든 영역에 대한 탐색에도 적용된다.

(4) 합리적인 의사결정 능력 증진

진로교육은 학생들에게 진로 의사결정 능력을 길러 주는 것이다. 자신의 진로를 현명하게 계획하고 이를 추진해 나가기 위해서는 상황을 정확히 판단하고 최선의 것을 선택할 수 있는 의사결정 능력이 요구된다. 그러므로 진로상담은 학생 스스로 계획을 세워 자신의 진로를 결정하고 이끌어 나갈 수 있는 의사결정 능력을 길러 주는 것이어야 한다. 특히 진로의 선택과 결정에 있어서 의사결정의 결과보다 과정에 초점을 두고 의사결정 기술을 증진시키도록 조력하는 것이 중요한 목표라고 할 수 있다.

현명한 의사결정을 돕기 위해서 학생 스스로 선택하고 결정하는 데 필요한 정보를 제공하고, 의사결정의 대안들이 갖는 장단점을 비교할 수 있도록 조력하며, 현명한 의사결정을 방해하는 정서적 · 심리적 문제의 특성이 무엇인지 확인하고 극복할 수 있도록 가르칠 필요가 있다. 합리적인 의사결정 과정의 학습을 통해 학생들로 하여금 자신과 환경에 적합한 현명한 선택을 하고, 변화하는 사회에 적응해 나갈 수 있도록 돕는다.

(5) 일과 직업에 대한 올바른 가치관 및 태도 형성

진로교육의 중요한 목표 중의 하나는 일과 직업에 대한 올바른 가치관 및 태도를 갖도록 하는 것이다. 따라서 직업의 선택과 직업생활에 있어서 능동적이고 긍정적인 태도를 갖도록 도와주어야 한다. 일은 생계수단 이상의 의미를 가지며, 자아실현의 수단이므로 일이 갖는 본래의 의미를 깨닫고 올바른 직업관과 직업의식을 갖도록 하는 것이 중요하다. 이를 위해 학생들이 일 자체를 목적으로 하기보다 수단으로 여기는 생각에서 벗어날 수 있도록 도와주어야 하며, 직업 자체에 대한 편견과 성역할에 대한 고정관념을 벗어날 수 있도록 도와주어야 한다(이재창, 2005).

2) 진로교육의 과정

진로개발의 과정은 자신의 잠재력, 비전, 꿈을 실현하는 과정으로 인성실현의 과정이라고 할 수 있다. 이는 자기에 대한 이해의 과정을 수반하는데, 자기를 이해하기 위해서는 자신의 성격, 적성, 가치 등 자신의 인성에 대한 총체적인 이해가 요구된다. 이를 위해 학생들로 하여금 여러 측면에서 자신을 있는 그대로 정확하게 인식하도록 하는 자기 탐색의 경험을 제공해 줄 필요가 있으며(이재창, 2005), 더불어 이러한 자아 특성들이 자신의 진로 및 직업과 어떻게 관련되는지를 탐색할 수 있도록 도와줄 필요가 있다(한국진로교육학회, 2011).

(1) 자아 특성의 이해와 계발

자아 특성의 이해와 계발을 위해서는 적성, 흥미, 성격 및 가치관에 대한 의미를 이해하고 각 특성을 함양하기 위한 요인들을 파악해야 한다.

① 적성

적성(aptitudes)은 가장 대표적인 개인의 특성 요인으로서 특수 분야에 대한 능력의 정도나 그 능력의 발현 가능성을 의미하는 것으로 어떤 직업에서의 성공 가능성을 예언해 주는 요인이라고 할 수 있다(이재창, 2005). 즉, 적성은 어떤 과제나 임무를 수행하는 데 있어서 개인에게 요구되는 특수한 능력이나 잠재 능력을 의미한다. 일반적으로 적성은 개인이 가지고 있는 일반 능력인 지능과 구분되는 특수한 능력으로, 어떤 특수 부분에 대한 능력이나 그 능력의 발현 가능성을 말한다. 따라서 적성은 개인이 어떤 직업에서 얼마만큼 그 직무를 성공적으로 수행할 수 있는지를 예측하게 해 주는 요인이다. 개인의 적성을 구성하는 요인으로는 일반적으로 일반적성능력, 언어 능력, 수리 능력, 공간지각 능력, 수공 능력, 운동조절 능력, 사무지각 능력, 형태지각 능력 등 여러 가지가 있다(김봉환 외, 2006).

② 흥미

일의 능률과 성공을 가져오려면 인지적 요인뿐만 아니라 흥미나 동기 같은 정의적 요인도 같이 조화를 이루어야 한다. 인지적 요인이 일의 능률과 관계가 있다면, 정의적 요인은 일에 대해서 흥미를 가지고 그 일에 대한 보람, 즐거움, 행복감 등을 가져다주는, 즉 일에 대한 의미를 느끼게 하는 요인이라 할 수 있다(이재창, 2005). 합리적인 진로 선택을 위하여 자신의 흥미를 파악하는 일은 진로교육이나 진로상담에 있어 기초가 되는 과정이다(조붕환, 임경희, 2000). 흥미는 직업 선택에 있어서 중요한 특성으로 간주되어 왔으며, 최근에는 직업 선택에 있어서 가장 중요한 원인으로 고려되고 있다. 그 이유는 직업으로의 진입에 있어서 다양한 직업 중 어느 하나를 선택할 수 있는 능력은 적성보다는 흥미에 의해 더 정확하게 예측되기 때문이다(Sharf, 2006). 흥미는 지능이나 적성에 비해 능력과의 관계는 보다 적지만 직업 선택이나 직업 만족과 밀접한 관계가 있으며, 욕구와도 밀접한 관계가 있다.

③ 성격

성격은 관찰할 수 있는 사람들의 행동을 바탕으로 판단되며, 개인은 자신이 처한 상황에서 적응하기 위해 성격을 발달시키고 형성한다. 성격은 사람들이 보편적으로 공유하는 공통적인 측면을 내포하고 있으며, 반면에 사람들을 구별할 수 있는 독특성 및 개인차를 반영한다. 성격은 비교적 안정적인 패턴을 의미한다(노안영, 강영신, 2002). 성격에는 개인의 욕구, 자아 개념, 성취 동기, 포부 수준, 대인관계 등의 여러 가지 요인이 포함되어 작용한다. 성격은 진로 발달과 밀접한 관계가 있다. 성격에 따라서 특정한 직업을 선택하게 되고, 어떠한 직업은 특정한 유형의 성격을 요구한다. 일반적으로 성격 속에 가치관, 욕구, 권위, 자아 개념, 포부 수준 등이 포함되기도 한다. 개인의 자신에 대한 태도, 직업적 역할, 통제 영역, 진로특성, 타인의 기대 등은 진로 발달과 직업 선택에 중요한 영향을 미친다.

④ 가치관

가치관은 개인 행동의 기준이 되기 때문에 개인이 어떤 가치관을 가지고 있느냐에 따라서 개인의 진로 선택에 영향을 받는다고 할 수 있다. 가치관에는 일반적인 가치관과 직업 가치관이 있는데, 진로에서는 이들을 다 같이 고려해야 한다. 직업 가치는 직업을 통해 자신이 충족시키고자 하는 욕구나 실현하고자 하는 목표다(임언, 정윤경, 상경아, 2001). Brown과 Lent(1996)는 가치가 원하는 최종 상태에 대한 방향을 제시하고 목표 설정에서 중심적인 역할을 한다는 점에서 진로 결정 과정에서 가장 중요하다고 가정하고 있다. Lent, Brown과 Hackett(1994)도 가치가 직업 흥미의 형성 과정에서 중요한 역할을 하며, 진로목표 및 목표 추구 활동에 영향을 미친다고 본다(이정애, 최응용, 2010). 인생 가치관과 직업 가치관의 관계를 조사하고 이러한 관계가 직업 선택에 미치는 영향을 연구한 선행 연구들은 직업 가치관과 직업 선택이 의미 있는 관계를 가지고 있음을 보여 주고 있다(이재창, 2000, 2005).

(2) 기초직업 능력의 이해와 계발

자신이 원하는 진로에 성공적으로 진입하기 위해서는 현재 우리 사회와 기업에서 요구하는 역량이 무엇인지를 제대로 이해할 필요가 있다. 즉, 자신이 진입하고자 하는 기업이나 사회에서 요구하는 역량이나 기대 수준에 비추어 자신이 갖추고 있는 역량이 어느 정도인지 스스로 분석하고 객관적으로 인식해야 한다.

최근 주요 선진국들은 교육 · 훈련 및 자격제도의 출발점으로 국가 차원의 인적 자원 개발을 통합적인 차원에서 체계화할 수 있는 국가직업능력표준(National Occupational Standard) 체계를 도입하여 적용하고 있다. 우리나라의 경우는 노동부에서 제시하고 있는 '국가직무능력표준'을 활용할 수 있다. 국가직무능력표준은 한 개인이 산업 현장에서 자신의 업무를 성공적으로 수행하기 위해 요구되는 직업 능력(지식, 기술, 태도)을 과학적이고 체계적으로 도출하여 표준화한 것으로, 직업 능력을 직무수행 능력과 기초직업 능력으로 구분한다. 직무수행 능력은 특정 직업에서 필요한 구체적인 기술을 일컬으며, 기초직업 능력은 '대부분의 직종에서 직무를 성공적으로 수행하는 데 공통적으로 요구되는 일정 수준 이상의 지식, 기술, 태도 등의 총체'로 정의된다(임경희 외, 2015).

이러한 기초직업 능력은 「인성교육진흥법」에서 제시하고 있는 핵심 역량과 많은 부분 연관되어 있다. 「인성교육진흥법」 제2조에 나와 있는 인성교육의 '핵심 역량'은 예(禮), 효(孝), 정직, 책임, 존중, 배려, 소통, 협동 등의 마음가짐이나 사람됨과 관련되는 핵심적인 가치 또는 덕목을 적극적이고 능동적으로 실천 또는 실행하는 데 필요한 지식과 공감 · 소통하는 의사소통 능력이나 갈등해결 능력 등이 통합된 능력이다. 핵심 역량은 기초직업 능력의 하위 영역과 많은 부분 공통점을 가지고 있으며 기초직업 능력을 향상시키면 건전하고 올바른 인성을 갖춘 한 개인으로 성장할 수 있다고 여겨진다.

기초직업 능력은 장기 진로계획의 목표를 달성하는 데 가장 기본적인 능력이라고 할 수 있는데, 자신의 기초직업 능력을 진단해 보고 앞으로 보완해야 할 능력들은 무엇이며 보완할 수 있는 방법은 무엇인지 탐색해 볼 필요가 있다. 국가직무능력표준에서 기초직업 능력은 열 가지 개발 영역과 34개의 하위 능력으로 이루어져 있으며, 자세한 내용은 〈표 6-1〉과 같다.

〈표 6-1〉 **국가직무능력표준 기초직업 능력 영역별 내용**

<table>
<tr><th colspan="3">1. 의사소통 능력</th></tr>
<tr><td colspan="3">업무를 수행함에 있어 글과 말을 읽고 들음으로써 다른 사람이 뜻한 바를 파악하고, 자기가 뜻한 바를 글과 말을 통해 정확하게 쓰거나 말하는 능력</td></tr>
<tr><th>하위 능력</th><th>정의</th><th>세부요소</th></tr>
<tr><td>문서이해 능력</td><td>업무 수행에서 다른 사람이 작성한 글을 읽고 그 내용을 이해하는 능력</td><td>• 문서 정보 확인 및 획득
• 문서 정보 이해 및 수집
• 문서 정보 평가</td></tr>
<tr><td>문서작성 능력</td><td>업무 수행에서 자기가 뜻한 바를 글로 나타내는 능력</td><td>• 작성 문서의 정보 확인 및 조직
• 목적과 상황에 맞는 문서 작성
• 작성한 문서 교정 및 평가</td></tr>
<tr><td>경청 능력</td><td>업무를 수행함에 있어 다른 사람의 말을 듣고 그 내용을 이해하는 능력</td><td>• 음성 정보와 매체 정보 듣기
• 음성 정보와 매체 정보 내용 이해
• 음성 정보와 매체 정보에 대한 반응과 평가</td></tr>
<tr><td>언어구사력</td><td>업무를 수행함에 있어 자기가 뜻한 바를 말로 나타내는 능력</td><td>• 목적과 상황에 맞는 정보 조직
• 목적과 상황에 맞게 전달
• 대화에 대한 피드백과 평가</td></tr>
<tr><td>기초외국어 능력</td><td>업무를 수행함에 있어 외국어로 의사소통할 수 있는 능력</td><td>• 외국어 듣기
• 일상생활의 회화 활용</td></tr>
<tr><th colspan="3">2. 수리 능력</th></tr>
<tr><td colspan="3">업무를 수행함에 있어 사칙연산, 통계, 확률의 의미를 정확하게 이해하고 이를 업무에 적용하는 능력</td></tr>
<tr><th>하위 능력</th><th>정의</th><th>세부요소</th></tr>
<tr><td>기초연산 능력</td><td>업무를 수행함에 있어 기초적인 사칙연산과 계산을 하는 능력</td><td>• 과제 해결을 위한 연산 방법 선택
• 연산 방법에 따라 연산 수행
• 연산 결과와 방법에 대한 평가</td></tr>
</table>

기초통계 능력	업무를 수행함에 있어 필요한 기초 수준의 백분율, 평균, 확률과 같은 통계 능력	• 과제 해결을 위한 통계 기법 선택 • 통계 기법에 따라 연산 수행 • 통계 결과와 기법에 대한 평가
도표분석 능력	업무를 수행함에 있어 도표(그림, 표, 그래프 등)가 갖는 의미를 해석하는 능력	• 도표에서 제시된 정보 인식 • 정보의 적절한 해석 • 해석한 정보의 업무 적용
도표작성 능력	업무를 수행함에 있어 필요한 도표(그림, 표, 그래프 등)를 작성하는 능력	• 도표 제시 방법 선택 • 도표를 이용한 정보 제시 • 제시 결과 평가

3. 문제해결 능력

업무를 수행함에 있어 문제 상황이 발생하였을 경우, 창조적이고 논리적인 사고를 통하여 이를 올바르게 인식하고 적절히 해결하는 능력

하위 능력	정의	세부요소
사고력	업무와 관련된 문제를 인식하고 해결함에 있어 창조적 · 논리적 · 비판적으로 생각하는 능력	• 창의적 사고 • 논리적 사고 • 비판적 사고
문제처리 능력	업무와 관련된 문제의 특성을 파악하고, 대안을 제시 · 적용하고 그 결과를 평가하여 피드백하는 능력	• 문제 인식 • 대안 선택 • 대안 적용 • 대안 평가

4. 자기개발 능력

업무를 추진하는 데 스스로를 관리하고 개발하는 능력

하위 영역	정의	세부요소
자아인식 능력	자신의 흥미, 적성, 특성 등을 이해하고, 이를 바탕으로 자신에게 필요한 것을 이해하는 능력	• 자기 이해 • 자신의 능력 표현 • 자신의 능력 발휘 방법 인식
자기관리 능력	업무에 필요한 자질을 지닐 수 있도록 스스로를 관리하는 능력	• 개인의 목표 정립(동기화) • 자기 통제 • 자기 관리 규칙의 주도적인 실천
경력개발 능력	끊임없는 자기 개발을 위해서 동기를 갖고 학습하는 능력	• 삶과 직업 세계에 대한 이해 • 경력 개발 계획 수립 • 경력 전략의 개발 및 실행

5. 자원관리 능력

업무를 수행하는 데 시간, 예산, 물적 · 인적 자원 등의 자원 가운데 무엇이 얼마나 필요한지를 확인하고, 이용 가능한 자원을 최대한 수집하여 실제 업무에 어떻게 활용할 것인지를 계획하고, 계획대로 업무 수행에 이를 할당하는 능력

하위 능력	정의	세부요소
시간관리 능력	업무 수행에 필요한 시간 자원이 얼마나 필요한지를 확인하고, 이용 가능한 시간 자원을 최대한 수집하여 실제 업무에 어떻게 활용할 것인지를 계획하고 할당하는 능력	• 시간 자원 확인 • 시간 자원 확보 • 시간 자원 활용 계획 수립 • 시간 자원 할당
예산관리 능력	업무 수행에 필요한 자본 자원이 얼마나 필요한지를 확인하고, 이용 가능한 자본 자원을 최대한 수집하여 실제 업무에 어떻게 활용할 것인지를 계획하고 할당하는 능력	• 예산 확인 • 예산 할당
물적 자원 관리 능력	업무 수행에 필요한 재료 및 시설 자원이 얼마나 필요한지를 확인하고, 이용 가능한 재료 및 시설 자원을 최대한 수집하여 실제 업무에 어떻게 활용할 것인지를 계획하고 할당하는 능력	• 물적 자원 확인 • 물적 자원 할당
인적 자원 관리 능력	업무 수행에 필요한 인적 자원이 얼마나 필요한지를 확인하고, 이용 가능한 인적 자원을 최대한 수집하여 실제 업무에 어떻게 활용할 것인지를 계획하고 할당하는 능력	• 인적 자원 확인 • 인적 자원 할당

6. 대인관계 능력

업무를 수행함에 있어 접촉하게 되는 사람들과 문제를 일으키지 않고 원만하게 지내는 능력

하위 능력	정의	세부요소
팀워크 능력	다양한 배경을 가진 사람들과 함께 업무를 수행하는 능력	• 적극적 참여 • 업무 공유 • 팀 구성원으로서의 책임감
리더십 능력	업무를 수행함에 있어 다른 사람을 이끄는 능력	• 동기화시키기 • 논리적인 의견 표현 • 신뢰감 구축
갈등관리 능력	업무를 수행함에 있어 관련된 사람들 사이에 갈등이 발생하였을 경우 이를 원만히 조절하는 능력	• 타인의 생각 및 감정 이해 • 타인에 대한 배려 • 피드백 제공 및 받기
협상 능력	업무를 수행함에 있어 다른 사람과 협상하는 능력	• 다양한 의견 수렴 • 협상 가능한 실질적 목표 구축 • 최선의 타협 방법 찾기

고객 서비스 능력	고객의 요구를 만족시키는 자세로 업무를 수행하는 능력	• 고객의 불만 및 욕구 이해 • 매너 있고 신뢰감 있는 대화법 • 고객에의 불만에 대한 해결책 제공

7. 정보 능력

업무와 관련된 정보를 수집하고 분석하여 의미 있는 정보를 찾아내며, 찾은 정보를 업무 수행에 적절하도록 조직하고 관리하며, 이를 업무 수행에 활용하는 능력

하위 능력	정의	세부요소
컴퓨터 활용 능력	업무와 관련된 정보를 수집 · 분석 · 조직 · 관리 · 활용하는 데 컴퓨터를 사용하는 능력	• 컴퓨터 이론 • 인터넷 사용 • 소프트웨어 사용
정보처리 능력	업무와 관련된 정보를 수집하고, 이를 분석하여 의미 있는 정보를 찾아내며, 의미 있는 정보를 업무 수행에 적절하도록 조직하고, 조직된 정보를 관리하며, 업무 수행에 이러한 정보를 활용하는 능력	• 정보 수집 • 정보 분석 • 정보 관리 • 정보 활용

8. 기술 능력

업무를 수행함에 있어 도구, 장치 등을 포함하여 필요한 기술에는 어떠한 것들이 있는지 이해하고, 실제로 업무를 수행함에 있어 적절한 기술을 선택하여 적용하는 능력

하위 능력	정의	세부요소
기술이해 능력	업무 수행에 필요한 기술적 원리를 올바르게 이해하는 능력	• 기술의 원리와 절차 이해 • 기술 활용 결과 예측 • 활용 가능한 자원 및 여건 이해
기술선택 능력	도구, 장치를 포함하여 업무 수행에 필요한 기술을 선택하는 능력	• 기술 비교, 검토 • 최적의 기술 선택
기술적용 능력	업무 수행에 필요한 기술을 업무 수행에 실제로 적용하는 능력	• 기술의 효과적 활용 • 기술 적용 결과 평가 • 기술 유지와 조정

9. 조직이해 능력

업무를 원활하게 수행하기 위해 국제적인 추세를 포함하여 조직의 체제와 경영에 대해 이해하는 능력

하위 영역	정의	세부요소
국제감각	주어진 업무에 관한 국제적인 추세를 이해하는 능력	• 국제적인 동향 이해 • 국제적인 시각으로 업무 추진 • 국제적 상황 변화에 대처

조직체제 이해 능력	업무 수행과 관련하여 조직의 체제를 바르게 이해하는 능력	• 조직의 구조 이해 • 조직의 규칙과 절차 파악 • 조직 간의 관계 이해
경영이해 능력	사업이나 조직의 경영에 대해 이해하는 능력	• 조직의 방향성 예측 • 경영 조정(조직의 방향성을 바로잡기에 필요한 행위하기) • 생산성 향상 방법
업무이해 능력	조직의 업무를 이해하는 능력	• 업무의 우선순위 파악 • 업무 활동 조직 및 계획 • 업무 수행의 결과 평가
10. 직업 윤리		
업무를 수행함에 있어 원만한 직업생활을 위해 필요한 태도, 매너, 올바른 직업관		
하위 영역	정의	세부요소
근로 윤리	업무에 대한 존중을 바탕으로 근면하고 성실하고 정직하게 업무에 임하는 자세	• 근면성 • 정직성 • 성실성
공동체 윤리	인간 존중을 바탕으로 봉사하며, 책임 있고, 규칙을 준수하고 예의 바른 태도로 업무에 임하는 자세	• 봉사정신 • 책임 의식 • 준법성 • 직장 예절

출처: 한국산업인력공단(http://nos.hrdkorea.or.kr).

(3) 직업 정보의 탐색

우리 사회는 정보통신 기술의 발전과 더불어 정보화 사회로 진입했으며, 이에 따라 직업의 세계가 급변하고 있다. 직업의 세계는 기술 발전과 사회 변화, 경제 활동의 변화 등에 의해 영향을 받고 있다(교육과학기술부, 한국직업능력개발원, 2010). 이러한 사회 변화와 함께 현대 직장은 직무에 대한 전문성을 갖춘 사람뿐만 아니라 동료와 협력할 수 있는 좋은 인성을 갖추고 있는 인재를 선호한다. 원만한 인성을 소유한 사람들이 모인 직장은 동료와의 협력을 통해 업무의 효율성과 생산성이 향상되기 때문이다. 여기서는 직업 분류체계와 직업 정보 탐색 활동에 대해 살펴보기로 한다.

① 직업 분류체계

우리나라의 대표적인 직업 분류는 한국표준직업분류(KSCO)와 한국고용직업분류(KECO)가 있다. 한국표준직업분류에서는 직능 수준(skill level)과 직능 유형(skill type)으로 직업을 분류하고 한국고용직업분류에서는 한국표준직업분류를 직능 유형과 직능 수준 순으로 재분류했다. 한국고용직업분류와 한국표준직업분류의 분류 기준은 〈표 6-2〉와 같다(조붕환, 김봉환, 임경희, 이종범, 2014).

〈표 6-2〉 한국고용직업분류와 한국표준직업분류

한국고용직업분류(2007. 9.)			
대분류	중분류	소분류	세분류
-	24	139	429

한국표준직업분류(제9차 개정)			
대분류	중분류	소분류	세분류
9	51	147	230

한국고용직업분류 중분류 항목
01 관리직
02 경영 · 회계 · 사무 관련직
03 금융 · 보험 관련직
04 교육 및 자연과학 · 사회과학연구 관련직
05 법률 · 경찰 · 소방교도 관련직
06 보건 · 의료 관련직
07 사회복지 및 종교 관련직
08 문화 · 예술 · 디자인 · 방송 관련직
09 운전 및 운송 관련직
10 영업 및 판매 관련직
11 경비 및 청소 관련직
12 미용 · 숙박 · 여행 · 오락 · 스포츠 관련직
13 음식서비스 관련직
14 건설 관련직
15 기계 관련직
16 재료 관련직
17 화학 관련직
18 섬유 및 의복 관련직
19 전기 · 전자 관련직
20 정보통신 관련직
21 식품가공 관련직
22 환경, 인쇄, 목재, 가구, 공예 및 생산 단순직
23 농림어업 관련직
24 군인

한국표준직업분류 대분류 항목
01 관리자
02 전문가 및 관련 종사자
03 사무 종사자
04 서비스 종사자
05 판매 종사자
06 농림어업 숙련 종사자
07 기능원 및 관련 기능 종사자
08 장치, 기계 조작 및 조립 종사자
09 단순노무 종사자
A 군인

② 직업 정보 탐색 활동

직업 정보 탐색 활동의 한 방법으로 한국고용정보원이 운영하는 워크넷을 활용한 방법을 소개한다. 워크넷(www.work.go.kr)은 고용노동부 산하기관인 한국고용정보원이 운영하는 국내 최대 종합 취업 정보 사이트로 구인구직 정보, 고용 동향 정보, 취업 관련 정보, 직업상담원을 통한 취업지원 서비스를 제공한다. 초·중·고등학생에게는 각종 심리검사와 직업·취업·학과 정보를 제공하고 있으며, 앞으로의 전망과 관련 자격 등 직업에 대한 구체적인 정보와 진학 및 직업에 관련된 상담 서비스도 제공하고 있다(조붕환 외, 2014).

워크넷 메인 화면에서 직업·진로를 클릭하고, 단계별로 직업·진로를 탐색하기 위해 홈페이지 하단의 '1단계: 직업심리검사' → '2단계: 직업 세계 이해' → '3단계: 직업·진로상담'을 차례대로 실시하여 진로 정보를 탐색한다.

- 1단계 직업심리검사: 청소년과 성인을 대상으로 20종류의 검사를 제공하고 있다. 각 검사의 설명을 참조하여 자신에게 필요한 검사를 받을 수 있다.
- 2단계 직업 세계 이해: 다양한 직업 정보를 통해 직업을 검색해 보고 해당 직업에 대한 정보를 확인할 수 있다.
- 3단계 직업·진로상담: 직업 심리검사 및 직업 정보를 검색한 후에 진로에 대한 고민이 생겼다면 상담을 받아 볼 수 있다.

[그림 6-1] 워크넷

3. 인성실현을 위한 진로개발의 방향

개인이 보다 풍부하고 심층적인 진로 발달을 이룸으로써 자신의 일과 삶의 균형을 추구하고 행복한 삶을 영위하며 궁극적으로 자아실현에 이를 수 있도록 우리 사회와 학교교육이 조력하고 나아가야 할 방향에 대해 살펴보기로 한다(한국진로교육학회, 2011).

1) 개인의 개성과 다양성 존중

현대는 직업의 세계가 매우 다양화 · 세분화 · 전문화되어 있으며, 직업의 변화가 빠르게 진행되고 있다. 따라서 지금 존재하는 직업들도 앞으로는 다양한 형태로 바뀌게 될 것이며, 직업의 세계가 다양화 · 전문화될수록 창의성과 독창성을 가진 인재를 더욱 요구할 것이다. 따라서 학생들에게 개성과 다양성을 발견하고 발전시켜 줄 수 있는 활동들이 이루어져야 한다. 일은 인간이 생계를 유지하는 수단이 되기도 하지만, 인간은 일을 통해 자아를 실현하고 성취감과 행복감을 느낀다. 따라서 한 개인이 올바른 인성을 가지고 자신의 개성과 능력을 발휘하며 직업에 종사할 수 있도록 어려서부터 개인의 개성과 다양성을 존중해 주어야 한다.

2) 긍정적 자아 개념과 능동적 사고

바른 인성은 자기 자신이 의미 있는 존재라는 긍정적인 자아 개념을 어려서부터 습득한 사람에게서 나타난다. 학생이 긍정적인 자아 개념을 형성할 수 있도록 자기 탐색의 기회를 제공해 주어야 한다. Super의 진로발달이론에서 중요하게 다루어지고 있는 자아 개념은 학업 성취와 진로 선택뿐만 아니라 인생 전반과 관련이 있다. 이러한 자아 개념은 어린 시기에 가정과 학교에서 주요 인물과 동일시함으로써 발달된다. 자아 개념은 살아가는 동안 성공이나 실패의 과정을 통해 형성되기 때문에 성공 여부에 따라 긍정적이거나 부정적으로 형성되어 간다. 긍정적인 자아 개념을 형성한 사람은 좋은 인간관계를 맺는다. 인간관계는 개인생활뿐만 아니라 직장생활에서도 매우 중요하다.

또한 현대 사회는 실패를 두려워하지 않고 진취적이며 창의적인 인재를 선호한다. 어떤 직업이든 그 일을 수행하고 달성해 내는 데에는 많은 어려움과 난관이 존재하며 그것을 극복하고 통과하는 과정이 있게 마련이다. 이러한 과정을 극복한 사람은 직업에 대한 긍지와 사명감을 가지고 임할 수 있다. 변화하는 직업의 세계에 적극적으로 대처할 수 있는 능동적인 사고를 지닐 뿐만 아니라 다른 사람을 모방하는 단계에 머무르지 않고 새로운 지식이나 기술을 산출할 수 있는 능력을 가진 사람을 조기에 발견하여 자신의 능력을 발휘하도록 자기 탐색의 기회를 제공해 주어야 한다.

3) 원만한 대인관계와 직업적응 능력 신장

현대 직장에서는 직무에 대한 전문성과 뛰어난 능력뿐만 아니라 동료와 협력할 수 있는 좋은 인성을 갖춘 인재를 선호한다. 미국 카네기 공과대학교에서 사회적으로 성공한 사람들 1만 명을 대상으로 성공의 비결을 알아보았다. 다양한 문항이 주어졌으며 조사 담당자들은 에디슨의 말처럼 '99%의 노력'이 성공의 비결이 아닐까 생각했다. 그런데 결과는 뜻밖이었다. 놀랍게도 종래의 성공의 조건이라 믿어 왔던 두뇌, 기술, 노력 등으로 성공한 사람은 15%에 불과했고, 나머지 85%는 원만한 인간관계를 성공의 조건으로 꼽았다. 미국 하버드 대학교 직업보도국에서 이 대학 졸업자 중 실직자를 대상으로 '왜 직장을 그만두었는가?'라는 설문을 조사한 결과, 업무수행 능력이 떨어져서가 아니라 원만하지 못한 인간관계로 인해 적응하지 못하고 그만둔 사람들이 2배가 넘는 것으로 나타났다(김규, 2006).

이는 학생들이 대인관계와 직업 적응을 원활하게 할 수 있도록 직무 능력뿐만 아니라 「인성교육진흥법」의 핵심 역량에서 제시된 공감 · 소통하는 의사소통 능력이나 갈등해결 능력 등을 신장시켜 주어야 함을 시사한다.

4) 미래 직업 세계의 변화에 대한 대응

청소년이 직업인으로서 첫발을 내딛게 될 미래의 직업 세계는 과거는 물론 현재의 직업 세계와도 전혀 다른 곳이 될 것이다. 이처럼 직업 세계가 매우 빠르게 변화하고 있는 가장 큰 요인 중의 하나로는 직업환경 자체의 변화를 들 수 있다. 이미 우리 사회는 정보화 사회로 진입하였고, 직업 시장은 세계화되었다. 그리고 평생직장의 개념은 붕괴되고 평생직업 개념으로 대체되고 있다. 이러한 변화는 미래에 더욱 가속화될 것으로 예상된다(커리어넷, 2016).

미래 사회는 새로운 직업이 계속해서 생겨날 것으로 예상된다. 특히 정보통신기술, 생명공학, 나노공학, 로봇학, 에너지환경공학,우주공학 등은 앞으로 유망한 직업 분야로 평가받고 있다(이무근, 이찬, 2014). 이러한 미래 직업 세계의 변화에 대응하기 위해서는 획일화된 사고를 가진 개인이 아니라 미래의 진로에 대한 성공과 만족을 성취하기 위해 다양한 사고를 가지고 접근하는 개인이 필요할 것이다.

5) 다양한 경험의 기회 제공

진로개발은 이론만으로 학습되지 않는다. 학생이 학교에서 이론적으로 배웠던 내용에 대하여 다양한 경험을 통해 자신에 대한 이해의 폭을 넓히는 기회를 갖도록 하는 것도 필요하다. Dewey를 중심으로 하는 경험 중심의 접근에서는 체험 활동을 단순한 경험 활동으로 규정하지 않고 있다. 즉, 경험은 인간과 환경이 상호작용하는 가운데 지식을 획득하고 활용하는 과정인데 모든 경험이 다 의미가 있는 것이 아니라 체계적으로 조직되었을 경우에만 의미가 있다는 것이다(최동선, 2008).

다양한 경험의 기회를 갖기 위한 체험 활동은 교과 시간을 활용하는 방법과 창의적 체험활동 시간을 활용하는 방법으로 나누어 살펴볼 수 있다. 첫째, 교과 시간을 활용할 경우 초등학교는 사회나 실과 시간을 활용할 수 있으며, 중고등학교는 진로와 직업, 기술 · 가정 시간 등을 활용할 수 있다. 교육 매체(TV, VTR, CD, 사진, 인터넷 검색)를 이용할 수 있으며, 성공한 직업인이나 진로 전문가, 지역 인사를 대상으로 한 초청 강연, 인터뷰 등의 활동을 통해 그동안 자신이 깨닫지 못했던 개인적 특성을 탐색해 볼 수 있는 기회를 가질 수 있다. 또한 전 교과를 통한 프로젝트 중심의 구체적인 일의 경험을 가질 수 있다. 둘째, 창의적 체험활동 시간을 활용할 경우에는 구조화된 프로그램의 적용이나 테마별, 주제에 따른 현장 체험과 견학, 관찰, 고적 답사, 향토 행사 참가 등의 현장 견학을 통해 직접 삶의 현장을 몸소 체험함으로써 자신과 직업 세계에 대해 바르게 이해할 수 있는 기회를 갖도록 할 수 있다.

6) 다양한 평가도구의 활용

자신을 있는 그대로 정확하게 인식하는 자기 탐색의 경험을 제공하기 위해서는 다양한 진로검사가 실시되어야 한다. 진로검사는 자아 특성의 이해를 바탕으로 진로지도를 하기 위한 것으로, 이를 실시하기 위해서는 다음과 같은 과제가 병행되어야 한다.

첫째, 아동, 청소년, 대학생, 성인, 노인 등을 대상으로 한 다양한 진로평가 도구가 개발되어야 한다. 현재 우리나라에 보급되어 있는 진로검사들은 대부분 청소년이나 대학생을 위주로 한 검사들이므로 초등학생이나 노인을 대상으로 한 검사들도 개발되어 폭넓은 연구와 자기 탐색을 도울 수 있도록 해야 한다.

둘째, 진로검사를 수행할 수 있는 전문 인력 양성과 더불어 학교에서의 지속적인 진로지도가 이루어질 수 있도록 전문적인 교사연수가 이루어져야 한다. 전문적인 지식이 있는 진로진학상담교사나 진로상담자가 검사를 실시하고 해석할 때 정확한 진단과 평가가 가능하며 이를 토대로 한 효율적인 진로상담이 이루어질 수 있다. 또한 실시된 검사 자료들은 학생 개인별로 누가 기록되고 효율적으로 관리함으로써 지속적인 진로지도에 활용될 수 있도록 관리할 필요가 있다.

7) 자아 특성 계발 교육과 상담 프로그램

자아 특성을 계발하기 위해 교육과 상담 프로그램을 활용하는 방안이 있다. 교육과 상담 프로그램을 적용할 경우 각 발달 단계에 적합한 내용이 들어갈 수 있도록 프로그램을 구성해야 할 것이다.

자아 특성을 계발하기 위한 프로그램의 내용은 자기 자신에 대한 인식을 증진시키는 데 역점을 두어야 하며, 자기의 강점과 약점, 가치와 흥미 등 자기에 대한 인식을 바탕으로 앞으로 보다 나은 결정을 내리는 능력을 기르도록 도와주어야 한다. 또한 진로 동기는 성취, 다양한 흥미, 일의 존엄성에 대한 인식, 자기 가치감과 과제 완수에 대한 긍정적인 태도에 대한 자긍심을 발달시키므로 프로그램의 내용에 포함시킬 필요가 있다(Studer, 2005). 자아 특성 계발 교육 및 상담은 개별상담, 집단상담, 집단지도 등의 형태로 이루어질 수 있다. 이러한 맥락에서 가치관 명료화 프로그램이나 심성계발 프로그램은 자신의 가치관과 태도 등을 발견하고 이를 수용해서 자아정체감을 확립하는 데 유용하게 활용될 수 있다.

8) 가정, 학교, 사회의 연계

학생들의 자아 특성을 발견하고 계발함으로써 미래 자신의 직무에 만족하며 행복한 삶을 영위할 수 있도록 돕기 위한 방안으로는 가정과 학교, 지역사회와 연계한 진로지도 방안을 들 수 있다.

첫째, 자녀의 개인 특성을 바르게 이해하기 위해서는 부모를 대상으로 한 진로지도가 선행되어야 한다. 자녀의 개인 특성을 파악하고 잠재력을 계발시켜 줄 수 있다는 점에서 진로지도에서 부모의 역할은 매우 크다고 할 수 있다.

둘째, 학교에서 교사, 진로지도교사 및 학교관리자가 전문적인 진로역량을 가지고 진로지도를 실시할 수 있도록 진로지도를 담당할 자원을 확보함과 동시에 진로지도가 원활히 이루어질 수 있도록 서로 협력하는 체제를 구축해야 한다. 진로지도를 담당한 교사가 진로에 대한 전문적인 지식이 부족하여 학생들의 자아탐색 활동을 도울 수 없다면 진로지도의 효과를 내기가 어려울 것이다. 따라서 진로담당 교사는 전문성을 길러 학생과 부모에게 자기 계발을 위한 프로그램에 대해 명확하고 구체적으로 안내해 줄 전문적인 능력을 갖추어야 한다.

셋째, 가정, 학교, 지역사회를 연계할 수 있도록 학부모, 학생, 진로담당 교사, 진로 전문가, 진로 전문기관 종사자, 지역 인사가 참여하는 자문팀을 구성하고 학교와 산업 현장, 공공기관 등을 연계하는 네트워크를 구축해야 한다. 자문팀은 학부모와 학생들의 요구도를 조사하여 진로지도에 대한 방향을 제시하고 진로지도 프로그램을 평가하고 분석해야 한다. 즉, 학생들이 프로그램에 참여하면서 어떻게 달라졌는지를 구체적으로 보여 줄 수 있는 자료들을 수집함으로써 프로그램과 진로지도 담당교사의 수행 수준 모두에 대한 평가가 이루어져야 한다. 또한 학교와 산업 현장, 공공기관과의 네트워크를 통해 학생들이 보다 직접적이고도 현실적인 직업 체험을 할 수 있는 다양한 기회를 제공함으로써 자신과 직업 세계에 대한 풍부한 탐색이 자연스럽게 이루어질 수 있도록 도와줄 필요가 있다.

연구과제

1. 기초직업 능력의 하위 능력 가운데 한 가지 요소를 선택해서 초·중·고등학생을 대상으로 이를 향상시킬 수 있는 진로개발 프로그램을 구상해 보시오.
2. 워크넷을 활용하여 자신의 현재 직업 또는 희망직업에 관한 구체적인 정보를 탐색해 보고, 이를 초·중·고등학생의 진로교육에 활용할 수 있는 방법에 대해 논의해 보시오.

참고문헌

교육과학기술부, 한국직업능력개발원(2010). 2009 미래의 직업 세계. 서울: 교육인적자원부·한국직업능력개발원.

김광수(2015). 인성교육 실현을 위한 초등상담의 역할과 과제. 2015년도 한국초등상담교육학회 연차학술대회 자료집, 1-26.

김규(2006). 10년 후를 기획하라. 서울: 국일미디어.

김봉환, 정철영, 김병석(2006). 학교진로상담. 서울: 학지사.

노안영, 강영신(2002). 성격심리학. 서울: 학지사.

연문희, 강진령(2002). 학교상담: 21세기의 학생생활지도. 서울: 양서원.

이무근, 이찬(2014). 대학생의 진로멘토링. 경기: 교육과학사.

이재창(2000). 진로교육과 개인의 특성 발견. 진로교육연구, 12, 1-24.

이재창(2005). 생활지도와 상담. 서울: 문음사.

이재창, 조봉환, 최인화, 임경희, 박미진, 김진희, 정민선, 최정인, 김수리(2014). 상담전문가를 위한 진로상담의 이론과 실제. 서울: 아카데미프레스.

이정애, 최응용(2010). 대학생의 진로목표 추구활동에 영향을 미치는 변인 간의 구조관계분석. 진로교육연구, 23(2), 101-121.

임경희, 박미진, 정민선, 한수미, 이종범, 김진희, 홍지형, 문승태, 김수리, 최인화, 조봉환, 이인혁(2015). 직업기초능력 향상을 위한 자기개발과 진로설계. 서울: 학지사.

임언, 정윤경, 상경아(2001). 직업가치관 검사 개발 보고서. 서울: 한국직업능력개발원.

장석민(1999). 진로교육의 이론과 실제. 서울: 교육과학사.

조봉환, 김봉환, 임경희, 이종범(2014). 초·중·고 연계 맞춤형 진로지도 프로그램 개발. 대전: 대전광역시교육청.

조봉환, 임경희(2000). 초등학생 진로인식을 위한 학습흥미검사 개발에 관한 연구. 진로교육연구, 11, 231-257.

조붕환, 임경희(2013). 교사를 위한 생활지도와 학교상담. 서울: 아카데미프레스.
최동선(2008). 직업 세계 체험 주간 운영의 실태와 과제. 2008년도 한국진로교육학회 춘계학술대회 자료집, 57-108.
한국진로교육학회(2011). 선진 패러다임을 위한 진로교육의 이론과 실제. 경기: 교육과학사.
커리어넷(2016). http://www.career.go.kr/

Brown, S. D., & Lent, R. W. (1996). A social cognitive framework for career choice counseling. *The Career Development Quarterly, 44,* 354-366.
Herr, E. L., Cramer, S. H., & Niles, S. G. (2004). *Career Guidance and Counseling through the lifespan* (2nd ed.). Boston: Allyn & Bacon.
Lent, R. W., Brown, S. D., & Hackett, G. (1994). Toward a unified social cognitive theory of career and academic interest, choice, and performance. *Journal of Vocational Behavior, 45,* 79-122.
Niles, S. G., & Harris-Bowlsbey, J. (2002). *Career development interventions in the 21 century*. Upper Saddle River, NJ: Merrill Prentice Hall.
Sears, S. (1982). A definition of career guidance terms: A National Vocational Guidance Association perspective. *Vocational guidance Quarterly, 31*, 137-143.
Sharf, R. S. (2004). *Applying career development theory and counseling* (3th ed.). Pacific Grove, CA: Brooks/Cole.
Sharf, R. S. (2006). *Applying career development theory to counseling* (4th ed.). Pacific Grove, CA: Thomson Brooks/Cole.
Studer, J. R. (2005). *The Professional School Counselor: An Advocate for Students.* Belmont, CA: Thomson, Brooks/Cole.
Super, D. E. (1976). *Career education and the meaning of work*. Washington, DC: Office of Education.

한국산업인력공단 http://nos.hrdkorea.or.kr

|부록 1|

자기 이해를 돕기 위한 진로교육 프로그램 학생 지도 자료(예시)

단원명	강점과 약점	장소	교실	준비물	도화지, 색연필, 사인펜, 빈 상자
학습 목표	자신의 강점을 이해하고, 자신을 자랑스럽게 여길 수 있다.				

학습 단계	주요 학습 내용	진행 절차	시간	집단 구성(※) 준비물(■) 유의점(◇)
도입	동기유발	• 나는 대단한 사람 - “나는 대단히 ~한 사람입니다.”라고 돌아가며 말하기를 통해 자신의 강점에 대해 생각해 볼 수 있는 동기를 부여한다. - 나는 대단히 키가 큰 사람입니다/나는 대단히 노래를 잘하는 사람입니다/나는 대단히 운동을 잘합니다/나는 대단히 친절합니다.	5′	
	학습 문제 제시	• 자신의 강점을 이해하고, 자신을 자랑스럽게 여기기		
전개	학습활동 안내	• 나의 강점과 약점 알기 • 자랑스러운 나 알리기	2′	
	활동 1 활동 2	• 나의 강점과 약점 알기 - 양손 그리기 활동으로 나의 강점과 약점 찾기 - 약점 카드에 최고의 약점 골라 쓴 후 버리기	10′	■ 도화지, 색연필, 사인펜 ■ 약점 카드, 상자
	활동 3 활동 4	• 약점을 강점으로 고쳐 자랑스러운 나 알리기 - 친구의 약점을 강점으로 바꿔 주기 - 강점으로 나를 광고하기	20′	※ 모둠 활동 ■ 도화지, 색연필, 사인펜
정리	정리하기	• 활동 결과에 대한 나의 생각 정리하기 • 차시 예고 - 다음 시간에는 ‘직업 가치관’에 대해 알아보도록 하겠습니다.	3′	

활용 Tips	• 활동 1~4는 자신의 강점을 키워 나갈 수 있도록 긍정적인 관점을 심어 주는 활동으로 연계성을 띠고 있으나 활동 4를 선택 운영할 수 있다. • 활동 2는 활동 1에서 찾은 약점 중에 가장 버리고 싶은 점을 하나 골라 약점 카드에 쓴 후 상자에 넣게 한다. 약점 카드 대신 약점을 쓴 손 그림 종이를 그대로 활용할 수도 있다. • 활동 3에서 교사가 먼저 자신의 약점을 얘기하고 학생들에게 강점으로 바꿔 달라고 부탁하여 시범을 보이면 학생들은 다른 사람 앞에서 약점을 드러내야 한다는 부담감에서 벗어나 훨씬 편안하면서 적극적으로 활동하게 된다.

출처: 조붕환 외(2014).

| 부록 2 |

강점과 약점 활동지

활동 1 나의 강점과 약점 찾기

<활동 방법>

- 빈 종이 위에 자신의 양손을 각각 본떠 그리도록 한다.
  짝꿍끼리 또는 친한 친구들끼리 서로 도와주도록 하면 친밀감 형성에도 좋다.
- 오른손 그림의 손가락에 자신의 강점을 쓰게 하고 왼손 그림의 손가락에는 약점을 쓰게 한다.
  왼손잡이의 경우 반대로 써 넣도록 해도 무방하다.
- 자유롭게 손을 꾸미도록 한다.

나의 양손을 각각 본떠 그린 후, 나의 강점과 약점을 생각해서 써 봅시다.

<예시>

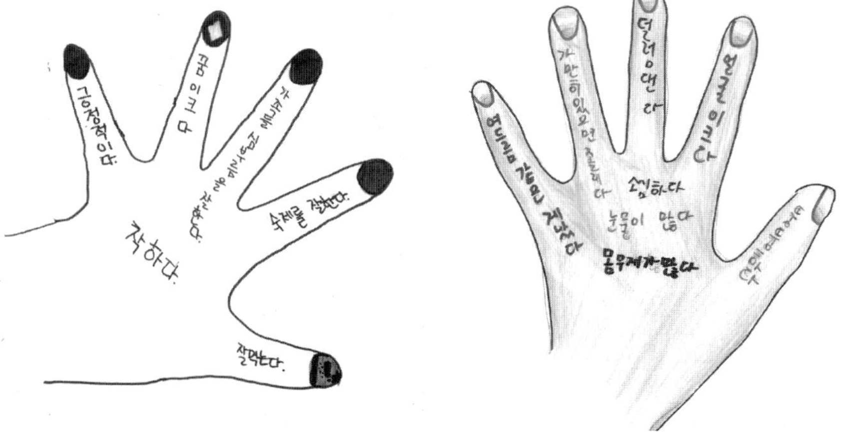

활동 2 최고의 약점 버리기

나의 약점 중 가장 버리고 싶거나 고치고 싶은 것을 하나 골라 '버리고 싶은 나의 약점' 칸에 써 보세요.

버리고 싶은 나의 약점

약점을 강점으로 바꿔 주기

1.

2.

3.

약점 카드의 반을 접어 상자에 버리세요.

활동 3 친구의 약점을 강점으로 바꿔 주기

<활동 방법>

• 모둠을 구성하고, 약점 카드가 들어 있는 상자를 돌려 모든 학생이 한 장씩 뽑도록 한다. 자신의 카드를 뽑았을 경우 다른 친구와 바꾸도록 한다.

• 모둠원들이 각각 뽑은 약점 카드의 내용을 함께 살펴보고, 하나씩 서로 협의하여 강점으로 바꿔 준다. 다양한 긍정의 아이디어를 자유롭게 나눈 후, 가장 좋은 의견 세 가지 정도를 뽑아서 '약점을 강점으로 바꿔 주기' 칸에 쓴다.

예) 키다 작다 → 귀엽다/발도 작으니 예쁜 구두를 신을 수 있다/상대방에게 편안함을 느끼게 해 준다.

• 모둠 활동이 끝나면 약점 카드의 주인에게 카드를 돌려준다.

활동 4 강점으로 나를 광고하기

나의 강점으로 나를 알리는 광고(포스터)를 만들어 봅시다.

<예시>

|부록 3|

학생과 같이 볼 수 있는 관련 동영상과 읽기 자료

EBS 다큐 프라임'아이의 사생활' 4편 -〈다중지능〉편

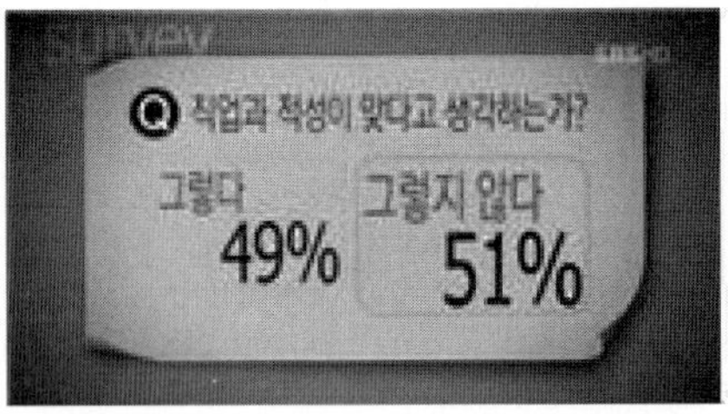

약 2,700명을 대상으로 직업과 적성에 관해 인터넷 설문조사를 실시했다. 그중 비교적 자신의 직업에 불만족도가 높은 사람 8명을 초대했다.

이들은 모두 이직을 생각하고 있을 정도로 자신의 직업에 대해 심각하게 고민하고 있었다.

그러나 의외로 이들의 직업은 누구나 한 번쯤은 꿈꿔봤을 그런 직업들이었다. 교사, 연구원, C대, 의대생 등 누구나 쉽게 가질 수 없는 부러운 직종이지만 그럼에도 이들은 왜 이렇게 자신의 직업에 만족하지 못하는 것일까?

이들을 대상으로 다중지능 테스트를 해보았다. 자신이 인지하지 못하고 있는 자신의 적성을 통해 강점과 약점을 분류해주는 것이다. 다중지능검사 결과 수의사를 꿈꾸는 영어 교사는 자연친화력이, 쇼호스트를 준비하는 공무원은 공간지각능력이, 그리고 방송작가를 꿈꾸는 의대생은 자기이해능력이 가장 높았다. 결과는 놀랍게도 그들의 강점이 지금의 직업과는 다른 그들이 희망하는 직업과 일치하고 있었다.

이번에는 정반대로 그들의 인생에서 성공했다고 생각는 사람들을 만나 보았다. 디자이너 이상봉, 가수 윤하, 외과 의사 송명근, 발레리나 박세은 모두 자신의 분야에서 뛰어난 성과를 보이고 있는 사람들이다. 이들의 성공과 지능 사이에는 어떠한 연관이 있을까?

이들도 다중지능 테스트를 한 결과 모두 자신의 강점지능과 직업이 일치하고 있었다. 재미있는 것은 자신의 분야에서 성공했다고 하는 사람들도 못하는 부분이 하나씩은 있다는 것이다

한 가지는 잘하지만 한 가지는 못하는 것. 성공한 사람들도 예외는 아니었다. 그러나 더욱 놀라운 공통점은 모두 자기이해지능이 높았다는 것이다. 자신이 좋아하는 것, 원하는 것이 무엇인지를 아는 것은 자기이해능력이 높은 것이며, 자신의 장점과 단점을 정확히 파악하여 장점은 강화시키고 단점을 보완하는 능력으로 연결될 수 있을 것이다. 자기이해지능은 가치관이 형성되기 시작하는 청소년기에 높은 성취가 있다고 하니, 자신에 대한 깊은 이해를 바탕으로 자신의 진로에 대한 비전을 설정하고 계획을 세워 차근차근 준비해 나가는 자기 성찰적인 태도는 진로성숙도 향상에 큰 영향을 끼칠 것이다.

제3부
대인관계 차원 인성계발

제7장

효과적인 대인관계를 위한 공감적 이해 능력 신장

개요

학생들에게 있어 다른 사람을 공감적으로 이해하는 능력은 그들의 친사회적 행동, 도덕성, 이타성, 양심의 발달을 촉진할 뿐만 아니라 공격적이고 반사회적인 행동을 억제한다. 또한 학생이 타인을 공감적으로 이해하는 능력을 가진 경우 상대방의 잘못을 쉽게 용서하는 경향이 있다. 이처럼 공감적 이해 능력은 학생들의 인성 발달에 중요한 대인관계 능력이 된다.

이 장에서는 학생들에게 있어 공감적 이해 능력이란 어떤 것인지에 대해 설명하고, 이어서 공감적 이해 능력 신장에 대한 제언을 한다. 마지막으로 공감적 이해 능력 신장을 위한 실제 훈련 프로그램을 제시한다.

연구문제

1. 대인관계에서 공감적 이해 능력이란 무엇인가?
2. 대인관계에서 공감적 이해의 필요성은 무엇인가?
3. 대인관계에서 공감적 이해의 효과는 어떠한가?
4. 학생의 공감적 이해 능력의 신장 방안은 무엇인가?
5. 학생의 공감적 이해 능력의 신장을 위한 훈련 프로그램에는 어떤 것이 있나?

1. 대인관계에서 공감적 이해의 필요성

인간은 그가 존재하는 현실을 각자 다르게 지각한다. 그리고 이렇게 다르게 지각한 현실이 그에게는 실제 현실이고 이 현실이 그에게 중요하다. 왜냐하면 인간은 외부의 객관적인 현실에 반응하는 것이 아니라 그가 지각한 주관적인 현실에 반응하기 때문이다. 인간은 지각을 통해서 실존 세계를 알 수 있고, 현실이란 그가 지각하고 믿는 것이기 때문이다. 즉, 개인이 지각한 현실만이 그 개인에게 객관적이고 중요한 현실이다(양명숙 외, 2013; Rogers, 1997).

이러한 현상학적 이론은 한 학생으로 하여금 상대방의 행동을 이해하고 그를 공감하여 좋은 대인관계를 맺는 데 큰 도움이 된다. 즉, 타인의 행동이 그 자신의 지각에 의해 결정된다면 그의 행동을 정확히 이해하고 진정으로 공감하기 위해서는 그가 타인과 주위 환경에 대하여 잘 알고 있는 것이 중요한 것이 아니라 타인의 입장에서 그를 지각하고 그가 지각하는 방식으로 그의 실존 세계와 그의 경험을 지각하여야 하기 때문이다.

학생들은 어떤 대인관계 문제에 직면하게 될 때 그 문제를 각자 다르게 지각한다. 그리고 다르게 지각된 그 대인관계 문제가 그에게 객관적인 현실이고 그것이 그에게 중요하다. 따라서 대인관계에서 상대방과 좋은 관계를 맺고자 한다면 학생 개인은 상대방의 내면세계를 알아야 하고 상대방의 지각 양식으로 그와 그의 경험을 이해하고 공감하고자 하여야 한다. 즉, '그는 상대방이 그의 문제를 어떻게 지각하는가?' '상대방은 그 자신을 한 인간으로서 어떻게 지각하는가?' '상대방은 그가 경험하는 것에 어떠한 의미를 부여하는가?' 등 상대방의 내면으로의 탐구 여행에 동반자가 되어야 한다.

또한 대인관계 문제를 해결함에 있어서도 자신의 입장에서 객관적이고 본질이라고 생각하는 점을 주장하기보다 타인과 좋은 관계를 맺기 위해 타인의 실존적 입장을 고려하여야 한다. 즉, 타인의 실존이 자신이 생각하는 본질에 앞선다는 점을 기억하여야 한다.

2. 대인관계에서 공감적 이해의 의미

1) 공감과 공감적 이해

공감과 공감 능력에 관한 연구는 많지만, 공감적 이해에 관한 연구는 많지 않다. 인성교육과 관련해서 공감 능력도 중요하지만 타인을 공감하고 이해하는 능력인 공감적 이해 능력이 더욱 중요한 덕목이 될 것이다. 왜냐하면 공감은 정서적 측면이 강한 반면, 공감적 이해는 정서적 측면과 인지적 측면을 모두 포함하는 포괄적인 개념이기 때문이다. 특히 대인관계에서 타인을 이해하는 능력이 타인의 감정을 공감하는 능력과 더불어 중요한 요인이 되기 때문이다. 또한 타인을 정확하게 공감하기 위해서는 타인을 정확하게 이해하는 것이 전제되어야 하기 때문이다(송재홍 외, 2013; Hong, 1994; Weber, 1994).

C. Rogers(1959)도 공감을 말할 때에 정서적 측면뿐만 아니라 이해 부분인 인지적 부분을 동시에 강조했다. 그의 상담 사례를 분석해 보면, 상담자는 공감하는 부분에서 내담자가 말한 핵심 내용을 정확히 이해한 것을 바탕으로 그 핵심 내용에 따른 내담자의 핵심 감정을 반영해 주었다(Tausch & Tausch, 1990). 마찬가지로 학생들 간의 대인관계에서 정확하고 효과적인 공감을 위해서는 상대방을 정확하게 이해해야 한다. 즉, 정확한 공감을 위해서는 정확한 이해가 전제되어야 하는 것이다.

2) 공감적 이해의 정의

공감적 이해는 대인관계를 전제로 하는 개념이다. 즉, 공감적 이해란 한 사람이 다른 사람과 좋은 관계를 맺는 데 필요한 대인관계 능력 중의 하나다. 공감적 이해는 문헌에서 여러 가지 개념으로 나타난다, 예를 들면 반영(Schmid, 1973) 혹은 반영하는 방법(Weber, 1994), 감정에 대한 반영 혹은 반사(Lattke, 1973; Minsel, 1976), 공감적 이해 그리고 그의 언어화(Schmid, 1989/1994), 내담자의 감정적 경험 내용의 언어화(Frohberg u.a., 1972; Geissler, 1988; Gerbis, 1977; Pongratz, 1973; Tausch & Tausch, 1990), 적극적 경청(Gordon, 1977), 제한 없는 경청(Rogers, 1951), 평가하지 않는 공감적인 경청(Egan, 1990), 공감적인 이해(Fleischer, 1990; Tausch & Tausch,

1990), 감정이입(Godlstein, 1977; Hoffmann, 1981; Rogers, 1951), 적극적인 감정이입(Egan, 1990) 등이다(홍종관, 1999 재인용).

그러나 이들은 세 가지 측면에서 살펴볼 수 있다. 첫째, 대인관계 상황을 다른 사람의 입장에서 이해하는 측면이다. 둘째, 대인관계에서 상대방의 느낌을 공감하는 측면이다. 셋째, 대인관계 상황에서 공감적으로 이해한 것을 전달하는 측면이다. 따라서 공감적 이해란 대인관계 상황에서 그 상황을 다른 사람의 입장에서 이해하고 그 상황에서의 다른 사람의 느낌을 공감하는 것이고, 이렇게 이해하고 공감한 것을 다른 사람에게 전달하는 것이다. 그래서 대인관계에서 상대방이 공감적으로 이해받고 있음을 느낄 수 있도록 하는 것까지를 말한다. 상대방을 공감적으로 이해한다는 것은 자신을 타인의 입장에 놓음으로써 그의 내면세계로부터 그를 이해하고 공감하는 것을 말한다. 즉, 한 학생이 다른 학생의 개인적인 세계를 마치 자신의 것처럼 느끼고 이해하는 것을 말한다. 그러나 이때 그는 타인과 자신을 동일시하지는 않는다.

3. 대인관계에서 공감적 이해의 세 가지 측면

학생들의 대인관계에서 일어나는 많은 문제는 결국 자기 입장에서만 그 문제를 보기에 그 문제를 객관적으로 보지 못하는 것에서 출발하고, 더 나아가 그 문제를 객관적으로 이해하지 못하기에 문제의 당사자를 공감할 수 없게 되는 것이다. 즉, 대인관계 문제에서 다른 사람의 입장을 살피지 않고 자기 입장에서만 바라보기에 그 문제를 객관적으로 보지 못하게 된다. 또한 이러한 자기 입장에서만 보고 접근할 때에 상대방의 감정을 공감할 수 없게 되는 것이다. 즉, 대인관계에서 공감적으로 이해한다는 것은 한 학생이 대인관계 상황을 상대방의 입장에서 이해하는 것과 대인관계 상황에서의 상대방의 느낌을 공감하는 것과 이렇게 상황을 이해하고 상대방을 공감한 것을 전달하는 것의 세 가지 측면으로 나누어 볼 수 있다.

1) 대인관계 상황을 상대방의 입장에서 이해하기

대인관계에서 공감적으로 이해하기 위해서는 먼저 대인관계 상황을 정확히 객관적으로 이해하여야 한다. 대인관계 상황에서 문제가 발생하는 경우 대부분 그 상황을 자기 입장에서만 보고 자기 입장만을 주장하기 때문이다. 즉, 대인관계 상황을 자기 입장에서만 보아서 객관적이지 못하고 지극히 주관적이기 때문에 대인관계 문제가 발생하는 것이다. 대인관계 상황을 객관적으로 보기 위해서는 그 상황을 자기 입장에서만 보지 말고 타인의 입장에서 보아야 한다. 그런데 아직 조망 능력이 발달하지 않은 어린 학생들인 경우 대인관계 상황을 자기중심적으로 보기에 대인관계 문제가 발생한다. 그리고 문제가 발생하면 자기중심적 태도로 해결하고자 하기에 그 문제를 해결하기가 더욱 어려워진다. 따라서 교사는 학생들에게 대인관계 상황을 자기 입장에서만 보지 말고 상대방의 입장에서 보도록 하여 학생이 그 상황을 객관적으로 이해하도록 도와야 한다. 그리고 교사는 학생들 간에 발생하는 대인관계 문제를 해결하기 위해서도 학생들이 자기중심적 태도를 지양하고 상대방 중심적 태도를 취함으로써 그 문제를 합리적으로 해결하도록 도와야 한다.

2) 대인관계 상황에서 상대방을 공감하기

상대방을 공감적으로 이해하기 위해서는 대인관계 상황을 정확하게 이해하는 인지적 측면 이외에 그 대인관계 문제의 핵심 내용과 관련된 상대방의 핵심 감정을 정확히 공감하는 정의적 측면이 있다. 대인관계를 잘 맺기 위해서는 대인관계 상황에서 상대방의 느낌을 잘 공감하는 것이 중요하다. 대인관계에서 상대방의 느낌을 잘 공감하기 위해서는 앞서 설명한 대인관계 상황을 상대방의 입장에서 보고 객관적으로 이해하는 것이 전제되어야 한다. 즉, 대인관계 상황을 자기 입장에서만 보지 말고 상대방의 입장에서 보아 그 상황을 객관적으로 이해하는 것이 우선되어야 한다. 그리고 그 객관적인 이해를 넘어 상대방의 입장에서 대인관계에 접근하여야 상대방이 어떤 점에서 감정이 상하였는지를 알 수 있다. 즉, 정확한 공감을 위해서는 정확한 이해가 전제되고, 상대방과 좋은 인간관계를 맺기 위해서는 정확한 이해를 넘어 상대방의 대인관계 핵심 내용의 핵심 감정을 정확히 파악하고 이를 공감하여야 한다. 따라서 교사는 학생들의 좋은 대인관계를 위해 학생들에게 공감 능력을 신장시켜 주어야 한다. 그 시작은 대인관계 상황을 상대방의 입장에서 이해하도록 돕는 것이다. 학생들로 하여금 상대방의 대인관계의 핵심 내용과 관련된 핵심 감정을 공감하도록 돕는 것이다.

3) 대인관계 상황에서 공감적으로 이해한 것을 전달하기

대인관계 상황에서 학생이 상대방을 공감적으로 이해하는 것도 중요하지만 상대방이 자신이 정말 공감적으로 이해받는다고 지각하게 하는 것도 중요하다. 왜냐하면 그렇게 지각되어야 공감적 이해의 효과가 나타나기 때문이다. 어떤 학생이 아무리 상대방을 정확히 이해하고 공감하였다고 하여도 그것이 제대로 전달되지 않아 상대방이 공감적으로 이해된다는 확신이 들지 않으면 다음에 언급하는 공감적 이해의 효과를 기대할 수 없다. 따라서 대인관계에서 공감적 이해를 전달하는 측면은 매우 중요하다. 교사는 학생들이 대인관계에서 상대방을 공감적으로 이해한 것을 효과적으로 전달할 수 있는 능력도 신장시켜 주어야 한다.

4. 대인관계에서 공감적 이해와 전달의 효과

만약 한 학생이 다른 학생을 공감적이고 이해심이 많은 자로 경험하게 되면 그에게 많은 긍정적인 변화가 있게 된다. 그는 자신이 이해받는다는 느낌을 갖게 되며, 점점 더 자신을 공감적으로 이해해 준 친구가 자신의 편이라는 것을 경험한다. 그리고 그는 자신을 공감적으로 이해해 준 친구에게 자신을 더욱 이해시킬 수 있게 된다. 또한 그 자신에 대한, 특히 그의 능력에 대한 그의 신뢰감이 증가한다. 그는 증가된 정체성을 가지고 그의 개인적이고 주관적인 경험에 눈을 돌리게 된다. 왜냐하면 그는 자신에 대하여 점점 더 책임감을 느끼기 때문이다. 자신의 문제해결 능력에 대한 확신도 증가하고, 이는 그로 하여금 그의 문제의 해결을 다른 사람에게 위임하지 않고 스스로 해결하고자 시도하게 된다. 그래서 그는 집중적으로 자신의 내적 가치관에 귀 기울이게 된다. 그는 그에게 매우 중요한 개인적인 경험에 관하여 이야기하고 그에게 상처가 되었고 두려웠던 경험을 의식 속으로 끌어들임으로써 그 자신을 스스로 탐색한다. 공감적 이해를 받은 자의 자기 탐색에 대한 이러한 공감적 이해의 촉진적인 효과는 매우 큰 의미를 가진다. 왜냐하면 자기 탐색의 정도는 공감적 이해를 받은 학생의 건설적인 변화와 밀접한 관계가 있기 때문이다. 공감적 이해의 효과는 다음 세 가지 측면에서 살펴볼 수 있다.

1) 타인에게 좋은 감정을 가지게 함

학생은 다른 사람이 자신을 공감적으로 이해해 줄 때 즐겨 이야기한다. 이러한 현상은 학생이 정신적인 위기에 있을 때 더욱더 그렇다. 또한 그 공감적 이해가 깊은 것이고 학생에게 개인적으로 아주 중요한 것에 관한 것일수록 더욱 그렇다. 불행해지고 우울해지고 두려움을 느낄 때 학생은 다른 사람으로부터 전혀 이해받지 못할 것이라는 생각과 감정을 가지게 되며 그로 인해 공격적이거나 극단적인 행동을 취하게 된다. 또한 이로 인해 학생은 타인으로부터 더욱 이해받지 못하게 됨으로써 우울해지고 두려움에 빠지게 된다. 그러나 이때 드디어 학생을 이해해 주는 한 친구를 만날 때 그 기쁨은 말로 표현할 수 없을 정도로 커진다. 많은 학생이 이때 깊은 외로움으로부터의 해방감을 느낀다. 그는 자신을 공감적으로 이해해 준 친구에게 감사하게 되고 그를 적극 신뢰하게 된다.

이러한 좋은 감정은 치료적으로 다음과 같은 중요한 의미가 있다(홍종관, 2002). 첫째, 자기 개방을 촉진한다. 둘째, 스트레스적인 감정을 해소시킨다. 셋째, 안정적인 분위기를 만든다. 넷째, 새로운 평가를 가능케 한다. 다섯째, 활동적이 되게 한다. 여섯째, 사람들과의 교제를 가능케 한다. 일곱째, 자율신경계를 통하여 신체에까지 좋은 영향을 준다.

2) 타인의 자기 탐색을 촉진함

공감적 이해와 그것의 전달을 통하여 타인은 자신에 대하여 탐색하기 시작한다. 즉, 자신이 타인에게 이해받는 것을 통하여 학생 자신도 자신에 대하여 생각하게 된다. 즉, 학생은 자신을 점점 더 개방하게 되고 자신에 대한 이야기를 많이 하게 된다. 학생은 자신에 관한 이야기를 함으로써 이완되고 해소를 경험한다. 학생은 자신의 감정을 왜곡하지 않고 수용하게 된다. 그는 이미 다른 사람에게 두려움이나 부담감을 가지지 않기 때문에 자신의 문제를 상세히 전달할 수 있다. 학생은 자신의 모든 진술과 함께 이해되고 수용됨을 느끼고 또는 잘못 생각한 것을 수정할 수 있다. 학생은 자기 자신과 본질에 대해 더 많이 발견하고 '진실성과 자기 일치'를 더 많이 발견한다. 학생은 계속 진술할 수 있는 자유와 용기를 얻는다. 학생은 점점 강도 깊게 자기 자신의 주관적인 체험으로 향한다. 왜냐하면 그는 점점 더 자신에게 책임을 느끼기 때문이다. 그는 그의 문제 해결을 다른 사람에게 맡기는 것을 포기한다. 스스로 하지 않으면 안 된다는 확신이 자라는 것이다. 학생은 자기 탐구의 길을 가게 된다. 그는 자신의 감정과 정서, 소망과 목표 등을 탐구하게 되고, 거울 속에서처럼 자신을 보고 연구할 수 있게 된다.

3) 자신을 주관적 왜곡으로부터 보호함

공감적 이해를 전달하는 것, 즉 반영이라는 것은 단지 상대방에게만 올바르고 중요한 것이 아니라 공감적으로 이해하는 자신에게도 중요하다. 어느 한 학생이 타인을 공감적으로 이해하고 그에게 이를 전달하면 그것은 그가 체계적인 경청을 실제로 행하는 것이며, 다른 사람을 포용적으로 받아들이고 존중하는 것이며, 다른 사람을 더 많은 진실성과 동일성, 더 많은 자기 활동과 자기 책임, 더 많은 자기 탐구와 자기 치료를 얻도록 도와주는 일인 것이다. 한 학생이 타인을 공감적으로 이해하고자 노력할 때, 그는 대인관계 문제를 좀 더 객관적으로 이해하고 타인의 입장을 헤아리는 성숙한 인간으로 성장하게 된다. 즉, 공감적으로 이해할 때에 대인관계 문제에서 그 문제를 자기 입장에서만 보아 편협되고 주관적이고 왜곡해서 보는 것으로부터 자신을 보호할 수 있게 된다.

5. 대인관계에서 공감적 이해 능력 신장을 위한 제언

교사는 학생들의 좋은 대인관계를 위해 학생들에게 공감적 이해 능력을 신장시켜 주어야 한다. 특히 학교폭력의 가해 학생은 타인에 대한 공감적 이해 능력이 부족하다. 따라서 이들에게 자신의 폭력이 타인에게 어떤 피해나 아픔을 주는지에 대해 공감하고 이해하는 능력을 신장시켜 주는 교육이 필요하다. 공감적 이해 능력 신장은 앞서 살펴본 공감적 이해의 세 가지 측면에서 이루어질 수 있다. 즉, 대인관계 상황을 상대방의 입장에서 '이해하기', 대인관계에서 상대방을 '공감하기', 그리고 대인관계 상황에서 공감적으로 이해한 것을 '전달하기'다.

1) 대인관계 상황을 상대방의 입장에서 '이해하기' 위한 제언

상대방을 공감적으로 이해하기 위해서는 우선 대인관계 문제들의 핵심 내용을 정확히 이해하여야 한다. 문제의 핵심 내용을 객관적으로 정확하게 이해하기 위해서는 그 문제를 자기 입장에서만 보지 말고 상대방의 입장에서 바라보아야 한다. 많은 경우 대인관계 문제를 자기 입장에서만 보기 때문에 그 문제의 핵심 내용을 객관적으로 정확하게 보지 못한다.

진정한 공감적 이해를 위해서 학생은 타인이 지각하는 그의 내면세계에 주의를 집중해야 한다. 이를 위해 그는 이때에 자신의 개인적인 생각, 경험과 느낌을 가능한 한 정지시켜야 한다. 그는 그가 듣고 지각한 상대방의 행동을 분석하고 평가하려 하지 말아야 한다. 예를 들면, '아니, 왜 그는 나에게 이런 말을 하는 거야. 그는 정말 자기중심적이야. 내가 그를 어떻게 용서할 수 있겠어!'와 같은 자신의 생각과 느낌과 평가를 일단은 옆으로 제쳐 두고, 먼저 타인의 입장에서 생각하고 느끼고 지각하고자 노력해야 한다. 왜냐하면 상대방을 정확하게 공감적으로 이해하기 위해서는 타인의 지각 양식으로 타인의 실존을 지각해야 하기 때문이다. 또한 제대로 된 공감적 이해를 위해서는 타인의 말에만 집중하지 말고 말 사이의 침묵, 목소리, 얼굴 표정에 나타나는 것들에도 주의를 집중해야 한다. 그리고 경청만으로는 부족하다. 경청하면서도 한편으로는 자신이 들은 것이 타인이 정말 말하고자 한 것인지를 자주 점검해야 한다. 이렇게 할 때에 그는 상대방을 정확하게 공감적으로 이해할 수 있다.

공감적 이해를 위해 Alterhoff(1994)는 무엇보다도 타인의 내적 경험의 세계를 이해해야 한다고 하였다. 즉, 감정이 강조된 주장, 소망과 목표, 가치 척도와 평가, 또한 윤리적 규범, 양심, 초자아, 어른으로서의 나를 이해해야 한다는 것이다. 박성희와 이동렬(2001)도 공감적 이해력을 높이기 위해서는 먼저 정확한 이해가 중요함을 강조하였다. 이들은 정확한 이해를 위한 전략으로 '핵심 용어와 낱말 이해' '고유 논리의 이해' '습관 언어의 이해' '감각 언어 통로의 이해' '주의집중 행동을 통한 이해' 등을 제시하였다.

2) 대인관계 상황에서 상대방을 '공감하기' 위한 제언

대인관계 상황에서 상대방을 효과적으로 공감하기 위해서는 대인관계 상황의 핵심 내용에 처한 상대방의 핵심 감정이 어떠했는지를 살펴 공감할 수 있어야 한다. 많은 경우 상대방의 이러한 핵심 감정을 공감하는 정확도가 낮기에 상대방은 공감을 받는다는 확신이 들지 않는다. 대인관계 상황에서 상대방을 효과적으로 공감하기 위해 Alterhoff(1994)는 무엇보다 타인의 감정에 집중할 것과 타인의 감정을 가능한 한 직접 다루어야 한다고 하였다.

Weber(1994)는 대인관계 상황에서 상대방을 효과적으로 공감하기 위해서 무엇보다도 상대방이 경험하고 느낀 것에 집중해야 한다고 하였다. 상대방이 과거의 경험에 대해 이야기할 때 어떤 감정들이 즉시 그의 마음속에 일어나는지 그와 함께 생각해 내고자 해야 한다는 것이다.

박성희(2014)는 공감역량을 향상시키는 다음과 같은 아홉 가지 방법을 제시하였다.

- 마음 비우기: 공감을 잘하기 위해서 명상 또는 걷기 동작 관찰을 통해 마음을 비우는 것이다.
- 자연과 하나 되기: 공감은 사람과 하나 되는 경험을 의미하는데 하나 되는 경험을 훈련하기 위하여 나무, 시냇물, 손목시계 등과 하나 되는 연습을 하는 것이다.
- 상상으로 공감하기: 상상은 생각보다 더 강력한 힘을 가진다. 즉, 상상의 내용은 사람의 의식에 큰 영향을 준다. 따라서 상대방의 입장 상상하기를 통해 공감역량이 향상되게 한다.
- 비디오로 공감 연습하기: TV 드라마, 영화, 연극 등 비디오로 녹화된 화면에 등장하는 사람들의 표정, 시선, 몸동작, 자세, 음성 등을 통해서 그들이 전달하는 감정과 대화 내용에 대한 이해를 훈련하는 것이다.
- 핵심 용어와 낱말 이해하기: 상대방이 사용하는 용어와 낱말들의 의미를 정확하게 파악하는 훈련을 통하여 상대방을 공감적으로 이해하는 역량을 향상시키는 것이다.
- 교유 논리 이해하기: 공감을 잘하기 위해서 상대방의 내면에서 진행되는 논리(상

상, 환상, 생각 등)를 이해하는 것이다.

- 근본 욕구와 성장 동기 찾기: 말하기 전에 마음에 자리하고 있는 근본 욕구가 결핍 욕구인지 성장 욕구인지 파악하는 훈련을 통하여 공감역량을 향상시키는 것이다.
- 습관 언어 활용하기: 상대방이 사용하는 습관 언어를 확인하고 대화에 이를 활용하는 연습을 통해 공감역량을 향상시키는 것이다.
- 감각 언어 통로 활용하기: 대화를 할 때에 청자가 화자의 감각 언어에 주파수를 맞춰 반응하는 훈련을 통해 공감역량을 향상시키는 것이다.

3) 대인관계 상황에서 공감적으로 이해한 것을 '전달하기' 위한 제언

공감적 이해를 잘 전달하기 위해 학생은 자기가 상대방을 정말 경청하고 이해하는지, 아니면 다만 거기 앉아 있어서 고개만 끄덕거리고 있는지를 상대방에게 알 수 있도록 적극적으로 경청해야 한다. 학생은 대인관계 상황에서 그가 이해하고 공감한 것을 상대방에게 즉시 전달해야 한다.

공감적 이해한 것을 전달할 때에는 다음과 순서와 방법으로 한다. 첫째, 먼저 정의적 개입을 한다. 즉, 먼저 공감하기를 통하여 상한 감정을 치유하라는 것이다. 상한 감정이 치유되어야 이 다음 단계인 문제 해결의 인지적 접근이 가능해 지기 때문이다. 이 정의적 개입 방법은 '~(핵심 내용)때문에, ~(핵심 감정)하구나!'로 한다. 둘째, 상한 감정이 치유한 다음에는 인지적 개입을 한다. 문제를 객관적으로 살펴보고 문제 해결적 개입을 하는 것을 말한다. 셋째, 필요한 경우 윤리적 · 도덕적 개입을 한다. 여기서 전달의 순서가 중요하다. 즉, 가치 척도와 평가의 반영보다는 소망과 목표의 반영이, 그리고 소망과 목표의 반영보다는 감정과 정서의 반영이 먼저 이루어져야 한다. 왜냐하면 개인은 타인의 인지적인 문제보다 먼저 상한 감정의 공감적 이해와 전달을 통하여 타인과 신뢰할 수 있는 인간관계를 맺을 수 있고, 타인은 정서적으로 안정을 느낄 때 자신의 문제를 보다 객관적이고 정확하게 볼 수 있기 때문이다.

대인관계 상황에서 공감적으로 이해한 것을 효과적으로 전달하기 위해 Alterhoff (1994)는 다음과 같은 유의할 점을 제시하였다.

- 공감적 이해를 전달할 때는 가능한 한 구체적이고, 시각적이고, 짧고 정확하게 한다.
- 공감적으로 이해한 바를 전달할 때 그것은 항상 단지 가정 혹은 타인의 감정에 가까운 것일 뿐이라는 사실을 염두에 두어야 한다.
- 공감적으로 이해한 바를 타인에게 가능한 한 자주 전달한다.
- 순간적이고 현재적으로 경험하는 것, 즉 지금 그리고 여기의 타인의 감정을 전달하여야 한다.

Weber(1994)는 대인관계 상황에서 공감적으로 이해한 것을 전달하기 위해서 다음 사항들을 유의할 것을 권하였다.

- 예를 들어 자기경험 집단이나 개인치료에서 자기 자신의 감정과 소망 그리고 가치 척도를 지각하고 언어화하는 것을 배워야 한다. 학생이 자기 자신에게 공감과 언어화를 실제로 행할 수 있을 때에만 타인에게도 그것을 효과적으로 행할 수 있기 때문이다.
- 가능한 한 모든 중요한 타인의 의견을 구체적으로 언어화하여 전달하고자 노력해야 한다.
- 짧게 반영해야 한다. 왜냐하면 쓸데없이 장황한 언어화는 타인의 생각 표현을 방해하고 이해하기 어렵기 때문이다.
- 구체적으로 반영해야 한다. 일상적이고 분명한 언어가 유용하다. 추상적인 언어는 종종 이해할 수 없고 구속력이 없고 보편적이며 타인으로 하여금 추상적으로 이야기하게끔 부추긴다.
- 자신의 언어화가 피상적으로 흐르지 않고 단순한 반복이 되지 않도록 유의해야 한다. 또한 타인과는 다른 단어를 사용하고 무엇보다도 동의어와 반의어로 표현한다. 또는 타인의 진술 뒤에 숨어 있는 것을 언어화한다.

6. 공감적 이해 능력 신장 훈련 프로그램

공감적 이해 능력 신장은 대인관계 상황을 정확히 이해하는 능력과 대인관계 상황에서 상대방을 공감하는 능력과 이렇게 공감적으로 이해한 것을 상대방에게 효과적으로 전달하는 능력의 신장으로 나누어 볼 수 있다. 아래 제시되는 공감적 이해 능력 신장 훈련 프로그램은 응용발달심리연구센터가 미국폭력예방협회에서 출간한 『사회적 기술 단원과 활동들 시리즈 2, 3』(Social Skills Lesson & Activites)을 번역한 『바로 사용할 수 있는 사회적 기술 향상 프로그램-초등학교 1~3학년용』(2007a), 『바로 사용할 수 있는 사회적 기술 향상 프로그램-초등학교 4~6학년용』(2007b)에서 소개된 프로그램들이다. 다만 등장인물이 외국인인 경우 한국 이름으로 바꾸었고, 번역과 문맥이 매끄럽지 못한 부분과 내용이 복잡한 부분과 프로그램 지도 사항의 번호는 우리나라의 학교 현장과 본문에 적합하게 재편집하였다. 각 프로그램에 사용되는 각 활동지는 번호 순서로 이 장의 끝부분에 정리하여 교사가 여기에 소개된 프로그램을 실시할 때에 복사하여 사용할 수 있도록 하였다.

1) 대인관계 상황을 정확히 이해하는 능력 신장

(1) 행동하기 전에 전체 상황을 평가하기

• 행동목표: 학생들은 행동을 취하기 전에 전체 상황을 평가할 수 있다.

① 필요성 확립하기

교사는 행동을 취하기 전에 상황을 평가하는 것이 중요함을 학급 학생들과 토론한다. "상황을 이해할 때, 사람들은 어떤 행동을 할 것인가에 대한 결정을 할 수 있어요. 그렇게 함으로써 사람들은 잘못된 결정을 하거나 자신들의 한 결정에 대해서 후회하지 않을 수 있습니다."

② 주제 도입하기

"영수는 자기 크레용을 찾지 못했습니다. 영수는 철수에게 크레용을 빌려 준 것을 기억해 냈습니다. 철수가 크레용을 돌려주지 않았기 때문에 영수는 선생님에게 가서 자기 크레용을 가져간 철수를 비난했습니다. 그러나 철수는 그 크레용을 가지고 있지 않았습니다." 그런 다음에 교사는 다음과 같은 질문을 한다. "영수는 철수를 비난하기 전에 무엇을 해야만 했을까요? 만약 영수가 이런 일을 먼저 했더라면 어떤 일이 일어났을까요?" 교사는 행동하기 전에 전체 상황을 살펴보는 것이 좋다는 방향으로 학생들의 대답을 이끌어 간다. "만약 여러분이 어떤 사람을 비난했는데 나중에 여러분이 잘못 알았다는 것을 알게 되면 여러분은 어떤 느낌이 들까요?"

③ 기술요소 확인하기

활동을 하기 전에 칠판에 다음을 적어 놓는다.

- 상황을 전부 조사한다.
- 일어날 수 있는 가능성이 있는 일들을 생각한다.
- 어떤 행동을 취할지 결정한다.
- 실행한다.

④ 기술 시범 보이기

교사가 다음 상황을 읽어 준다. "화장실에 가기 위해서 학급 학생들이 줄을 서 있습니다. 영숙이가 미숙이에게 부딪혔습니다." 그리고 교사는 문제가 어떻게 해결되었는지를 보여 주는 기술 단계들을 보여 준다.

⑤ 행동 시연하기

A. 선발: 한 학생이 상황을 읽도록 선발한다. 다른 두 학생이 대화를 한다.

B. 역할놀이: (색인카드에 역할을 적는다.)

세팅: 학급 학생들이 교실을 떠난다. 철순이는 책상에 무엇을 넣느라고 제일 나중에 떠난다. 학급 학생들이 돌아왔을 때 바로 점심시간이다.

〈대화 부분〉

희숙: 선생님, 누가 내 크레용을 훔쳐 갔어요.

교사: 자, 네 크레용에 어떤 일이 일어났는지 생각해 보자.

희숙: 철순이가 가져갔어요.

교사: 너는 그것을 모른단다. 책상 안을 살펴보았니?

동일: 버스에 두고 오지 않았을까?

병훈: 어쩌면 누가 교실에 들어와서 가져갔을 수도 있어.

교사: 희숙아, 다시 한 번 책상 안을 살펴보아라. 그리고 네가 책가방을 사물함에 넣었을 때 함께 넣었는지를 살펴보는 것도 잊지 마라!

희숙: 알았습니다. 다시 한 번 살펴볼게요. 이런, 크레용이 사물함 안에 있어요.

C. 완료: 각 역할놀이를 한 후, 올바른 행동을 강화하고 부적절한 행동은 확인 · 수정한 후 역할놀이를 다시 한다. 만약 수정할 것이 없으면 역할놀이를 완료한다.

D. 강화물: 올바른 반응으로 언어적 칭찬, 자기 칭찬, 집단 격려 등의 강화를 한다.

E. 토론: 아동들이 행동하기 전에 전체 상황의 이해가 필요했던 다른 경우들을 토론한다. 그리고 행동을 취한 후의 결과에 초점을 둔다.

⑥ 연습하기

아동에게 활동지 1(잃어버린 점심 값)을 나누어 준다. 이것을 수업 시간에 하게 하고 취해진 행동들을 토론한다.

⑦ 독자적으로 사용하기

학생들에게 활동지 2(가족 관점)를 나누어 주고 집에 가서 해 오라고 한다. 그리고 그것을 다시 가져와서 서로 경험을 나누고 토론하게 한다.

⑧ 지속하기

교사는 행동하기 전에 모든 사실을 점검하는 것의 필요성을 상기시켜야 한다.

(2) 다른 사람의 관점 존중하기

- 행동목표: 학생들은 긍정적이고 사회적으로 수용할 수 있는 방식으로 다른 사람들의 견해와 행동을 존중한다.

① 필요성 확립하기

이 기술은 사회에서 학생과 다른 사람들 간의 효과적인 의사소통에 필수적이다.

② 주제 도입하기

교사는 다른 사람들 간의 권리와 관습을 존중하는 것에 관한 다음의 예들에 대해서 토론한다.

- 국가에 충성을 서약하지 않는 특정한 여호와 증인의 권리
- 항상 머리를 가리고 여성은 드레스나 스커트를 입는 회교도의 관습
- 학교 규칙을 준수하기를 기대하는 학교 당국의 요구

③ 기술요소 확인하기

활동을 하기 전에 칠판에 다음을 적어 놓는다.

- 다른 사람의 견해를 조용히 듣는다.
- 말하는 사람의 감정과 이야기를 분석한다.
- 사회적으로 수용할 수 있는 방식으로 반응한다.

④ 기술 시범 보이기

교사는 일반적으로 받아들여지지 않는 방식으로 행동하는 상황을 제시함으로써 기술에 대한 역할놀이를 한다.

⑤ 행동 시연하기

A. 선발: 교사는 역할놀이를 할 학생을 선발한다.

B. 역할놀이: 학생들은 다음 상황에 대한 역할놀이 한다.
 - 색다르게 옷을 입는다.
 - 색다른 음식을 먹는다.
 - 다른 언어로 말한다.

C. 완료: 각 역할놀이를 한 후, 올바른 행동을 강화하고 부적절한 행동은 확인하고 수정하여 역할놀이를 다시 한다. 수정할 것이 없으면 역할놀이를 완료한다.

D. 강화물: 물질적인 보상, 언어적 칭찬, 집단 강화 등을 한다.

E. 토론: 학생들은 민족 유산을 유지하도록 인정하면서 문화적 배경이 다른 사람들을 받아들이는 것이 필요하다는 것에 대해서 토론한다.

⑥ 연습하기

학생들에게 활동지 3(두 가지 견해)을 나누어 주고 수업 중에 완성해서 토론하게 한다.

⑦ 독자적으로 사용하기

학생들에게 다른 사람들의 견해를 존중해야 하는 학교 밖에서의 상황에 대해서 이야기한다.

⑧ 지속하기

교사는 관련 상황이 발생하면 다른 사람들의 견해를 존중하는 것이 필요함을 계속해서 지적해야 한다.

2) 대인관계 상황에서 상대방을 공감하는 능력 신장

(1) 다른 사람의 감정을 인식하기

- 행동목표: 정서나 기분에 관한 명백한 신호를 나타내는 어떤 사람을 보았을 때, 학생은 정서나 기분을 인식하고 그 감정을 말로 표현하는 방법을 배울 수 있다.

① 필요성 확립하기

교사는 때로 우리의 행동이 우리가 표현하는 다양한 기분이나 정서를 통해 보일 수 있는 감정들에 의해 영향을 받는다는 것을 학생들과 토론한다. 다른 사람들과 잘 지내기 위해서 우리는 다른 사람들의 감정을 인식하고 이해하는 방법을 배워야만 한다.

② 기술요소 확인하기

활동을 하기 전에 다음을 칠판에 적어 놓는다.

- 그 사람을 쳐다본다.
- 그 사람이 어떤 감정을 느끼는지를 결정한다.
- 내가 생각하는 대로 느끼고 있는지 그 사람에게 묻는다.
- 그 사람에게 돕고 싶다고 말한다.
- 그 사람이 도움을 청할 때까지 혼자 남겨 둔다.

③ 기술 시범 보이기

교사는 학생들에게 분노, 행복, 슬픔 등과 같은 다양한 정서를 비언어적으로 보여 준다. 교사가 나타내고 있는 기분이 어떤 것인지 그리고 신체 언어를 보고 다른 여러 가지 기분을 어떻게 구별할 수 있는지에 대해서 학생들에게 이야기한다.

④ 행동 시연하기

A. 선발: 교사는 세 명의 학생에게 기분이나 정서에 관한 역할놀이를 하게 하고, 다른 학생들에게 그 기분이나 정서를 확인시킨다.

B. 역할놀이

- 교사가 시험지를 돌려준 후에 학생이 울기 시작한다.
- 학생이 웃으며 박수를 치면서 교실로 뛰어들어 왔다.
- 학생이 책을 거칠게 덮고 시험지를 던져 버린다.

C. 완료: 각 역할놀이를 한 후, 올바른 행동을 강화하고 부적절한 행동은 확인하고 수정하여 역할놀이를 다시 한다. 만약 수정할 것이 없으면 역할놀이를 완료한다.

D. 강화물: 물질적인 보상, 언어적 칭찬, 집단 강화, 비언어적인 승인의 표현(미소 짓기, 쓰다듬기, 안아 주기) 등을 한다.

E. 토론: 역할놀이의 결과에 대해 토론한다.

⑤ 연습하기

학생들에게 활동지 4(어떤 정서들을 알고 있나요?)를 나누어 주고 수업 중에 완성해서 토론하게 한다.

⑥ 독자적으로 사용하기

학생들이 식당, 운동장, 집 그리고 그 밖의 장소에서 이 기술을 어떻게 사용할 수 있는지에 대해 알게 한다.

⑦ 지속하기

교사들은 모든 관계에서 다른 사람들의 감정을 서로 인식하는 것이 중요함을 강조한다.

(2) 우리가 염려하는 것을 보여 주기

• 행동목표: 학생은 사람들에게 다른 사람들이 어떻게 느끼는지를 이해하고 있음을 말하고 어떻게든 받아들일 수 있는 방식으로 그들의 감정을 이해하고 있다는 것을 보여 준다.

① 필요성 확립하기

다른 사람이 어떻게 느끼는지를 이해할 필요가 있다는 것에 대해서 학급 학생들과 토론한다. "우리는 왜 다른 사람들의 감정을 이해할 필요가 있습니까?" "만일 우리가 사람들이 어떻게 느끼는지를 이해하고 있음을 나타내지 않는다면 어떤 일이 일어날까요? 라고 묻는다.

② 기술요소 확인하기

활동을 하기 전에 칠판에 다음을 적어 놓는다.

• 사람의 행동, 말, 표정에 대해서 생각한다.
• 어떤 사람이 나타내고 있는 감정이 무엇인지 결정한다.
• 어떻게 느끼는지를 그 사람에게 묻는다.
• 내가 이해하고 있다는 것을 그 사람이 알도록 행동하거나 말한다.

③ 기술 시범 보이기

교사는 다음 상황에서의 올바른 행동을 시범 보인다. 수업을 듣는 학생 한 명이 방금 낮은 시험 성적을 받고 "저는 그 시험에 합격했다고 생각했어요. 그런데 이제야 제 성적이 떨어졌다는 것을 알았어요."라고 말한다.

④ 행동 시연하기

A. 선발: 각각의 상황에 대한 역할놀이를 할 두 명의 학생을 선발한다.

B. 역할놀이: 색인카드에 다음의 상황들이 적혀 있다.

- 한 학생이 학교에 입고 온 옷 때문에 놀림을 받았다.
- 한 학생이 학교 운동회의 달리기 경기에서 꼴찌를 했다.
- 한 학생이 학교 식당에서 점심을 엎질렀다.

C. 완료: 각 역할놀이를 한 후, 올바른 행동을 강화하고 부적절한 행동은 확인하고 수정하여 역할놀이를 다시 한다. 만약 수정할 것이 없으면 역할놀이를 완료한다.

D. 강화물: 물질적인 보상, 언어적 칭찬, 집단 강화, 비언어적인 승인의 표현(미소 짓기, 쓰다듬기, 안아 주기) 등을 한다.

E. 토론: 역할놀이의 결과에 대해 토론한다.

⑤ 연습하기

학생들에게 활동지 5(어떤 기분일까요?)를 나누어 주고 수업 중에 완성하게 한다. 학생들의 반응에 대해서 토론한다.

⑥ 독자적으로 사용하기

학생들에게 집에서 자신이나 가족 중 누군가가 보였던 감정에 대해서 쓰고, 그들을 이해하고 있다는 것을 어떻게 보여 주었는지 또는 그들이 또 다른 사람을 이해하고 있다는 것을 어떻게 보여 주었는지 쓰게 한다.

⑦ 지속하기

교사는 관련 상황이 발생하면 다른 사람들에 대한 관심을 보여 주는 것이 필요하다는 것을 계속하여 지적한다.

3) 대인관계 상황에서 공감적으로 이해한 것을 전달하는 능력 신장

(1) 적극적인 듣기 연습하기

- 행동목표: 학생은 표현되고 있는 감정을 해석하기 위하여 적극적으로 듣기 기술을 사용한다.

① 필요성 확립하기

공감적 이해하기의 중요성에 대해서 토론한다. 어떻게 하면 보다 많이 이해하는 것을 배울 수 있을까? 적극적인 듣기가 해답이다. 이것은 공감적으로 이해하는 것을 배우는 한 가지 방법이다. 다른 사람을 완전히 이해하기 위해서는 그 사람의 입장이 될 수 있어야만 한다. 공감적 이해하기는 친구를 만들고 우정을 지키는 데 중요하다.

② 주제 도입하기

다른 사람에 대한 공감적 이해하기의 의미와 그것이 얼마나 유용한 기술인지, 그리고 공감적 이해하기를 배우는 방법에 대해서 학급 학생들과 토론한다. 이 기술을 숙달하면 친구의 범위가 확대될 것이다.

③ 기술요소 확인하기

활동을 하기 전에 칠판에 다음을 적어 놓는다.

- 주의, 흥미, 관심을 가지고 듣는다.
- 정보와 감정을 이해하기 위해 듣는다.
- 말하는 사람이 말하고 전달하고자 했던 것이라고 생각한 것을 그 사람에게 이야기한다.
- 정확히 듣고 이해했는지 말한 사람에게 묻는다.

④ 기술 시범 보이기

교사는 학급 학생들 앞에서 학급 학생들에게 교사와 함께 나누고 싶은 불평이 있는 학생이 누구인지 묻는다. 교사는 그와 대화를 나눈다. 학급 학생들은 교사의 행동을 관찰하고, 관찰자 기록지에 교사가 얼마나 적극적으로 듣는지를 기록한다. 교사는 적극적으로 듣기의 각 단계를 시범 보인다.

⑤ 행동 시연하기

A. 선발: 이것은 학급 전체 혹은 소집단 활동이 될 수 있다.

B. 역할놀이

- 계획 1: 학급 학생들을 세 명씩 집단으로 나눈다. 한 학생은 불평을 말하고, 한 학생은 적극적인 듣기를 연습하며, 세 번째 학생은 기록지에 행동을 기록한다. 역할을 교대한다.
- 계획 2: 커다란 원을 구성한다. 적극적인 청취자가 될 학생을 지명한다. 불평을 나누고 싶은 학급 학생들은 적극적인 듣기를 연습하는 집단을 이끄는

학생으로 행동할 수 있다. 그 행동들에 대한 기록지를 만들 세 번째 학생을 지명한다.

C. 완료: 각 역할놀이를 한 후, 올바른 행동을 강화하고 부적절한 행동은 확인하고 수정하여 역할놀이를 다시 한다. 만약 수정할 것이 없으면 역할놀이를 완료한다.

D. 강화물: 학급 학생들은 회기가 끝날 때쯤 리더/청취자의 긍정적인 기술에 대하여 논평한다.

E. 토론: 역할놀이를 검토하고 학생들이 관찰한 것에 대하여 토론한다. "적극적인 듣기가 어떻게 보다 더 분명히 공감적으로 이해하는 것을 도울까요?"

⑥ 연습하기

'교사 시범'과 '역할놀이'에 대하여 활동지 6(관찰자 기록지: 적극적인 듣기행동)을 사용한다. 불평에 관한 이야기를 듣는 대신 긍정적인 것에 관한 다른 이야기를 나눌 수 있다.

⑦ 독자적으로 사용하기

학생들과 함께 그들이 학교에서 보다 더 어린 학생들 모두에게 미칠 수 있는 영향에 대해서 토론한다.

⑧ 지속하기

다른 사람이 어떻게 생각하고 느끼는지를 진심으로 이해하는 데 있어서 적극적인 듣기의 필요성을 강조한다.

(2) 이해한 것 표현하기

- 행동목표: 학생은 다른 사람의 감정을 이해하고 있다는 것을 수용할 수 있는 방식으로 표현하는 방법에 대해서 배운다.

① 필요성 확립하기

누군가가 친구의 죽음으로 매우 슬퍼하고 있는 것과 같은 상황을 만든다. 어쩌면 누군가가 그 사람의 슬픈 표정을 놀려 댈지도 모른다. 만일 학생들이 그런 상황에 있다면 어떻게 느낄지에 대해서 학급 학생들과 함께 이야기한다. 슬픈 사람의 감정을 이해하고 표현하는 데 어떤 도움을 줄 수 있는지 결정한다.

② 주제 도입하기

교사는 학급 학생들에게 다음 이야기를 한다. “어느 날 영수는 몹시 슬픈 표정을 하고 학교에 왔습니다. 철수는 영수의 표정을 알아채고 영수를 비웃고 놀리기 시작했습니다. 철수는 영수가 왜 슬픈지 묻지 않았습니다. 선생님은 철수를 책상으로 불러서 그의 행동은 용인할 수 없는 행동이라고 말했습니다. 선생님은 영수의 아버지가 심각한 수술을 받았고 그래서 영수는 진자로 근심스러워하고 있다고 설명했습니다. 나중에 선생님은 철수가 영수를 또 놀렸다는 것을 알았습니다.” 다음에 어떤 일이 일어났을지에 대해 토론한다.

③ 기술요소 확인하기

활동을 하기 전에 칠판에 다음을 적어 놓는다.

- 그 사람이 어떻게 느끼고 있는지에 대해서 생각한다.
- 말없이 내 의견을 목록에 작성한다.
- 내 의견에 대해서 생각한다.
- 도움을 제안하고 이해하고 있는 것을 표현한다.
- 대안적인 의견을 시도한다.

④ 기술 시범 보이기

교사가 학생들에게 서로 다른 기분의 사람들을 묘사한 그림들을 보여 주면 학생들은 다양한 사람에게 어떻게 반응해야 하는지에 대해서 말한다.

⑤ 행동 시연하기

A. 선발: 교사는 역할놀이를 할 학생들을 선발한다.

B. 역할놀이: 학생들에게 잡지 사진을 함께 나눠 가지고 그것들을 집단으로 나누게 한다. 나중에 다양한 집단의 그들의 결과를 나머지 학급 학생들에게 보여 주도록 한다. 학생들이 단계들을 연습하도록 허용한다.

C. 완료: 각 역할놀이를 한 후, 올바른 행동을 강화하고 부적절한 행동은 확인하고 수정하여 역할놀이를 다시 한다. 만약 수정할 것이 없으면 역할놀이를 완료한다.

D. 강화물: 물질적인 보상, 언어적 칭찬, 집단 강화, 비언어적인 승인의 표현(미소 짓기, 쓰다듬기, 안아 주기) 등을 한다.

E. 토론: 학생들은 일정한 시기에 다른 사람의 감정을 이해하는 것이 왜 중요한지와 다른 사람의 감정을 이해하는 것이 그 사람을 돕는 데 유용할 수 있다는 것을 토론한다.

⑥ 연습하기

학생들에게 활동지 7(그들은 어떻게 느끼고 있나요?)을 나누어 주고 수업 중에 완성하여 토론하게 한다.

⑦ 독자적으로 사용하기

학생들에게 감정을 이해해야 할 필요가 있다고 생각하는 사람을 적어도 한 명 돕기 위해서 특별히 노력하라고 요청한다. 그들의 성공률과 그들이 성공했을 때 했던 일과 얼마나 어려웠는지에 대해서 학급 학생들과 공유한다.

⑧ 지속하기

교사는 학생들에게 모든 일상의 활동과 다른 사람들과의 상호작용에서 다른 사람들의 감정을 이해하고 있음을 보여 주는 것이 중요함을 상기시킨다.

연구 과제

1. 대인관계에서 왜 공감적 이해가 필요한 지에 대해 말하여 보시오.
2. 대인관계 상황을 객관적으로 정확하게 이해하기 위해서는 어떤 태도를 가져야 하는지에 대해 말하여 보시오.
3. 대인관계 상황에서 상대방을 공감적으로 이해하기 위해서는 어떻게 해야 하는지에 대해 말하여 보시오.
4. 대인관계에서 공감적으로 이해한 것을 전달하는 의의에 대해서 말하여 보시오.

참고문헌

박성희(2014). 인간관계의 필요충분조건-진정성, 수용, 공감. 서울: 학지사.

박성희, 이동렬(2001). 상담과 상담학2-상담의 실제. 서울: 학지사.

송재홍, 김광수, 박성희, 안이환, 오익수, 은혁기, 정종진, 조붕환, 홍종관, 황매향(2016). 학교 폭력의 예방과 상담(2판). 서울: 학지사.

양명숙, 김동일, 김명권, 김성회, 김춘경, 김형태, 문일경, 박경애, 박성희, 박재황, 박종수, 이영이, 전지경, 제석봉, 천성문, 한재희, 홍종관(2013). 상담이론과 실제. 서울: 학지사.

응용발달심리연구센터 역(2007a). 바로 사용할 수 있는 사회적 기술 향상 프로그램-초등학교 1~3학년용. 서울: 시그마프레스.

응용발달심리연구센터 역(2007b). 바로 사용할 수 있는 사회적 기술 향상 프로그램-초등학교 4~6학년용. 서울: 시그마프레스.

홍종관(1999). 상담자의 인간중심적 기본태도에 관한 고찰. 대학상담연구, 10(1), 45-71.

홍종관(2002). 상담자의 공감적 이해에 관한 고찰. 대구교육대학교 논문집, 제37집, pp. 211-228.

Alterhoff, G. (1994). *Grundlagen klientenzentrierter Beratung.* Stuttgart: Kohlhammer.

Hong, J. K. (1994). Personenzentriertes lehren und lernen für schule und hochschule. Frankfurt am Main.

Rogers, C. R. (1959). *A Theorie of Therapy, Personality and Interpersonal Relationships, as developed in the Client-Centered Framework.* New York; dt.: G.w.G.: Eine Theorie der Psychotherapie, der Persönlichkeit und zwischenmenschliche Beziehungen entwickelt im Rhamen des klientenzentrierten Ansatzes. Köln 1989.

Rogers, C. R. (1997). *On Personal Power*. New York.

Tausch, R., & Tausch, A. M. (1990). *Gesprächspsychotherapie*. Göttingen: Hogrefe-Verlag.

Weber, W. (1994). *Wege zum helfenden Gespräch*. München: Reinhart Ernst.

|부록|

공감적 이해 능력 신장 훈련 프로그램을 위한 활동지

활동지 1 잃어버린 점심 값

이름 ____________ 날짜 ____________

다음의 이야기를 읽고 이어질 내용을 써 봅시다.

<잃어버린 점심 값>

고양이는 쥐가 자기 점심 값을 가져갔다고 생각한다.

그러나 쥐가 그런 일을 했을까?

고양이는 자기 책상 속을 살펴보았나?

고양이는 자기 코트 주머니를 살펴보았나?

그것은 어디 있을까, 이런 이런!

활동지 2 가족 관점

이름 ____________ 날짜 ____________

가족들에게 행동을 취하기 전에 전체 상황을 살피는 데 실패했던 상황을 기억해 봅시다. 이 상황들을 적어 봅시다.

___

___

___

___

___

___

___

___

___

___

___

___

활동지 3 두 가지 견해

이름 ______________ 날짜 ______________

두 사람이 서로 다른 견해를 가지고 있지만 상대방의 의견이나 견해를 존중하는 상황에 대해서 생각해 보세요. 이 상황을 묘사하는 변화를 그리고 만화 주인공이 하는 말은 말풍선 속에 적어 넣으세요. 네 개의 상자를 모두 사용하세요.

활동지 4 어떤 정서들을 알고 있나요?

이름 ____________ 날짜 ____________

다음에서 제시한 각 상황에 어떻게 반응할지 적어 봅시다.

사람이 몹시 흥분했을 때 할 수 있는 일을 다섯 가지 쓰세요.

1. ______________________________
2. ______________________________
3. ______________________________
4. ______________________________
5. ______________________________

사람이 슬플 때 할 수 있는 일을 다섯 가지 쓰세요.

1. ______________________________
2. ______________________________
3. ______________________________
4. ______________________________
5. ______________________________

사람이 화가 났을 때 할 수 있는 일을 다섯 가지 쓰세요.

1. ______________________________
2. ______________________________
3. ______________________________
4. ______________________________
5. ______________________________

활동지 5 어떤 기분일까요?

이름 ______________ 날짜 ______________

다음 각 상황에서 여러분의 기분이 어떨지 그리고 여러분이 어떻게 대접받고 싶은지에 대해서 이야기하세요.

1. 나는 학교에 새로 전학 온 학생이다.

2. 상점에 갔을 때 나보다 나이 많은 소년이 내 돈을 훔쳤다.

3. 학교 가는 길에 점심 값을 잃어버렸다.

4. 체육관에서 마지막으로 팀에 선발되었다.

5. 우리 팀이 발야구에서 졌다.

6. 국어 시험에서 가장 낮은 성적을 받았다.

7. 학교에서의 내 행동에 관한 편지를 집에 가져가야 한다.

8. 처음으로 학급 학생들 앞에서 보고서를 읽었다.

9. 여동생이나 남동생은 부모님과 함께 어디든지 간다.

10. 풀 수 없는 수학문제가 있다.

활동지 6 관찰자 기록지: 적극적인 듣기행동

이름 ______________ 날짜 ______________

이 활동의 목적은 빈틈없는 관찰자가 될 수 있도록 하기 위해서 관찰자가 보고 있는 것을 기록하는 것입니다. 적극적인 듣기 과정에서 이 행동들 모두를 보여 줄 것으로 기대되는 사람은 아무도 없을 것입니다. 적극적인 청취자 각각은 자신에게 자연스럽고 진실하게 느껴지는 반응을 개발할 것입니다. 이 기록지의 목적은 청취자의 등급을 매기는 것이 아니라 여러분의 관찰 기술을 향상시키는 것입니다.

활동지 7 그들은 어떻게 느끼고 있나요?

이름 ____________ 날짜 ____________

잡지에서 다양한 사람의 사진을 찾아 오려서 이 페이지에 붙이세요. 여러분은 각각의 사람이 어떻게 느끼고 있다고 생각하나요? 각각의 그림을 기술하는 말을 쓰고 짝이나 다른 학급 친구들과 그에 대해서 토론해 봅시다.

제8장

대인관계 능력 증진을 위한 의사소통 교육

개 요

이 장에서는 아동 · 청소년 학생의 대인관계 능력 증진을 위한 의사소통 교육에 대해 살펴보고자 한다. 먼저 의사소통과 대인관계, 의사소통의 주요 개념과 대인관계 발달, 의사소통 증진의 주요 기법에 대해 알아보고 다음으로 의사소통 교육의 현황 및 과제에 대해서 살펴보고자 한다. 아울러 끝부분에는 학교 현장에서의 효과적인 의사소통 교육을 위한 어울림 의사소통 프로그램을 제시한다.

연구 문제

1. 의사소통과 대인관계의 관계는 어떠한가?
2. 대인관계 증진을 위한 의사소통 교육의 방향은 어떠해야 하는가?
3. 아동 · 청소년에게 적합한 의사소통 능력 증진 방법은 어떠해야 하는가?
4. 학교 의사소통 교육의 현황 및 과제는 무엇인가?

1. 의사소통과 대인관계

1) 의사소통과 대인관계의 관계

건강한 대인관계는 저절로 얻어지는 것이 아니라 노력을 통해 길러지는 것이라고 여겨진다. 인간은 사회적 존재로서 기본적으로 대인관계 속에서 살아갈 수밖에 없지만, 건강한 대인관계는 학문적인 성취와 마찬가지로 꾸준한 노력을 통해 길러질 수 있는 하나의 능력요인으로 간주된다.

대인관계에서 중요한 것은 상대방이 어떤 생각을 하고, 어떻게 반응하며, 나의 생각이나 감정이 어떻게 전달되는지를 이해하는 것이다. 이는 건강한 대인관계가 원활한 의사소통의 기초 위에 수립된다는 것을 의미한다. 나아가 대인관계는 의사소통을 통해서 존재하고 발달하는 것으로까지 볼 수 있다.

의사소통이란 하나 또는 그 이상의 유기체가 언어적·비언어적 수단을 동원하여 다른 유기체와 메시지를 주고받는 것이다. 나아가 의사소통은 단순한 메시지를 주고받는 것을 넘어 구성원 간의 밀접한 정보, 의견 및 감정의 교류까지를 포함하는 상호작용으로서, 메시지의 내용뿐만 아니라 메시지의 전달 방식이나 전달 과정 역시 중요한 의미를 지니는 개념이다. 이러한 의사소통은 자아정체감, 신뢰감 및 진로 발달뿐만 아니라, 사랑, 행복 및 건강에 영향을 미치고 궁극적으로는 자기실현에 영향을 미치는 요인으로 여겨진다(서혜석, 김영혜, 강희양, 이난, 2009). 이에 따르면 의사소통 능력은 개인과 개인 사이의 건강한 대인관계에 이바지함으로써 바람직한 인성 함양의 기초가 된다고 할 수 있다.

2) 의사소통 능력과 대인관계 발달

인간의 의사소통 능력 발달은 사람이 세상에 태어나기 전에 이미 그 기초가 어머니 뱃속에서부터 마련된다고 본다. 현대 의학의 보고에 따르면 태아는 외부로부터 오는 소리나 빛에 반응할 뿐 아니라 외부의 위협으로부터 자신을 지키려고 애쓰며, 이미 희로애락의 감정을 가지고 있는 것처럼 행동한다. 이는 인간이 이미 태아 때부터 의미 있는 정서적 경험을 할 뿐만 아니라 자신의 감정과 의지를 가지고 외부 세계와 소통하고 있다는 것을 의미한다. 이에 일부 학자는 자신과 세상에 대한 표상 및 핵심 정서가 이미 태아 때에 외부 세계와의 의사소통을 통해 형성되며, 출생 후 대인관계에도 결정적인 영향을 미친다고 본다.

본격적인 의사소통 능력의 발달은 출생 이후에 시작된다. 대인관계를 위한 기본적인 의사소통 능력은 출생 이후부터 2세 무렵에 형성된다. 갓 태어난 영아는 울음, 미소, 표정, 몸짓, 응시 등의 비언어적 수단을 통해 본격적으로 자신의 의사를 표현한다. 이후 이러한 비언어적 수단들은 성인기까지 지속되며, 언어가 획득된 이후에도 신체 언어로서 중요한 의사소통 수단으로 자리 잡는다. 하지만 언어 능력이 발달하면서 아동기 이후 의사소통은 주로 언어를 통해 이루어진다. 2세 무렵부터 유아는 기본적인 언어적 의사소통 기술을 익히며, 대상과 사회적 상황에 맞추어 자신의 언어를 적절하게 사용하는 능력을 발달시켜 나간다. 이 시기의 유아는 상대방의 말에 주의를 기울여 듣고 상대방이 하는 말의 뜻을 이해하는 듣기 능력을 발달시키며, 자신이 하는 말을 상대방이 이해하고 있는지도 확인할 수 있다. 뿐만 아니라 상대방의 연령 · 성 · 사회적 지위 또는 상황적 조건에 맞게 자신의 언어적 표현을 조정하는 말하기 능력을 발달시키게 된다(송명자, 1995).

의사소통 능력의 발달은 아동 · 청소년기에 접어들면서 더욱 활발하게 일어난다. 이 시기는 학령기로서 의사소통의 범위가 부모와 형제를 중심으로 하는 가족을 넘어 학교에서의 또래, 교사 및 교직원 등으로 확대되고, 전반적인 대인관계의 빈도가 증가하는 시기다. 이 시기의 아동은 학교에서의 학습과 친구 사귀기에 필요한

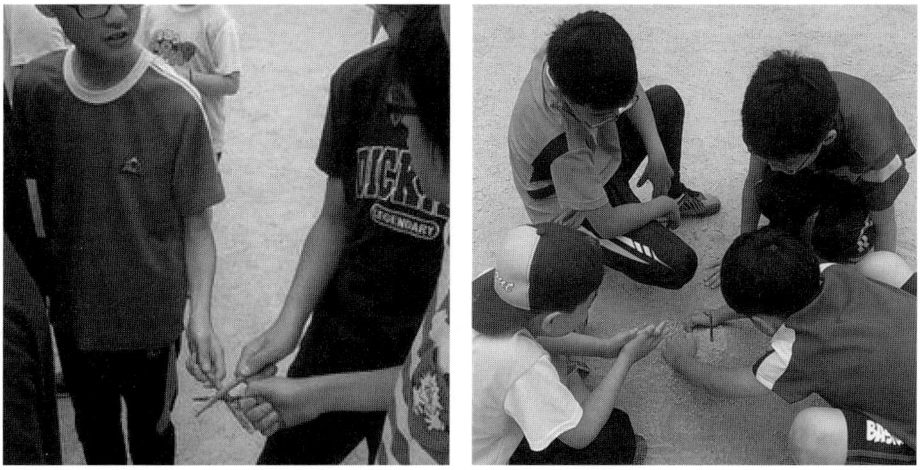

[그림 8-1] 아동기 의사소통 발달

기초적 의사소통 능력을 발달시킨다. 청소년은 의사소통 상황, 목적에 따라 상대를 존중하며 자신의 생각을 분명하게 표현하는 등 또래 집단과 보다 성숙한 교류를 하며, 상급 학교 진학에 필요한 의사소통 능력을 발달시키고, 활발한 의사소통을 통해 자아정체감을 확립해 나간다.

2. 의사소통 수준, 유형 및 대화의 형식과 대인관계 발달

대인관계 발달에 영향을 미치는 의사소통의 주요 개념으로는 의사소통의 수준, 유형 및 구체적인 의사소통 방식으로서 대화의 형식을 들 수 있다. 의사소통 주요 개념을 중심으로 의사소통과 대인관계 발달의 관계에 대해 살펴보면 다음과 같다.

1) 의사소통 수준과 대인관계

(1) 자기 개방 및 피드백 구하기

심리학자인 Joseph Luft와 Harry Ingham(1955)은 의사소통 수준이 의사소통에서의 자기 개방 정도와 피드백을 얻는 정도에 따라 달라지며, 이에 따라 개인의 대인관계 양상도 달라진다고 보았다. Luft와 Ingham은 'Johari의 마음의 창'을 통해 자기 개방과 피드백 정도의 조합에 따른 네 가지 마음의 영역(공개적 영역, 장님 영역, 은

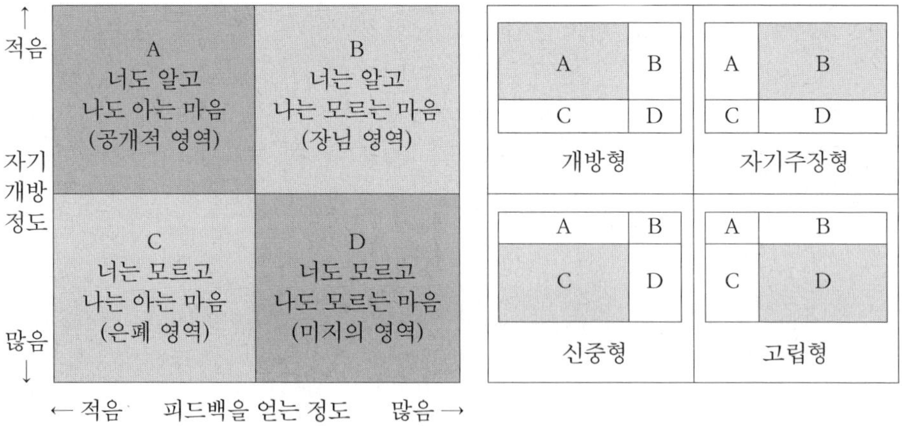

[그림 8-2] Johari의 마음의 창

폐 영역, 미지의 영역)과 네 가지 의사소통 유형(개방형, 자기주장형, 신중형, 고립형)을 제안하였다([그림 8-2] 참조).

공개적 영역은 자기 개방을 통해 '너도 알고 나도 아는 마음' 영역이다. 장님 영역은 '너는 알고 나는 모르는 마음' 영역이며, 은폐 영역은 '너는 모르고 나는 아는 마음' 영역, 그리고 미지의 영역은 '너도 모르고 나도 모르는 마음' 영역이다. 각 영역들의 상대적 크기는 개인의 자기 개방 수준과 피드백을 얻는 수준에 따라 달라진다. 네 영역 중에서 어떤 영역이 가장 넓은가에 따라 창의 모양은 개방형, 자기주장형, 신중형, 고립형의 네 가지 유형으로 구분될 수 있다. 각 유형은 다른 사람에게 자기를 개방하는 정도와 자신에 대한 다른 사람의 피드백을 얻는 정도에 따라 서로 다른 대인관계 특성을 보인다. 그리고 각각의 유형들은 보다 원만한 대인관계를 위해 주의를 기울이거나 노력해야 할 과제를 지니고 있다. 각 유형의 대인관계 특성과 의사소통에서의 주의점을 살펴보면 다음과 같다.

먼저, 개방형은 공개된 영역이 가장 넓은 유형이다. 개방형에 속한 사람들은 대체로 인간관계가 원만하다. 이들은 적절하게 자기 표현을 잘할 뿐만 아니라 다른 사람의 말도 잘 경청할 줄 아는 사람들로서 다른 사람에게 호감과 친밀감을 주어 인기가 있다. 그러나 지나치게 공개적 영역이 넓은 사람은 말이 많고 경박한 사람으로 비춰질 수도 있으므로 자기 개방을 적절히 할 필요가 있다.

자기주장형은 장님 영역이 가장 넓은 유형이다. 이 유형에 속한 사람들은 자신의 기분이나 의견을 잘 표현하며, 자신감 있고, 솔직하고 시원시원하다. 그러나 이들은 다른 사람의 반응에 무관심하거나 둔감하여 때로는 독단적이며 독선적인 모습으로 비춰진다. 이에 자기주장형은 다른 사람의 말에 좀 더 진지하게 귀를 기울일 필요가 있다.

신중형은 숨겨진 영역이 가장 넓은 유형이다. 이 유형에 속한 사람들은 다른 사람에 대해서 수용적이며 속이 깊고 신중하다. 하지만 이들은 다른 사람의 이야기는 잘 경청하지만 자신의 이야기는 잘 하지 않는 사람들이다. 이들은 자신의 속마음을 잘 드러내지 않으며, 계산적이고 실리적인 경향이 있다. 이 유형은 현대인에게 가장 많은 유형으로 알려져 있는데, 대인관계에 잘 적응하지만 내면적으로 고독감을 느끼는 것으로 알려져 있다. 따라서 신중형은 자기 개방을 통해 다른 사람과 좀 더 넓고 깊이 있는 교류를 할 필요가 있다.

고립형은 미지의 영역이 가장 넓은 유형이다. 이 유형에 속한 사람들은 인간관계에 소극적이며 혼자 있는 것을 좋아한다. 이들은 다른 사람과 접촉하는 것을 불편해하거나 무관심하여 고립된 생활을 하는 경우가 많다. 이런 유형 중에는 고집이 세고 주관이 지나치게 강한 사람도 있으나 대체로 심리적인 고민이 많으며 부적응적인 삶을 살아가는 사람이 많다. 따라서 고립형은 인간관계에 좀 더 적극적이고 긍정적인 태도를 가질 필요가 있다.

(2) 자기 이해, 자기 수용, 자기 개방 및 자기주장

Rogers(1961)와 Maslow(1968) 역시 의사소통의 수준이 대인관계에 중요한 영향을 미친다고 보고 있다. Rogers와 Maslow는 자기 이해, 자기 수용, 자기 개방, 자기주장을 자기성장을 촉진하는 요인으로 보았다. 자기 자신에 대한 이해가 부족한 사람은 있는 그대로의 자기 자신을 드러내기를 꺼린다. 만약 있는 그대로의 나를 다른 사람에게 나타내면 다른 사람이 나를 좋아하지 않고 배척할지도 모른다는 두려움 때문이다. 이런 사람은 다른 사람에 대한 믿음이 부족하기 때문에 자기를 숨기고 위장하며, 다른 사람과 진실된 마음을 주고받지 못하므로 소외감을 느끼기 쉽다. 자기 자신을 솔직하게 드러내기 위해서는 자신의 느낌이나 감정을 있는 그대로 무비판적으로 수용하고 표현할 수 있어야 한다. 감정에는 좋고 나쁜 것이 없다. 자기 수용의 자세로 좋은 감정이든 나쁜 감정이든 모두 나의 것으로 인정하고 수용한다면 다른 사람에게 표현할 수 있는 용기가 생기게 된다. 이를 통해 자신의 감정이 타인에게 수용되는 경험을 하게 되면, 타인과 친밀한 관계를 형성하게 되며 자기가 성장하는 체험을 하게 된다. 결국 자기 성장은 자기 이해, 자기 수용에 기초한 자기 개방, 자기주장 등의 의사소통 수준의 영향을 받는다 할 수 있다(이형득, 1986).

자기 이해는 자신의 참모습을 있는 그대로 객관적으로 이해하는 것이다. 개인이 자기 자신을 어떻게 이해하고 있는가는 개인의 행동에 중요한 영향을 미친다. 예를 들어, 개인이 자신을 가치 있고 존경받는 존재로 보면 적극적으로 행동하게 되는 반면, 자기를 무가치하고 매력 없는 존재로 보면 있는 그대로의 자신을 드러내길 주저하게 될 것이다.

자기 수용은 인간의 약점과 실패를 포함한 모든 것을 있는 그대로 받아들이는 것이다. 성숙한 인간은 자신의 신체적 · 심리적 · 정서적인 모든 것을 자신의 것으로 받아들인다. Rogers는 자기 수용을 개인의 행동 변화와 자기 성장의 시발점으로 보았으며, Maslow도 자기 수용이 자아실현을 성취한 사람들의 주된 특징 가운데 하나임을 강조하였다. 이에 따르면 자기를 수용하는 사람은 변명하거나 현실로부터 도피하지 않고, 자기가 아닌 어떤 것이 되려고 하지 않으며, 자신이 할 수 있는 것과 자신이 될 수 있는 것을 알고 이를 위해 최선을 다하는 사람이라 할 수 있다.

자기 개방은 자신의 참모습을 그대로 내보이는 것이다. 자기 개방은 자신과 상대방을 수용할 수 있을 때 가능하다. 자기 개방은 자기를 실현한 사람들의 특징으로서, 자기 개방을 하는 사람은 가식 없이 솔직하고 직접적인 방법으로 자신의 정서를 솔직하게 나타낸다. 이러한 자기 개방은 상호 간의 신뢰감을 높여서 서로의 이해를 증진시키는 역할을 한다.

자기주장은 자신의 권리를 옹호하고 자신의 의견이나 생각을 적극적으로 드러내는 것이다. 자기주장을 잘하는 사람은 상대방에게 피해를 주지 않으면서도 자신이 나타내고자 하는 바를 잘 드러낸다. 이처럼 자기주장을 할 줄 아는 사람은 주저함이 없이 적극적으로 대인관계에 임할 수 있어, 대인관계 속에서 활발한 자기 성장을 이루어 나갈 수 있다.

2) 의사소통 유형과 대인관계

건강한 대인관계를 위해서는 의사소통을 통해 서로의 생각이나 감정을 주고받는 것이 중요하다. 그런데 의사소통 방식이 잘못되면 서로의 생각이나 감정을 제대로 주고받기 어렵고 오해와 갈등이 발생하기 쉽다. 그래서 건강한 대인관계를 위해서는 의사소통 방식이 서로의 생각이나 감정 등을 오해와 갈등 없이 효과적으로 주고받을 수 있는 것이어야 한다. 하지만 모든 사람이 건강한 대인관계를 위한 효과적인 의사소통 방식을 사용하는 것은 아니다. 여러 연구자는 사람들 사이의 의사소통 방식에 대해 연구하고, 의사소통 방식을 건강한 유형과 그렇지 못한 유형으로 나누었다. Olson, Berne 및 Satir의 의사소통 유형에 따른 대인관계 특징 및 건강한 대인관계를 위한 제언을 살펴보면 다음과 같다.

(1) 개방적 의사소통 유형과 폐쇄적 의사소통 유형

아동 · 청소년기는 아동기에서 청소년기로의 전환기로서 부모-자녀 관계 양상에 중요한 변화가 일어나는 시기다. 이 시기 가족의 의사소통 유형은 아동 · 청소년의 의사소통 유형에도 영향을 미치며, 대인관계 및 자아정체성의 발달에 결정적인 영향을 미친다.

Olson에 따르면 청소년기 자녀가 있는 가족은 부모와 자녀 모두가 서로를 이해하기 힘든 때가 종종 있다. 청소년기의 자녀와 부모의 상호작용이 원활하기 위해서는 자녀에 대한 기대와 가치, 부모의 책임 등이 재정립되어야 한다. 이때 청소년 자녀와 부모 간의 의사소통이 매우 중요하다. 의사소통은 상호 간의 친밀감을 증가시키고 심리적 · 정서적 상태에도 영향을 미친다. 따라서 효과적인 의사소통은 청소년 자녀와 부모 간의 갈등을 최소화시킨다. 특히 자녀가 부모와 개방적 의사소통을 하면, 부모의 입장에서는 자녀의 요구나 상태를 정확히 전달받게 되어 자녀를 더욱 잘 이해할 수 있게 되며, 자녀의 입장에서는 자신을 솔직하게 표현함으로써 스스로도 자기 자신을 보다 바르게 이해할 수 있게 된다. 부모와 청소년기 자녀 간의 의사소통은 자녀의 인성이나 행동 발달에서 중요한 비중을 차지하며, 가족 내에서 부모-자녀 관계의 변화에 따른 갈등이나 문제 해결의 수단으로서도 중요한 기능을 한다.

Barnes와 Olson(1985)은 순환 모형에 기초하여 부모와 청소년 자녀 간의 의사소통 유형을 개방적이고 기능적인 의사소통과 폐쇄적이고 역기능적 의사소통 유형으로 구분하였다. 개방적 의사소통이란 정확하고 모순되지 않은 메시지를 보내고 공감적 · 지지적 발언 및 효과적인 문제해결 기술을 가진 의사소통 유형이다. 개방적 의사소통을 하는 가족은 분명한 의사소통망을 만들고 유지하는 방법을 발전시켜 나가며, 의사소통을 통하여 긍정적 피드백을 서로 주고받는다. 폐쇄적 의사소통은 일치되지 않은 모순된 메시지를 보내고 부정적인 발언을 하며 이중 속박 및 빈약한 문제해결 기술을 지닌 유형이다. 폐쇄적 의사소통을 하는 가족은 상대방의 의견에 긍정적 반응을 하지 않으며, 새로운 상황을 대처할 수 있는 기술 및 능력이 부족하다.

또한 개방적 의사소통을 하는 사람은 상대방의 메시지를 경청하며, 명확하게 질문하고, 적절하게 대답하고, 자신의 의견을 명화하게 전달한다. 그리고 찬성이나 반대의 반응을 분명히 하지만, 자신의 의견과 반대되는 의견에도 직접적으로 공격하지 않는다. 반면, 폐쇄적 의사소통을 하는 사람은 의사소통의 내용을 확인하지 않고 구체화하지 않으며, 미완성의 메시지를 전달하고, 완성된 문장을 사용하지 않고 발음이 불분명하다.

청소년들에게 있어 부모-자녀 간 의사소통의 중요성은 크게 두 가지로 요약할 수 있다. 첫째, 부모-자녀 간 의사소통은 청소년들의 급격한 신체적 · 정서적 변화로 인해 일어나는 의문, 오해나 갈등, 그 밖의 문제들을 극복하고 사회에 잘 적응하도록 하는 데 영향을 미친다. 둘째, 부모-자녀 간 의사소통은 청소년의 인간관계 발전과 올바른 인간으로서의 성장 · 발달을 돕는다. 또한 부모-자녀 간 의사소통은 청소년의 자아 개념과 자아존중감, 진로성숙도, 사회성, 안정성, 도덕성, 적응 등의 인성 및 행동 발달에 영향을 미친다.

아동 · 청소년이 건강한 자기 성장을 통해 건강한 관계를 발달시킬 수 있도록 돕기 위해서는 그들이 개방적인 의사소통 유형을 가지도록 도울 필요가 있다. 여기에는 부모의 역할이 중요하다. 부모는 자녀가 개방적인 의사소통을 할 수 있도록 자녀와의 대화 시간을 많이 가지고, 자녀가 자유로운 감정으로 자신의 의사를 표현할 수 있는 기회를 주어야 한다.

(2) 상보적 교류, 교차교류, 이면교류

Berne(1957)은 사람들이 일상생활 속에서 주고받는 말, 태도, 행동 등을 분석하고 의사소통 방식을 몇 가지 유형으로 구분하였다. Berne은 사람들이 '부모(Parent: P)', '어른(Adult: A)', '어린아이(Child: C)'의 세 가지 '자아 상태(ego-state)'에서 의사소통에 참여한다고 보았다. 이러한 자아 상태에 기초한 의사소통은 기능적 의사소통 유형인 상보적 교류, 역기능적 의사소통 유형인 교차교류와 이면교류의 세 가지로 유형으로 나뉜다([그림 8-3] 참조). 이들 각 의사소통 유형과 대인관계 발달에 대해 살펴보면 다음과 같다(박수복, 2011).

먼저, 상보적 교류는 가장 원활한 의사소통 방법으로서, 메시지가 상대의 예상된 자아 상태에서 예상된 반응으로 되돌아오는 것이다. 예로, [그림 8-3]에서 교사는 어른 자아 상태에서 학생의 어른 자아에게 질문을 했고("몇 시지?"), 교사가 예상했던 대로 학생도 어른 자아 상태에서 교사에게 답을 했다("9시입니다."). 이러한 상보적 교류는 상황에 적합하고 기대했던 것에서 어긋나지 않고, 원만한 대인관계를 유지시키는 의사소통 유형이다. 상보적 교류에서는 대화에 참여하는 두 사람 사이의 교류는 공개적이고 솔직하다. 또한 상보적 교류는 말로 표현된 메시지와 몸짓, 표정, 자세, 소리 등 비언어적 메시지가 서로 일치한다. 보통 상보적 교류가 이루어질 때 대화에 참여하는 사람들은 '공감받은 느낌이다.' '기분이 좋다.' '내 이야기를 잘 듣고 있다.' '편안하다.' 등의 기분을 느끼게 된다.

교차교류는 당사자의 의사와는 전혀 다른 양상으로 서로의 의사가 교류되는 형태다. Berne은 이를 두고 전혀 엉뚱한 반응을 듣는 의외의 교류 방법이라고 했다.

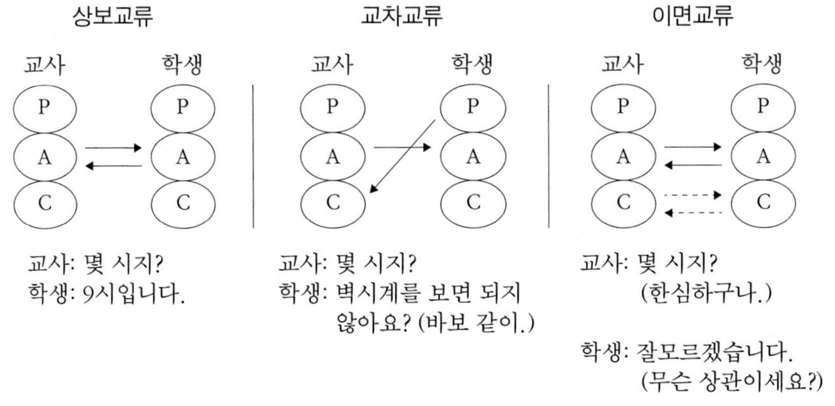

[그림 8-3] 교류분석에서 본 의사소통의 세 가지 유형

출처: 박수복(2011). 참조.

예로, [그림 8-3]에서 교사는 어른 자아 상태에서 학생의 어른 자아에게 질문을 했으나("몇 시지?"), 학생은 부모 자아 상태에서 교사의 어린아이 자아에게 핀잔을 주듯이 대답하였다["벽시계를 보면 되지 않아요?(바보 같이.)"]. 이러한 교류에서 말을 건 사람은 상대로부터 기대하고 있던 반응을 얻지 못했기 때문에 혼란스럽기도 하고, 실망하기도 하며, 왠지 속은 것 같은 기분을 느끼게 된다. 때문에 두 사람 사이에는 어색한 분위기가 만들어지기 쉽고, 갈등이 발생하기 쉽다.

이면교류는 이차원적인 교류로서 하나의 대화로 두 가지 의미를 동시에 나타내는 복잡한 교류 방법이다. 이 교류에는 속임수가 잠재해 있다. 겉으로는 사회적으로 통용되는 방식으로 의사소통이 이루어지는 것 같지만, 이면에서 다른 의사소통이 동시에 일어난다. 대화에 참여하는 사람들은 두 개 이상의 자아 상태에 동시에 연관되어 있다. 예로, [그림 8-3]에서 교사와 학생은 모두 어른 자아 상태에서 사회적으로 용인되는 방식으로 대화를 하고 있는 것처럼 보이지만, 이면에서는 양쪽 모두 어린아이 자아에서 유치한 싸움을 하고 있다. 이러한 이면교류는 겉으로는 갈등을 드러내지 않으나, 사람들 사이의 진정한 만남과 관계를 방해하여 건강한 대인관계를 저해하는 의사소통 방식이라 할 수 있다.

모든 사람은 이 세 가지 교류를 통하여 대화를 나누는데 서로 어떤 교류로 상대와 대화를 하느냐에 따라 대인관계에서 갈등이나 소통을 경험할 수 있다. 따라서 건강한 관계와 편안한 의사소통을 위해서는 바람직한 교류 방식을 찾아야 한다. 또한 상대방이 어떤 교류를 통해 나에게 의사를 전달하는지 파악할 필요가 있다.

바람직한 의사소통을 위해서는 상보적 교류가 도움이 된다. 상보적 교류를 위해서는 첫째, 상대방이 말하는 것을 잘 경청해야 한다. 가장 효과적인 경청은 주의를 집중하고 상대방의 말에 적절히 반응을 하는 것이다. 상대방의 말을 경청하고 상대가 원하는 내용을 이해하지 않으면 상대가 기대하는 말을 되돌려 줄 수 없다. 그리고 상대방의 말을 솔직하게 수용하고 되돌려 주는 것이 좋다. 상대방의 말을 오해하거나 과소평가한다든지 경시하면 상보적 교류가 일어나기 어렵다. 또한 긍정적인 언어를 사용하는 것도 상대의 입장과 인격을 존중하는 것으로서, 상보적 교류를 가능하게 한다. 상대방의 말을 단순히 반복해 주는 것도 상보적 교류에 도움이 된다. 상대의 감정을 그대로 수용한다는 의미를 전달할 수 있기 때문이다.

(3) 일치형 의사소통과 비일치형 의사소통

Satir는 의사소통에 있어 겉으로 드러나는 의사소통의 내용과 내면 감정의 일치 여부에 따라 의사소통을 일치형 의사소통과 비일치형 의사소통 유형으로 나누었다. 비일치형 의사소통 유형은 다시 회유형, 비난형, 초이성형, 산만형으로 나뉜다(김영애, 2004). 그리고 각각의 의사소통 유형은 자기, 타인, 상황의 세 가지 중 어느 부분을 존중하거나 존중하지 않느냐에 따라 독특한 대인관계적 특징을 나타낸다. 이에 대해 살펴보면 다음과 같다.

회유형은 다른 사람과 상황은 존중하나 자기 감정은 존중하지 않는다. 이 유형의 사람들은 상대방이나 상황이 요구하는 것을 자신들도 좋아하는 것처럼 행동한다. 이들은 자신의 가치나 감정은 무시한 채, 다른 사람의 감정을 건드리지 않기 위해 비위를 맞추려 노력함으로써 결국 자신의 힘을 다른 사람에게 넘겨 준다. 때문에 이들은 겉으로 회유하면서 내면으로는 비난을 일삼는 경우가 많다. 이들은 겉으로는 대부분 희생적인 삶을 살지만, 자기희생에도 불구하고 적절한 보상이 따르지 않을 때는 강한 분노를 터뜨리기도 한다. 가족을 위해 희생만 해 오던 어머니가 자녀에게 실망하며 "내가 너를 어떻게 키웠는데……." 하면서 하소연하는 모습이 전형적인 예다. 이들은 스스로 자존감을 느끼지 못하고 자신의 힘을 포기하고 다른 사람에게 의존하며, 그 과정에서 분노를 억압하고, 무력감을 느껴 우울에 빠지기도 한다. 그러나 한번 분노를 터뜨린 이후에는 회유형에서 비난형으로 바뀌기 쉽고, 결국 대인관계는 그들이 바라던 대로 평화롭게 유지되지 못한다. 따라서 회유형 의사소통 유형의 사람들이 건강한 대인관계를 가지기 위해서는 자신들의 의사소통 유형을 일치형으로 변화시킬 필요가 있다. 이를 위해 이들은 무엇보다도 자기 자신을 돌보고, 자기 가치를 인정하고 자신의 감정에 좀 더 솔직해질 필요가 있다.

비난형은 회유형과 정반대의 유형으로, 다른 사람의 가치를 무시한 채 자신만 중요하다고 여기고 상황만 따진다. 이 유형의 사람들은 비판적이고 독재적이며 다른 사람을 질책하기를 즐겨한다. 이들은 성격적으로 폭발하기 쉽고, 자기주장이 강하며 독선적·명령적·지시적이다. 또한 자신의 약점을 수용할 수 없기 때문에 다른 사람의 가치를 무시하고 자신과 상황에만 가치를 둔다. 그리고 모든 잘못을 상대방과 환경 탓으로 돌리고 자신이 최고라고 생각한다. 하지만 이들은 속으로는 자신이 무가치하다고 느끼며, 자신의 약점을 수용하지 못한 채 외로움을 느끼고, 자신의 부족함이 드러날까 봐 두려워한다. 비난형을 일치형으로 변화시키려면 자신의 이러한 내면의 감정을 인식하고 타인을 수용할 수 있어야 한다.

초이성형은 자기와 타인을 무시하고 상황만을 중요시한다. 이 유형의 사람들이 가진 가장 큰 특징은 비인간적이고, 지극히 객관적이며, 조용하고 냉정해서 감정을 드러내지 않는 것이다. 또한 자신뿐만 아니라 다른 사람까지도 감정에 초점을 맞추는 것을 허용하지 않는다. 그래서 초이성형의 사람들은 감정에 초점을 두는 것에서 상황에 초점을 맞추는 식으로 대화를 바꾸고, 대인관계에서도 공감적 관여 대신 지적 관여만 한다. 그렇기에 이들은 겉으로 보기에 차갑고 건조하며 지루하게 보인다. 그러나 내면에는 자신이 너무 감정적이고 상처받기 쉬운 사람이라는 인식을 가지고 있기 때문에 그것을 인정하지 않으려고 감정을 배제하는 것이다. 한편, 초이성형의 사람들은 겉보기에는 정확하고 결점이 없고 논리적인 것처럼 보이지만, 실상은 비논리적이고 보편성이 결여되어 있으며 뜻을 분명히 파악하기 힘든 경우가 많다. 이들은 자신의 낮은 자존감을 방어하기 위해 실수를 인정하지 않으며, 감정을 무시하고 이성만을 존중하기 때문이다.

산만형은 자기, 타인, 상황 모두를 무시한다. 이 유형의 사람들은 내면적으로는 아무도 상관하지 않고, 현재 있는 곳이 자기가 있기에도 적절하지 않다고 생각한다. 이들의 특징은 말하고 행동하는 것이 일치하지 않으며, 상황에 맞지 않는 말을 하고 비합리적이다. 행동은 신체적으로 안정되어 있지 못해서 몸을 잠시도 가만히 두지 못하는 경우가 많다. 또한 사랑하고 사랑받고자 하는 근본적인 바람이 위협당할 때 위협을 무시하거나 마치 위협이 없는 것처럼 행동한다. 산만형은 자칫 재미있거나 익살스러운 모습과 혼동될 수 있다. 사회에서는 산만형의 사람들이 쾌활하게 보이기 때문에 지루하고 침체된 분위기를 재미있게 바꾸어 주는 사람으로 인식되기 때문이다. 한편, 산만형의 사람들은 겉으로는 쾌활하지만 아무도 자기를 진심으로 걱정하거나 받아들여 주지 않는다고 생각하기 때문에 내면 깊은 곳에서는 외로움, 무가치감, 혼란스러운 감정 등을 느끼기 쉽다.

일치형은 의사소통의 내용과 내면의 감정이 일치하는 것을 말한다. Satir는 일치형을 의사소통의 치료목표로 삼았다. 일치적인 의사소통은 언어적 메시지와 비언어적 메시지가 일치하며, 관계가 편안하고, 자존심에 대한 위협도 거의 느끼지 않는다. 일치적으로 반응하는 사람들은 다른 사람이나 상황을 조종하지 않으며, 자신을 방어하거나 다른 사람을 무시하지 않는다. 이들은 진정한 자기 자신이 되어 다른 사람과 올바른 관계를 가지며 자기 자신과 다른 사람들을 인정하고 사랑하기를 원한다. 그래서 일치형의 사람들은 높은 자존감을 가지고 있다. 이들은 자기의 독특성을 인정하고 개성이 뚜렷하며, 자신과 다른 사람을 모두 신뢰한다. 이들은 대인관계에서 모험을 두려워하지 않고, 상처받는 것도 기꺼이 감수한다. 또한 자신의 내적 · 외적 자원들을 활용할 줄 알며, 다른 사람을 수용하고 변화에 대해 융통성이 있고 개방적이다. 일치형의 대표적인 강점은 상대방이나 자신의 의견을 모두 중요하게 여길 수 있는 능력이다. 일치형의 사람들은 서로 다른 의견은 차이가 나는 것이지 옳고 그른 것은 없다고 생각한다. 이들은 감성과 이성이 적절히 조화되어 목소리가 분명하며 상대방을 바라보며 말한다. 또한 자기 의견과 생각, 욕구를 분명히 표현하면서도 다른 사람의 의견을 잘 경청하고 타협한다.

3) 대화의 형식과 대인관계

의사소통 수준 및 유형과 함께 구체적인 대화 형식은 개인의 대인관계에 영향을 미친다. 상담 및 학교 현장에 널리 알려진 Gordon의 공감 대화와 Rosenberg의 비폭력 대화를 통해 건강한 대인관계에 도움이 되는 대화의 형식에 대해 살펴보면 다음과 같다.

(1) 공감 대화와 대인관계

Gordon은 여러 의사소통 기법 등의 영향을 받아 공감 대화 모형을 고안하였다. Gordon(2003)의 공감 대화 모형의 핵심 내용으로는 나의 욕구와 감정을 표현하는 나-메시지(I-massage), 문제를 가진 상대방을 돕기 위한 경청 기술, 욕구가 서로 다를 때 둘 다 만족하는 해결 방법인 제3의 방법 등이 있다. 〈표 8-1〉은 공감 대화의 종류별 효과 및 구체적인 대화의 형식을 제시하고 있다.

나-메시지는 자신의 생각이나 감정을 표현할 때 '나'를 주어로 하여 말함으로써 자기의 생각이나 감정의 책임을 상대방에게 돌리지 않고 자기 자신에게 두는 표현 방식이다. 이는 갈등이 있을 때 서로의 관계를 저해하지 않고, 상대방의 행동이나 태도 변화를 유도하는 유익한 의사소통 방법이다. 나-메시지의 기본적인 표현 방식은 먼저 자신에게 영향을 미친 상대방의 행동에 대해 어떠한 비판이나 평가를 섞지 않고, 관찰한 그대로 묘사한 후에 그러한 행동이 자신에게 미친 영향을 표현하는 것이다. 예를 들면, "네가 숙제를 안 해 와서(상대방의 행동에 대한 묘사), 선생님이 걱정이구나(상대방의 행동이 나에게 미친 영향)."와 같이 말하는 것이다. 그 밖에 나-메시지는 갈등을 예방하거나 긍정적 메시지를 전달하기 위해서 또는 상대방에게 직면을 시킬 목적으로 사용될 수 있다.

〈표 8-1〉 공감 대화의 목적, 효과 및 대화 형식

<table>
<tr><th colspan="2">대화 종류</th><th>효과</th><th>대화 형식</th></tr>
<tr><td colspan="2">기본 형식</td><td>관계를 저해하지 않고, 상대방의 행동이나 태도 변화 유도</td><td>"네가 숙제를 안 해 와서(상대방의 행동에 대한 묘사), 선생님이 걱정이구나(상대방의 행동이 나에게 미친 영향)."</td></tr>
<tr><td rowspan="3">메시지</td><td>갈등 예방</td><td>자신의 욕구를 미리 알리고 혹시 발생할 수도 있는 갈등 예방</td><td>"나는 ~을 원한다(나의 욕구), 왜냐하면 ~하기 때문이다(그 욕구의 타당성 또는 나에게 미치는 영향)."</td></tr>
<tr><td>긍정 메시지 전달</td><td>감사, 좋음, 기쁨, 애정 등의 긍정적인 마음을 전달함으로써 따뜻하고 친밀한 인간관계 형성</td><td>"나는 ~에 진심으로 감사합니다(상대방의 행동에 대한 나의 느낌). 왜냐하면 ~하기 때문입니다(나에게 미치는 영향)."</td></tr>
<tr><td>직면</td><td>평가나 판단 받는다는 느낌을 받지 않으면서 자신의 행동에 대해 생각해 보게 하는 데 도움</td><td>"당신은 ~한 행동을 하고 있습니다(상대방의 행동). 그 행동이 나에게 ~한 영향을 미칩니다(상대방의 행동이 나에게 미친 영향). 그리고 나는 그 행동 때문에 ~한 감정을 느낍니다(나의 감정)."</td></tr>
<tr><td colspan="2">적극적 경청</td><td>상대방의 관점과 입장에서 듣고 이해한 것을 상대방에게 되돌려 줌</td><td>"~해서(감정의 원인), ~하다(감정)."</td></tr>
</table>

출처: 부산광역시 교육청(2010).

적극적 경청이란 상대방의 말을 들을 때 상대방의 경험과 감정, 사고, 신념 등을 상대방의 관점과 입장에서 듣고 이해한 것을 상대방에게 되돌려 줌으로써 상대방과 정확한 의사소통을 할 수 있도록 도움을 주는 대화 방식이다. 대인관계에서 상대방의 말을 이해하는 것도 중요하지만 상대방의 말을 듣고 그 말 속에서 상대방의 기분이나 감정을 이해하고 받아들이는 것 또한 신뢰관계의 형성과 대화의 촉진을 위해서 중요하다. 적극적 경청이란 바로 이러한 관점에서 상대방에게 공감적으로 이해한 내용과 감정을 전달하는 듣기 기술이라 할 수 있다.

나-메시지나 적극적 경청 기술을 사용해도 서로 간에 강한 욕구로 인해 갈등을 겪는 경우가 있다. 이때 사용될 수 있는 방법이 '제3의 방법'이다. 제1의 방법은 나의 욕구는 충족되지만 상대방의 욕구는 충족되지 않는 방법이다. 제2의 방법은 나의 욕구는 충족되지 않고 상대방의 욕구만 충족되는 방법이다. 제3의 방법은 나의 욕구와 상대방의 욕구가 모두 충족되는 방법이다. 대인관계 갈등을 해결하고 보다 건강한 대인관계에 도움이 되는 갈등해결 방식은 바로 이 '제3의 방법'을 찾는 것이다. 이는 당사자들이 서로 힘과 권위를 사용하지 않고 머리를 맞대고 논의하는 과정을 통해 문제의 본질을 더 잘 규명하고, 구체적인 실천 방법을 찾아 양자 모두에게 좋은, 보다 합리적인 해결책을 구해 가는 민주적인 의사소통 방법을 통해 가능하다.

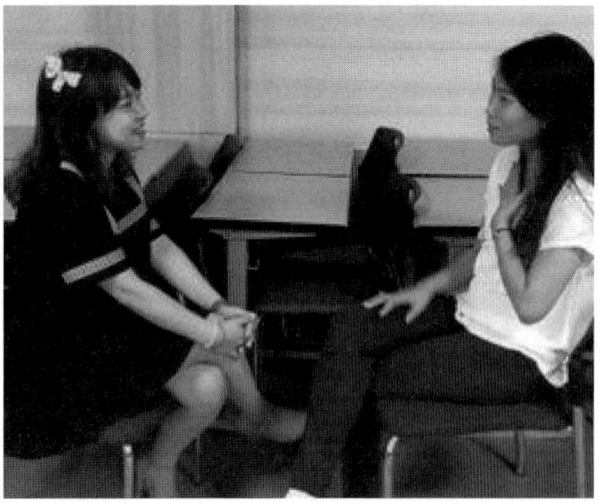

[그림 8-4] 적극적 경청

(2) 비폭력 대화와 대인관계

1960년대에 Rosenberg가 창시한 비폭력 대화는 서로의 차이를 인정하고 갈등을 평화롭게 해결하는 데 필요한 정보를 쉽게 교환할 수 있도록 고안된 방법이다. 비폭력 대화는 의사소통의 기본인 말하기와 듣기로 구성된다. 말하기의 핵심은 '솔직함'이며 듣기의 핵심은 '공감'이다. 이를 바탕으로 비폭력 대화의 말하기와 듣기는 관찰, 느낌, 욕구, 부탁(요청)의 네 과정을 통해 이루어진다(Hart & Hodson, 2009). 〈표 8-2〉는 비폭력 대화의 구성요소에 따른 적절한 표현 방식의 예를 보여 주고 있다.

이를 구체적으로 살펴보면, 먼저 Rosenberg는 상대방과 대화할 때 관찰과 평가를 섞어서 말하지 말고, 순수하게 관찰한 내용만 가지고 대화하라고 한다. 관찰과 평가를 섞어서 말하면 상대는 이를 비판으로 듣고, 거부감을 가질 수 있다. 그러면 그 말을 들은 상대는 대개 자기 행동을 변명하면서 방어하려 하거나, 말하는 사람을 공격할 준비를 하는 데 에너지를 쓰게 되어 대화가 더 이상 진전되지 못한다.

둘째, Rosenberg는 대화할 때 생각이나 평가가 섞인 말들 밑에 있는 진정한 느낌을 찾아 표현하라고 한다. 사람은 힘들고 불편한 느낌이 들 때 그 느낌의 책임을 다른 사람에게 지우는 식으로 생각하는 데 익숙해져 있다. 때문에 사람은 느낌을 표현할 때 순수하게 느낌만 표현하는 것이 아니라 상대방에 대한 자신의 생각과 평가를 섞어서 말하기 쉽다. 하지만 생각이나 평가를 걷어 내고 자신의 느낌을 명확하게 의식하고 서로 솔직하게 표현하는 것은 원만하고 부드러운 정서적 유대관계 형성에 도움이 된다. 〈표 8-2〉에서 "네가 내 말대로 하지 않으면 난 무시당한 느낌이야"라는 말에는 '난 네가 나를 무시한다는 생각이 들어(나의 생각+상대방의 행동에 대

〈표 8-2〉 비폭력 대화의 네 가지 구성요소에 따른 표현 방식 예

과정	적절하지 않은 표현 방식	적절한 표현 방식
관찰	"그 아이는 약한 애들을 괴롭혀."(관찰+평가)	"쉬는 시간에 그 애가 다른 학생들 공을 뺏는 걸 세 번 봤다."(평가를 제거한 관찰)
느낌	"네가 내 말대로 하지 않으면 난 무시당한 느낌이야."(생각+평가+느낌)	"네가 내 말대로 하지 않을 때 서운한 마음이 들어."(진정한 느낌 표현)
욕구	"네가 수업에 늦게 들어오면 속상하다."(느낌만 표현)	"네가 수업에 늦게 들어오면 속상하다. 나는 모두가 잘 배울 수 있도록 내 시간을 유용하게 쓰고 싶어."(느낌을 욕구와 연결하여 표현)
부탁	"공정한 경기를 하길 바란다."(막연한 표현)	"모든 사람이 한 번씩 다 해 볼 때까지 한 사람이 한 번씩만 하자는 데 동의할 있겠니?"(구체적인 표현)
	"다른 아이를 때리지 마!"(부정적 표현)	"나는 우리가 다 같이 안전하게 노는 게 중요해서 그러는데, 다음에 네 맘에 안 드는 일이 있을 때는 네 마음을 말로 표현하는 방법을 선생님하고 같이 연습해 볼래?"(긍정적 표현)
	"이 짐 좀 들고 따라와라."(명령)	"선생님 혼자 들기 힘들어서 그러는데 짐 나르는 것 도와줄래?"(권유/질문)
	"앞으로 시간 좀 지켜줘."(미래시제)	"약속한 시간에 못 올 때는 최소한 30분 전에는 알려 주겠다고 지금 약속할 수 있겠니?"(현재 시제)

출처: 부산광역시 교육청(2010)에서 발췌.

한 평가)'와 같이 생각과 평가가 포함되어 있다. 이처럼 생각과 평가를 섞인 말은 자칫 자신에 대한 비난으로 들릴 수 있어, 상대방은 말하는 이의 느낌에 집중하기 어렵고 자신을 방어하기 급급해질 수 있다. 반면, "네가 내 말대로 하지 않을 때 서운한 마음이 들어"에는 순수하게 말하는 이의 서운한 느낌만 표현되어 있어 상대방은 자신을 방어할 필요성을 느끼지 않으며, 온전히 말하는 이가 표현한 느낌에 주의를 집중할 수 있다.

셋째, Rosenberg는 말을 할 때 자신의 느낌을 욕구와 연결하여 좀 더 직접적으로 표현할 것을 권장한다. 사람은 자신의 욕구를 잘 알아차리지 못하고 이를 적절히 표현하지 못하면 욕구 불충족으로 인한 좋지 않은 느낌을 가지게 되고, 이에 대한 책임을 상대방에게 전가하기가 쉽다. 그러나 사람의 말이나 행동이 느낌에 영향을 미칠 수는 있지만 느낌의 근본적인 원인은 욕구가 만족되느냐 그렇지 못하느냐에 달려 있다. 따라서 부정적인 느낌에서 벗어나기 위해서는 느낌의 원인을 상대방의 행동에서 찾지 말고, 자신의 좌절된 욕구를 알아차리고 이를 자신의 느낌과 연결시켜 표현해야 한다. 그러면 말하는 이는 듣는 이로부터 공감을 더 잘 이끌어 낼 수 있으며, 자신의 욕구를 더 잘 이해시킬 수 있고, 자신의 욕구를 보다 효과적으로 충족시킬 수 있다. 때문에 좋은 대인관계를 발전시키기 위해서는 자신의 느낌 속에 드러나는 욕구를 잘 알아차리고 이를 적절하게 표현하는 것이 필요하다.

넷째, Rosenberg는 진정한 소통과 서로의 욕구 충족을 위해 상대의 욕구를 이해하는 태도로 상대방에게 정중하게 부탁할 것을 권장한다. 이를 위해서 강요와 부탁을 구별할 필요가 있다. 강요는 상대방에게 죄의식을 느끼게 하거나 비판이나 비난하는 방식으로 요구하는 것인 반면, 부탁은 상대의 욕구를 이해하는 태도를 보이며 요구하는 것이다. 부탁은 추상적이거나 막연한 말보다는 명확하고 구체적인 언어를 사용하여 하는 것이 좋고, 부정적인 말보다는 긍정적인 말로 표현하는 것이 좋다. 또한 명령보다는 권유나 질문 형태로 하는 것이 좋고, 현재 시제를 사용하여 지금 동의를 구하는 형식으로 하는 것이 좋다.

지금까지 살펴보았듯이 비폭력 대화는 이러한 네 가지 정보를 말이나 다른 방법을 통해 명확하게 표현하는 것이다. 정리하면, 비폭력 대화로 말을 할 때에는 상대를 비난하거나 비판하지 않으면서 자신의 마음을 관찰하고 느낌, 욕구, 부탁을 솔직하게 표현할 필요가 있다. 이를 위해 내가 한 말이 상대방에게 제대로 전해졌는지 확인하는 것이 필요하며, 자신이 원하는 것과 상대방이 원하는 것을 동등하게 존중하면서 모두의 욕구가 평화롭게 충족될 수 있는 방법을 찾을 때까지 대화를 계속하는 것이 필요하다. 반대로, 들을 때는 자신의 생각, 선입견, 기대, 가정, 조언 및 가르치려는 충동을 내려놓고 상대가 지금 경험하고 있는 것을 관찰할 필요가 있으며, 상대방의 느낌, 욕구, 부탁을 공감하며 듣는 것이 필요하다. 상대방이 비판적이고 듣기 힘든 말을 할 때에는 그 말을 나에 대한 비판으로 듣지 말고 상대방의 충족되지 않은 욕구의 표현으로 이해할 필요가 있다. 이는 상대방이 자신의 느낌과 욕구를 찾아갈 수 있도록 도와주고, 자신을 더 깊이 이해하고 표현할 수 있도록 도와주며, 충분히 이해를 받았다고 느끼게 하여 대인관계 문제의 해결에 도움이 될 수 있다.

3. 의사소통 능력 증진 방법

상담 및 학교 현장에서는 인간관계 훈련 및 상담자 훈련이라는 이름으로 다양한 의사소통 훈련 모델이 있어 왔다. 이들 모델은 의사소통 훈련의 일반적이면서도 체계적인 절차에 대한 아이디어를 제공한다. 한편, 아동 · 청소년 학생은 체험적 활동 중심의 학습을 통해 학습에 보다 높은 흥미를 보이며, 더 쉽게 배우고, 배운 내용을 실생활에도 잘 적용한다. 이에 최근 들어 효과적인 인성교육에 대한 사회적 요구가 증가하고 있는 가운데, 집단상담, 연극놀이 등의 체험적 활동을 중심으로 학생의 소통, 공감 능력을 키우기 위한 인성교육 프로그램들이 학교 현장에 적극적으로 보급되고 있어 이를 활용한 의사소통 훈련 모델의 적용 또한 증가하고 있다.

1) 의사소통 능력 증진 프로그램

교육 및 상담 현장에서는 의사소통 능력을 증진하기 위해 여러 가지 훈련 모형 및 훈련 프로그램이 개발되어 왔다(〈표 8-3〉 참조). 이들 훈련 모형 중에서 가장 대표적인 의사소통 능력 증진 모델은 Carkhuff(1969)의 체계적 인간관계 훈련 모형이다.

〈표 8-3〉 의사소통 훈련 모형 및 관련 이론

연구자(연도)	의사소통 훈련
Carkhuff(1969)	체계적 인간관계 훈련 모형
Ivey(1971)	미시적 상담훈련 모형
Gordon(1970)	PET(Parent Effectiveness Training)
Satier(1983)	의사소통훈련 프로그램
이형득(1986)	자기성장 집단상담 프로그램
Rosenberg(2003)	비폭력 대화

Carkhuff(1969)의 체계적 인간관계 훈련 모형은 2단계의 의사소통 연습 과정으로 구성되어 있다. 먼저, 1단계에서는 공감, 존중, 온정, 구체성, 진실성, 자기 노출, 맞닥뜨림, 즉시성 기술 변별 훈련을 실시한다. 2단계에서는 역할놀이, 실제 상담 실습 등을 통해 의사소통 기술을 종합적으로 사용하는 연습을 하는데, 이 단계에서 다시 강의, 시범, 실습, 반복, 적용의 과정을 거친다(〈표 8-4〉 참조).

한편, 학교 현장에서는 교사와 학부모 교육 장면에서 Gordon의 공감 대화와 Rosenberg의 비폭력 대화 훈련 모형이 널리 적용되어 왔다. 아동 · 청소년은 생활 속 주요 타인과의 관계 경험을 통해 의사소통 능력을 발달시켜 나간다. 때문에 학생은 물론 교사와 부모를 주요 대상으로 하는 Gordon의 공감대화 프로그램은 아동 · 청소년을 대상으로 한 직접적인 의사소통 교육은 물론 교사 및 부모의 모범을 통한 학생의 바람직한 의사소통 교육 방법이라 할 수 있다. 마찬가지로 비폭력 대화 역시 학교폭력 예방을 위한 아동 · 청소년 간 의사소통 교육에 효과적일 뿐만 아니라 교사 및 부모를 통한 학생 의사소통 교육에 효과적인 방법이라 할 수 있다. 청

〈표 8-4〉 Carkhuff의 체계적 인간관계 훈련 모형의 2단계 과정 설명

단계	내용
강의	기법의 개념, 기능 원리, 사용 시기 등에 대한 인지적 학습
시범	기법별 시범 보이기 또는 비디오 시청
실습	소집단별 기법을 응용한 상담실습 경험
반복	기법을 다른 맥락에서 응용
적용	실제 상담에 기법과 역할을 적용한 후 슈퍼비전

출처: Carkhuff(1969).

소년기 학생들은 부모나 교사로부터 독립하고자 하는 욕구와 의존하고자 하는 욕구 사이에서 갈등하며 반항적 · 공격적인 성향을 나타내기 쉽다. 때문에 이러한 학생들과 원만한 의사소통을 하기 위해서는 성인인 부모와 교사가 먼저 학생들의 반항적 · 공격적 모습 이면에 숨겨진 욕구를 이해하고 다가가는 자세가 필요하다. 말을 할 때 상대를 비난하거나 비판하지 않으면서 자신의 마음을 관찰하고, 느낌, 욕구, 부탁을 솔직하게 표현할 것을 강조하며, 들을 때는 자신의 생각, 선입견, 기대, 가정, 조언 및 가르치려는 충동을 내려놓고 상대가 지금 경험하고 있는 것을 관찰하고 상대방의 느낌, 욕구, 부탁을 공감하며 듣는 비폭력 대화의 방법은 교사와 부모가 아동 · 청소년 학생에게 다가갈 수 있도록 도와주는 접근법이라 할 수 있다. 이를 통해 학생들은 자신의 느낌과 욕구를 분명하게 알아차리고, 자아정체성을 형성하며, 성숙한 대인관계를 위한 의사소통의 모범을 접할 수 있는 것이다.

교사는 의사소통 전문가로서 부모들이 자녀들에게 바람직한 의사소통의 모범을 보일 수 있도록 조력하는 위치에 있다. 이에 교사는 일상생활 속 바람직한 의사소통의 모범자로서 학생과의 효과적인 의사소통 능력을 갖출 필요가 있으며, 아울러 학부모의 의사소통 능력을 증진할 수 있는 의사소통 교육 전문가로서의 역량을 갖출 필요가 있다. Gordon의 공감대화 프로그램이나 Rosenberg의 비폭력 대화는 아동 · 청소년 의사소통 능력의 직접적인 증진은 물론 그 능력에 절대적인 영향을 미치는 교사의 의사소통 능력 향상과 부모의 의사소통 능력 증진에도 효과적인 접근법이라 할 수 있다.

2) 집단상담

집단상담은 참여자들의 의사소통 능력을 증진시키고 대인관계 능력을 향상시키는 효과적인 방법으로 여겨진다. 집단상담은 훈련을 받은 한두 사람의 유능한 전문가의 지도 아래 소수의 참여자가 교육적 · 직업적 · 사회적 · 개인적 가치와 관련된 주제들을 가지고 의미 있는 대화를 나누는 과정이다. 참여자들은 이러한 집단상담을 통해 자신의 경험, 생각, 느낌, 희망, 신념 등을 자유롭게 개방하면서 자신을 이해하고 수용하는 기회를 가지게 된다.

한편, 대인관계 증진을 위한 집단상담은 주로 자기이해, 자기수용, 자기표현 및 자기주장 능력의 신장을 목표로 한다. 이는 건강한 관계 형성을 통해 성숙한 인성을 갖춘 사람이 되기 위해서는 있는 그대로의 자기 자신을 현실적으로 이해하고 수용하며 남에게 개방할 수 있는 태도와 능력을 터득해야 하기 때문이다(이형득, 김성희, 석기문, 김창대, 김정희, 2002).

집단상담에서 참여자들은 자신이 다른 사람들과 어떻게 상호작용하고 있는지를 관찰하고 집단 활동에 적극적으로 참여하도록 요구받는다. 이를 위해 집단상담 지도자는 학생들이 처벌이나 판단을 받을 것에 대한 염려 없이 자유롭게 말하고 행동할 수 있는 신뢰 가능한 집단 분위기를 만들기 위해 노력한다. 특히 집단상담은 나와 너 사이에 지금-여기에서 일어나고 있는 느낌, 생각, 행동을 서로 관찰 · 분석 · 지적해 주는 것으로 진행된다. 따라서 교사는 학생들이 상대방에게 상대방의 행동에서 자신이 어떤 느낌을 받고 어떤 생각이 떠오르는지를 솔직하게 이야기할 수 있도록 격려하며, 이때 교사는 학생들에게 상대방을 공격하거나 판단하는 태도를 취하지 않도록 요청한다.

[그림 8-5] 집단상담

3) 연극놀이를 활용한 의사소통 훈련

20세기 들어 연극적 체험 과정을 중시하는 흐름이 연극계에 나타나기 시작하면서 비공식적이고 즉흥적이며 과정 중심적인 활동인 연극놀이를 활용한 다양한 교육적 시도가 나타났다(Landy, 2002). 교육연극(theatre in education), 교실연극(drama-in-education), 크리에이티브 드라마(creative drama), 사회극, 연극치료 등이 그 예인데, 이들을 통해 체험 및 과정을 중시하는 교육 현장에서 연극이 효과적인 교육 방법으로서 자리를 잡아 왔다.

연극은 인간이 펼칠 수 있는 모든 표현 수단을 동원하는 예술의 한 형식으로서, 언어적 요소와 비언어적 요소 모두가 들어 있는 극적 행위를 통해 참여자들의 의사소통을 중심으로 이루어지는 활동이다. 여러 연구에서는 연극놀이가 언어적·비언어적 의사소통 능력을 증진시키는 데 효과적이며(오은정, 2002), 자신의 의견을 적극적으로 표현하는 자신감 있는 태도 신장에 도움을 주고, 협동심과 또래 간 의사표현 능력을 증진시켜 주며(한민희, 2012), 주체적·비판적 사고와 행위를 할 수 있도록 돕고, 공동체 속에서 자신을 적극적으로 표현하며 타인과 소통할 수 있도록 돕는다고 하였다(남청자, 2000).

연극놀이가 대인관계 및 의사소통 능력 증진에 영향을 미치는 원리는 크게 세 가지로 정리할 수 있다(이효원, 2008). 첫째, 연극놀이는 참여자들로 하여금 비생산적·비목적적 활동인 놀이를 통해 경쟁에서 탈피하여 안전한 정서적 환경 속에서 편안함과 자발적인 몰입의 기회를 가지도록 한다. 둘째, 연극놀이는 참여자들에게 예술이 지닌 창조성의 원천으로서의 변형 경험을 제공함으로써 자신과 타인에 대한 보다 폭넓은 이해를 가능케 한다. 연극놀이 속에서 '나'는 다른 사람이나 과거 혹은 미래의 '나', 또는 '나'와 타인의 내면에 존재하는 특정한 감정으로 변형이 가능하다. 이를 통해 참여자들은 연극놀이를 통해 나와 타인의 감정을 보다 깊이 이해하고 나와 타인의 관계를 새로운 시선으로 바로 볼 수 있는 기회를 가진다. 셋째, 연극놀이는 '만약 ~라면'이라는 극적 현실 속에서 시공간의 제약을 뛰어넘어 현실에서라면 당연히 따라올 비판이나 평가에 대한 염려 없이 다양한 행위를 실험해 볼 수 있게 한다. 또한 연극놀이는 허구이면서도 현실과 닮아 있는 극적 현실 속에서 일상에서라면 직면하기 힘들었던 현실을 쉽고 직접적으로 직면할 수 있도록 한다. 때문에 연극놀이라는 안전한 허구 속에서 참여자들은 기존의 역기능적인 관계 방식에서 탈피하여 보다 건강한 새로운 관계 방식을 실험해 볼 수 있다.

연극놀이의 기법은 매우 다양하다. 연극놀이 기법은 크게 투사적 기법과 역할 연기적 기법으로 구분 가능하다. 투사적 기법은 인형, 장난감, 가면과 같은 도구들을 사용하여 그 도구들에 자신을 투영하여 활동하는 연극놀이를 일컫는다. 참여자는 투사적 기법을 통해 자기가 아닌 다른 인물이 되어 보는 경험을 할 수 있으며, 다른 사람의 입장을 공감할 수 있다. 또한 투사적 기법은 다른 사람의 이야기를 하는 것처럼 하면서 실제로는 자신의 이야기를 할 수 있도록 돕는다. 이를 통해 투사적 기

[그림 8-6] 연극놀이

법은 참여자가 다른 사람들 앞에서 자신의 생각과 감정을 표현하는 데 따른 심리적 부담감을 덜어 주고, 좀 더 편안한 분위기 속에서 자유롭게 의사소통할 수 있도록 돕는다.

역할 연기적 기법은 한 사람을 주인공으로 하여 주인공이 실제로 겪은 경험의 일부를 연극 장면 속에서 사실적으로 재연하고 그 속에서 주인공이 직접 자신의 역할을 연기하게 하는 기법이다. 역할 연기적 기법을 통해 주인공은 자신의 대인관계 및 의사소통 방식을 탐색하고 새롭게 연습해 볼 수 있는 기회를 제공받는다. 역할 연기적 기법은 투사적 기법에 비해 참여자가 실제 자신의 이야기를 극화하고 연기하기 때문에 심리적 부담이 클 수 있다. 그러나 이 기법은 참여자들의 실제 문제를 직접 다룸으로써 참여자들의 대인관계 및 의사소통 문제를 직접적으로 다룰 수 있다는 이점이 있다(Landy, 2002).

4. 의사소통 교육의 현황

1) 아동 · 청소년 의사소통 능력 증진 현황

지금까지 살펴본 의사소통 관련 주요 개념 및 접근법들은 학교 현장에서 효과적으로 적용되기에는 여러 가지 문제가 있다. 먼저, 이 프로그램들은 학교 현장에서 종합적 · 체계적으로 이루어지지 못하고 산발적으로 이루어져 왔다. 프로그램을 실행하는 교사의 전문성이 확보되지 않은 경우가 많았고, 구체적인 프로그램 적용을 위한 시간과 장소 문제 등 운영상의 문제가 드러나기도 하였다. 이에 학교교육과정을 중심으로 한 보다 체계적인 의사소통 증진의 필요성이 제기되어 왔다.

우리나라 공교육기관에서의 의사소통 교육은 만 3~5세 무렵 유아기 때부터 시작된다. 이 시기는 유아에게 공식적인 유아교육이 시작되는 시기다. 이에 우리나라의 경우 만 3~5세의 유아교육과정인 '누리과정'(교육과학기술부 고시 제2012-16호)에서 "일상생활에 필요한 의사소통 능력과 바른 언어 사용 습관을 기른다."라고 명시하여, 유아가 가정의 범위를 벗어나 최초로 사회생활을 경험하며 인간관계 속에서 기본적인 의사소통을 배우도록 하고 있다.

초·중등학교에서의 의사소통 교육은 주로 국어과 교육과정(교육과학기술부 고시 제2012-14호)을 중심으로 이루어진다. 국어과 이외의 교과에서는 실과 교육과정에 의사소통 교육 관련 내용이 제시되어 있으며, 중학교 실과(기술·가정)(교육과학기술부 고시 제2011-361호) 및 고등학교 선택 과목인 기술·가정에서 가족의 역할과 기능에 초점을 두고 의사소통 교육이 이루어진다.

학교에서의 의사소통 교육은 교과 이외의 창의적 체험활동 속에서도 이루어진다. 현재 의사소통 능력은 초·중등 진로교육 목표의 하나인 '자아이해와 사회적 역량 개발'의 하위 영역으로서(교육과학기술부, 2012) 창의적 체험활동 및 진로활동의 주요 내용을 이루고 있다. 2009 개정 교육과정 이래 우리 교육 현장에서는 진로교육의 중요성이 한층 강조되고, 진로중심 교육과정의 운영이 강조되고 있으며, 의사소통 능력이 진로개발 역량의 하나로 여겨지고 있다.

한편, 최근 들어 사회적 문제로 심화되고 있는 학교폭력 문제와 관련하여 학교교육 현장에서 보다 체계적이고 효과적인 의사소통 교육이 추진되고 있다. 공감, 갈등 해결, 감정 조절, 자아존중감, 학교폭력 인식 및 대처 능력과 함께 의사소통 능력이 학교폭력 예방을 위한 핵심 역량으로 대두되고 있다. 이에 의사소통 능력 증진 프로그램이 학교폭력 예방교육을 위한 어울림 프로그램의 일환으로 개발·보급되고 있다.

앞으로 학교 현장에서의 의사소통 교육은 학교교육과정 속에서 보다 체계적·효과적으로 이루어질 필요가 있다. 어울림 프로그램은 학교 현장의 표준 의사소통 능력 증진 프로그램으로서, 현장의 지도교사들이 쉽고 편리하게 프로그램을 운영할 수 있도록 지도안, 활동지, 활동 자료, 참고 자료, PPT 자료 등을 제공하고 있다는 특징을 지닌다. 이에 어울림 프로그램을 통한 의사소통 교육은 학교교육과정 속에서 학생들의 의사소통 능력을 효과적으로 증진시킬 수 있는 방법이라 할 수 있다.

2) 어울림 의사소통 프로그램

아동 · 청소년기는 대인관계의 범위가 부모나 가족에서 또래, 교사 등으로 확대되는 등 대인관계 발달이 활발히 이루어지는 중요한 시기다. 그러나 오늘날 아동 · 청소년 중에는 학교에서의 집단따돌림, 학교폭력 등과 같은 문제로 대인관계에서 부적응을 경험하는 사례가 증가하고 있으며, 그 문제가 심각한 사회문제로까지 대두되고 있는 상황이다. 이에 아동 · 청소년이 학교폭력 문제에서 벗어나 대인관계 속에서 건강한 인성을 계발할 수 있도록 하기 위한 학교폭력근절종합대책(2012)이 수립되기에 이르렀으며, 그 일환으로 어울림 프로그램이 개발되었다.

어울림 프로그램(학교폭력예방연구지원센터, 2016)은 학생들의 사회적 · 정서적 역량을 길러 줌으로써 그들이 학교폭력 상황에 적절히 잘 대처할 수 있도록 하는 것을 목표로 한다. 이에 어울림 프로그램에서는 학교폭력 예방을 위한 핵심 역량으로 공감, 의사소통, 갈등 해결, 감정 조절, 자아존중감, 학교폭력 인식 및 대처를 들고 있으며, 의사소통은 바로 이 여섯 가지 역량 중의 하나다. 어울림 프로그램에서는 의사소통 능력의 부족이 타인과 관계를 원만히 맺고 협력하는 사회적 상호작용 능력의 부족, 소통과 감성 능력의 부족 때문이라고 보며, 이것이 학교폭력의 주요 원인이라고 본다.

어울림 프로그램의 의사소통 프로그램은 갈등을 해소하고 원만한 대인관계를 유지하기 위해서는 감정조절, 타인에 대한 공감적 이해, 자신의 감정과 의사를 정확히 표현할 수 있는 능력이 필요다고 본다. 따라서 어울림 의사소통 프로그램은 이들 능력의 증진을 통해 학교폭력의 주된 원인이 되는 또래 간 다툼을 건설적인 방식으로 해결하며, 더 나아가 이러한 의사소통 능력을 바탕으로 학교폭력 상황을 긍정적으로 해결 및 예방하는 태도를 갖게 하는 데 목적이 있다.

어울림 프로그램은 초등학교 저학년, 초등학교 고학년, 중학교, 고등학교의 4개 학교급별 프로그램으로 이루어져 있다. 학생, 학부모, 교사용 프로그램이 따로 개발되어 있고, 학생용 프로그램으로는 일반 학생을 위한 기본 프로그램과 학교폭력 고위험군 학생을 위한 심화 프로그램으로는 개발되어 있다. 따라서 어울림 의사소통 프로그램은 학생용으로 초등학교 저학년(기본, 심화), 초등학교 고학년(기본, 심화), 중학교(기본, 심화), 고등학교(기본, 심화) 프로그램 8개, 초 · 중 · 고 교사용 3개, 초 · 중 · 고 학부모용 3개의 총 14개로 구성되어 있다.

[그림 8-7] 어울림 의사소통 프로그램

각각의 프로그램에서는 발달 특성 및 대상에 따른 개별 목표를 설정하고 있으나, 공통적으로 의사소통 방식을 이해하고 실천하도록 돕기 위해 공감, 경청의 자세 익히기, 비폭력 대화의 원리를 이해하고 적용한다는 공통점을 지니고 있다. 그리고 역기능적 의사소통 극복, 상보적 교류 대화 및 일치형 대화의 습득을 프로그램 목표에 포함하고 있다.

어울림 프로그램의 가장 큰 특징은 정규 학교교육과정 속에서 이루어지도록 개발된 표준 프로그램이라는 점이다. 이에 프로그램은 교실에서 전체 학생을 대상으로 이루어지는 것을 기본으로 한다. 따라서 이 프로그램은 주로 관련 교과나 창의적 체험활동 시간을 활용하여 이루어진다. 또한 어울림 프로그램은 아동·청소년의 발달 특성을 고려하여 신체 활동, 조작 활동, 협력놀이, 역할극, 집단상담, 미술치료 및 음악치료 등의 체험적 활동으로 구성되어 있다.

어울림 프로그램의 개발 및 보급은 보다 효과적인 학생 대상의 의사소통 교육에 있어 좋은 계기가 될 것으로 보인다. 여기에서는 부록에 어울림 의사소통 프로그램 중 초등학교 고학년 학생용 프로그램의 일부를 제시한다(부록 참조). 더 자세한 내용은 교육개발원의 학교폭력예방연구지원센터(https://stopbullying. kedi.re.kr)에서 참고할 수 있다.

5. 맺음말

지금까지 아동·청소년 학생의 대인관계 능력 증진을 위한 의사소통 교육에 대해 알아보았다. 이를 위해 의사소통의 주요 개념과 대인관계 발달, 의사소통 증진의 주요 기법에 대해 알아보았으며, 의사소통 교육의 현황 및 과제에 대해서도 살펴보았다. 이에 따르면, 자기 이해, 자기 수용에 기초한 깊은 수준의 의사소통을 할수록, 개방적 · 상보적 · 일치적 유형의 건강하고 기능적인 의사소통에 참여할수록, 그리고 공감, 적극적 경청, 나-메시지 등의 공감 대화 기법과 상대를 비난하거나 비판하지 않으면서 자신의 마음을 관찰하고 느낌, 욕구, 부탁을 솔직하게 표현하는 비폭력 대화 기법을 사용할수록 원만한 대인관계의 발달이 이루어진다고 볼 수 있다.

아울러 학교 현장에서의 효과적인 의사소통 교육을 위해 개발된 어울림 의사소통 프로그램에 대해서도 살펴보았다. 특히 어울림 프로그램은 교육과정 속에서 체계적이고 효과적으로 의사소통 교육을 할 수 있도록 하는 것을 목적으로 하는 프로그램으로서, 상담 및 학교교육 현장에서 이루어져 오던 다양한 의사소통 교육의 개념, 기법 및 방법론이 종합적으로 반영되어 있다. 그러나 학교 현장에서의 어울림 프로그램은 아직 초기 단계로서 프로그램을 운영하는 교사들의 프로그램 운용 능력이 충분히 확보되지 않은 실정이며, 프로그램의 효과성에 대한 검증도 아직 충분히 이루어지지 않은 상황이라 할 수 있다. 이에 앞으로 어울림 의사소통 프로그램이 학교교육 현장의 학교교육과정 속에서 원활하게 운영되는지, 또한 교사들이 현장에서 활용하는 데 문제는 없는지 면밀히 검증해 볼 필요가 있다.

연구 과제

학교 현장에서 교과교육, 진로교육 및 학교폭력 예방교육 차원에서 이루어지고 있는 의사소통 교육의 통합적 운영 모델은 어떠해야 하는지 논하여 보시오.

참고문헌

교육과학기술부(2012). 학교 진로교육 목표와 성취기준. 진로교육 2012-1호.

남청자(2000). 교육연극 방법을 통한 말하기 교육 연구. 서울대학교 석사학위논문.

김영애(2004). 사티어 의사소통 훈련프로그램. 서울: 김영애가족치료연구소.

박수복(2011). 교류분석과 Satir의 의사소통유형의 비교. 교류분석연구, 2(1), 69-85.

부산광역시교육청(2010). 공감의사소통을 위한 비폭력대화. 부산교육 2010-088호.

송명자(1995). 발달심리학. 서울: 학지사.

서혜석, 김영혜, 강희양, 이난(2009). 의사소통. 서울: 청목출판사.

오은정(2002). 자기 표현력 증진을 위한 교육 연극 프로그램 개발: 초등학교 2학년 재량활동 시간을 활용하여. 이화여자대학교 석사학위 논문.

이형득(1986). 집단상담의 실제. 서울: 중앙적성출판사.

이형득, 김성회, 설기문, 김창대, 김정희(2002). 집단상담. 서울: 중앙적성출판사.

이효원(2008). 연극치료와 함께 걷다. 서울: 울력.

학교폭력예방연구지원센터(2016). 어울림프로그램(https://stopbullying.kedi. re.kr).

한민희(2012). 자기표현력 신장을 위한 교육연극의 활용방안. 부산교육대학교 석사학위논문.

Barnes, H. L., & Olson, D. H. (1985). Parent-adolescent communication and the Circumplex model. *Child Development*, *56*, 438-447.

Carkhuff, R. R., (1969a). *Helping and Human Relations: A Primer for lay and Professional Helpers*. New York: Holt, Rinehart & Winston.

Gordon, T. (1970). *P.E.T. Parent effectiveness training: The tested new way to raise responsible children*. New York, NY: Wyden.

Gordon, T. (2003). 교사 역할 훈련*(Teacher Effectiveness Traing)*. (김홍옥 역). 서울: 양철북. (원저는 1974년 출판).

Hart, S., & Hodson, V. K. (2009). 내 아이를 살리는 비폭력대화*(Respectful Parents, Respectful Kids)*. (정채현 역). 서울: 아시아코치센터. (원저는 2006년 출판).

Ivey, A. E., (1971). Microcounseling: Innovations in Interviewing Training. Springfield, Ill.: Charles C. Thomas.

Landy, R. J. (2002). 억압받는 사람들을 위한 연극치료*(Dramatheraphy: concepts, theories and practices)*. (이효원 역). 서울: 울력. (원저는 1994년 출판).

Luft, J., & Ingham, H. (1955). The Johari Window: a graphic model for interpersonal relations, University of California Western Training Lab.

Rosenberg, M. B. (2003). 비폭력 대화(*Nonviolent communication*). 캐서린 한 역. 한국:

NVC 센터.

Satir, V. (1983). *Conjoint family therapy*. Palo Alto, CA: Science and. Behavior Books.

|부록|

어울림프로그램 초등학교 고학년 의사소통(심화) 프로그램 교사용 지도안(1차시)

(☞ 본 프로그램의 전 차시 지도안, 활동자료, 학습지는 학교폭력예방연구지원센터 (https://stopbullying.kedi.re.kr)에서 볼 수 있음.

목표	대화예절을 지켜 친구와 대화할 수 있다.	차시	1/6
관련교과	국어, 창의적 체험활동		
준비물	수수깡, PPT, Double Bubble Map활동지		
단계	진행 절차 및 방법		
도입	▶ 막대게임하기 [활동자료 1] 막대 춤추기 PPT • 춤을 출 때 가장 신경 써야 했던 것은 무엇이었나요? ⇨ 서로의 거리를 조절하는 일입니다. • 너무 가까이 다가가거나 멀어진다면 막대가 어떻게 되었을까요? ⇨ 부러질 수도 있고 막대기가 떨어져서 굴러다니게 됩니다. • 친구와의 대화와 이 막대춤 사이에 공통점이 있을까요? ⇨ 친구와 대화할 때에도 지켜야 할 것이 있을 것 같습니다. ▶ 학습문제 확인하기 이번 시간의 학습 문제를 알아봅시다. [활동자료 2] 학습문제 PPT 대화 예절을 지켜 친구와 대화해 봅시다.		
전개 (30분)	[활동 1] 대화예절 지키며 친구와 대화하기(10분) ▶ 대화에 필요한 거리 [활동자료 3] 대화에 필요한 거리 PPT • 마음의 거리란 한 사람의 마음과 다른 사람의 마음, 그 사이의 거리를 말해요. 사람들은 각자 원하는 마음의 거리가 다르기 때문에 친구와 대화할 때에는 각자 필요로 하는 거리의 정도를 잘 이해하고 존중해 주는 것이 필요해요. 예를 들어 친구가 무엇을 물어 봤다면 꼭 필요한 정보만 알려주는 것도 좋아요. 친구가 필요로		

하지 않는 내용까지 장황하게 설명하면 친구가 부담을 느낄 수도 있겠죠? 또는 친구와 친해졌다고 해서 친구의 비밀까지 모두 알 수는 없어요. 여러분이 가족 이야기를 하는데, 친구가 자꾸 다른 이야기를 하면 여러분은 가족 이야기를 멈추는 게 좋아요. 대화는 혼자 하는 게 아니라 상대방과 함께 하는 것이니까요.

전개 (30분)

▶ 매너 있게 대화하기

• 내가 친구보다 더 높다고 여기면 친구들과 대화할 때 어떤 잘못을 하게 될까요?
  ⇨ 친구의 말을 무시하게 됩니다. 친구의 말을 잘 듣지 않으려고 합니다.

• 사실 대화는 상대방을 이기기 위해서 하는 게 아닌데 친구를 아래로 보게 되면 친구를 비난하는 말을 스스럼없이 하게 되고 무례한 행동을 해서 주위 친구들을 잃게 되기 쉽습니다.

[활동자료 4] 친구와 대화할 때 매너 없는 행동 Check List

[활동 2] 친구와의 공통점 찾기(20분)

▶ 친구와 나의 Double Bubble Map

• 친해지고 싶은 친구에게 다가갈 때 어떻게 해야 할지 모르겠다는 친구들이 있습니다. 우선, 친구와의 공통점이나 비슷한 면을 찾아보는 게 도움이 됩니다. 공통점이 많으면 많을수록 서로를 더 쉽게 이해할 수 있고, 함께 무엇을 할 때 의견이 잘 맞을 가능성도 많답니다. 그러므로 공통점이 많을수록 친구가 되기 쉬워진답니다.
• 옆의 짝과 함께 Double Bubble Map을 완성해 봅시다.

[활동 방법]

① 원 양쪽에 나와 친구의 이름을 써 넣는다.
② 서로 질문하고 답하면서 둘만의 공통점을 찾아서 가운데에 위치한 원을 채워 넣는다. 공통점이 많아지면 원을 추가하여 더 써 넣도록 한다.
③ 공통점이 아닌 차이점을 발견하게 되면 바깥 방향에 위치한 원에 차이점을 써 넣는다.

[활동지 1] Double Bubble Map 학습지(8절 도화지로 대체 가능)

[활동자료 5] Double Bubble Map 예시자료 PPT

▶ 발표하기

• 짝과 열심히 완성한 Double Bubble Map을 둘이 함께 나와서 친구들에게 공개해 봅시다. 공통점과 차이점을 소개한 뒤에는 마지막으로 활동 소감을 이야기해 주세요.
  (시간이 허락하는 한 발표를 들어보도록 한다.)

• 친구와의 차이점을 인정하고 공통점을 많이 만들어가다 보면 어떤 좋은 점이 있을까요?

⇨ 친구를 더 잘 이해할 수 있게 됩니다. 사이좋게 지낼 수 있어요.

• 친구와 대화를 잘 하는 사람들은 상대방을 잘 이해하는 특징이 있답니다.

[대체 활동 ①] 나 자신과 친구 되기(20분)

▶ 왜 자신을 들여다봐야 하나요?

• 친구들과 대화를 잘하는 사람들의 특징은, 자기를 잘 알고 자신에 대해 긍정적으로 생각한다는 것입니다. 자기가 어떤 사람인지 모르는 사람은 다른 사람들을 대할 때 자신의 모습을 자연스럽게 표현할 수 없습니다. 또, 자신을 부정적으로 생각하는 사람은 열등감 때문에 다른 사람에게 마음을 열기도 어렵습니다. 그래서 친구들과 잘 대화하기 위해서는 먼저 나 스스로와 좋은 친구가 되는 것이 중요합니다. (자기존중감은 어울림의 다른 모듈에 해당되지만 의사소통에 있어 자기존중감은 매우 중요한 요소이기 때문에 프로그램 초반부에서 잠시 다룰 수 있다.)

• 친구들과 잘 사귀고 편하게 대화하려면 먼저 내가 어떤 사람인지 정확하게 아는 것이 중요합니다. 그러면 어떤 모습이 친구들에게 좋게 보여질 수 있고, 어떤 부분이 앞으로 노력해서 좀 더 나아져야 하는지 알 수 있어 친구를 사귀는 데 도움이 됩니다. 스스로에게 다음 질문을 해보세요.

[참고자료 1] 장점과 약점 리스트

[활동 방법]

① 4명이 한 모둠이 되어 활동한다.
② 자신의 장점과 약점을 생각나는 대로 빠르게 적는다.
③ 작성한 리스트를 시계방향으로 돌리며 다른 친구들과 공유한다.
④ 친구가 작성한 장점리스트에는 장점을 추가하여 더해주고 약점으로 적은 내용은 장점으로 변화시킬 방법을 생각하여 포스트잇에 적어 붙여준다.
⑤ 자신의 리스트가 다시 돌아오면 활동을 마무리한다.

• 사람은 누구나 완벽할 수 없답니다. 그리고 다른 사람의 부족한 면을 발견했다고 무조건 싫어하지 않습니다. 오히려 자신의 부족한 면을 당당하게 보여주는 사람을 편하게 여기고 매력을 느낀답니다. 그런데 만약 친구가 여러분의 약점으로 놀리는 경우가 생기게 된다면 그런 친구들의 비위를 맞추려고 애쓸 필요는 없답니다. 그렇게 여러분을 대하는 친구는 진정으로 좋은 친구가 될 수 없답니다. 그 대신 여러분을 받아들여주는 친구들과 가까이 지내는 게 더 현명하답니다.

[대체 활동 ②] 성격에 따라 다른 대화방식 (20분)

▶ 간이 MBTI 검사를 통해 자신을 이해하고 다른 친구들을 이해하는 활동을 할 수 있다. 이 때 성격은 좋고 나쁨이 아닌 단지 그 사람의 특징을 나타내는 것임을 인식할 수 있도록 한다.

① 각자 좋아하는 과일 말하기
② 어떤 과일을 좋아하는 것이 좋고 나쁨을 나타내지 않듯이 성격도 좋고 나쁨이 없음을 이야기한다.

	③ 간이 MBTI 검사지 작성 ④ 같은 성격 유형의 친구들끼리 모여 우리 팀의 공통점과 다른 팀의 친구들과 대화할 때 생길 수 있는 오해들 토의하기(외향성과 내향성만 다루도록 한다) ⑤ 소감 발표 [참고자료 2] 간이 MBTI 검사지 • 여기서 사용하는 것은 저작권과 지적 재산권을 고려하여 MBTI 연구소에서 사용하는 검사지는 아니며 흐름을 대략적으로 파악할 수 있는 간이 검사지를 사용한다. 보다 정확한 검사를 위해서는 MMTIC(어린이용 MBTI)를 사용해야 함을 알려둔다. [참고자료 3] 친구들과 대화할 때 나의 성격이 지닌 PMI • 간이 MBTI 검사 이후 비슷한 성격을 지는 학생들끼리 모여 나의 성격의 장단점과 흥미 있는 점(PMI)을 토의해 볼 수 있다.
마무리 (5분)	▶ 우리는 말이 통하는 친구야 • 다음 빈칸 넣기를 완성해보세요. 친구와 편하게 대화하려면, ( )해야 한다. (다양한 대답들을 수용한다.) ▶ 과제제시 • 우리가 상대방이 하는 말의 의도를 잘 '알아듣기'위해서, 그리고 마음을 잘 '말하기' 위해서는 구체적인 상황과 설명이 필요해요. 내 마음대로 판단하거나 평가하지 않고 나와 상대방을 잘 '관찰'하는 게 필요해요. 다음 시간에는 관찰하기에 대해서 자세하게 배울 거예요. 반 친구들의 이름 중 하나를 제비 뽑아 일주일간 관찰해 봅시다. (서로 누구를 뽑았는지 비밀로 하고 일주일간 한 친구를 집중적으로 관찰하게 한다. 이때 객관적으로 친구의 말이나 행동 중 관찰한 내용만 간단히 친구 관찰 일지에 정리하도록 한다.)

제9장 학생의 대인관계 문제 개선을 위한 용서상담교육[1]

개요

이 장은 학생 대인관계 문제의 개선과 해결을 위한 기존의 일회적 · 표면적 · 문제대처 지향적 접근 방식의 한계를 극복하고 보다 더 근원적이고 체계적인 관점에서 학생의 인간관계 문제를 개선하기 위한 인성교육 방안을 제시한다. 이를 위해 학생들로 하여금 다양한 인간관계, 특히 또래관계에서의 갈등과 상처, 피해로 인해 나타나는 부정적 반응을 극복하고 건강한 반응으로 나아가도록 촉진하는 용서상담교육에 대해서 기술하고 용서상담교육의 실제를 제시한다. 또한 용서상담교육이 대인관계 문제를 해결하기 위한 효과적인 인성교육 방안으로 실천 · 적용되기 위한 과제를 논의한다.

연구문제

1. 대인관계 문제, 특히 학교폭력과 따돌림 문제에 대한 기존 대처 방식의 특징과 한계는 무엇인가?
2. 용서의 의미와 용서교육의 목표는 무엇인가?
3. 용서를 촉진하기 위한 전략들에는 무엇이 있는가?
4. 용서상담교육이 효과적인 인성교육 방안으로 실천되기 위한 과제는 무엇인가?

---

1. 이 장은 김광수(2010)의 '초등학생 대인관계 문제 개선을 위한 상담전략과 실제: 용서상담교육의 적용'을 수정 · 보완하였음을 밝힌다.

1. 또래 대인관계 문제와 분노 대처

인간관계가 점점 확대되고 다양해지는 아동 · 청소년은 가정, 학교 및 사회에서 직면하는 인간관계 문제와 갈등으로 인해 분노를 비롯하여 다양한 부정적 경험을 하게 된다. 그러나 분노나 부정적인 경험을 관리하고 대처하는 방법에 대한 학습의 부족과 부정적 반응의 관리 실패는 학교폭력, 따돌림, 공격성 등 여러 가지 부작용으로 표출되고 있다. 따라서 아동 · 청소년이 인간관계 갈등과 문제로 경험하게 되는 다양한 분노와 부정적 반응을 잘 관리하고 조절하는 것은 그들의 건강한 적응과 성장 · 발달을 위해서 매우 중요한 과제가 되고 있다.

오늘날 중고등학생뿐만 아니라 초등학생에 이르기까지 계속해서 나타나는 학교폭력과 집단따돌림 등 대인관계 폭력 가해 · 피해 경험 현상은 심각한 문제가 되고 있다. 이러한 현상은 초등학교부터 고등학교에 이르기까지 학교폭력 관련 대인관계 상처와 피해 문제에 대한 생활지도와 교육적 개입이 사후 약방문식으로, 표면적으로 드러난 문제대처 지향적으로, 그리고 일회성의 단기적 관점에서 이루어진 데에도 그 주요 원인이 있다. 따라서 학교폭력과 집단따돌림 등 대인관계에서의 공격성과 폭력 문제를 보다 근원적이고 실제적인 관점에서 체계적으로 다루어 나갈 필요가 있다. 특히 초등학교 시기는 최초로 심각한 대인관계 문제가 발생하는 시기이며, 이 시기에 발생한 문제가 조기에 효과적으로 다루어지지 않을 때 중고등학교 시기까지 연장되거나 더욱 악화될 수 있고, 성인기의 정서 · 행동장애, 성격장애, 반사회성장애, 약물 및 중독 장애로까지 심화될 수 있기 때문에(Enright & Fitzgibbons, 2000) 보다 근원적이고 체계적인 예방과 생활지도 및 교육적 개입이 요구된다.

다양한 대인관계에서 깊고 부당한 피해나 상처를 경험할 때 나타나는 핵심적 감정 중 하나가 바로 분노 감정이다. 분노는 출생 후 최초로 나타나는 불과 몇 개 안 되는 정서 작용의 하나로서 위협이나 상처 혹은 잘못된 것을 지각함으로써 유발되는 강한 불쾌감과 적대감이다(강신덕, 1997; Spielberger, 1980). 분노에는 인지, 정서, 행동 및 신경생리적인 복합 반응이 내포되는데, 이러한 분노 반응은 자연스러운 인간적 반응으로 이해할 수 있다. 위협이나 상처를 받는 상황에서 분노를 느끼지 못한다면 오히려 그것이 비정상적일 수 있다. 중요한 것은 이러한 분노 감정을 어떻게 다루고 대처해 나가느냐 하는 것이다.

[그림 9-1] 인간관계 갈등과 상처의 핵심 감정인 '분노'

사람은 분노를 경험하게 될 때 자신을 보호하기 위해서 분노를 직접적으로 표현하기도 하고 분노를 억제하거나 회피하기도 한다. Spielberger 등(1983)은 분노대처 방식을 분노의 내적 억제(anger-in), 분노의 외적 표출(anger-out) 그리고 분노 조절(anger-control)로 구분하고 있다. 분노의 내적 억제는 분노 유발 상황과 관련된 사고나 감정을 억제하거나 부정하는 것이고, 분노의 외적 표출은 비난, 욕설, 언어적 폭력, 극단적 모욕 등과 같은 외현적 행동을 하는 것이다. 그리고 분노 조절은 분노를 관리하고 조절해 나가는 것을 뜻한다. 분노대처 방식에 있어서 분노를 억제하거나 부정하는 수동적 대처 방식은 그 순간에는 문제가 없거나 해결된 것 같지만, 미해결된 갈등과 상처가 속으로 쌓이게 되면서 억압된 분노로 말미암아 장차 정신적 · 정서적 피해, 우울감 증가, 죄의식과 수치감, 제3자에게 분노를 터뜨리는 것과 같은 부작용이 나타날 수 있다. 분노를 표출하는 대처 방식은 분노를 필요 이상으로 지나치게 드러내는 공격적 방식으로 분노나 울분을 폭발하거나 복수나 보복을 하게 되어 상대방에게 피해를 가져오는 방식이다. 분노를 조절하는 적절한 분노표현 방식은 상대를 공격하지 않으면서도 자신을 보호하고 자기주장을 하는 바람직한 대처 방식이다(김광수, 2003).

아동 · 청소년의 분노 대처 및 표현 방식은 학습과 특정한 사회적 대상과 맥락의 영향을 받아 발달하게 되며 연령과 성별에 따라 차이가 있는 것으로 보고되고 있는데, 이들의 공격성, 문제행동, 비행, 학교폭력, 가출 등의 부적응 문제는 그 심리적 근원이 그들의 정서, 특히 분노를 잘 관리하지 못한 점과 밀접하게 연관되고 있음이 입증되고 있다(채유경, 2001). 대인관계 공격성의 피해를 경험한 아동들이 주로 사용하고 있는 분노대처 방식은 분노의 표출이나 억압의 방법으로 나타나고 있는데(채유경, 2001; 하요상, 2006), 분노를 공격적으로 표출하는 것도 문제지만 건강하게 표현하거나 해소하지 못한 채 분노를 억압하는 것 또한 장차 또 다른 문제를 가져올 위험성을 안고 있다.

2. 기존 개입의 특성과 한계

아동 · 청소년의 대인관계 공격과 피해의 대표적 현상인 학교폭력과 따돌림 문제는 전 세계 학교교육이 당면한 중요한 문제로 대두되며 그 심각성이 매우 크다. 따라서 선진국을 중심으로 이미 이러한 문제를 해결하기 위해 학교폭력 예방 및 치유 프로그램이 활성화되고 있다. 그러나 기존의 학교 폭력 예방 및 치유 프로그램의 특성을 살펴보면 가해자나 피해자에게 외형적 행동 변화나 친사회적 행동을 학습시키는 데 초점을 두고 있다. 예를 들어, 모델링이나 역할놀이 등을 통해 사회적으로 바람직한 행동을 학습시키고 이를 촉진하며 교사나 학부모에게는 가해 및 피해 아동과 대화하는 방법, 위험행동 발견을 위한 단서의 포착과 이에 대한 이해를 증진시키는 데 주력해 왔다(Goldstein & Glick, 1994). 그리고 이러한 친사회 행동 학습 프로그램은 프로그램 평가 연구를 통해 그 효과를 검증해 왔다(박종효, 2003; Goldstein, Glick, & Gibbs, 1998).

친사회 행동 학습 프로그램을 포함한 대부분의 학교폭력 예방 및 치유 프로그램이 일시적이며 외형적인 행동 변화를 가져오기도 하지만, 한 가지 중요한 측면, 즉 피해자와 공격적 피해자(피해를 경험하고 가해자가 되는 경우, 즉 피해와 가해 경험이 공존하는 가피해자)들이 또래에게서 받은 신체, 언어 혹은 대인관계(relational) 폭력으로 인해 심리적 상처를 입고 있음이 간과되는 경우가 많다. 또한 기존의 프로그램은 피해자 및 공격적 피해자들이 누적된 상처로 인해 분노 수준이 상당히 고조되어 있고 이러한 분노가 상대방이나 자기 자신 또는 무관한 제3자에게 충동적 파괴와 공격행동으로 연결되는 악순환의 고리를 끊지 못하는 점이 지적되고 있다(Park, 2003). 따라서 이러한 문제를 극복하기 위한 보다 효과적이고 근원적인 접근이 피해자와 공격적 피해자에게 절실히 요구되고 있다.

한편, 대인관계 공격성으로 인한 분노 경험과 관련하여 자신에게 경험되는 분노 감정을 정확하게 인식하고 이를 적절하게 조절하고 표현하는 것이 필요하며, 이는 건강한 반응이라는 주장에 기초하여 분노관리 및 분노표현 프로그램들이 개발 · 활용되고 있다(강신덕, 1997; 김용태, 박한샘, 강신덕, 1995). 그러나 분노를 조절하고 표현하는 이러한 접근만으로는 인간관계에서 공격받은 부정적인 기억과 이로 인한 깊고 부당한 상처를 해결하고 분노 이면에 있는 원한과 미움을 없애는 데는 한계가 있다. 따라서 이러한 한계를 극복하기 위해서 인간관계에서의 상처로 고통받는 사람들의 보다 근원적인 분노 치유와 내적 성장을 위해서 용서 심리 과정을 경험케 하는 접근이 연구 · 적용되고 있다(김광수, 1999; 노승수, 1999; 박종효, 2003; 양곤성, 2010; 오오현, 2001; 장화수, 2002; 하요상, 2006; Al-Mabuk, 1990; Coyle & Enright, 1997; Gassin, 1995; Hepp-Dax, 1996).

여기서는 우리나라 초등학생들의 대인관계 공격성 문제에 대한 보다 근원적인 접근 방식을 통해 초등학생 대인관계 문제의 개선과 해결을 추구하고자 한다. 이를 위해 기존 접근 방식의 한계를 극복하고 보다 더 근원적으로 인간관계 문제를 개선하기 위한 한 가지 인성교육 방안으로서 용서상담교육을 제시하고, 용서상담교육이 초등학교에서 효과적인 인성교육 방안으로 실천되고 적용되기 위해 해결되어야 할 과제를 논하고자 한다.

3. 용서상담교육

일방향적이고 지시적인 교육이 아니라 상호작용하는 양방향적인 교육의 특성을 갖는 용서상담교육의 필요성, 목표, 내용 및 전략에 대해서 살펴보면 다음과 같다.

1) 용서상담교육의 필요성

사람들의 용서 형태(style)나 이해 도식(schema)에 차이가 있고 이러한 차이에 따라 용서하는 방식이 달라지며, 이러한 용서 형태와 이해 도식이 발달해 나간다는 경험적 연구 결과(Enright, Santos, & AlMabuk, 1989; Huang, 1990; Park, 1989)가 제시되었다. 이러한 결과는 개인이 가지고 있는 용서 형태나 이해 도식을 점검케 하고 보다 더 성숙한 용서 형태 및 이해 도식을 갖추어 용서를 실천할 수 있게 하는 교육적 개입의 필요성을 시사한다. 또한 용서교육을 받기 전에는 사람들이 대인 갈등으로 인한 문제의 해결을 위해 용서를 가능한 해결전략으로 고려조차 못하는 점과 대인관계에서 상처를 경험한 사람이 용서를 하겠다고 말하거나 용서를 결심한다고 해서 용서가 저절로 이루어지지는 않는다는 점(Al-Mabuk, Enright, & Cardis, 1995)을 살펴볼 때 용서교육의 필요성은 더욱 높아진다.

용서상담교육은 상처받은 개인이 상처에서 회복되어 갈등을 극복하고 건강하게 기능하도록 돕기 위해서뿐만 아니라 한 개인이 언제, 어느 때 부당하고 깊게 닥쳐올지 모르는 상처에 대해 적절하게 대처할 내적 준비를 하도록 해 주는 상처 예방의 차원에서도 필요하다. 또한 문제의 치료 및 예방과 더불어 인간의 상호작용 속에서 불가피하게 발생하는 부정적인 경험을 내적으로 통합하게 함으로써 성숙한 자아를 갖춘 개인으로 성장 · 발달시키기 위해서도 용서상담교육이 필요하다. 즉, 용서상담교육은 용서를 통해 개인이 단순히 정서적 유익을 얻게 하는 차원을 넘어서서 상처받은 자아가 안정되고 부정적인 측면까지 통합할 수 있는 성숙한 자아가 되게 함으로써 다른 사람과의 관계나 공동체와의 관계에서 긍정적으로 탁월하게 상호작용할 수 있는 사람을 길러 내기 위해서 필요하다.

오늘날 학교 현장에서 심화되고 있는 학교폭력 문제나 따돌림 현상 등은 일회적 또는 단기적 대처에서 더 나아가는 근본적 대처 방안을 요구하고 있다. 상대방을 한 인간으로서 존중하고 배려하며 상대방의 약점이나 실수를 받아들이고 상대방이 나와 다를 수 있음을 포용하는 인간관계 능력의 결핍으로 학교폭력 문제나 따돌림 현상이 심화되고 있다. 따라서 이러한 인간관계 능력의 개발과 육성은 오늘날 학교교육 현장이 직면하고 있는 부정적인 문제를 해결하고 더욱 건강한 개인과 관계 및 공동체를 형성케 하는 근본적 대안이 될 수 있다. 따라서 아동 · 청소년에게 용서에 기초한 돌봄과 배려의 능력을 증진시키는 체계적이고 의도적인 교육적 접근이 개발되어 적용될 필요가 있다. 이러한 접근에 토대한 용서상담교육은 합리적 판단과 정의(justice) 위주로 편성된 기존 도덕교육과정을 보완하여 정의로운 판단에 기초하되, 인간 상호작용에서 현실적으로 불가피하게 발생하는 갈등과 상처를 슬기롭게 극복하고 미래 지향적인 화합과 발전을 가져오도록 촉진하는 인성교육 방안이 될 수 있다.

요약하면, 용서상담교육은 인간관계 갈등과 상처의 치유와 예방교육의 차원에서뿐만 아니라 개인의 인간적 성장과 발달을 촉진하기 위해서, 교육과 삶의 현장에서 아동 · 청소년 개인의 조화로운 품성 및 도덕성 발달을 위해서, 그리고 자아의 통합과 확장을 촉진하는 인성교육 차원에서 적극적으로 이루어질 필요가 있다.

2) 용서상담교육의 목표

"개인적으로 깊고 부당한 상처를 준 상대방에게 갖는 부정적 정서 · 사고 · 행동 반응을 극복하고 상대방에 대해 긍정적 정서 · 사고 · 행동 반응을 하는 것"(김광수, 1999)이라는 용서의 개념에 비추어 볼 때, 용서상담교육의 목표는 구체적으로 인지적, 정서적 그리고 행동적 목표로 나누어 살펴볼 수 있다.

첫째, 용서상담교육의 인지적 목표다. 용서는 상호성의 원리(reciprocity principle), 즉 정의의 원리가 무너졌을 때 그것을 회복시켜 주는 최선의 방법이 될 수 있다. 상호성 또는 정의의 원리만으로 지배되는 세상에서는 수많은 문제와 갈등이 파생된다. 이러한 현실은 이 세상에서 상호성의 원리를 벗어난 상황을 다스리고 추스릴 수 있는 더 높은 차원의 또 다른 원리가 필요하다는 것을 보여 준다(Park & Enright, 1997). 따라서 상대방의 행동에 상응하여 상대방을 대우하는 상호성의 원리를 극복하고 상대방을 그 나름의 고유한(unique) 인격을 지닌 인간으로 보고, 상대가 그의 행동에 따라 평가되고 대우받기 이전에 기본적으로 그의 존재 자체로서 존중되고 인정되어야 한다는 인간에 대한 정체성 원리(identity principle)와 사회적 무조건성 원리(social unconditionality principle)를 지향하는 것이 용서상담교육의 인지적 목표가 될 수 있다(Enright & Human Development Study Group, 1994).

개인의 용서의 형태와 인지 도식의 발달 수준에 따라 용서 발달의 단계적 과정을 거쳐 나가도록 해야겠지만, 궁극적으로 '무조건적 사랑으로 하는 용서' 형태나 '내적인 용서' 이해 도식을 목표로 용서상담교육을 할 필요가 있다. 구체적으로, 자기중심의 관점에서 벗어나 상대방의 관점과 더 넓은 관점을 취할 줄 아는 사회적 조망 수용 능력을 향상시키는 전략을 통해 이해의 지평을 넓혀 주고, 더불어 사건이나 상대에 대한 비합리적 사고 반응을 극복하고 합리적 사고 반응으로 나아가도록 하는 것도 용서교육의 인지적 목표가 될 수 있다(Nielsen, Johnson, & Ellis, 2001).

둘째, 용서상담교육의 정서적 목표에 대하여 기술하면 다음과 같다. 정서적 측면에서의 용서상담교육의 목표는 자신과 타인을 있는 그대로 수용하고 건강한 관계를 맺어 나가는 정서적 능력의 계발에 있다고 할 수 있다. 정서적 측면에서 볼 때 용서의 과정(process)은 크게 자신에게 초점을 두는 과정과 상대에게 초점을 두는 과정으로 나뉜다(Hebl & Enright, 1993). 먼저, 피해자 자신에게 초점을 두는 용서의 과정에서는 상처로 말미암아 발생하는 분노, 미움 등의 부정적 정서를 파괴적으로 표출하거나 또는 이를 억압하고 부인하기보다는 자아방어기제를 풀고 자신의 상처와 고통을 있는 그대로 느끼는 정서자각 능력과 이를 분명하게 직면하면서 안정된 관계에서 건강하게 노출하고 표현할 수 있는 정서 표현 및 조절 능력이 필요하다. 이러한 능력이 생길 때 상처로 인한 매임과 고착 상태에서 수월하게 빠져나와 상처의 영향력에서 점차 자유로워질 수 있게 된다.

다음으로, 상대에게 초점을 두는 용서의 과정에서는 자신과 상처에게만 집착한 상태에서 벗어나 상대방과 가해 상황을 객관적으로 그리고 더 나아가서는 새로운 눈으로 바라보면서 상대방의 입장에서 느껴 보고, 상대방의 입장이나 고통에 대해 동정심을 가지며 점차 마음의 전환을 가져오는 내용으로 이루어진다. 이 과정에서는 상대방의 관점에서 공감하고 자신의 고통을 견디고 수용하며, 상대방뿐만 아니라 자신의 불완전성도 자각하여 느낄 수 있는 정서적 민감성의 발달이 요구된다.

요약하면, 대인 갈등과 상처 경험으로 발생하는 부정적 정서를 있는 그대로 자각하고 이를 조절하여 안전한 관계에서 솔직하게 비파괴적으로 표현하여 다룰 수 있고, 이에서 더 나아가 상대방을 향하여 공감, 동정심, 사랑 등의 긍정적 정서 반응을 할 수 있는 능력을 신장시키는 것이 용서상담교육의 정서적 목표가 될 수 있다.

셋째, 용서상담교육의 행동적 목표에 대해서 기술하면 다음과 같다. 용서는 대인관계 갈등 상황에서 활용될 수 있는 여러 대처전략 중의 하나로 일종의 선택 행동이라고 볼 수 있다. 통제이론(control theory)에 따르면, 인간의 전 행동(total behavior)을 구성하는 인지, 감정, 행동, 신체·생리적 반응 중에서 가장 빨리 개입하여 변화를 가져올 수 있는 것이 행동이며, 행동이 변화할 때 그 부산물로 생각과 감정이 변화되고 신체·생리적 변화까지 가져올 수 있다(Glasser, 1986). 따라서 상대방에 대한 부정적 감정과 생각이 쉽게 변화되지 않고 용서하려는 마음이 잘 생기지 않는다 하더라도 자신의 행동을 통제하여 상대방에 대한 부정적 행동 반응을 줄여 나가고 중립적인 상태에서 긍정적 방향으로 행동을 선택하여 실행해 나가면 점차 상대방에 대한 부정적 감정과 생각이 줄어들 수 있다. 이렇게 할 때 상대방도 이러한 행동에 대해서 긍정적인 반응을 보일 수가 있다.

또한 가해자 상대방의 반응에 아무런 변화가 없더라도 피해자로 하여금 분노의 행동보다는 사랑과 같은 긍정적 반응의 행동을 취하는 것이 궁극적으로 자신에게 더 많은 유익과 만족을 줄 수 있다는 자각과 통찰하에 용서의 동기를 키워 용서를 선택하고 행동화할 수 있도록 하는 것이 용서교육의 행동적 목표가 될 수 있다. 용서를 결심하고 그것을 말이나 글로 표현하며, 현재 자기의 수준에서 가능하다고 보는 용서 선물을 선택하고 구체적 계획을 세워 가능한 범위에서 긍정적인 행동 실천을 강화하는 것이 용서상담교육의 행동적 목표가 될 수 있다(Worthington, 2005).

3) 용서상담교육의 내용

용서상담교육에서 다루어져야 할 내용으로는 용서의 특성, 용서와 혼돈되는 개념 및 거짓용서 등을 포함한 용서의 개념과 용서의 과정 그리고 용서의 결과를 들 수 있다(김광수, 1999).

(1) 용서 개념의 이해

용서상담을 통해 용서 개념에 대한 바르고 균형 잡힌 관점을 갖도록 도와주기 위해서는 용서와 혼돈되는 개념과 거짓용서와 대비해서 진정한 용서의 특징을 밝혀 줄 필요가 있다. 용서가 아닌 것을 용서로 이해하고 있을 때 진정한 용서의 실천이 방해될 수 있기 때문이다. 용서 개념에 대한 이해를 보다 분명히 하기 위해 먼저 용서와 혼돈되는 개념들을 살펴보면 다음과 같다.

첫째, 사람들은 용서를 잊는 것으로 이해하기도 한다. 그러나 용서는 잊어버리는 것이 아니다. 왜냐하면 깊은 상처는 좀처럼 의식 속에서 사라지지 않기 때문이다. 용서는 망각과는 반대로 어떤 상처를 정확히 기억하고 직면하고 이해함으로써 그 상처를 치료하는 것이다.

둘째, 사람들은 용서를 화해와 동일시하기도 한다. 그러나 용서는 화해와 반드시 일치하는 것은 아니다. 용서는 개인적인 반응으로서 개인 내적인 해방인 반면, 화해는 두 사람 사이에 이루어지는 것으로서 행동적으로 결합하여 관계가 치료되는 것이다. 학대를 하는 배우자에 대해 복수를 모색하지 않고 상대를 용서할 수가 있다. 그러나 상대방이 학대하는 행동을 바꾸지 않는 한 화해는 하지 않을 수 있다. 용서는 화해하려는 의지를 갖고 상대방이 변화하기를 바라면서 기다리는 것을 포함한다. 따라서 화해는 용서의 결과가 될 수 있다. 요약하면, 용서는 화해의 가능성을 열어 놓지만, 화해는 상대방의 변화나 화해 의도와 같은 더 많은 조건을 필요로 한다.

셋째, 사람들은 용서를 사면하는 것으로 이해하기도 한다. 그러나 대인관계에서의 용서는 사면을 하는 것이 아니다. 사면은 법률을 집행하는 사람이 법률을 위반한 사람에게 위반에 해당하는 처벌을 감해 주는 공적 행위다. 사면은 상처를 입은 당사자가 하는 행동이 아니기 때문에 용서와는 구별될 수 있다. 요한 바오로 2세가 자신을 암살하려 했던 사람을 개인적으로 용서했듯이, 개인적인 용서는 법적인 사면 없이도 일어날 수 있다. 반면, 사면은 되었지만 용서가 되지 않을 수도 있다. 길을 지나가던 사람이 데모를 진압하던 경찰관의 총에 맞아 사망한 경우, 그 경찰관은 당시의 상황이 참작되어 법적인 사면을 받을 수 있지만 사망한 사람의 부인은 개인적으로 그 경찰관을 용서하지 못할 수 있다.

넷째, 사람들은 용서를 가해자를 변명해 주는 것으로 이해하기도 한다. 변명해 주는 것은 우리가 상처를 받았을 때 여러 가지 이유로 자신의 상처가 그것을 저지른 사람이 책임질 바가 아니라고 말하는 것이다. 그러나 용서는 상처를 직면하고 공정한 판단을 하여 상대방에게 있는 책임을 보는 것에서부터 출발한다.

이 밖에 용서는 상대방의 행동을 간과(묵인)하거나 합리화해 주는 것이나 무관심해 버리는 것이 아니며, 시간이 흘러서 상처로 인해 생긴 분노가 저절로 줄어드는 것도 아니다. 용서는 능동적인 행동이며 에너지가 많이 소요되는 과정으로, 분노를 느끼면서도 점차 자신과 상대방을 해방시켜 주는 개인내적 분투의 과정이다.

한편, 자신이 실제로 용서를 하지 않고서도 진정으로 용서를 했다고 믿을 때 이와 같이 잘못된 형태의 용서를 거짓(pseudo)용서라고 명명할 수 있다. 대체로 거짓용서는 반동형성(reaction formation), 부인, 투사와 같은 심리적 방어의 형태로 나타나는데, 가장 흔한 형태가 반동형성이다. 반동형성을 하는 사람은 실제로는 자신의 내면에 분노, 불신, 비난이 있지만 이를 의식하지 못하고 눌러 놓은 채 외적으로만 용서 반응을 나타낸다. 그리고 이러한 행동이 직면당해도 자신의 분노를 부인하고 끝내 분노를 풀어 내놓지 못한 채 가면을 쓰고 있다가 결국에는 상태가 더 악화되기도 한다.

용서를 했다고 하는 사람이 가해자에게서 나타나는 지속적이고 긍정적인 변화를 보고도 화해하지 않으려고 하는 태도를 취하는 것도 거짓용서를 하고 있는 것일 수 있다. 이러한 거짓용서는 기본적으로 상대에게 영향력을 행사하고 유지하려는 의도에서 이루어질 수 있다. 상대방을 용서한다고 하면서도 계속적으로 상대에게 그가 가한 상처를 상기시키면 용서가 아닌 자신의 지배력을 행사하고 있는 것이다. 용서를 한다고 하면서도 상대를 자신에게 영속적으로 빚을 진 대상으로 대할 때 이것 역시 진정한 용서를 왜곡하고 있는 것이다. 진정한 용서는 상대방을 공동체의 같은 한 성원으로 환영하고 상대와 자신 모두를 공평하게 존중될 가치 있는 존재로 바라보게 한다(Enright, 1995).

지금까지 살펴본 용서와 혼돈되는 개념 및 거짓용서와 대비하여 상담교육의 관점에서 진정한 용서의 특성을 살펴보면 다음과 같다(Enright, 1992, 1995: 김광수, 1999 재인용).

- 용서는 사람 사이에서 이루어지는 것이다. 비록 비생명체로 말미암아 사람에게 깊은 상처가 발생할 수 있지만 사람과 비생명체 간에는 인격적인 용서가 일어나지 않는다. 즉, 사람은 폭풍우와 같은 자연재해에 대해서 용서할 필요성을 느끼지 않는다.
- 용서는 상대방으로부터 개인적으로 깊고 오래 지속되는 상처를 경험한 후에 발생한다. 그 상처는 심리적·정서적·신체적·물질적·도덕적일 수 있다.
- 용서는 개인이 먼저 정의(justice)에 대한 의식을 가질 때에만 가능하다. 정의에 대한 의식 없이는 도덕적 상처를 깊이 인식하고 느낄 수 없다.
- 용서는 시간이 걸리는 길고 어려운 과정이 될 수 있다.
- 용서가 이루어지기 위해서 피해를 준 자가 먼저 사과를 해야 할 필요는 없다. 만약 그래야만 용서가 가능하다면, 용서를 통해서 오게 되는 상처의 치유가 가해자의 후회나 사과 여부에 따라 좌우될 것이다. 가해자가 마음의 변화를 일으키기 전에(즉, 사과를 하기 전에) 죽었다면 피해를 입은 사람은 용서를 하지 못한 상태에 빠지게 되고 고통과 분노만 연장될 것이다. 따라서 용서의 선물을 주는 것은 상대방의 앞선 반응을 반드시 기다릴 필요가 없는 것이다.
- 피해를 준 자가 반드시 잘못을 의도하지 않을 수 있다. 즉, 실제 생활에서는 어떤 피해도 주지 않으려던 좋은 의도를 가진 사람에 의해 깊은 상처를 받을 수가 있다.
- 용서를 통한 해결에 이르는 데 있어서의 어려움은 피해의 정도나 피해 이전의 관계의 질과 같은 외적 변인에 따라 달라질 수 있다. 또한 그것은 문제해결 전

략으로서 정의와는 대조되는 개념인 용서를 이해하고 용서를 선택하는 능력과 같은 개인의 내적 · 심리적 특성에 따라서도 달라진다.

- 항상 한 사람은 피해를 주게 되고 상대방은 피해를 입는 것만은 아니다. 용서는 관계적인 것이다. 그래서 공격을 받은 가해자가 있을 수 있다. 예를 들어, 자기를 부당하게 해고한 사장에게 위협적인 편지를 보낸 사람이 있다고 하자. 그 사장은 피해를 준 사람이었지만 이제는 그 편지에 의해 공격을 받은 것이다. 따라서 둘 다 서로를 용서할 필요성이 있는 것이다.
- 사람은 다시 관계가 회복될 때 상대방을 신뢰하게 된다. 그러나 계속되는 만성적 학대와 같은 특별한 경우에 있어서 화해 없이, 그리고 문제되는 영역에서 신뢰를 갖지 못하면서도 용서를 할 수가 있다. 이때 용서하는 사람은 상대방을 한 인간으로 대우하지만 실제적으로는 그 특별한 영역에서 상대방의 약점과 문제점을 염두에 두고 이에 대한 적절한 조치를 취하게 된다.
- 다른 사람을 용서하는 것은 상대에게 미치는 사랑으로 인해 자신과 상대방 모두에게 변화를 가져올 수 있다. 어떤 경우에 있어서 용서는 관계를 본래의 수준으로 회복시킬 뿐만 아니라 그 이상으로 향상시킬 수 있다.
- 용서는 선택에 의해 이루어지는 것이지 강요될 성질의 것이 아니다. 선물은 자유롭게 제공되어야 하는 것이다.

이와 같은 용서의 특성에 대한 이해는 용서에 대한 포괄적이고 균형 있는 관점을 갖도록 도와줌으로써 용서의 효과적인 실천을 촉진한다.

(2) 용서 과정에 대한 이해

상담가나 교육가는 상담이나 교육적 과정의 방향을 분명히 하는 데 필요한 용서의 과정(process)에 관한 지식을 갖고 있어야 한다. 용서의 과정에 대해서 여러 사람의 언급이 있지만, 일반적으로 용서의 과정은 용서 전 단계(상처)와 용서 과정 단계(부정적인 반응 경험 및 자각, 문제 해결의 필요성, 문제해결 전략의 선택, 용서의 동기, 용서의 결정, 진정한 용서전략의 실행), 용서 결과 단계[문제의 해결(상처의 치료 및 내적 자유/화해)]로 구성된다([그림 9-1] 참조; Freedman, 1994; Park & Enright, 1997). 이를 구체적으로 살펴보면 다음과 같다.

상처 → 부정적인 반응 경험 및 자각 → 문제 해결의 필요성 →
문제해결 전략의 선택 → 용서의 동기 → 용서의 결정 → 진정한 용서전략의 실행 →
문제의 해결(상처의 치료 및 내적 자유/화해)

[그림 9-1] 용서의 과정

① 상처

용서의 전 단계(pre-stage)는 상처 단계다. 상처는 개인적이고, 부당하고, 깊은 것일 때 용서에 적합한 것이 될 수 있다. 그리고 그러한 상처는 심리적 · 신체적 · 정서적 · 재정적 · 도덕적인 부분들에서 입게 될 수 있다. 대인 용서의 과정에서 상처는 구체적인 사람 때문에 생겨나는 것이어야 한다. 따라서 상처를 치유하기 위한 심리적 기제로 용서를 사용하려고 할 경우 가장 먼저 해야 할 일은 상처를 생기게 만든 구체적인 대상을 찾아내는 일이다.

② 부정적인 반응 경험 및 자각

용서 과정의 첫 단계는 상처에 대한 반응 단계로 자신이 받은 상처에 대해서 부정적인 인지, 정서 및 행동을 포함하는 반응이 나타나는 단계다. Enright와 The Educational Psychology Study Group(1991)은 문헌 연구를 통해 상처 반응의 예로 심리적 방어, 가해자에 대한 분노와 증오 및 수치, 자기와 타인에 대한 불평, 부정적 정서 영역에 과도하게 몰두하기, 인지적 재연과 비교 등을 제시했다. 인지적 재연은 상처를 받은 사람이 상처를 받은 상황에 대해서 시간과 장소를 가리지 않고 계속해서 생각하는 것이다. 용서에 있어 이 단계의 중요성이 많은 문헌에서 강조되고 있다. 용서 과정의 첫 단계는 상처를 확인하고 고통을 받아들이는 것이다. 갈등이나 상처 경험으로 인해 나타나는 부정적인 감정을 억압하거나 다양한 방어기제를 사용함으로써 그 사실을 직면하지 못하고 왜곡할 때, 결국은 내면의 갈등과 상처가 지속되고 더 악화되거나 부적응 행동을 가져올 수 있다.

③ 문제 해결의 필요성

상처로 인한 부정적인 정서적 결과가 깊어지고 그것이 미치는 여러 가지 좋지 않은 영향이 인식되면서, 피해를 받은 개인은 어떤 방식으로든 문제를 해결해야 할 필요성을 느낀다. 개인내적 상처와 갈등이 심하고 그로 인한 고통이 심할수록 문제 해결의 필요성과 동기는 더욱 강해진다(Al-Mabuk, 1990). 때때로 어떤 개인에게는 문제 해결의 필요성을 느끼도록 동기부여를 할 필요가 있다. 즉, 해결되어야 할 문제가 있다는 것을 인지할 수 있는 능력이 생길 필요가 있다.

④ 문제해결 전략의 선택

상처로 인한 문제를 해결하기 위한 전략은 크게 개인내적 전략(intrapersonal strategy)과 대인관계적 전략(interpersonal strategy)으로 나눌 수 있다. 개인내적 전략은 가해자를 아예 염두에 두지 않고 자기 자신에게만 초점을 맞추고 상처로 인한 고통이나 아픔을 이겨 내기 위해서 명상, 요가, 운동, 독서 등을 하는 방법이다. 대인관계적 전략은 정의(justice) 방법과 자비(mercy) 방법으로 대별된다. 정의 방법에서 정의는 법적 정의 또는 개인의 주관적 정의를 뜻한다. 즉, 정의 방법은 상처나 피해를 받은 것에 대하여 복수나 처벌 등을 통해서 공평하게 하려는 대처 방식이다. 한편, 자비 방법은 다시 소극적 자비 방법과 적극적 자비 방법으로 나뉜다. 소극적 자비 방법은 복수나 처벌을 철회하거나 보상받는 것을 포기하는 것이다. 적극적 자비 방법은 복수나 처벌을 철회할 뿐 아니라 더 나아가 상대를 용서하는 것으로 동정심, 사랑과 같은 긍정적인 감정을 갖게 되는 데까지 이를 수 있다.

문제해결 전략은 부정적인 방법과 긍정적인 방법으로 나눌 수 있다. 부정적인 방법의 대표적인 예는 자아방어기제를 써서 분노나 미움을 억제하거나 복수를 통해 분노나 미움을 직접 표출하는 것이다. 사람들이 상처를 받을 때 일반적으로 가장 쉽게 사용하는 전략이 자아방어기제다. 사람들은 상처를 받을 때 부정, 억압, 반동형성 등의 자아방어기제를 사용하여 고통과의 거리를 유지하려는 경향이 많다. 자아방어기제를 사용한 해결 방법은 아픔으로부터 어느 정도 거리를 둘 수 있게 해주므로 처음에는 편리한 점도 있으나, 이 방법을 계속해서 사용하게 되면 근본적으로 상처를 치료할 수 없고 오히려 상처가 지속되거나 악화될 수 있다. 그리고 자아방어기제는 용서전략을 사용하는 것을 방해한다. 용서는 상처를 피하는 것이 아니라 상처를 정직하게 직면함으로써 시작된다. 따라서 용서를 치료나 회복에 활용하려고 할 때 먼저 해야 할 일은 심리적 방어를 찾아내고 고통을 사실 그대로 직면하게 하는 것이다.

또한 많은 사람이 상처로 인한 분노나 미움을 해결하기 위해 복수전략을 선택한다. 그러나 복수를 하는 경우 문제의 해결보다는 상대방에게 상처를 주어 또 다른 분노와 미움을 낳게 되기 쉽다. 즉, 상처받고 상처를 주는 악순환, 복수의 악순환이 지속될 수 있다. 따라서 용서를 선택하는 것이 개인내적으로나 대인관계적으로 상처로 인한 분노나 미움을 치유하는 데 효과적인 방법으로 제시되고 있다.

⑤ 용서의 동기

용서를 문제해결 전략으로 선택하기 위해서는 용서하려는 동기가 필요하다. 용서의 동기에 영향을 미치는 변인을 개인내적 변인과 개인외적 변인으로 나누어 살펴보면 다음과 같다(Freedman, 1994).

용서의 동기에 영향을 미치는 개인내적 변인에는 용서 발달 수준, 종교나 철학 교육, 전환(conversion) 등이 있다. 용서의 발달 수준이 용서의 동기에 끼치는 영향은 낮은 용서 발달 수준에 있을수록 복수나 보상 등의 조건이 만족되어야 용서 동기를 갖게 되지만, 높은 용서 발달 수준으로 갈수록 조건 없이 용서하려는 경향 때문에 용서 동기가 높아진다. 용서에 대한 철학적 · 종교적 교육을 받은 사람들이 다른 사람들보다 용서를 중요한 문제해결 전략으로 생각하는 경향이 강하다는 것이 Enright, Santos 그리고 Al-Mabuk(1989)의 연구 결과를 통해서 시사되고 있다.

용서하려는 동기에 영향을 미치는 다른 중요한 개인내적 변인으로는 전환(conversion, change of heart)이 있다(Freedman, 1994). 전환이란 "마음의 중대한 변화"(North, 1987)를 뜻한다. 즉, 지금까지 사용해 오던 자아방어기제나 복수, 미움 등의 자기 나름의 문제해결 전략이 결국 상처를 더 악화시키는 부정적인 결과를 낳았음을 자각하고 용서를 바람직한 문제 해결의 전략으로 신중하게 고려하는 내적 관점의 변화를 말한다. 이러한 전환은 급격하게 올 수도 있고 서서히 진행될 수도 있다.

용서하려는 동기에 영향을 끼치는 개인외적 변인으로는 사회문화적 조건(개인이 속한 사회나 문화가 용서에 대해서 어떻게 생각하느냐), 가까운 환경적 지지(개인의 주변에 있는 사회적 집단, 즉 가족이나 친구 등의 용서 권유 여부), 상처 발생 후 경과된 시간, 상처의 정도 등을 들 수 있다(Freedman, 1994).

⑥ 용서의 결정

Neblett(1974)은 용서하기로 결정(commitment)하는 것이 용서 과정에서 가장 중요한 일이라고 주장하였다. Campbell(1993)은 피해자가 용서를 하나의 선택 방법으로 고려하도록 하기 위해서 용서의 결정 여부가 그들에게 제안되어야 한다고 보았다. 한편, 용서를 결정하는 방식은 다양하게 나타날 수 있다. 어떤 사람은 처벌을 포기하는 방식으로, 다른 사람은 가해자에 대해 긍정적인 감정을 갖는 것으로, 또 다른 사람은 상대방과 화해할 의지를 갖는 것 등으로 나타날 수 있다. 용서의 결정은 쉽고 단순하게 이루어질 수 있는 행동이 아니다. 또한 용서를 선택하고 결정하더라도 여전히 부정적인 감정은 남아 있을 수 있다. 그러나 용서의 결정은 과거의 상처에서 해방되는 출발점이 될 수 있다. 용서의 결정에 있어서 무엇보다 중요한 것은 용서하겠다는 말의 유무가 아니라 용서하려는 개인의 의도나 의지 여부다(Enright & The Educational Psychology Study Group, 1991).

⑦ 진정한 용서전략의 실행

진정한 용서전략이란 거짓용서를 하거나 어쩔 수 없이 겉으로만 용서하는 척하는 것이 아니라 아무런 조건 없이 상대방을 용서하여 상처와 상처로 인한 분노나 미움 등으로부터 완전히 해방되는 용서를 하기 위한 전략이다. 진정한 용서를 위한 전략으로 가해자와 가해 사건을 새로운 관점에서 보기, 공감하기(가해자가 느끼는 것을 느끼기), 측은한 마음(compassion) 갖기(가해자의 고통을 느끼기), 고통을 흡수하기, 피해자 자신도 과거에 용서받는 것이 필요했다는 것을 자각하기, 상처 경험으로 변화된 자신을 수용하기 등이 제안되고 있다(Freedman, 1994).

⑧ 문제의 해결

진정한 용서를 하기 위한 전략이 성공하면 상대방에게 받은 상처에서 회복되고 부정적인 반응이 줄어들며 상대에 대한 중립적 반응이나 더 나아가 긍정적인 반응이 나타난다. 즉, 용서를 통해 자기 치료가 이루어지면서 상대방과 좋은 관계를 맺고 싶다는 호의가 생길 수 있다(Droll, 1984; Smedes, 1984). 따라서 상대방과의 관계를 개선하기 위한 행동적 화해전략을 실시할 수 있다. 그러나 화해와 같은 이런 대인관계적인 해결을 위해서는 상처 입은 사람의 노력뿐만 아니라 상처를 준 사람의 반응과 노력이 필요하다. 화해가 이루어지기 위해서는 상처를 준 사람이 진실해야 하는데 이때의 진실성은 자신이 어떤 상처를 주었는지를 진심으로 이해하고, 상처받은 사람의 고통을 진심으로 느끼며, 좋은 관계를 이루기 위해서 노력하겠다는 약속과 함께 그 약속의 준수가 필요하다(Smedes, 1984). 이러한 상대방의 노력이 있을 때 피해자와 가해자 간의 관계가 치료되는 화해가 이루어질 수 있다. 그렇지 않을 때 용서는 자기 자신을 치료하는 것으로 완성되고 다만 화해의 문을 열어 두게 된다.

(3) 용서 결과에 대한 이해

진정한 용서를 하기 위한 용서전략의 실천이 성공적으로 이루어지면 상처가 치유되고 내적 갈등이 해결된다. 진정한 용서의 결과는 정의적 · 인지적 · 행동적 반응체계의 변화를 모두 포함한다. 즉, 상대방에 대해 느꼈던 부정적인 감정이 중립적이 되고, 더 나아가서는 긍정적으로 바뀌게 되면서 자신의 내부에서 정신적인 자유와 해방을 경험한다. 또한 감정만 긍정적으로 바뀌는 것이 아니라 사고나 행동도 긍정적으로 바뀌게 된다. 상대방에 대해 복수를 하지 않거나 말로만 용서했다고 하는 데서 그치는 것이 아니라 상대방에 대해서 좋게 생각하게 되고 좋은 감정을 가지고 호의적으로 행동하는 데까지 나아갈 수 있다.

용서는 일차적으로 자기 치료이며, 상대방이 부당하게 나에게 입혔던 상처에서 회복되는 것이다. 반면, 화해는 대인관계적인 해결로 상대방과 나의 관계가 치료되는 것을 뜻한다. 즉, 화해는 상대방과 나의 관계가 상처받기 이전의 단계로 돌아가거나, 더 나아가서는 더 친밀하고 새로워진 관계로 발전되는 것을 말한다. 용서를 해서 자기 치료를 하면 상대방과 좋은 관계를 맺고 싶은 호의가 생긴다(Droll, 1984; Smedes, 1984). 따라서 용서가 진행되면서 상대방과 관계를 개선하기 위한 화해 전략을 시도할 수 있고, 그 결과 화해가 이루어질 수도 있다.

[그림 9-2] 용서는 몸과 마음을 깃털처럼 가볍게 만든다

4) 용서상담교육의 전략

용서를 실행하도록 돕기 위해서 몇 가지 중요한 전략이 제시되고 있다(김광수, 1999, 2008; Freedman, 1994). 이러한 전략들은 용서상담 프로그램의 기초가 되며, 사람들이 습득하여 활용할 수 있도록 교육해야 할 중요한 내용이 된다.

(1) 상처를 자각하고 자유롭게 표현하기

대인관계에서 상처를 경험한 많은 사람은 다른 사람이 자기에게 깊은 상처를 주었다는 것을 인정하지 않으려 하거나 이를 숨기려 한다. 용서는 상처를 정직하게 직면하고 그것을 안전한 상황에서 표현하면서 시작된다. 따라서 조용히 진지하게 자신의 대인관계를 돌아보고 부정적 대인관계 상처 경험과 갈등을 통해 나타나는 분노, 미움, 복수심, 적개심이나 우울, 불안, 의기소침, 자신감 하락, 위축, 신체화 증상 등과 이로 인한 영향으로 나타나는 인지적 · 정서적 · 행동적 · 신체생리적 반응을 자각하고 표현하도록 도울 필요가 있다. 이를 위해 갈등과 상처나 피해를 겪은 대상에게 사건 당시나 현재 그 일을 회상해 볼 때 자신이 느꼈거나 느끼고 있는 감정, 생각, 행동을 묘사하고 상대에게 하고 싶은 말을 써 보는 편지를 쓰게 할 수 있다. 이 편지는 상대방에게 '보내지 않는 편지'이기 때문에 자신을 있는 그대로 노출할 수 있다. 또한 '그림 그리기' '빈 의자 기법' '역할 연기' 등을 사용하여 가상의 상대방이나 상대방 역할을 맡은 사람에게 상처나 분노 경험과 관련된 자신의 감정이나 생각들을 자각하여 표현하는 노출을 촉진할 수도 있다.

(2) 합리적 사고로 전환하기

사람들은 대개 상처를 준 사건이나 그러한 경험 자체가 바로 자신에게 부정적 영향이나 결과를 가져다준다고 생각하기 쉽다. 그러나 많은 경우 자신이 느끼는 부정적 감정이나 부정적 행동 반응은 사건이나 경험에 대한 자신의 생각에 영향을 받아 나타난다. 사람들이 자주 하는 비합리적 생각에는 당위적 생각('반드시 ~해야 한다.' 또는 '해서는 안 된다.'는 사고로서 '나는 칭찬받아야 한다.' '나는 야단을 맞으면 안 된다.' '친구는 나의 부탁을 거절해서는 안 된다.' 등), 이분법적 생각('이것 아니면 저것이다.'는 식의 흑백논리적 사고로 좋은 사람/나쁜 사람, 착한 사람/악한 사람 식으로 나누는 생각), 극단적 생각(절대로, 한 번도, 언제나, 늘, 항상 등이 들어가는 생각으로 '걔는 한 번도 제대로 한 적이 없다.' '쟤는 절대로 믿을 수 없다.' '항상 자기 자랑만 한다.' 등)이 있음을 알려 주고, 상처 경험이나 가해자에 대해서 자동적으로 나타나는 비합리적 생각을 합리적이고 건강한 사고로 바꾸기 위해서 소망적 생각('친구라면 나에게 거짓말하지 않았으면 좋겠다. 그러나 거짓말을 할 수도 있다.')으로 전환하거나 긍정적이고 현실적인 생각으로 전환하는 반응을 훈련할 필요가 있다.

(3) 새로운 눈으로 보기

이 전략의 핵심은 적절한 사회적 조망 능력을 사용하여 자신에게 상처를 입힌 사람과 상처를 가져온 사건을 맥락(당시 상황이나 배경) 속에서 다시 바라보는 것이다. 이를 통해 상대방의 행동이 여전히 부당하다고 생각하면서도 그 일과 상대방에 대해서 더 깊고 새로운 이해를 하게 되는 것이다.

이를 위한 구체적 방법으로 상대의 행동(doing)과 존재(being) 가치를 구분해서 생각해 보기, 상대의 과거 성장 과정이나 생활 배경을 이해하기, 가해 당시 상대가 처한 상황 이해하기 등을 시도할 수 있다. 인지적 재해석, 즉 새로운 눈으로 보기의 핵심 특성은 문제나 고통이 쉽게 다루어지지 않거나 해결되지 않는 기존의 일반적 관점에서 벗어나 보다 쉽고 생산적으로 다루어질 수 있도록 하기 위해 새롭고 신선한 관점에서 문제나 고통을 바라보는 것이다. 비록 가해의 부당성은 인정하면서도 사건이나 상대를 새 관점에서 이해함으로써 개인의 성격과 그의 행동만 보지 않고 성격 형성과 행동에 영향을 끼친 여러 요인을 고려하여 바라보는 것이다.

[그림 9-3] 새로운 눈으로 보기(마귀와 천사, 컵과 사람)

(4) 공감 촉진하기

상처를 준 사람의 입장이 되어 상대방이 어떻게 느끼고 있는가를 자신이 느껴 보려고 하는 공감을 통해 상대방에 대한 복수심이나 분노 등이 감소될 수 있다. 이러한 공감은 앞에서 제시한 '새로운 눈으로 보기' 과정을 통해서 촉진될 수도 있다. 이를 위한 구체적 방법으로 가능한 범위에서 상대방의 입장이 되어 느껴 보기, 상대방의 입장이 되어 나에게 보내는 편지 써 보기 등을 시도할 수 있다. 특히 상대방에 대한 공감을 하기 위해서는 상대방에 대한 이해가 필요하기 때문에 상대방을 잘 아는 사람들을 통해서 상대에 대한 정보나 지식을 얻는 것이 선행 조건이 될 수 있다.

(5) 측은한 마음 갖기

측은한 마음 갖기는 상대방이 느끼고 있는 고통을 함께 느끼는 것으로 자신도 상대방만큼 괴로워하고 그 과정에서 상대방에 대해 안타깝고 불쌍한 마음을 가지는 것이다. '나와 같은 한 인간으로서 가해자의 고통스러운(힘들어하는) 모습을 상상하고 느껴 보기' '상대방의 고통을 함께 느껴 보기' 등을 시도할 수 있다. 이러한 시도를 통해 비록 나에게는 고통이나 상처를 주었더라도 자신의 가족이나 가까운 사람들을 위해서 나름대로 수고하면서 힘들게 살아가는 상대방의 모습을 상상하고 느껴 볼 수 있다. 또한 다른 사람과 좋은 관계를 맺으면서 살아가는 방법을 모르고 자신의 한계에 갇혀서 갈등하면서 힘들게 살아가는 상대의 모습을 보면서 상대에 대한 동정심(측은한 마음)을 느끼게 될 때 이전의 부정적인 마음과는 달리 오히려 밝고 좋은 감정으로 가득 차게 된다. 동정심을 느끼는 마음에는 분노와 부정적 감정이 사라지고 상처 결과로 나타났던 부정적 반응에서 긍정적인 반응으로 대처 방향을 바꾸는 '마음의 전환'이 나타나게 된다.

(6) 불완전성 통찰하기

상처를 준 상대방이 연약하고 부족하며 잘못을 저지르기 쉬운 인간이라는 사실을 발견하게 되면 이러한 발견이 용서를 촉진하는 데 도움이 된다. 이에 덧붙여서 상대방만이 불완전한 존재가 아니라 나 자신도 상대방처럼 불완전하고 약한 존재이며, 따라서 나 자신도 다른 사람의 용서를 받을 필요성이 있(었)다는 사실을 자각하게 되면서 용서 과정이 더욱 촉진된다.

우리는 살아가면서 압박을 받거나 스트레스를 경험할 때, 피곤하거나 당황스럽거나 뭔가 상처를 받기 쉽거나 불리하다고 느낄 때 크고 작은 실수나 잘못을 범하기도 하고 다른 사람에게 상처나 피해를 줄 수가 있다. 그리고 의도적으로 또는 무의식적으로 부정적 생각을 하거나 바람직하지 못한 행동을 하기도 한다. 따라서 우리는 때때로 용서를 받을 필요가 있고, 관련된 당사자에게 용서를 구할 필요가 있다. 누군가에게서 용서를 받은 기억들을 되살려 보는 것, 상대에게 받은 상처나 이와 비슷한 것을 내가 누군가에게 행한 것 등을 돌아보고 통찰하면서 나의 가해자나 나 자신 모두 용서가 필요한 존재임을 느낄 때 상대에 대한 용서는 촉진될 수 있다.

(7) 상처를 타인에게 전가하지 않기

일반적으로 상처나 분노에 직면할 때 흔히 복수의 전략이 사용되기 쉽고 이로 인해 상처의 악순환이 발생하게 된다. 상처를 받은 사람은 상처를 준 사람에게 복수함으로써 자신이 받은 만큼의 상처를 입힌다. 그러면 상처를 받은 사람이 자신이 받은 상처가 더 크고 부당하다고 생각하여 상대에게 다시 상처를 주게 된다. 이런 식으로 상처의 주고받기(일명 복수의 악순환)가 지속되는 것이다.

그러나 용서는 자신에게 주어진 상처로 인한 고통을 상대방이나 다른 사람에게 전가하지 않고 자기 자신이 흡수해 버림으로써 이러한 복수의 악순환 고리를 끊을 수 있다. 여기서 상처를 흡수한다는 것은 상처가 곪아터질 때까지 그 상처를 억압하고 품고 있는 것이 아니라 자신의 고통을 있는 그대로 수용하면서 그에 대한 부정적인 반응은 극복하고 보다 건강한 반응을 선택하면서 그 고통이 잘 해소되도록 자신을 돌아보며 기다리는 것이다. 이때 자신의 부정적 측면이나 약점보다는 긍정적 측면이나 강점에 초점을 맞추고 이를 고통의 극복이나 문제 대처에 잘 활용할 필요가 있다.

(8) 현재의 자신을 수용하기

Close(1970)는 성적 학대를 경험한 내담자가 자신을 성적으로 순결한 존재로 볼 수 없었기 때문에 용서를 할 수 없었지만, 학대 경험 결과로 자신이 변화된 사실을 수용하면서부터 용서가 시작되었다는 사례를 제시하였다. 어떤 상처 경험은 다시 돌이킬 수 없는 변화를 일으킬 수 있다. 그런데 상처 경험 이전의 모습에 집착되어 현재의 변화를 받아들이지 못할 때 자기 치유와 대인적 해결을 위한 용서가 어렵게 된다.

이미 일어난 과거를 바꾸거나 부정할 수 없지만, 과거를 바라보는 관점과 시각을 새롭게 만들어 바라보는 접근은 변화된 현재를 수용하는 데 도움이 될 수 있다. 따라서 이러한 고통이나 어려움을 겪으면서 자신이 성장한 것, 새롭게 발견한 의미나 가치, 이를 극복하는 데 발휘된 자신의 강점이나 특성 등을 찾아보고 음미하게 하는 개입이 도움을 줄 수 있다.

(9) 구체적인 긍정적 행동 시작하기

용서는 대인관계 갈등 상황에서 활용될 수 있는 여러 대처전략 중의 하나로 일종의 선택 행동이라고 볼 수 있다. 부정적인 상태에서 중립적인 방향으로, 그리고 긍정적 방향으로 점차 행동을 선택하여 실행해 나가면 서서히 상대방에 대한 부정적 감정과 생각이 줄어들 수 있다. 분노의 행동보다는 사랑의 행동을 취하는 것이 궁극적으로 자신에게 더 많은 만족을 줄 수 있다는 자각하에 용서를 선택하고 행동화할 필요가 있다. 행동을 위한 구체적 방안으로 '용서의 선물 주기' 방법이 있다. 선물은 구체적 물건이나 행동 혹은 상징적인 것이 될 수 있다. 예를 들면, 그 사람에게 웃어 줄 수 있는 것, 한 번 따뜻한 말 혹은 칭찬을 해 주는 것, 혹은 작은 선물(책, 과자, 음악 CD 등)을 전해 주는 것, 따뜻한 마음을 전할 수 있는 쪽지, 카드 등 다양할 수 있다.

이때 중요한 것은 현재 상황에서 가장 적절한 선물을 고르는 것이다. 여러 선물을

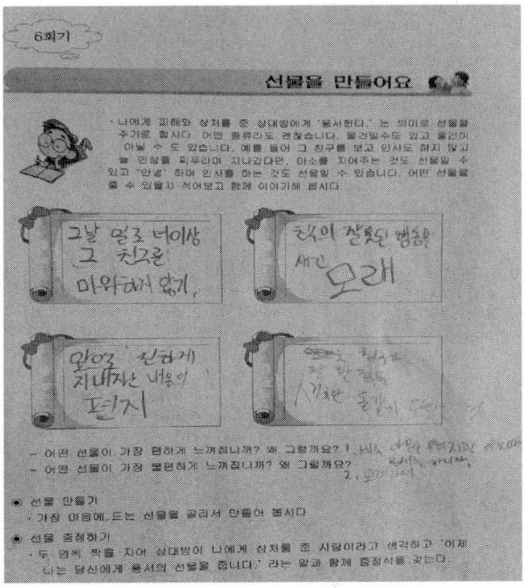

[그림 9-4] 용서 선물 목록을 적은 내용

떠올리고 그 목록을 적어 본 후 각각의 선물에 대해 지금-여기에서 그것을 상대에게 준다고 생각했을 때 어떤 느낌을 갖게 되는지 솔직하게 평가할 필요가 있다. 평가 결과 현재 자신에게 가장 편안하게 느끼는 것, 그 수준의 선물이 바로 그 사람에게 해 줄 수 있는 가장 적절한 선물이며, 이것이 구체적 용서행동의 시작이 될 수 있다. 물론 작성해 둔 선물 목록의 다른 선물들도 적절한 시기에 줄 수 있는 선물로 활용할 수 있다.

(10) 새로운 삶의 의미와 목표 발견하기

상처를 경험하고 난 후 자신을 돌아보고 상대방과 그 맥락을 돌아보면서 이해와 용서로 나아가는 과정에서 '왜 하필이면 내게 이러한 일이 생겨서 힘든 과정을 거쳐야만 했는가?' 하는 의문이 들 수 있다. '이런 일을 당하지 않고도 잘 살아가는 사람들이 내 주변에 많은데 왜 내게 이런 일이 생겨서 그로 인해 시간과 에너지를 소비하며 더불어 여러 가지 손실을 경험하여야 하는가?' 하는 의문이다.

이때 우리가 적용할 수 있는 전략은 이러한 상처와 고통을 겪고 그것을 극복해 나가는 과정에서 내가 깨닫거나 배우게 되는 삶의 의미, 가치 그리고 내게 새롭게 생겨나거나 확인하게 된 삶의 목표를 발견해 내는 것이다. 이렇게 발견되는 의미나 가치, 목표는 책이나 강의 등에서 지식이나 정보로 얻는 것과는 달리 자신의 경험과 체험 과정을 통해서 얻게 되는 진짜 '자신의 것'이 된다. 이러한 자신만의 의미와 가치와 목표를 발견할 때 용서가 더욱 촉진 · 심화되고, 상처로 인한 상실을 더 극복하게 되는 귀한 보상을 얻게 된다.

지금까지 살펴본 용서촉진 전략들은 문제 상황이나 대상의 발달적 특성에 맞게 재구조화되어 적용될 필요가 있다. 요약하면, 용서촉진 전략은 상처, 갈등, 분노 등의 역경(부정성)을 보다 현명하게 대처하고 극복하며, 더 나아가 이러한 과정을 통해 피해자 자신이 보다 더 성장하고 변화하는 적응유연성(긍정성) 증진의 관점에서 적용될 필요가 있다. 용서를 하기 위한 용서라는 압박감에서 벗어나, 상처나 역경에 대하여 자신이 보다 건강하고 현명하게 반응하면서 자신의 내적 · 외적 자원과 강점들을 발견하고, 이를 잘 활용하여 내적 치유, 회복, 성장과 안녕을 경험하는 용서로 나아갈 필요가 있다.

4. 용서상담교육의 실제

1) 대인관계와 용서

대인관계는 인간의 삶의 모든 장에서 이루어지며 우리의 생애에서 가장 중요한 활동이라 할 수 있다. 인간은 대인관계를 맺지 않고서는 살아갈 수 없는 사회적인 존재이며, 원만한 대인관계를 형성하고 유지하는 것은 인간의 주요한 과업이다. 한편, 많은 대인관계 속에서 인간의 모든 관계가 항상 이상적일 수만은 없으므로 현실 세계에서 대인관계 속의 상처 또한 필연적이다. 다양한 인간관계 갈등과 상처의 현실 속에서 용서는 대인관계에서 받은 상처를 치유하고 예방할 수 있는 유용한 방법이 될 수 있다.

용서를 통하여 대인관계를 증진시키려는 연구들(박인희, 2000; 정종식, 2000)은 용서가 대인관계 문제의 해결을 가져다주는 효과적 방안이 될 수 있음을 시사한다. Osterndorf(1999)는 부모가 알코올 중독자였던 성인 자녀를 대상으로 용서 프로그램을 실시하여 용서, 자존감, 다른 사람과의 긍정적인 관계에서 유의미한 향상이 있었다고 보고하고 있다. 박인희(2000)의 연구에서도 용서교육을 통하여 용서의 정서적 · 행동적 · 인지적 변인의 증진과 대인관계의 증진이 보고되었다. 배미자(2004)의 연구와 김귀녀(2002)의 연구는 용서의 증진과 배우자와의 만족도가 상

[그림 9-5] 용서는 우리를 치유와 성장으로 이끈다

관 있음을 보고하고 있다. Brown 등(1998)은 용서가 만족감, 신뢰감, 친근감과 같은 대인관계의 하위 변인을 예언할 수 있을지에 관한 연구에서 공감, 사과, 사려성과 같은 성격적 요인이 용서와 관계가 있음을 보고하였다. 이런 연구들은 상처를 준 상대방을 용서하는 것이 안정적인 대인관계의 기틀을 마련해 줄 수 있음을 보여주며, 대인관계의 상처가 용서를 통하여 치유될 수 있고 이로써 대인관계의 향상이 이루어지는 순환적인 관계에 있음을 시사한다.

그동안 초등학생들을 대상으로 이루어진 연구(김향숙, 2005; 양곤성, 2012; 이현희, 2005; 정지윤, 2005; 하요상, 2006; Enright, Gassin, & Knutson, 2003; Gassin, Enright, & Knutson, 2005)에서도 용서가 이루어지면서 초등학생의 분노, 우울증, 공격성과 대인관계 스트레스가 의미 있게 줄어들고 대인관계 및 교우관계, 자아 개념, 정서지능 등이 의미 있게 향상되는 결과를 보고하고 있다.

2) 용서상담교육 프로그램

최근 국내에서 용서상담교육 프로그램이 많이 개발되어 연구 및 실행되고 있는데, 아동 · 청소년의 또래와의 대인관계 문제 개선과 정서 능력 개발을 위한 용서상담교육 프로그램을 소개하면 다음과 같다(김광수, 2008).

(1) 프로그램의 필요성, 목적과 구성

아동 · 청소년기는 대인관계가 확장되는 시기다. 이때 잘 형성된 대인관계는 자신과 타인을 신뢰하게 하고, 학교생활과 사회생활 적응에 도움을 주며, 후속되는 대인관계에도 큰 영향을 미치게 된다. 따라서 아동 · 청소년의 원만한 대인관계 형성을 위해 대인 갈등과 상처 경험으로 인해 발생하는 부정적 정서 반응과 마음의 상처를 치유하고 이를 예방하며 긍정적 정서 반응으로 나아가게 함으로써 건강한 자아와 인간관계 형성과 적응 발달을 촉진하는 용서상담교육은 필수적이라 할 수 있겠다.

이러한 맥락에서 용서상담교육 프로그램은 아동 · 청소년으로 하여금 대인관계 상처와 갈등으로 말미암아 발생하는 부정적인 반응을 극복하고 긍정적인 반응으로 나아가는 용서 경험을 촉진하면서, 다양한 갈등 상황에서 건강하게 대처하고 효과적으로 적응하며 발전해 나가는 데 결정적인 영향을 주는 정서적 능력을 계발

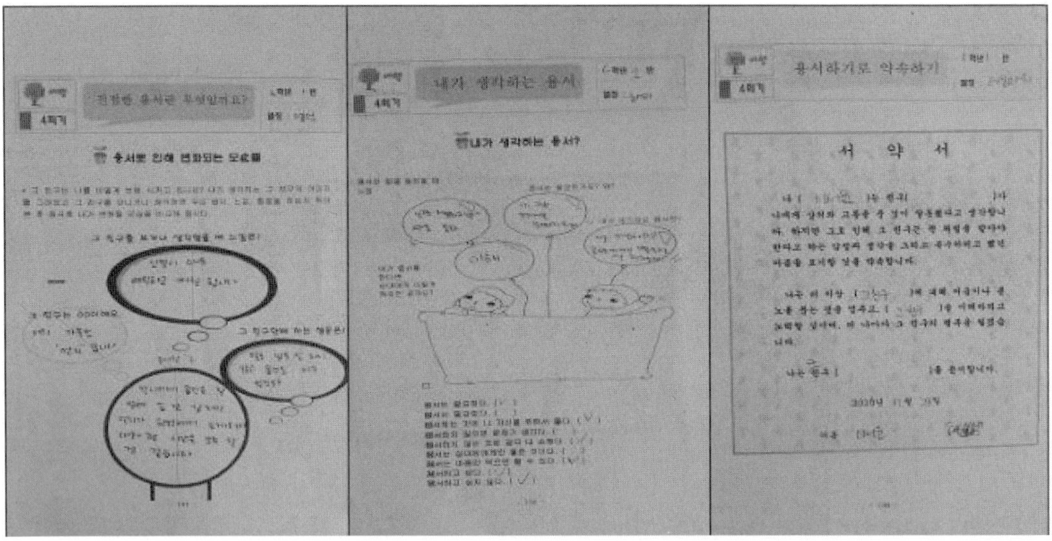

[그림 9-6] 용서상담교육 프로그램에 참여한 학생들의 활동지

하게 함으로써 인간관계와 학교생활 영역에서 적응과 발달을 촉진하는 데 그 목적이 있다.

이 프로그램은 10회기 프로그램으로 도입(1회기), 자각 및 표현(2~3회기), 부정적 반응 극복하기(4~5회기), 긍정적 반응하기(6~9회기), 마무리(10회기)의 5단계로 구성되어 있다. 프로그램의 회기별 구체적 내용은 〈표 9-2〉와 같다.

〈표 9-2〉 용서상담교육 프로그램 구성-용서로 떠나는 여행

단계	회기	제목	목표	주요 활동
도입	1	내 마음! 네 마음!	집단 구조화 및 친밀감 형성	• 프로그램 소개 및 규칙 정하기 • 별칭 짓기 & 소개하기 • 감정에 대한 자각과 표현하기(감정형용사) • 경험 보고서에 대한 안내
자각 및 표현	2	내 마음은 무슨 색깔 일까?	화가난 순간의 감정 자각과 표현	• 감정형용사로 현재 감정 표현하기 • 거울게임 • 화나는 마음 자각하고 표현하기
	3	화가 나면 어떻게 하나요?	부정적 정서 인식 및 대처 방안 평가	• 분노, 속상함, 불안 등과 관련된 부정적 정서 경험 회상 • 부정적 정서가 나타날 때 사용하는 대처행동 유형과 그 결과를 소개하고 자신의 대처 유형과 결과 돌아보기 • 화가 날 때 사용할 좋은 대처 방안 선택하기

부정적 반응 극복 하기	4	생각에 따라 느낌도 달라져요	부정적 감정을 가져오는 비합리적 사고의 자각	• 생각에 따라 달라지는 느낌 자각하기 • 분노의 ABC 이해하기 • 비합리적 생각을 합리적 생각으로 바꾸기
	5	기분을 좋게 만드는 행동이 있어요	부정적 정서 대처 방법의 학습과 연습	• 호흡하기 • 긍정적 채널 찾기
긍정적 반응 하기	6	용서를 배워요	용서의 이해 및 용서동기 증진, 용서 선택하기	• 각자가 생각하는 용서: 용서 마인드맵 그리기 • 진정한 용서를 이해하기 • 용서의 필요성, 동기 증진 • 용서를 선택하기
	7	새로운 눈으로 보아요	관점 바꾸기	• 달라 보이는 그림 • 상대방의 입장 되어 보기 • 가해자와 가해 상황에 대한 인지의 재구조화
	8	나도 그럴 때가 있어요	자신의 가해 및 용서받은 경험을 통한 용서동기 증진	• 내가 가해자가 되었던 상황에 대한 인식 • 역할극을 통한 가해자의 입장 경험 • 용서의 필요성 심화
	9	용서로 나아가요	용서를 준비하고 실천하기	• 자신의 용서 정도(상태) 점검 • 용서 화분 키우기(용서 거름 주기) • 용서 선물 주기
마무리	10	용서의 항해를 계속해요	용서의 가치를 음미하며 용서의 삶을 다지기	• 프로그램을 통한 변화 돌아보기 • 어려움을 이기고 용서로 나아가는 자신에게 선물 주기 • 함께한 집단원 격려: 칭찬 릴레이

출처: 김광수(2008).

(2) 프로그램의 기대 효과

이 프로그램의 기대 효과는 다음과 같다.

- 학생들은 자신의 감정을 자각하고 표현하며 조절하는 정서적 능력을 습득할 수 있다.
- 대인관계 갈등과 상처 경험으로 인해 발생하는 부정적 반응을 효과적으로 극복하고 긍정적 반응으로 나아갈 수 있는 대처 방안으로서 용서를 이해하고 선택하며 적용할 수 있다.

- 학생들의 대인관계와 학교생활 적응 정도를 향상시킬 수 있다.
- 전체적으로 이 프로그램은 아동의 원만한 대인관계 형성을 위해 대인 갈등과 상처 경험으로 인해 발생하는 부정적 정서 반응과 마음의 상처를 치유하고 이를 예방하며 긍정적 정서 반응으로 나아가게 함으로써 건강한 자아와 인간관계 형성과 적응 발달을 촉진하는 데 기여할 수 있다.

5. 효과적 인성교육 방안으로 실천되기 위한 과제

지금까지 아동 · 청소년의 대인관계 문제(가해와 피해)를 살펴보고, 이러한 문제의 대처를 위한 기존 접근 방식의 특성과 문제점을 파악한 뒤, 기존 접근 방식의 문제점을 극복하고 보다 더 근원적으로 대인관계 문제를 대처하고 학생의 인간관계 문제를 개선하기 위한 한 가지 방법으로서 용서상담교육과 프로그램에 대해서 살펴보았다.

용서에 대한 오랜 논의와 연구는 용서가 개발되고 길러져야 할 인간적 능력임을 시사하고 있다. 용서에 대한 연구와 실천은 소수의 상처받은 대상뿐만 아니라 일반 아동 · 청소년 및 성인을 대상으로 하는 인성교육의 관점에서도 경험과학적이고 체계적인 용서 연구로 발전되어 나갈 필요가 있다. 앞서 논의하였듯이, 학교교육 현장에서 생활지도와 상담의 최고 과제이자 도전으로 부각되는 학교폭력, 따돌림 등의 대인관계 공격성 문제를 보다 근원적이고 실제적인 관점에서 체계적으로 대처하기 위한 인성교육 방안으로서 용서상담교육을 적용하기 위해서 앞으로 일선 교육 현장에서 해결해야 할 과제를 제시하면 다음과 같다.

첫째, 용서상담교육이 초등학교 저학년(1~2학년)부터 중학년(3~4학년), 고학년(5~6학년) 그리고 중고등학생에 이르기까지 내용이나 방법에 있어서 각 발달 단계에 맞게 체계적 교육과정으로 구성 · 적용되는 연구가 이루어질 필요가 있다. 오늘날 아동 · 청소년이 실제 생활 현장과 학교 현장에서 부딪히는 문제들, 예컨대 다양한 인간관계 갈등, 따돌림, 왕따, 폭력, 배반, 조롱, 비난 등으로 말미암는 분노, 미움, 원한과 이로 인해 파생되는 정신건강과 부적응 문제의 치유와 예방, 해결에 있어 용서는 많은 시사점을 제공하고 있다(김광수, 1997, 2002b, 2008; 박종효, 2003, 2006; Enright & Fitzgibbons, 2000).

용서중재 및 용서상담교육이 우리의 학교교육에 체계적으로 적용되기 위해서는 먼저 친구, 가족, 교사 등 다양한 인간관계에서 문제가 드러나는 아동·청소년들, 예컨대 공격적이고 폭력적인 학생, 분노와 미움이 있는 학생, 따돌림이나 학교폭력 피해 학생 등의 구체적 대상을 세분화해서 선정하여 치료적 관점에서 용서 프로그램을 구성·적용하고 이에 대한 체계적인 경험과학적 효과 검증이 보다 더 활발하게 진행될 필요가 있다. 또한 예방 및 성장, 인성 발달적 관점에서 아동·청소년을 발달 단계별로 세분화하여 비슷한 구성원이 모인 소집단이나 전체 학급을 대상으로 하는 구조화된 상담교육 프로그램을 구성하여 용서에 대한 이해와 용서의 선택과 이의 구체적 실행을 안내하는 교육적 개입을 하고, 이에 대한 경험과학적 효과 검증을 진행할 필요가 있다. 특히 일반 학생을 대상으로 예방적이고 발달적인 관점에서 프로그램을 실시하기 위해서는 학교 수업 시간 특성상 1회기를 40~50분 단위로 구성하는 것이 필요하다.

둘째, 아동·청소년의 대인관계는 또래관계뿐만 아니라 가정과 학교에서 이루어지는 주요 타자와의 관계에도 큰 영향을 받는다. 따라서 아동·청소년에게 강력한 역할 모델 기능을 하는 부모와 교사들의 바람직한 용서행위를 형성하고 강화하기 위한 교육적 프로그램 연구가 필요하다. 또한 가정과 학교에서 부모와 교사들이 아동·청소년의 대인관계 및 도덕성 교육을 효과적으로 수행하고 이에 활용할 수 있도록 지원할 수 있는 용서교육 프로그램을 개발·보급하고, 학교 현장에서 집단지도나 집단상담 형태로 활용할 수 있는 연수와 더불어 이에 대한 체계적 평가 연구가 필요하다.

셋째, 우리의 학교교육 현장에서 용서상담교육이 보다 더 체계적으로 이루어지기 위해서는 먼저 초·중·고등학교 및 대학교 등 발달 수준에 따라 용서에 대한 이해가 어떻게 나타나며 용서 발달은 어떠한지, 용서교육 경험 정도 및 용서교육에 대한 필요 등 우리나라 학생들의 용서교육 현황 및 요구 정도를 조사·분석할 필요가 있다. 이와 더불어 우리나라 초·중·고등학교의 교과과정 중 인간관계 주제를 다루는 교과서(국어, 도덕, 윤리, 사회 교과 등)의 내용 분석을 통해 용서 관련 주제가 얼마나 다루어지고 있는지 알아볼 필요가 있다. 또한 기존의 교과 내용을 용서교육에 효과적으로 재구성하여 활용할 방안에 대한 연구도 필요하다. 프로그램이 전체 교육과정의 일부분이 되지 않으면 학습자의 지속적인 변화를 기대하기는 어렵다(곽윤정, 2006)는 지적이 있다. 따라서 창의적 체험학습과 같은 특별수업이나 방과 후 수업 형태의 실시와 더불어 정규 교육과정에서 다루고 있는 내용과 연계 · 통합되는 용서상담교육 프로그램으로 구성하여 실시하고 그 효과를 검증하는 연구가 필요하다.

우리의 용서상담 교육과정을 구성하는 과정에서 용서 관련 덕목과 성품을 개발하기 위하여 아동 · 청소년들에게 유익하고 재미있는 전래 동화나 이야기, 글이나 문학작품들을 효과적으로 구성하여 활용할 수 있을 것이며, 또한 현장감 있는 사건과 내용들을 창조적으로 재구성해서 활용할 수도 있을 것이다. 무엇보다도 이러한 교육과정이 인간관계에서 상처와 갈등을 가져온 상대에 대한 용서를 증진하고 정신적 · 정서적 건강을 촉진하며 반사회적 행동을 줄이고 친사회적 행동과 바람직한 품성 및 태도를 증가시키는지 등의 효과 검증이 체계적으로 이루어지면서 용서상담교육 및 용서중재 연구가 정교화될 때, 용서중재 및 교육적 실천은 개인과 사회의 갈등 해결과 건강한 발달 및 성숙에 기여하는 훌륭한 인성교육 방안이 될 수 있을 것이다.

연구과제

1. 독서 자료를 활용하여 이루어진 용서상담교육 프로그램을 찾아서 살펴보고, 그 내용과 특성, 장점을 찾아보고, 이 외에도 더 효과적으로 용서상담이 이루어질 방안에 대해서 탐구해 보시오.
2. 학급에서 갈등이나 따돌림, 폭력 등이 발생한 경우 이를 당사자(가해자, 피해자)뿐만 아니라 학급 구성원들이 함께 해결할 방안으로서 회복적 서클 대화에 대해서 알아보고, 이 대화에서 이루어질 수 있는 용서 과정에 대해서 논의해 보시오.
3. 용서와 화해의 차이와 관계에 대해서 알아보고, 진정한 화해로 나아가기 위해 필요한 조건에 대해서 논의해 보시오.

참고문헌

강신덕(1997). 비행청소년 분노조절 교육프로그램 개발 및 효과연구. 서울대학교 대학원 박사학위논문.

강은모(2007). 용서 집단상담프로그램이 아동의 대인관계 스트레스 대처능력에 미치는 효과. 서울교육대학교 대학원 석사학위논문.

고요나(2008). 용서교육이 초등학교 아동의 분노조절에 미치는 효과. 광주교육대학교 대학원 석사학위논문.

곽윤정(2006). 정서지능연구동향과 초등학생을 위한 정서교육함의. **초등학생 정서능력개발을 위한 교육방안세미나 발표자료집**. 서울교육대학교 특수교육연구소.

권기남(2005). 초등학교 상담실태와 요구에 대한 분석. 서울교육대학교 대학원 석사학위논문.

김광수(1997). 용서모델과 청소년상담. **청소년상담연구**, 5(1), 145-182. 한국청소년상담원.

김광수(1999). 용서교육 프로그램 개발. 서울대학교 대학원 박사학위논문.

김광수(2002a). 용서 프로그램이 대인관계 상처경험자의 자존감, 불안, 분노에 미치는 영향. **청소념상담연구**, 제10권 1호, 165-191.

김광수(2002b). 용서 연구의 동향과 과제. **교육심리연구**, 16(2), 113-131.

김광수(2003). 청소년의 분노수준, 분노대처방식과 학교생활적응. **교육심리연구**, 17(3), 393-410.

김광수(2008). **용서상담 프로그램**. 서울: 학지사.

김광수(2010). 초등학생 대인관계 문제 개선을 위한 상담전략과 실제: 용서상담교육의 적용. **초등상담연구**, 9(1), 111-132.

김광수, 오영희, 박종효, 정성진, 하요상, 강주희, 추정인, 한선녀(2016). **용서를 통한 치유와 성장**. 서울: 학지사.

김광수, 이명경, 정태희, 정여주, 우홍련(2007). 초등학생 정서지능 향상을 위한 정서교육 일 모형으로서 용서교육 프로그램 개발. **초등교육연구**, 20(3), 297-323.

김광수, 하요상(2006). 용서교육 프로그램이 초등학교 아동의 용서수준과 정서지능에 미치는 영향. **한국교육심리학교 학술발표 논문집**.

김귀녀(2002). 부부용서 프로그램이 분노 및 갈등해결방식과 배우자에 대한 태도에 미치는 영향. 전주대학교 국제상담대학원 석사학위논문.

김남순, 조선자(2007). 용서교육프로그램이 모(母) 불안정 애착아동의 용서수준과 모(母)애착수준에 미치는 효과. **교육학연구**, 45(4), 169-194.

김동욱(2008). 용서교육이 초등학생 6학년 학생의 또래관계에 미치는 효과. 대구교육대학교

대학원 석사학위논문.
김선미(2008). 용서교육이 초등학교 고학년 학생의 분노와 공격성에 미치는 효과. 대구교육대학교 대학원 석사학위논문.
김용태, 박한샘, 강신덕(1995). 청소년의 분노조절 훈련 프로그램. 서울: 청소년대화의광장.
김창대, 강신덕(2001). 정서적 능력의 교육과 집단상담. 한국상담학회 연차대회 논문자료집.
김철환(2008). 요서훈련이 집단따돌림 피해아동의 용서와 피해의식 및 보복심리에 미치는 영향. 진주교육대학교 대학원 석사학위논문.
김향숙(2005). 초등학교용 교우관계 용서프로그램의 개발과 효과분석. 진주교육대학교 대학원 석사학위논문.
김희영(2004). 용서 프로그램이 대학생의 용서정도와 분노, 불안, 우울에 미치는 영향. 전북대학교 대학원 석사학위논문.
노승수(1999). 용서프로그램이 대학생의 부모에 대한 태도에 미치는 효과. 창원대학교 대학원 석사학위 논문.
박성수(1995). 상담과 교육발전의 과제. 상담교육학회 26차 월례발표회 세미나 자료.
박인희(2000). 용서교육 집단상담 프로그램이 청소년의 용서 수준과 대인관계에 미치는 영향. 계명대학교 석사학위논문.
박종효(2002). 공격적 피해자를 위한 프로그램 효과 비교연구. 부산: 한국청소년개발원.
박종효(2003). 용서와 건강의 관련성 탐색. 한국심리학회지: 건강, 8, 301-321.
박종효(2006). 용서 심리이론과 교육프로그램에 관한 개관연구. 인간발달연구, 13(1), 117-134.
배미자(2004). 부부갈등대처 및 용서와 결혼만족도. 전주대학교 상담대학원 석사학위논문.
오오현(2001). 기독교인 용서상담프로그램 개발 및 효과검증. 계명대학교 대학원 박사학위논문.
오영희(2004). 대학생의 부모-자녀 갈등경험, 용서, 정신건강의 관계. 교육심리연구, 18(3), 59-77.
이관형, 김양현, 안현미(2001). 초등학생의 집단따돌림 실태와 대처방안 연구. 서울교육대학교 학생생활연구소 연구보고.
이해경, 김혜원(2001). 초등학생들의 집단괴롭힘 가해행동과 피해행동에 대한 사회적, 심리적 예측변인들: 학년과 성별을 중심으로. 한국심리사회학회지, 15(1), 1-22.
이현희(2005). 용서상담 프로그램이 초등학생의 공격성과 대인관계에 미치는 영향. 서울교육대학교 대학원 석사학위논문.
장화수(2002). 용서 교육 프로그램이 실업계 남자 고등학생의 용서, 불안, 분노 및 우울 수준에 미치는 효과. 계명대학교 대학원 석사학위논문.
정종식(2000). 용서를 통한 크리스찬 대학생의 인간관계 증진을 위한 집단상담 프로그램 개발. 교육연구, 제19호, 421-449, 원광대학교 교육문제연구소.
정지윤(2005). 용서 프로그램이 초등학교 아동의 용서정도와 대인관계에 미치는 영향. 서울

교육대학교 대학원 석사학위논문
채유경(2001). 청소년 분노표현방식의 모델 및 조절효과 검증. 전남대학교 대학원 박사학위논문.
최태진, 허승희, 박성미, 이희영(2006) 초등학교 폭력양상 및 과정분석. **상담학연구**, 7(2), 613-632.
한은경(2003). 신앙성숙도 및 영적 안녕과 용서의 관계. 전주대학교 국제상담대학원 석사학위논문.
하요상(2006). 용서교육 프로그램이 초등학교 아동의 용서수준과 정서지능에 미치는 영향. 서울교육대학교 대학원 석사학위논문.

Al-Mabuk, R. H. (1990). The Commitment to forgive in parentally love deprived college students. Unpublished doctoral dissertation. University of Wisconsin-Madison.
Al-Mabuk, R. H., Enright, R. D., & Cardis, P. A. (1995). Forgiveness education with parentally love-deprived college students. *Journal of Moral Education, 24,* 427-444.
Baskin, T. W., & Enright, R. D. (2004). Intervention studies on forgiveness: A meta-analysis. *Journal of Counseling and Development, 82,* 79-90.
Brown, S. W., Hight, T. L., McCullough, M. E., Rachal, K. C., Sandage, S. J., & Worthington, E. L., Jr. (1998). Interpersonal Forgiving in close relationship: Theoletical elahoration and Measwement. *Journal of Personality and Social Psychology*, *75*(6), 1586-1603.
Campbell, G. F. (1993). *Empowering to choose: Assistance in forgiving for adult survivors of childhood sexual abuse*. Paper presented at annual conference of the Christian Association of Psychological studies. Kansas city, MO. April 1993.
Close, H. T. (1970). Forgiveness and responsibility: A case study. *Pastoral Psychology*, *21*, 19-25.
Coyle, C. T., & Enright, R. D. (1997). Forgiveness intervention with postabortion Men. *Journal of Consulting and Clinical Psychology, 65*(6), 1042-1046.
Droll, D. M. (1984). Forgiveness: Theory and research. Unpublished doctoral dissertation. University of Nevada-Reno.
Enright, R. D. (1995). *The psychology of interpersonal forgiveness*. Paper presented at the National Conference on Forgiveness. Madison, WI, March.
Enright, R. D., & Fitzgibbons, R. P. (2000). *Helping Clients Forgive: An Empirical Guide for Resolving Anger and Restoring Hope.* Washington, D.C.: APA.
Enright, R. D., & Human Development Study Group. (1994). Piaget on the moral development of forgiveness. *Human Development*, *37*, 63-80.
Enright, R. D., & The Educational Psychology Study Group. (1991). The moral

development of forgiveness. In W. Kurtines & J. Gewirtz (Eds.), *Handbook of moral behavior and devrlopment* (vol. 1).

Enright, R. D., Santos, M., & AlMabuk, R. (1989). The adolescent as forgiver. *Journal of Adolescence*, *12*, 95-110.

Freedman, S. A. (1994). Forgiveness education with incest survivors. Unpublished doctoral dissertation, University of Wisconsin-Madison.

Gassin, E. A. (1995). Social cognition and forgiveness in adolescents romance: An intervention study. Unpublished doctoral dissertation, University of Wisconsin-Madison.

Glasser, W. (1986). *Control theory in the classroom*. New York: Harper & Row.

Goldstein, A. P., & Glick, B. (1994). Aggression Replacement Training: Curriculum and Evaluation. *Simulation and Gaming, 25,* 9-26.

Goldstein, A. P., Glick, B., & Gibbs, J. C.(1998). *Aggression Replacement Training: A Comprehensive Intervention for Aggressive Youth.* IL: Research Press.

Haynie, D. L., Eitel, P., Crump, A. D., & Yu, K. (2001). Bullies, victims, and bully/victims: Distinct groups of at-risk youth. *Journal of Early Adolescence, 21,* 29-49.

Hebl, J. H., & Enright, R. D. (1993). Forgiveness as a psychotherapeutic goal with elderly females. *Psychotherapy, 30,* 658-667.

Hepp-Dax, S. H. (1996). Forgiveness as an educational goal with fifth-grade inner city children. Doctoral dissertation, Fordham University.

Huang, S. T., & Enright, R. D. (2000). Forgiveness and anger-related emotions in Taiwan: Implications for therapy. *Psychotherapy, 37,* 71-79.

Knutson, J., & Enright, R. D. (2002). *The Adventure of Forgiveness: A Guided Curriculum for Primary 3 Children in Northern Ireland.* University of Wisconsin-Madison.

Lin, W. N. (1998). Forgiveness as an intervention for late adolescents with insecure attachment in Taiwan. Doctoral dissertation, University of Wisconsin-Madison.

Mauger, P. A., Perry, J. E., Freedman, T., Grove, D. C., McBride, A. G., & McKinney, K. E. (1992). The measurement of forgiveness: preliminary research. *Journal of Psychology and Christianity, 11,* 170-180.

McCullough, M. E., Exline, J. J., & Baumeister, R. F. (1998). An annotated bibliogrphy of research on forgiveness and related concepts. In E. L. Worthington & Jr. *Dimensions of forgiveness: Psychological research and theological perspetives* (pp. 193-317). Philadelphia, PA: Templeton Foundation Press.

Neblett, W. R. (1974). Forgiveness and ideals. *Mind*, *83*, 269-275.

Nielsen, S. L., Johnson, W. B., & Ellis, A. (2001). *Conneseling and Psychotherapy with Religious Person: A Rational Emotive Behavior Approach.* London: Lawrence

Erlbaum Associates, Inc.

North, J. (1987). Wrongdoing and forgiveness. *Philosophy, 62*, 336-352.

Osterndorf, C. (1999). Effects of a forgiveness intervention with adult children of alcoholics. Doctoral dissertation, University of Wisconsin-Madison.

Park, J. H. (2003). Validating the Effectiveness of a Forgiveness Intervention Program for Adolescent Female Aggressive Victims in Korea. Unpublished doctoral dissertation, University of Wisconsin-Madison.

Park, Y., & Enright, R. D.(1997). The development of forgiveness in the context of adolescent friendship conflict in Korea. *Journal of adolescence, 20,* 393-402.

Sarinopoulos, I. (1999). Forgiveness and physical health. Doctoral dissertation, University of Wisconsin-Madison.

Schwartz, D. (2000). Subtypes of victims and aggressors in childrens peer groups. *Journal of Abnormal Child Psychology, 28,* 181-192.

Seybold, K. S., Hill, P. C., Neumann, J. K., & Chi, D. S. (2001). Physiological and psychological correlates of forgiveness. *Journal of Psychology and Christianity, 20,* 250-259.

Smedes, L. B. (1984). *Forgive & Forget: Healing the Hurts we don't deserve*. San Francisco: Harper & Row.

Spielberger, C. D. (1980). *Preliminary Manual for the State-Trait Anger Scale(STAS)*. Tampa, Florida: University of South Florida Human Resources Institute.

Spielberger, C. D., Jacobs, G., Russell, S. F., & Crane, R. R. (1983). The State-Trait Anger Scale. In J. N. Butcher & C. D. Spielberger (Eds.), *Advances in personality assessment* (Vol. 2). Hillsdale, N.J.: Lavrence Erlbaum.

Subkoviak, M. J., Enright, R. D., Wu, C., Gassin, E. A., Freedman, S., Olson, L. M. et al. (1995). Measuring interpersonal forgiveness in late adolescence and middle adulthood. *Journal of Adolescence*, *18*, 641-655.

Wade, N. G., & Worthington, E. L., Jr. (2005). In search of a common core: A content analysis of interventions to promote forgiveness. *Psychotherapy: Theory, Research, Practice, Training, 42,* 160-177.

Worthington, E. L., Jr. (2005). *Handbook of forgiveness.* New York: Routledge.

Wilson, H. (1994). Forgiveness and survivors of sexual abuse: Relationships among forgiveness of the perpetrater, spiritual well-being, depression and anxiety. Unpublished doctoral dissertation, Boston University.

|부록|

인성교육을 위한 용서상담 프로그램 실제(예시)

지도자 지침서 내 마음은 무슨 색깔일까요?

1 활동 목표

1) 별칭에 자신의 감정을 형용사로 표현할 수 있다(감정형용사 붙이기).
2) 거울게임을 통해 상대방의 감정을 내 얼굴에 따라서 표현할 수 있다(거울게임).
3) 화난(속상한) 순간의 감정을 자각하고 그것을 색깔과 언어로 표현할 수 있다(내 마음은 무슨 색깔일까요?).

2 준비물

강의 자료, 활동지, 집단 참여 일지, 별칭 명찰, 조용한 음악 CD, 색종이, 전지, 감정형용사 적을 작은 종이, 풀, 상점 스티커

3 진행 시 유의점

2회기에서는 학생들이 자신이 느낀 기쁜 감정, 슬픈 감정, 화난 감정을 잘 인식하고 표현할 수 있도록 돕는 것이 매우 중요하다. 특히 '내 마음은 무슨 색깔일까요?'에서는 학생들이 자신이 누구에게 왜 화가 나 있는지 잘 생각해 보고, 화난 감정을 색깔과 언어로 잘 표현할 수 있도록 도와준다. 이때 학생들이 한두 가지 색깔로만 화난 감정을 나타낼 경우 표현의 한계가 있을 수 있으므로, 미리 학생들에게 다양한 색깔로 자신의 화난 감정을 다양하게 표현할 수 있도록 지도할 필요가 있다.

4 진행

1) 감정형용사 붙이기(10분)
- 준비: 학생들에게 명찰을 나눠 주고 소집단별로 모인다.
- 활동

① 학생들에게 조용한 음악을 틀어 주면서 지금의 자신의 감정이 어떤지에 대해서 조용히 생각해 보고 종이에 적도록 한다(지난 시간에 전지에 기록한 감정 표현 목록을 참조하면서 적게 하되, 어떤 표현이든지 자유롭게 표현하게 하

고 가급적 수용하도록 한다).

② 자신의 명찰 별칭 앞에 지금의 감정을 적은 형용사 표현을 붙인다.

③ 자신의 감정이 적힌 명찰을 달고, 집단의 친구들에게 인사를 한다.

예) "나는 심심한, 즐거운, …… 사오정입니다."

2) 거울게임(10분)

• 준비: 두 명씩 짝을 지어 준다.

• 활동

① 짝과 함께 가위바위보를 한다.

② 진 사람이 이긴 사람의 표정을 따라 해 보도록 한다.

③ 역할을 바꿔서 상대방의 표정을 따라 해 보도록 한다.

〈거울게임 진행 방법〉

㉠ 짝과 함께 가위바위보를 하세요.

㉡ 이긴 사람은 손을 들어 보세요.

㉢ 지금부터 진 사람은 이긴 사람의 표정을 잘 관찰하고 따라 하는 겁니다.

㉣ 먼저 이긴 사람은 자기가 가장 행복하고 즐거웠던 순간을 떠올리세요. 가장 기쁜 표정을 지어 보세요.

㉤ 진 사람은 이긴 사람의 기쁜 표정을 따라서 해 보세요.

㉥ 두 번째로 이긴 사람은 가장 슬펐던 순간을 떠올리세요. 가장 슬픈 표정을 지어 보세요.

㉦ 진 사람은 이긴 사람의 슬픈 표정을 따라서 해 보세요.

㉧ 마지막으로 이긴 사람은 가장 화가 많이 났던 순간을 떠올리세요. 가장 화난 표정을 지어 보세요.

㉨ 진 사람은 이긴 사람의 화난 표정을 따라서 해 보세요.

㉩ 같은 방법으로 이긴 사람과 진 사람이 역할을 바꾸어 ㉣~㉨ 과정을 실시한다.

3) 내 마음은 무슨 색깔일까요?(30분)

• 준비: 조별로 나눠 줄 색종이 세트를 준비한다.

• 활동

① 조용한 음악을 틀고 앞서 실시한 거울게임에서 자신의 가장 화난 표정을 기

억하면서 최근에 가장 화가나고 속상하고 또는 힘들었던 일을 생각해 보도록 한다.

② 누구에게 어떤 이유 때문에 화가 나고 힘들었는지 그 내용을 활동지에 적어 보게 한다(이때 적는 내용과 그 대상은 이 집단 프로그램을 하면서 계속 다루어야 할 내용과 대상이기 때문에 프로그램 시작 전에 실시한 사전 설문조사에 응답한 대상과 일치하도록 유도한다).

③ 학생들에게 색종이를 나누어 주고, 그때의 내 기분을 잘 표현하는 색깔을 고르도록 한다. 이때 학생들이 빨간색이나 검정색만 고를 가능성이 있으므로 여러 가지 다양한 색깔로 표현하는 게 좋다고 지시한다.

④ 자신이 고른 색종이 위에 자신을 화나게 만든 그 사람을 생각하면 떠오르는 말(하고 싶은 말)을 쓰거나 그림을 간단하게 그려 보도록 한다. 이때 학생 속에 맺혀 있는 것을 풀어 해소하는 차원에서 마음껏 자유롭게 표현하고 그려 보도록 하기 위해서 상대방을 생각하면 떠오르는 동물, 날씨, 맛, 감촉, 이미지 등을 생각하고 표현해 보게 한다.

예) 생각나는 단어: 왕짜증, 하이에나, 뱀, 소름끼친다, 치사하다, 야비하다, 웬수, 지옥에나 가라 등

생각나는 그림: 괴물, 여우, 찌그러진 깡통, 쓰레기, 등

⑤ 집단 안에서 자신이 그 색깔의 색종이를 고른 이유와 색종이 위에 표현한 내용에 대해 설명하는 시간을 갖는다(집단 규칙을 상기시키면서 특히 친구들의 솔직한 이야기를 집단 밖에서 말하지 않고 비밀을 지키도록 강조한다).

⑥ 소집단별로 대표로 한 명씩 나와서 자신이 속한 집단에서 발표한 것을 전체 집단과도 나누게 한다(시간적인 여유가 있을 경우에 실시).

5 마무리(10분)

1) 자리에 앉아 차분한 마음으로 프로그램 활동을 하면서 떠오른 생각과 느낌을 탐색한다.

2) 각자의 느낀 점을 이야기하고, 그 공통점과 차이점을 비교해 보면서 이 프로그램의 의미가 무엇인지 정리하는 시간을 갖는다.

- 친구들이 고른 색깔과 내가 고른 색깔은 어떤 점이 비슷하고 달랐는가?
- 나는 화가 났을 때 어떤 기분이었는가?

• 색종이에 자신을 화나게 만든 사람에게 하고 싶은 말을 쓰거나 그림으로 표현하기

3) 화가 나는 감정을 가지는 것이 반드시 나쁜 것은 아님을 이야기해 주고, 이런 화를 어떻게 표현하고 다루어 나가는 것이 좋을지 집단 프로그램을 통해 함께 생각해 보자고 제안한다.

4) 다음 시간에는 화가 날 때 자신이 하는 반응이나 행동들에 대해 생각하는 시간을 가질 것이므로, 내가 누군가에게 화가 나면 어떻게 행동하는지 생각해 보고 오도록 지시한다.

5) 집단 참여 일지를 작성해서 제출하도록 지시한다.

학생 활동지 1 내 마음은 무슨 색깔일까요?

나도 화가 났어요

갈등이나 상처 때문에 생각하면 싫고 마음이 불편한 사람이 있지요? 최근에 누구에게 어떤 이유로 화가 났는지를 생각해 보고 그 내용을 자세히 적어 봅시다.

학생 활동지 2 내 마음은 무슨 색깔일까요?

내 마음의 색종이

활동한 색종이를 붙여 보세요.

지도안 새로운 눈으로 보아요

1 활동 목표

1) 착시 그림을 보면서 보는 시각에 따라 그림이 달라 보일 수 있음을 이해한다(새로운 눈으로 보기).
2) 지금과는 다른 새로운 시각으로 상대방을 보고, 상대방의 시각에서 이해하는 시간을 갖는다(상대방 입장에서 새로운 눈으로 보기).
3) 상대방의 입장이 되어서 나에게 하고 싶은 말을 편지로 써 보는 시간을 갖는다(상대방이 되어서 나에게 보내는 편지).

2 준비물

강의 자료, 활동지, 집단 참여 일지, 별칭 명찰, 조용한 음악, 카세트, 상점 스티커

3 진행 시 유의점

학생들이 지금까지 갖고 있는 상대방에 대한 시각 이외에 새로운 시각으로 상대방을 보기 위한 연습의 장이다. 새로운 눈으로 보기란 없는 것을 억지로 만들어서 보는 것이 아니라, 이미 존재하는데 내가 미처 자각하지 못했거나 보지 못한 새로운 관점 및 시각에서 상대방과 상대방의 행동을 바라보는 것이다. 새로운 눈으로 보기를 통해 좀 더 이해의 폭을 넓히고 긍정적인 방향으로 바라보는 경험을 하도록 돕는 것이 중요하다. '새로운 시각과 상대방 시각(입장)을 취해 봄으로써 그리고 자신의 경험을 취해서 돌아봄으로써 상대방에 대한 이해를 촉진한다.'는 동일한 목표의 연장선에서 프로그램을 진행하고, 학생들이 이러한 점을 잘 인식할 수 있도록 한다.

4 진행

1) 바뀐 점을 찾아보아요(5분)

• 활동

① 2인 1조로 정한 뒤, 두 사람 중 한 학생이 다른 학생의 모습을 사진 찍듯이 10초 정도 관찰한다.

② 관찰을 한 학생이 잠시 뒤를 돌아 있고, 그 사이 관찰 대상 학생이 자신의 의복이나 머리 모양, 액세서리 등에 변화를 준다.

③ 뒤돌아 있는 학생이 다시 관찰 대상 학생을 보고 무엇이 변했는지 그 변화를 찾아낸다.

④ 역할을 바꾸어 다시 해 본다.

2) 새로운 눈으로 보기(15분)

• 활동 1(착시 그림)

새/물고기

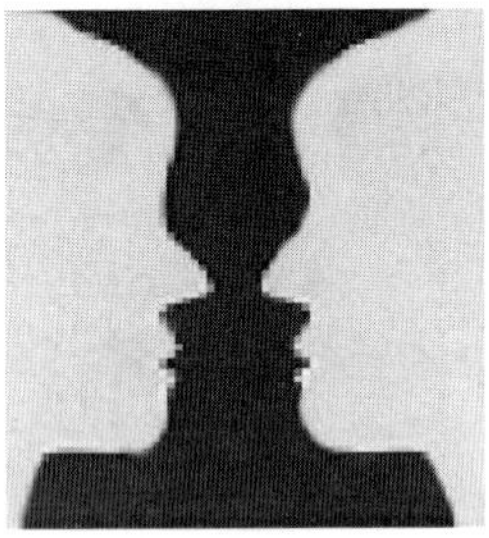
트로피/마주보는 사람

물개/말머리

① 착시 그림 중 하나를 보고, 학생들에게 무엇이 보이는지 질문한다.

② 학생들이 대답한 그림 이외에 다른 모습이 보이는지 질문한다.

③ 하나의 착시 그림에서 두 가지 모습을 확인한다.

④ 다른 그림들도 같은 방법으로 보고 질문한다.

⑤ 착시 그림을 통해 '보는 시각에 따라 달라 보일 수 있음'을 이야기한다.

• 활동 2: 다음의 이야기를 듣고 상대방의 관점을 취하고 상대방의 입장이나 상황을 이해할 수 있도록 노력한다.

우리 반 재훈이는 친구의 학용품을 빼앗고, 수업시간에도 떠들어요. 재훈이가 왜 그러는지 모르겠어요.

〈재훈이의 배경〉

재훈이의 아버지가 사고를 당해서 병원에 오랫동안 입원해 계시고 어머니는 일을 나가셔서 늦게 들어오신다. 재훈이가 학교 끝나고 집에 가면 아무도 없고, 학용품을 챙겨 주는 사람도 없다. 재훈이는 부모가 돌봐 주고 챙겨 주는 친구들을 보면 부럽기도 하고 밉기도 하며, 그렇지 못하는 자신의 집안 사정을 생각하면 화가 나고 짜증이 난다

① 첫 번째 이야기를 학생들에게 들려주고, 재훈이가 왜 그렇게 행동하는지, 재훈이 행동에 영향을 줄 이유나 배경에 대해서 나름대로 생각하거나 상상해서 이야기해 보게 한다.

② 두 번째로 재훈이의 배경을 들려주고 재훈이와 그의 행동에 대해서 새롭게 생각하거나 이해된 내용을 나누어 보게 한다.

- 재훈이가 그랬던 이유는 무엇일까요?
- 재훈이는 어떤 마음이었을까요?
- 다른 시각에서 이야기를 하고 나니 재훈이에 대한 생각이 달라진 점이 있나요?

3) 상대방 입장에서 새로운 눈으로 보기(10분)

(앞 회기에서 이야기한) 나를 화나게 한 친구 이야기에서 그 친구가 왜 그렇게 행동했을까에 대해서 함께 이해해 보는 시간을 갖는다.

• 활동

① 반 학생들에게 자신을 힘들게 하거나 화나게 한 친구에 대해 그 친구 입장이 되어 생각(상상)해 보는 시간을 갖게 한다.

② 다음의 질문을 통해 상대방(그 친구)의 입장에서 그때 상황과 상대방의 행동에 대한 이해를 촉진한다(교사가 상황에 따라 다른 질문을 추가).

- ○○가 그랬던 이유는 무엇일까요?
- ○○가 그렇게 행동하게 영향을 미쳤을 것들은 무엇일까요 ?
- ○○는 그때 어떤 마음이었을까요?
- 상대방의 입장이 되어 상상하고 생각해 볼때 ○○에 대한 생각이 달라진 점이 있나요?

4) 상대방이 되어서 나에게 보내는 편지 쓰기(20분)

최대한 그 친구의 입장이 되어 나에게 보내는 편지를 써 보는 시간을 갖는다. 이 활동의 목적은 상대방과 그 행동을 더 깊이 이해하기 위해 상대방의 입장이 되어 보는 경험을 함으로써 상대방에 대한 나의 생각과 행동을 긍정적 방향으로 이끄는 데 있다.

• 활동

① 자신이 상대방이 되었다고 생각하고 상대방의 입장과 상황을 최대한 상상하여 '내가 그때 ~해서 ~하다.'라는 형태로 말하고 싶은 것들을 상상하여 편지를 쓴다.

② 최대한 그 친구의 입장과 상황에서 정말로 내가 상대방이 된 것처럼 상상하면서 나에게 편지를 쓴다.

③ 각자 쓴 편지 중 몇 편을 읽어 본다.

5 마무리(10분)

1) 자리에 앉아 차분한 마음으로 이번 회기의 활동을 하는 동안 떠오른 생각과 느낌을 탐색한다.

2) 각자의 느낀 점을 이야기하도록 한 후 정리한다. 그 공통점과 차이점을 비교해 보면서 이 프로그램의 의미가 무엇인지 정리하는 시간을 갖는다.

   • 상대방의 입장이 되어 나에게 편지 쓰기를 하면서 상대방과 상대방의 행동에 대해서 새롭게 이해하거나 생각해 보게 된 점은 무엇인가?

3) 다음 시간에는 가해자의 입장을 역할극을 통해 경험해 보고 나도 다른 사람에게 용서받을 상황이 있었음을 돌아보고, 나에게 피해를 주고 화나게 한 상대방이나 피해를 입은 나나 모두 용서가 필요한 사람들이라는 것을 생각하고 상대방을 공감하고 용서의 동기를 부여받는 내용이 진행됨을 언급한다.

4) 집단 참여 일지를 작성해서 제출하도록 한다.

학생 활동지 1 새로운 눈으로 보기

새로운 눈으로 보아요

1) 무엇이 보이나요?

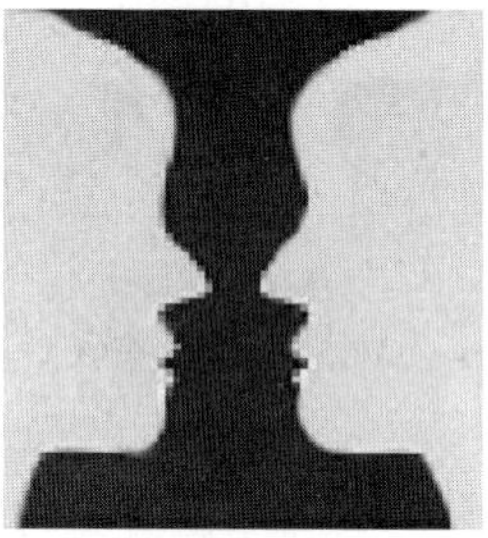

그림이 보이는지 친구들과 이야기해 봅시다.

2) 친구 관점에서 생각해 봅시다.

> 재훈이는 친구의 학용품을 빼앗고 수업 시간에도 떠들어요. 재훈이가 왜 그러는지 모르겠어요.

재훈이의 행동은 문제가 있지만 그러한 행동을 하는 이유나 까닭에 대해서 이해해 봅시다.

상대방 입장에서 새로운 눈으로 봅시다

(앞 회기에서 이야기한) 나를 화나게 한 친구 이야기에서 그 친구가 왜 그렇게 행동했을까에 대해서 함께 이해해 볼까요?

1) ○○가 그랬던 이유는 무엇일까요?
2) ○○는 어떤 마음이었을까요?
3) 다른 시각에서 이야기를 하고 나니 ○○에 대한 생각이 달라진 점이 있나요?

학생 활동지 2 새로운 눈으로 보기

나에게 보내는 편지

상대방의 입장이 되어서 나에게 보내는 편지를 상상해서 써 봅시다.

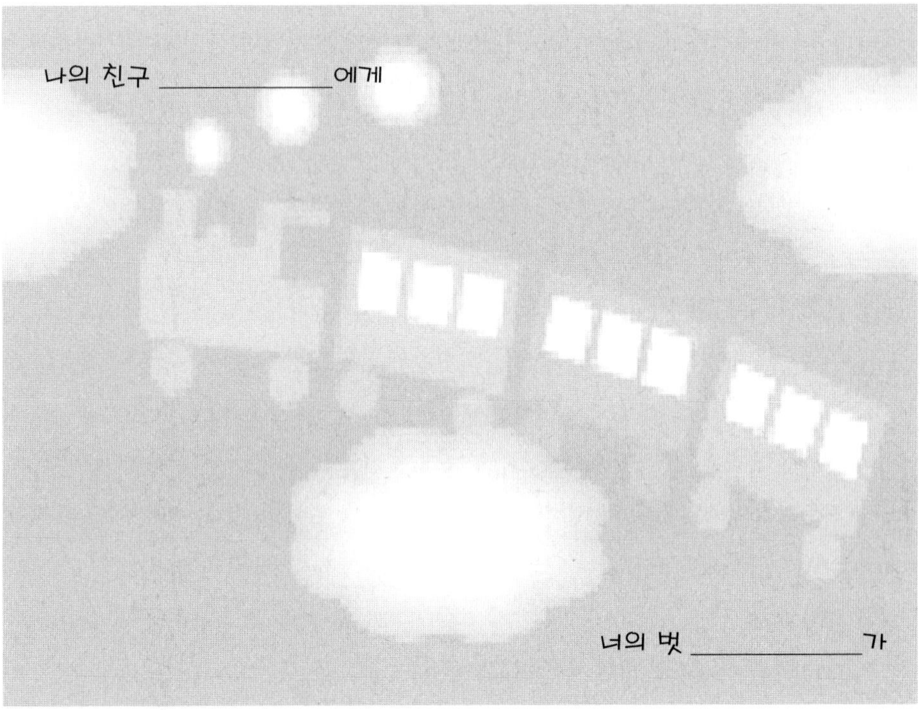

상대방이 되어 나에게 보내는 편지를 쓰고 난 후 상대방이나 상대방의 행동에 대해서 새롭게 이해하거나 생각해 본 것은 무엇인가요?

지도안 나도 그럴 때가 있어요

1 활동 목표

1) 역할극을 통해 가해자의 심정을 경험해 봄으로써 나를 힘들게 하거나 화나게 한 상대방의 입장을 이해해 본다(나도 그럴 때가 있어요).

2) 내가 다른 사람에게 상처를 주었던 경험이나 용서를 받았던 경험을 생각해 보고 종이에 적어 봄으로써 누구나 용서를 받을 필요가 있음을 이해한다(용서받은 경험을 떠올려 보아요).

2 준비물

강의 자료, 활동지, 집단 참여 일지, 초시계, 카세트, 전지, 붙임쪽지, 사인펜, 상점 스티커, 조용한 음악

3 진행 시 유의점

이번 회기는 역할극과 내가 용서받은 경험을 표현해 봄으로써 상대방의 입장을 이해하고, 나도 나에게 상처를 준 친구처럼 상처를 주고 용서를 받을 때가 있음을 이해하게 하는 데 목적이 있다. 나를 화나게 한 친구의 마음을 이해하는 입장에서 그 친구의 마음이 어떤 마음일까라는 것을 생각해 보도록 한다. 그리고 나 또한 다른 사람에게 용서받을 상황이 있음을 알아 용서 동기를 갖게 한다.

4 진행 과정

1) 집중력 테스트 놀이와 채널 바꾸기(5분)

• 활동 1(집중력 테스트)

① 집단의 리더가 초시계를 갖고 학생들에게 집중력 테스트 놀이를 설명한다.

② 학생들의 눈을 감게 한 후 10초, 20초, 30초 등 시간을 정하여 그 시간이라고 생각되는 시점에서 학생들이 손을 들게 한다. 가장 근접하게 맞춘 학생에게 집중력이 뛰어남을 칭찬한다.

• 활동 2(채널 바꾸기)

① 힘들고 화가 나거나 속상했던 장면(상대방이 나에게 피해나 상처 주었다고

보는 장면)을 떠올려 본다.

② 이전 시간에 선택한 긍정적 채널을 하나씩(최대 3개까지) 떠올려 본 후, 기분과 느낌을 말해 본다.

2) 나도 그럴 때가 있어요(25분)

• 활동

① 역할극으로 재연해 본다. 역할극의 목적은 가해자 입장을 경험해 봄으로써 나에게 피해를 준 상대방의 입장을 생각하고 공감하는 마음을 갖게 하는 것이다.

② 집단 전체(혹은 소집단원 전체)가 역할극에 참여할 수 있도록 각자 역할(해설, 윤정, 수지, 철수, 선생님, 반 친구들, 조명, 감독 등)을 뽑는다. 만약 구성원이 적으면 한 사람이 2개 역할을 맡아서 할 수도 있다.

③ 대본을 연습한다.

④ 친구들 앞에서 역할극을 해 본다.

3) 용서받은 경험을 떠올려 보아요(20분)

• 활동

① 내가 용서받은 경험을 떠올려 보도록 지도한다. 이때 잔잔한 음악을 들려주어 편 안한 마음을 갖고 생각하도록 한다.

② 붙임쪽지를 나누어 주고 용서받은 경험을 적도록 한다.

③ 붙임쪽지에 용서받은 경험을 적을 때 학생들의 이해를 촉진하도록 집단 리더가 다음의 질문을 학생들에게 한다.

- 다른 사람에게 잘못을 한 적이 있나요? 무슨 일, 사건이었나요?
- 그때 잘못을 하고 피해를 준 내 마음은 어떠했나요?
- 그때 상대방의 기분은 어떠했을까요?
- 상대방이 용서를 해 주었다면 용서를 받았을 때 기분이 어떠했나요?

④ 칠판 앞(혹은 각 테이블)에 있는 전지에 미리 적은 용서받는 경험을 붙여서 모은다.

⑤ 다 붙이고 나면 몇 명의 학생(진행자가 지적할 수 있다)이 맘에 드는 붙임쪽지을 골라 친구들에게 읽어 준다.

5 마무리(10분)

1) 자리에 앉아 차분한 마음으로 이번 회기의 활동을 하는 동안 떠오른 생각과 느낌을 탐색한다.

2) 각자의 느낀 점을 이야기하도록 한 후 정리한다. 그 공통점과 차이점을 비교해 보면서 이 프로그램의 의미가 무엇인지 정리하는 시간을 갖는다.

- 역할극을 하고 자신이 용서받은 경험을 떠올려 보면서 나를 힘들게 하거나 화나게 한 상대방과 상대방의 행동에 대해서 새롭게 이해하거나 생각해 보게 된 점은 무엇인가 ?
- 상대방에 대한 나의 마음과 생각에 어떤 변화가 느껴지는가?

3) 다음 회기에서는 용서를 선택한 후 실행에 옮기는 데 필요한 구체적 활동(용서 화분 키우기, 선물하기)에 대한 내용이 진행됨을 언급한다.

4) 집단 참여 일지를 작성해서 제출하도록 한다.

학생 활동지 나도 그럴 때가 있어요

나도 그럴 때가 있어요

1) 역할극으로 재연해 봅시다.

해설: 어느 날 윤정이가 몸이 좋지 않아 밥도 먹지 못하고 있었다. 이때 수지가 윤정이에게 다가왔다.
윤정: (몸이 아파 기운 없어 하고 있다.)
수지: 윤정아. 어디 아프니?
윤정: 응~ 오늘 몸이 좋지 않아. 밥도 못 먹어서 기운이 없어.
수지: 에구~ 어떡하지? 윤정아. 그럼 이 우유라도 먹어. 이럴 때일수록 잘 챙겨 먹어야 힘이 생기지.
윤정: 고마워. 수지야. 조금 있다가 몸이 괜찮아지면 먹을게. (우유를 받아서 가방에 넣는다.)
해설: 오후 수업이 끝나고 청소 시간이 되었다. 철수가 다른 친구들과 놀면서 책상 위를 뛰어넘다가 윤정이 가방 위에 넘어지는 바람에 우유가 터져 버렸다.
철수: (넘어지면서) 아야. 어? 윤정이 가방에서 물 같은 게 세는데?
윤정: (다 젖은 가방과 책을 보면서)어머나. 어떡하지….
해설: 철수는 자기 실수로 윤정이 가방과 책이 젖은 것이 미안했지만 어떻게 해야 할지 몰라 그 앞에 가만히 서 있었다. 또 선생님에게 야단 맞을까 봐 불안했다.
철수: 어떡하지? 어떡하지?
반 친구들: 윤정이 가방이랑 책이 다 젖어 버렸네.
해설: 윤정이가 가방을 들고 밖으로 나가자 철수도 따라 나갔다. 청소시간이 끝날 때 즈음 선생님이 교실에 오셨다.
선생님: 애들아. 교실 청소 다 끝냈니?
반 학생들: 네~.
선생님: 음. 잘했구나. 그런데 철수랑 윤정이가 안 보이네.
반 학생들: 윤정이 가방에 있던 우유가 터져서 윤정이가 가방을 들고 밖으로 나갔어요.
선생님: 그래? 어떻게 된 건지 선생님이 나가 봐야겠구나.
해설: 그래서 선생님이 밖으로 나가 보니 수돗가에 윤정이와 철수가 있었다. 윤정이는 수돗가에서 가방을 빨고 있었고, 철수는 옆에 서 있었다.
철수: (무척 미안한 표정으로) 윤정아. 정말 미안해.
윤정: (웃는 표정으로) 괜찮아. 철수야.
철수: 내가 네 가방을 다 젖게 하고 책까지 젖었는데 괜찮아?
윤정: 실수로 그런 건데 뭘. 아까 조금 놀라긴 했지만, 가방은 빨면 되고, 책은 말리면 돼. 너무 걱정하지 마.
철수: 윤정아. 너가 그렇게 말하니까 나도 마음이 편안해졌어. 오히려 내가 고맙다. 이리 줘 봐. 내가 가방 빠는 거 도와줄게.
해설: 윤정이가 너그럽게 용서해 준 모습에 철수도 마음이 편안해졌다.

지도안 용서로 나아가요

1 활동 목표

1) 용서를 선택한 후 그것을 실행에 옮기는 데 필요한 구체적인 노력을 한다(용서의 화분 키우기).

2) 나에게 상처를 줬던 대상에게 용서의 마음을 담아 선물을 주는 활동을 통해 용서의 실천 가능성을 높인다(선물하기).

2 준비물

강의 자료, 활동지, 집단 참여 일지, 색종이, 종이, 연필, 풀, 가위, 상점 스티커 등

3 진행 시 유의점

용서를 실행하는 것과 연결되는 구체적인 행동 목록을 찾는 것이 이 회기의 목적인 만큼, 거름을 만들거나 꾸미는 데 너무 많은 시간을 할애하지 않도록 한다. 선물 내용에 대한 고민을 충분히 할 수 있도록 시간 배분을 한 후 만드는 활동은 색종이나 종이를 오려서 그 내용을 쓰는 정도에 그치도록 한다.

4 진행 과정

1) 호흡하기(5분)

- 준비: 전 차시에서 배웠던 호흡법을 차분한 분위기에서 실습할 수 있도록 준비한다.
- 활동

① 모든 학생이 제자리에 앉은 상태에서 편안한 자세를 취한다.

② 한 손은 가슴 위에, 다른 한 손은 배꼽 위에 놓는다.

③ 배를 풍선이라고 생각하고, 풍선에 바람을 넣듯이 천천히 숨을 들이쉰다.

④ 들이쉬면서 마음속으로 '하나, 둘, 셋'을 센다. 가슴은 가만히 두고 배 위의 손만 오르내리도록 하면서 배로 숨을 쉰다.

⑤ 한 박자를 쉬고 천천히 숨을 내쉰다.

⑥ 몸의 긴장을 풀고 부드럽게 호흡하면서 호흡 횟수와 깊이를 유지한다. 호흡하면서 배 위의 손에 정신을 집중한다(3~5회 반복).

2) 용서 선택 확인하기(10분)

• 활동

① 용서의 선택과 관련된 현재의 마음에 대한 질문을 하고 소집단별 토의를 지시한다.

> 지난번에 우리는 용서를 선택하고 서약서를 썼습니다. 용서를 선택한 후 어떤 변화가 있었나요? 지난번에 용서를 선택했지만 아무리 생각해 봐도 용서하기가 싫다거나 지난 시간에는 용서하지 않겠다고 생각했지만 지금은 용서하고 싶은 마음이 드는 사람이 있나요? 이전 생각이 변하지 않은 사람도 있을 것입니다. 지난 시간 동안 용서와 관련하여 어떤 생각과 행동을 했는지 이야기 나누어 봅시다.

② 용서 선택과 관련된 변화(용서를 하기로 서약했지만 지금은 용서가 하기 싫은 경우, 용서 서약을 하지 않았지만 용서를 하고 싶은 경우 등)가 있는 사람을 중심으로 변화 내용과 이유를 발표하도록 한다.

③ 용서를 선택하기로 한 사람들에게 격려를 하되, 아직 용서를 선택하지 않은 사람의 결정도 존중하는 태도를 유지한다.

3) 용서의 화분 키우기(20분)

• 준비: 용서의 화분 활동지, 잡지, 색종이, 색연필, 종이, 풀, 가위를 준비한다.

• 활동

① 용서의 화분의 의미를 설명하고 활동지를 나누어 준다.

> 용서는 한 번의 결심으로 가능한 것이 아닙니다. 용서를 선택한 후에는 용서를 위한 노력을 해야 합니다. 이제 여러분에게 하나의 화분을 줄 것입니다. 이 화분은 용서의 화분입니다. 이 화분에 심어져 있는 식물은 이제 잎이 나기 시작한 어린 식물이지만 다 자라면 용서라는 열매를 맺게 됩니다. 그러기 위해서는 여러 가지 거름이 필요합니다. 어린 식물이 용서라는 열매를 맺을 수 있도록 하기 위해서는 어떤 거름이 필요할까요? 여러분을 화나게 했던 그 사람을 용서하는 데 필요한 여러분의 행동을 생각해 봅시다. 그리고 그것을 거름으로 만들어 용서의 화분에 주도록 합시다.

② 용서의 화분이 완성되면 소집단별로 발표하도록 한다.

③ 다양한 거름을 많이 만들어 낸 학생을 칭찬하고, 상점 스티커를 줄 때 이를 반

영한다.

예) 거름의 목록: 상대방의 장점 생각하기, 웃어 주기, 과자 나누어 먹기, 생일에 초대하기, 숙제 도와주기, 준비물 빌려 주기 등

4) 용서의 선물 만들기(10분)

- 준비: 용서의 선물 활동지 색종이, 종이, 연필, 풀, 가위 등을 준비한다.
- 활동

① 용서의 선물의 의미를 설명하고 활동지를 나누어 준다.

지금까지 우리는 용서라는 화분을 키우기 위해 우리가 줄 수 있는 거름에 대해 생각해 봤습니다. 이제 그 거름을 먹고 쑥쑥 자란 식물이 용서의 열매를 맺게 될 것입니다. 그런데 용서의 열매는 여러분이 원하는 것으로 바뀔 수 있습니다. 그 열매를 내가 용서한 사람에게 보낼 선물로 바꾸어 봅시다. 내가 용서한 사람에게는 무엇이 부족한가요? 그 사람에게 필요한 것을 만들어서 선물 상자 안에 붙여 봅시다. 눈에 보이지 않는 것과 눈에 보이는 것 모두 가능합니다. 그리고 그 사람에게 용서의 선물을 주면서 하고 싶은 말을 생각해서 적어 봅시다.

② 용서의 선물이 완성되면 소집단별로 발표하도록 한다.

③ 선물을 잘 만들어 낸 학생을 칭찬하고 정리한다.

예) 선물의 목록: 친절한 말투, 진정한 우정, 놀 수 있는 시간, 칭찬하기, 많은 친구 등

5) 용서 선물 주기(10분)

- 준비: 두 명씩 짝이 되어 앉도록 한다.
- 활동

① 짝에게 용서의 선물을 전달하도록 한다.

우리는 지금까지 우리를 힘들게 했던 사람에게 줄 선물을 만들었습니다. 이 선물을 그 사람에게 직접 전해 줄 수 있는 사람도 있고 그렇지 못한 사람도 있을 것입니다. 둘씩 짝이 되어 각자가 만든 선물을 전해 주는 연습을 해 봅시다. 짝이 된 친구가 나를 힘들게 했던 친구라고 생각하고 선물을 전해 주세요. 선물을 줄 때 하고 싶었던 말을 함께 하면서 선물을 전해 줍시다. 용서의 말 예로 나와 있는 것처럼 "사실 그동안 ________ 때문에 많이 힘들었어. 그래서 너를 미워하기도 했어. 하지만

이제는 너를 용서하기로 했어. 나의 용서 선물을 받아 줘."라는 말을 합니다. 여러분이 빈칸에 말을 직접 쓰고 쓴 말을 해도 좋습니다. 먼저 상상 속에서 친구에게 말하면서 선물을 주는 장면을 그려 본 후 대역을 맡은 상대방에게 직접 말을 하면서 선물을 줍시다.

② 활동이 끝난 후 느낌을 발표하도록 한다.

5 마무리(5분)

1) 자리에 앉아 차분한 마음으로 이번 회기의 활동을 하는 동안 떠오른 생각과 느낌을 탐색한다.
2) 각자의 느낀 점을 이야기하도록 한 후 정리한다. 그 공통점과 차이점을 비교해 보면서 이 프로그램의 의미가 무엇인지 정리하는 시간을 갖는다.
3) 용서는 마음으로 하는 것에서 그치는 것이 아니라 행동으로 실천해야 하는 것임을 강조하고, 가능하다면 실제 용서의 대상에게 직접 용서의 마음을 전하고, 용서 화분의 거름이 되는 행동을 하도록 격려한다.

학생 활동지 1 용서로 나아가요

용서의 화분

여러분을 화나게 했던 상대방을 용서하는 데 필요한 여러분의 행동을 생각해 봅시다. 그리고 그것을 거름으로 만들어 용서의 화분에 주도록 합시다. 여러분의 용서의 화분에 줄 수 있는 거름(행동)들을 자유롭게 적어 봅시다.

학생 활동지 2 용서로 나아가요

용서의 선물

여러분이 상대에게 구체적으로 주고 싶은 용서의 선물은 무엇인가요? 구체적으로 써 보거나 옆에 그려 봅시다. 여러분의 다양한 용서 선물 중에서 지금 바로 주어도 마음이 불편하거나 힘들지 않고 편한 선물을 정해서 상대에게 주는 역할 연습을 해 봅시다.

선물을 주면서 하고 싶은 말을 적어 보세요.

____

____

예) 사실 그동안 __________ 때문에 많이 힘들었어. 그래서 너를 미워하기도 했어. 하지만 이제는 너를 용서하기로 했어. 나의 용서 선물을 받아 줘.

제4부

공동체 관계 차원 인성계발

제10장

공동체 의식 함양을 통한 인성교육[1]

개 요

이 장에서는 우리 인간은 공동체적인 삶을 통해 건강한 삶을 살 수 있음을 설명한다. 따라서 인성교육도 공동체적인 삶을 통해 이루어져야 함을 강조한다. 공동체적인 삶을 위하여 요구되는 삶의 태도를 자기 수용, 타인 존중, 상호 협력/공헌의 측면에서 다루며, 이러한 삶의 태도를 함양하기 위한 프로그램을 소개한다.

연구문제

1. 공동체적 삶이 우리의 건강한 삶과 어떻게 관련되는가?
2. 공동체적 삶을 살기 위해 필요한 삶의 태도는 무엇인가?
3. 공동체적 삶의 태도를 기르기 위한 효과적인 방안은 무엇인가?

1. 이 장의 내용은 초등상담교육학회에서 발간한 『초등상담연구』 특집호(2016)에 발표된 바 있다.

1. 인성교육과 공동체 의식

「인성교육진흥법」에서는 '인성교육'을 '자신의 내면을 바르고 건전하게 가꾸고 타인 · 공동체 · 자연과 더불어 살아가는 데 필요한 인간다운 성품과 역량을 기르는 것을 목적으로 하는 교육'으로 정의한다. 이는 우리가 혼자 세상을 사는 것이 아니라 다른 많은 사람과 함께 살아가야 함을 전제한다. 즉, 우리가 잘 살아가기 위하여 개인의 내면을 도야하는 것뿐만 아니라 더불어 살아가는 삶에 필요한 성품과 역량을 도야하는 교육을 해야 한다는 것이다. 「인성교육진흥법」에서 인성교육의 목표로 제시한 핵심 가치 덕목인 예, 효, 정직, 책임, 존중, 배려, 소통, 협력도 더불어 살아가기 위해 필요한 필수 덕목이라고 할 수 있다. 이러한 덕목의 도야는 결국 더불어 살아가는 삶을 지향한다. 더불어 살아가는 삶은 독립적인 '너'와 '나'로부터 '우리'라는 연대감을 발달시키면서 건강한 공동체를 형성하는 것을 포함한다. 다시 말하면, 모든 인성교육은 건강한 공동체를 형성하는 과정에서 자연스럽게 이루어질 수 있다는 것이다. 이러한 점에서 이 장에서는 인성교육을 공동체 의식[2]의 함양이라는 측면에서 다루고자 한다.

인성교육 프로그램의 효과에 관하여 메타분석한 김길순(2015)의 연구에서는 인성교육이 선언적 가치의 주입이나 평가보다는 가치와 정서, 인간관계를 결합하여 포괄적으로 지도하는 것이 효과적임을 밝히면서, 인성교육 프로그램이 좋은 습관 형성을 목표로 하더라도 무의미한 반복 훈련을 학생에게 강요하는 것을 피하고, 학생들의 가정, 사회, 문화 등의 생태환경 체계에 대한 이해를 바탕으로 학교와 가정, 사회와 연합하는 방안을 찾을 것을 제안한다. 또한 김길순(2015)은 우리나라의 인

2. 공동체(community)의 어원은 원래 라틴어 communis('함께'라는 뜻과 '봉사한다'는 뜻의 합성어)에서 유래하였으며, '모두가 같이 한다.' 또는 '모두가 공동으로 참여한다.'라는 뜻을 지니고 있다고 한다. 공동체를 가족 공동체, 학급 공동체처럼 '서로 유대감을 가지고 상호 교류를 하면서 더불어 살아가는 사람들의 집단'을 지칭하는 것으로, 공동체 의식을 '공동체 구성원들 간의 사회적 결속과 관련된 연대의식'을 의미하는 것으로 정의하기도 한다(고정리, 2013). 한편, Adler 이론에서는 공동체 의식에 해당하는 용어가 gemeinschaftgefühl이다. 독일어 공동체 의식(gemeinschaftgefühl)이 영어로 번역될 때 사회적 느낌(social feeling), 공동체감(community feeling), 공공의 의도(communal intention), 공동체적 관심(community interest), 사회적 관심(social interest) 등 다양한 용어로 번역되었는데, 일반적으로 '사회적 관심'이란 용어를 즐겨 사용한다(Lundin, 1989). 따라서 여기서는 공동체 의식과 사회적 관심을 같은 의미로 혼용하고자 한다.

성교육 정책에서 인성교육의 효과에 대한 측정과 평가를 지나치게 강조하고 그 결과를 대학입시에 반영하면, 학생과 학부모에게 인성 교과라는 또 다른 과목이 등장한 것으로 인식될 우려가 있음을 지적한다. 그리고 인성교육 프로그램이 학생에게 필요한 가치, 마음가짐, 행복한 인간으로서의 품격을 위해 소유해야 할 미덕을 발달 단계에 맞게 구체적으로 제시하고 적용하는 매우 전문적인 활동으로 발전해 가기를 바라고 있다. 이와 같은 김길순(2015)의 제안은 결국 인성교육이 학급 공동체 내의 일상적인 삶에서 자연스럽게 이루어져야 함을 강조한 것이라고 할 수 있다.

박진희(2014)는 유아 인성교육에 대한 교사의 인식을 개념도 분석을 통하여 분석하였는데, 인성교육에 대한 교사의 인식 차원을 성인 역할 강조, 습관을 통해 개발되는 인성, 더불어 살아가기 위한 품성의 기초를 형성하는 교육, 전문성 발휘를 위한 제도적 지원, 교수 실행 및 전략의 5개 군집으로 분류하였다. 이러한 분류를 종합하여 교사들의 인식을 제시하면 다음과 같다. 첫째, 유아의 인성교육에서는 부모나 교사의 역할이 중요하다. 둘째, 인성교육은 하루아침에 이루어지지 않기 때문에 습관화되어 내면화하도록 하는 것이 중요하다. 셋째, 자신에 대해 긍정적인 자아감을 형성하고 남을 배려하면서 공동체 의식을 함양하게 하는 것이 중요하다. 넷째, 이러한 인성교육은 전문적인 활동으로서 제도적 지원이 필요하다. 다섯째, 인성교육이 정해진 어떤 특정 시간에 집중적으로 실시되는 것이 아니라 생활하는 모든 시간과 공간에서 자연스럽게 이루어지고 자발적으로 참여하게끔 해야 한다. 박진희(2014)의 연구 결과도 김길순(2015)의 연구 결과와 같이 인성교육은 일상적인 공동체 삶에서 더불어 살아가는 공동체 의식을 함양함으로써 효과적으로 이루어질 수 있음을 강조하였다.

2. 건강한 삶의 지표로서의 공동체 의식

인간에게 있어서 공동체란 중요한 생존전략 중의 하나다. 동물의 세계에서 힘이 센 동물들은 독립적으로 또는 소수의 개체들만 모여 살아도 생존할 수 있지만, 힘이 약한 동물들은 군집생활을 하면서 외부의 위험에 공동으로 대처하고 스스로를 지켜 간다. 인간은 생존투쟁에 필요한 시력, 청력, 힘 등의 기능이 다른 많은 동물에 비하여 열등한 편이기 때문에 공동체를 이루고 사회생활을 함으로써 스스로를 보호하고 생존해 왔다(Lundin, 1989). 이러한 인간의 생존 방식을 강조하여 인간을 사회적 동물이라고 하기도 하고, 사회적 본능을 가지고 태어난다고도 한다. 이는 우리가 속한 사회에서 구성원들과 유대감을 형성하고 서로 교류하면서 공동체 의식을 발달시키고, 더 나아가 우리의 일상적인 삶에서 겪는 다양한 문제에 공동으로 대처하는 공동체적인 삶이 훌륭한 생존전략이고 건강한 삶의 방식임을 말한다.

이를 좀 더 구체적으로 풀이하면 다음과 같다. 첫째, '우리가 속한 사회'라는 말에서 의미를 찾자면, 인간은 사회적 존재이기 때문에 자신이 소속한 집단이 있게 되고, 그 집단을 통하여 존재감을 찾는다는 것이다. 우리는 우리의 의지와 관계없이 세상에 내던져졌더라도 생명 현상이 생명력이 다할 때까지 우리를 세상에 있는 그대로 존재하게 하고, 우리가 살아 있음(존재감)을 끊임없이 느끼고 확인하려고 한다. 우리는 사회적 맥락에서 살아가기 때문에 살아 있음(존재감)을 느끼고 확인할 수 있는 사회 집단이 필요하고 그 집단을 찾아 소속한다. 따라서 우리 각자가 소속한 집단을 통하여 자기의 존재감을 확인할 수 있다면 그만큼 우리는 건강한 삶을 살고 있는 것이다. 불행히도, 우리 자신이 소속한 집단이 건강하지 않거나 그 집단에서 자신의 존재감을 찾지 못하면 많은 갈등과 고통이 뒤따른다.

Sweeney(2009)는 아동이 가정이나 학교에서 보이는 다양한 파괴적인 행동에는 자신이 속한 가정이나 학교에서 자신의 입지를 확보하여 존재감을 드러내려는 목적이 내재한다고 주장하였다. 따라서 아동의 파괴적인 행동을 직접 수정하려고 하기 전에 소속 집단 내에서 아동의 입지를 만들어 주고 존재감을 부각시키면(또는 동기를 수정하면) 그동안의 파괴적인 행동도 자연스럽게 사라질 수 있다고 하였다. 교사가 위축되거나 소극적인 아동 또는 공격적이고 반항적인 아동들을 지도할 때는 아동의 존재를 적절히 드러내어 학급 전체 학생들이 알아차릴 수 있도록 하고, 전체 학급의 당당한 구성원으로 초대하는 활동을 반복하면 그들의 비사회적 · 반사회적 행동은 줄어들고 친사회적 행동이 늘어난다. 이는 '소속감'의 문제인데, 가정에서든 학급에서든 각 구성원들이 소속된 집단에서 소속감을 충분히 발달시킴으로써 건강한 삶을 살도록 도울 수 있다는 것이다.

소속감의 발달을 촉진하는 데는 다음과 같은 두 가지 명제를 내면화하는 것이 도움이 된다(Yang, Milliren, & Blagen, 2010).

- 나는 현재 모습 그대로 충분히 훌륭하다(I am good enough as who I am).

• 나는 전체의 부분이다(I am part of the whole).

첫 번째 명제는 자기 수용과 관련된 명제다. 여러 가지 부족함이 있더라도 있는 그대로의 자신을 수용하여 당당하게 존재하여야 자신이 속한 공동체에서도 당당한 구성원이 될 수 있다. 자기를 수용하려면 불완전할 용기(courage to be imperfect)가 필요하다. 인간은 원래 불완전하게 태어나 보다 완전해지기 위하여 온 힘을 다하여 살아가지만 결코 완전에 이르지는 못할 숙명 속에서 살아간다. 따라서 평소 완전하지 않음에도 불구하고 평정심을 가지고 자기 존재감을 유지할 수 있어야 건강하게 살 수 있다. 자기 수용은 이 책의 여러 장에서 다루고 있는 '자존감'과도 관련되기 때문에 여기서는 더 구체적으로 언급하지 않는다. 어쨌든 공동체의 각 구성원들이 공동체 내에서 당당하게 존재하여야 건강한 공동체를 형성할 수 있기 때문에 있는 그대로의 자신을 수용하는 것은 건강한 공동체 의식의 기초다.

두 번째 명제는 나와 공동체와의 관계 설정에 관한 것이다. 여기서 주목할 점은 나는 전체의 핵심 또는 중심이 아닌 전체를 이루는 한 부분임을 알아차리는 것이다. 비유하자면, 우리의 몸은 서로 다른 모습과 기능을 하는 많은 기관으로 구성되어 있으며, 각 기관들은 자신의 고유한 기능과 역할을 수행함으로써 우리 몸이라는 전체 유기체의 생존에 기여한다. 심장은 뇌의 역할을 하겠다고 나서지 않고, 손톱은 자신의 존재감이 미흡하다며 투쟁하지 않는다. 전체 유기체를 구성하는 모든 기관은 각각 고유한 기능과 역할이 있으며 그들이 서로 협력하였을 때 서로의 존재가 빛나고 건강한 유기체로서 살아갈 수 있듯이, 우리 각자는 자신이 속한 공동체에서 가장 빛나는 역할을 좇아 경쟁하고 갈등할 것이 아니라 자신에게 맞는 고유한 역할을 찾아 다른 역할을 담당한 구성원들과 유기적인 협력을 할 수 있어야 한다. 따라서 공동체 의식을 통한 인성교육에서는 각자가 속한 공동체에서 요구되는 역할들을 분별하고, 각 구성원들에게 적합한 역할을 분배하고 맡으며, 각 구성원들의 역할 수행에서 시너지 효과를 극대화할 방안을 서로 찾도록 돕는 활동이 필요하다.

이와 같은 공동체 의식을 촉진하기 위한 '자기 수용'과 '공동체와의 관계 설정'의 의미를 Kerr와 Bowen(1988)이 그들의 가족체계이론에서 제안한 개별성(individuality)과 연합성(togetherness)의 개념을 활용하여 좀 더 명료화할 수 있다. 이들은 가족관계에서 개별성과 연합성이 균형 있게 상호작용하여야 건강한 가족체계를 유지할 수 있다고 한다. 개별성은 유기체를 독립적이고 분리된 존재로 나아가게 하는 것이고, 연합성은 유기체를 의존적이고 연결되고 분리되지 않는 개체로 나아가게 하는 것이다. 이를 공동체 의식 함양을 촉진하는 활동에 응용하면, 가정 또는 학급에서 학생들은 다른 구성원과 독립적이고 고유한 존재로서 당당한 자기를 수용할 수 있고, 각자의 고유한 역할을 통해 그들이 속한 가정과 학급 공동체의 다른 구성원들과 연결하고 함께하도록 하여야 한다. 그리고 두 가지 방향인 개별성과 연합성이 적절한 균형을 유지하도록 해야 한다.

둘째, '구성원들과 유대감을 형성하고 서로 교류하면서 공동체 의식을 발달시킨다.'는 것은 구성원들 간에 관계를 맺고 소통하는 것이 중요하다는 것이다. 의사소통은 앞선 장에서 다루기 때문에 여기서는 자세히 언급하지 않는다. 이 장에서는 구성원들 간의 관계 맺음이 사회적 평등에 기초하여야 함을 강조하고자 한다. 아동 · 청소년이든 성인이든 상담실에서 호소하는 대부분의 문제는 관계에 관한 문제다. 예를 들어, 학생들이 서로 다투는 이유로 '나를 무시한다, 나를 흉본다, 자존심을 상하게 한다. 나에게 함부로 한다.' 등을 든다면, 이는 모두 상대방과 공정하고 평등한 관계를 원하고 상대방으로부터 존중받기를 원하는데 그렇지 않음을 문제 삼는 것이다.

TV에서 방영되는 〈동물의 세계〉를 보면, 동물들은 치열한 서열 다툼을 하고 서열에 따라 권력의 분배가 달라짐을 알 수 있다. 서열 다툼에서 밀린 동물은 틈틈이 힘을 길러 언제든지 최고의 서열에 도전할 기회를 엿본다. 최고의 서열에 있는 동물은 어느 정도 시간이 흐르면 젊은 도전자에게 최고의 권력을 빼앗기고 쓸쓸히 사라진다. 이렇듯 자연의 질서는 힘의 우열에 따라 서열화되고 주-종의 관계, 지배-복종의 관계를 맺으며 사는 것을 당연한 것으로 받아들이는 것 같다. 인간의 이성은 어느 누구도 영원히 최고의 서열에 머물러 있을 수 없으며, 금방 주-종의 관계, 지배-복종의 관계, 우-열의 관계들이 역전되고 이러한 불평등한 서열관계에서 고통이 비롯된다는 것을 알아차렸다. 그리고 이러한 고통에서 벗어나기 위하여 개별 유기체의 가치와 권리, 존엄을 동등하게 인정하면서 공동체를 이루는 민주주의 원리를 발전시켜 왔다.

초기의 정치적인 민주주의는 오늘날 일상적인 삶의 원리로 발전하였다. 이러한 민주주의는 사회적 평등성(social equality)을 전제로 한다. 특히 Dreikurs(1971)는 사회적 평등에 기초한 민주적인 관계가 다양한 관계에서 대립과 갈등을 해소하는 길임을 주장하였다. 그는 교사-학생, 부모-자녀 관계도 기본적으로 사회적 평등에 기초한 민주적인 관계를 맺는 것이 마땅함을 강조하였다. 학교에서 학생들 간의 우열 다툼에서 벗어나 사회적 평등성에 기초한 관계를 맺도록 지도하는 것은 학생들 간의 다양한 관계문제를 해결하는 효과적인 방안이다. 예를 들면, 학생들 간의 다툼을 지도할 때 다툼이 일어난 사건을 중심으로 그 진상을 밝히고 잘잘못을 따지기보다 그들의 다툼과 관련하여 상호관계를 어떻게 설정하였는지 살피고 이러한 관계를 상호 평등하고 존중하는 관계로 재설정하도록 촉구하는 것이 관계의 문제를 해결하는 데 더 근본적이다. 즉, 타인을 자신과 동등한 존재로 인정하고 존중하는 것은 공동체 의식을 함양하고 건강한 삶을 살아가는 데 필요한 태도라고 할 수 있다.

셋째, 공동체적 삶은 '문제들을 공동으로 대처하는' 것을 포함한다. 문제를 공동으로 대처하기 위해서는 우선 구성원들이 문제를 공유해야 한다. 그런 다음 그 문제를 해결할 방안을 머리를 맞대고 찾아보아야 한다. 학급을 성공적으로 지도하는 한 교사의 사례를 살펴보자. 이 교사는 모든 구성원이 참여하는 민주적인 방식으로 학급 관리를 하는 것이 효과적이라는 Adler 상담학파의 지침(Dreikurs, Grunwald, & Pepper, 1998)을 받아들여 Adler 상담학파가 제안한 민주적인 학급토의(Dreikurs, Cassel, & Ferguson, 2004)를 적용하였다. 이전까지는 학생들이 교사에게 문제를 제기하면 교사는 문제와 관련된 당사자들을 직접 상대하여 문제 해결을 시도하여 왔다. Adler 상담학파의 지침을 받아들인 후, 학급 내에서 일어난 모든 문제는 (긴급한 위기 상황이 아닌 한) 일주일에 한 번 미리 예정되어 있는 학급토의 시간에 모든 학급 구성원들과 함께 의논하기로 하였다. 그리고 학급토의 시간에 다루기를 바라는 안건은 수시로 교실 뒤편 있는 안건 게시판에 상정하도록 하였다. 예를 들면, 이전 같으면 "옆에 있는 친구가 자주 놀려요. 못하게 해 주세요."라고 교사에게 직접 하소연하거나 고자질했던 말도 민주적인 학급토의 시간을 적용한 후에는 안건 상정 게시판에 붙이고 일주일에 한 번 있는 학급토의 시간까지 기다려야 한다. 이전에는 평소 학생들을 따듯하게 대했던 교사인지라 수시로 자신의 문제를 호소하러 찾아온 학생들을 맞이하기에 분주했는데, 민주적 학급토의 제도를 적용하기로 한 후에는 학생들이 교사에게 여러 문제를 호소해도 "그런 어려움이 있었구나. 다음 학급토의 시간에 전체 아이들과 함께 논의해 보자. 안건 게시판에 상정해 두렴." 하는 따뜻한 말 한마디면 족했다. 교사에게 수시로 하소연했던 학생들도 민주적 학급토의 제도를 도입한 이후에는 학생들이 교사에게 찾아가도 듣는 말이 뻔하기 때문에 교사를 거치지 않고 자율적으로 교실 뒤편 게시판에 다양한 안건을 상정하고 학급토의 시간을 기다리게 되었다. 학급의 모든 구성원은 가끔 게시판에 어떤 문제가 안건으로 상정되었는지 확인하면서 서로의 문제를 공유하게 되었고, 학급토의가 열리기까지 어느 정도 유예된 시간이 있기 때문에 상정된 문제들에 대해 다각도로 생각해 보는 여유가 생겼다. 격앙된 마음으로 안건 게시판에 문제를 상정한 학생은 마음이 안정되고 상정한 문제를 다시 생각하면서 스스로 안건을 철회하기도 하였다. 즉, 학급토의에 정식 안건으로 상정되기 전에 구성원들이 문제를 공유하게 되고 문제에 대한 해결책도 자연스럽게 논의하게 되면서 굳이 전체 학급토의 시간까지 가지 않더라도 게시판의 문제가 해결되기도 하였다. 충동적이고 즉흥적으로 문제 삼았던 것이 마음을 가라앉히고 보면 그렇게 심각한 문제로 인지되지 않아 스스로 문제를 철회하기도 한 것이다.

이 사례에서처럼 문제를 공유하고 함께 해결해 가는 공동체의 노력은 효과적이다. 문제를 공유한다는 것은 타인이 제기한 문제도 나의 문제로 받아들이는 것을 의미한다. 이를 위해서는 동일시 능력이 발달하여야 한다. 즉, 문제를 제기한 타인의 입장에 그대로 있을 수 있는 능력이 필요한 것이다. 이러한 동일시 능력으로 인하여 우정, 인류애, 공감, 사랑 등이 가능해진다(Yang et al., 2010). 따라서 건강한 공동체 의식을 함양하기 위해서는 동일시 능력의 배양이 필요하다. 동일시 능력은 자신이 전체의 한 부분임을 느낄 수 있을 때 길러질 수 있다. 그리고 자신이 전체의 한 부분이라는 인식은 협력을 발달시킨다.

3. 두 가지 삶의 방식: 자기 관심과 사회적 관심

공동체적 삶의 방식은 지금까지 인류가 생존해 온 방식이었고 지금도 여전히 건강한 삶을 살아가게 하는 방식임이 분명하다. 이러한 삶의 방식을 Adler 심리학에서는 '사회적 관심(social interest)'으로 지칭하며, 그에 상반되는 삶의 방식은 '자기 관심(self interest)'으로 지칭한다. 즉, 우리의 삶의 방식은 크게 다른 사람들과 함께 더불어 살아가려고 하는가(사회적 관심) 또는 자기의 이익만을 좇아 살기에 바쁜가(자기 관심)로 나누어 볼 수 있으며, 사회적 관심을 지향하는 삶은 건강한 반면에 자기 관심을 추구하는 삶은 건강하지 않다는 것이다. 여기서는 Yang 등(2010)이 제안한 용기의 개인심리학적 모델을 소개하면서, 두 방향의 삶의 방식을 대비함으로써

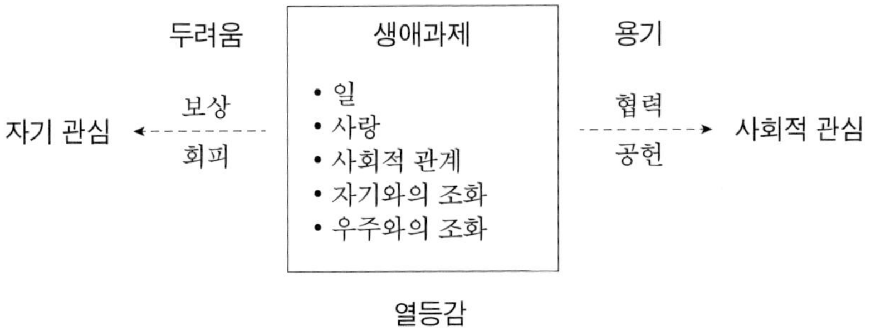

[그림 10-1] 용기의 개인심리학적 모델

공동체적 삶의 방식을 위한 인성교육의 방안을 살펴본다.

Adler 심리학은 인간 행동을 이해하는 핵심 개념으로 '열등감'을 상정한다. 인간은 태어날 때부터 열등한 존재로 태어난다는 것이다. 모든 인간은 열등감을 피할 수 없다. 그러나 우리는 열등감을 어떻게 해서든 극복하려는 노력을 한다. 이러한 노력의 과정을 '우월성의 추구'라고 한다. 우월성의 추구는 열등함을 극복하여 보다 완전함을 지향하는 것이다. 말을 더듬었던 데모스테네스가 작은 자갈들을 입에 넣고 연습을 거듭하여 고대 그리스의 위대한 웅변가 중 한 사람이 된 것, 뚱뚱한 소녀가 명랑한 성격을 발달시키는 것, 운동 능력이 부족한 남학생이 훌륭한 피아니스트가 되는 것, 다른 형제를 갖고 싶어 했던 외아들이 결혼 후 자녀를 많이 낳는 것 등 다양한 예가 있다(Lundin, 1989).

한편, 일생 동안 우리가 대처해야 할 수많은 과제 중 가장 핵심적인 것으로 Adler는 일, 사랑, 우정(사회적 관계)을 들었고, Adler 이후의 학자들은 자기와의 조화, 우주와의 조화를 추가하였다. 이를 생애과제라고 한다. 이러한 생애과제에 대한 대처가 사회적 관심을 지향하면 건강한 삶을 얻게 되고, 자기 관심을 지향하면 건강하지 않은 삶이 된다.

예를 들면, 한 학생이 학급에서 과제를 발표하는 '일'을 해야 한다고 하자. 그 학생이 최선을 다하여 과제 발표를 준비했더라도 무엇인가 부족함을 느끼는 것은 당연하다. 그러나 그 학생이 자신의 발표 준비가 완벽하지는 않지만 발표 내용에 대해 아무런 정보가 없는 다른 친구들에게 자신의 발표가 어느 정도 도움이 될 것이라고 믿는다면, 발표 준비가 미흡하더라도 용기를 내어 선선히 발표하게 될 것이다. 이는 발표하는 일이 다른 친구들에게 도움이 된다고 생각한, 즉 자신이 속한 공동체에 도움이 된다고 생각한 결과다. 이것은 자신의 과제에 대처하는 방식이 '사회적 관심'을 지향하는 예다. 즉, 사회적 관심을 발달시킨 학생은 자신이 속한 공동체에서 요구되는 역할이 무엇인지를 알아차려 받아들이고, 그 역할을 통하여 공동체의 다른 구성원들과 협력하고 공동체에 공헌한다.

이와 반대로 '자기 관심'에만 치우친 학생은 발표하는 일을 학급 전체의 공동과제로 생각하기보다 자기만의 과제로 받아들이고 자신의 입장에서만 생각한다. 이 발표가 '나에게 도움이 되는가, 나의 우월성을 추구하는 데 어떤 의미가 있는가'를 따질 것이다. 과제 발표를 통하여 자신의 우월성을 드러내고 인정받을 수 있다고 생각하면 자신 있게 발표할 것이다. 하지만 만약 발표를 하는 데 부족하거나 실수하여 부정적인 평가를 받아 자존심에 상처를 받을 것으로 예상되면, 어떻게 해서든 발표를 회피하려고 할 것이다. 즉, 자신이 속한 공동체에 대한 관심보다는 자기에게 이익이 있는지, 어떤 보상이 주어지는지 등에 대한 관심에 치우쳐 보상이나 이익이 있다고 판단되는 과제에는 적극적이지만 보상이나 이익이 기대보다 적다면 회피하려는 태도를 보일 수 있다. 또한 이와 같은 보상 여부를 따지는 과정에서 두려움 또는 불안 정서를 주로 경험하게 된다. 따라서 좌절, 불안, 우울, 위축, 회피 등의 역기능적인 정서와 행동을 보이는 학생이 있다면, 이는 자신의 생애과제를 자기 관심의 측면에서 다루기 때문에 나타난 결과라고 볼 수 있다. 이러한 학생을 지도하는 방안은 사회적 관심을 발달시켜 협력과 공헌의 태도로 공동체적 삶을 살도록 하는 데 있다.

4. 공동체 의식의 함양 요소와 방안

지금까지 공동체적 삶의 의미와 공동체 의식의 태도를 주로 Adler 상담학파의 개념으로 살펴보았다. 간단히 요약하면, 건강한 공동체 의식을 함양하기 위하여 자기 수용, 타인 존중, 상호 협력/공헌 등의 태도를 기르는 것이 중요하다는 것이다. 이 외에도 공동체 의식의 요소를 어떻게 보느냐에 따라 공동체 의식을 함양하는 방안이 달라질 수 있다. 여기서는 정현동(2016), 고정리(2013), McMillan과 Chavis(1986)가 제안하는 공동체 의식의 요소와 그에 따른 함양 방안을 소개한다.

먼저, 정현동(2016)은 Adler 상담학파의 개념에 따라 공동체 의식의 함양요소를 자기 수용, 타인 존중, 상호 협력/공헌으로 삼고, 이를 증진하는 데 초점을 맞춘 공동체 의식 함양 프로그램을 개발하였다. 이 프로그램은 총 10회기로 구성되며, 1회기당 40분 동안 진행되며 1주일에 1회 또는 2회 정도 운영하도록 하였다. 프로그램의 회기별 목표는 다음과 같다.

- 들어가기(1, 2회기)
  - 프로그램의 목적을 알고 구성원 간 친밀감을 가진다.
  - 칭찬과 격려의 차이를 알고 격려 표현의 의미를 알고 생활화한다.
- 자기 수용(3~5회기)
  - 열등감을 이해하고 받아들이고 극복할 수 있는 방법을 찾는다.
  - 낙담을 이해하고 '불완전한 나'를 받아들이는 용기를 갖는다.
  - 자신의 단점과 장점을 알아보고 '있는 그대로의 나'를 받아들이는 용기를 갖는다.
- 타인 존중(6, 7회기)
  - 친구의 입장을 이해하고 타인을 받아들이는 용기를 갖는다.
  - 친구의 수호천사로서 아가페적인 사랑을 실천한다.
- 상호 협력/공헌(8, 9회기)
  - 학급의 공동목표를 위해 협력하는 태도를 기른다.
  - 학급에 공헌할 수 있는 일을 찾아 생활화한다.
- 마치기(10회기)
  - 세상에 공헌할 수 있는 나로 성장하도록 다짐한다.

다음으로, 고정리(2013)는 유아를 대상으로 하여 공동체 의식 함양활동 프로그램을 구안하였다. 고정리는 공동체와 공동체 의식에 관한 기존의 다양한 관점을 검토하면서 공동체 의식의 구성요소를 자율성과 공공의식, 친밀성과 소속감, 일체감 및 상호 영향 의식, 조화와 단결, 자발적 참여 및 의사표현 능력으로 분류하고, 각 구성요소에 따라 다음과 같은 하위 개념이 포함되는 것으로 정리하였다.

- 자율성과 공공의식: 규칙 알고 지키기, 주인이 될 수 있음을 알기, 공동 물건을 소중히 다루어야 함을 알고 다루기, 맡은 역할을 알고 완수하기
- 친밀성과 소속감: 소속감, 더불어 살기, 원만한 대인관계, 서로 돕는 마음과 돕기

- 일체감 및 상호 영향 의식: 친구들이 잘하면 기뻐함, 집단의 발전이 나에게도 도움이 된다는 생각, 협동하려는 마음과 협동하기, 집단을 위해 최선을 다하려는 마음과 실천하기
- 조화와 단결: 집단의 결정 존중하기, 규칙에 벗어나는 행동 수정하기, 집단 구성원들의 단결, 남에게 피해 주지 않기
- 자발적 참여 및 의사표현 능력: 소속된 집단에의 참여, 자유로운 의견 표현, 집단 활동에의 자발적 참여, 집단을 위해 스스로 일을 하기

고정리(2013)는 이와 같은 공동체 의식의 구성요소를 실현하기 위해 각 요소별로 다음과 같은 교육 내용을 포함시켰다.

- 자율성과 공공의식 이해하기
  - 우리 반의 규칙을 알고 남이 보지 않아도 스스로 지키기
  - 나도 우리 반의 주인이 될 수 있음을 알기
  - 우리 반의 물건을 내 것처럼 소중하게 다루어야 함을 알고 다루기
  - 우리 반에서 맡은 일을 알고 끝까지 잘하기
- 친밀성과 소속감 느끼기
  - 내가 우리 반에 속해 있다고 느끼기
  - 나는 우리 반에서 친구들끼리 함께 살아간다고 느끼기
  - 내가 우리 반 친구들과 사이좋게 지내려는 마음
  - 우리 반 친구들과 서로 도우며 살려는 마음과 돕기
- 일체감 및 상호 영향 의식 느끼기
  - 친구들이 잘하면 나도 기쁘다는 것 느끼기
  - 우리 반이 좋아지면 나에게도 좋은 점이 있다는 것 느끼기
  - 우리 반 친구들과 서로 도우려는 마음을 가지고 협동하기
  - 우리 반의 일에 최선을 다하려는 마음과 열심히 실천하기
- 조화와 단결
  - 우리 반에서 결정한 것은 중요하다고 생각하기
  - 우리 반에서 지켜야 할 규칙을 지키지 않았다면 나의 행동을 고치기
  - 우리 반이 더 좋아지기 위해 우리 반 모두 힘을 합하기

- 우리 반에 피해 주는 행동은 하지 않기

• 자발적 참여 및 의사표현 능력 기르기
  - 우리 반 활동에 참여하기
  - 우리 반 회의에서 나의 생각을 자유롭게 말하기
  - 우리 반 활동에 누가 말하지 않아도 나 스스로 참여하기
  - 우리 반을 위해 할 수 있는 일을 스스로 찾아서 하기

고정리(2013)는 이러한 교육 내용을 반영하는, 30차시에 걸쳐 진행할 수 있는 프로그램을 개발하였다. 프로그램은 조형활동, 언어활동, 게임활동, 동화듣기, 음률활동, 바깥놀이, 쌓기놀이 등의 다양한 활동을 하고 이야기를 나누는 방식으로 진행된다.

마지막으로, McMillan과 Chavis(1986: 강가영, 2014, pp. 21-25 재인용)는 공동체 의식의 하위 요소로서 구성원 의식, 상호 영향 의식, 욕구의 충족과 통합, 정서적 연계를 제시하였다. 구성원 의식은 자신과 동질성을 가진 구성원들과 함께한다는 감정에서 시작하는 소속감과 정서적 안정감을 말한다. 상호 영향 의식은 공동체와 공동체 구성원이 서로에게 매우 중요하다고 느끼며 서로를 신뢰하고 지속적인 상호작용을 통하여 상대를 변화시킬 수 있다는 믿음이다. 욕구의 통합과 충족은 구성원 자격을 가지게 됨으로써 공동체로 받게 되는 자원을 통한 구성원으로서의 욕구가 충족되는 감정이다. 정서적 연계는 공동체 구성원들이 역사와 장소, 시간 및 경험을 공유하고 있으며 앞으로도 공유하게 될 것이라는 믿음과 헌신을 가지게 되는 것을 말한다. 이와 같이 McMillan과 Chavis가 분류한 하위 요소에 초점을 맞추어 공동체 의식을 함양하는 프로그램을 구안해 볼 수도 있을 것이다.

5. 공동체 의식 함양 프로그램의 실제

공동체 의식 함양 프로그램의 실제로서 Adler 상담학파의 개념에 근거하여 공동체 의식 함양 프로그램을 개발하고 그 효과를 확인한 정현동(2016)의 10회기의 프로그램과 앞에서 예로 제시한 민주적인 학급토의 방안을 소개한다.

먼저, 정현동(2016)이 개발한 10회기의 공동체 의식 함양 프로그램은 다음과 같이 운영된다.

1회기: 프로그램 소개하기

주제	프로그램 소개하기	
목표	• 프로그램의 목적과 필요성 및 지켜야 할 사항을 알 수 있다. • 프로그램에 적극 참여하려는 의지와 태도를 갖는다.	
과정	활동 내용	준비물 및 유의점
도입 (5분)	• 분위기 조성 - 자리 앉기 게임을 통해 자리 바꾸기 • 활동 내용 제시 - 프로그램 소개 및 지켜야 할 사항 알아보기	• 음악 CD
전개 (30분)	• 프로그램 소개하기 - 프로그램의 목적, 진행 방법, 유의 사항 알아보기(대인관계 문제성, 회기 구성, 적극참여 등) • '서약서' 내용을 읽기 및 규칙 정하기 - '서약서' 활동지를 작성하고 다짐하기 - 프로그램 진행 시 지켜야 할 사항 이야기하기 • 별칭 짓기 및 긍정적인 면 말하기 - 나의 강점을 생각해 보고 그에 알맞은 별칭 지어 보기 - 별칭 이용하여 'I am ground' 게임 하며 소개하기 - 친구들의 별칭을 듣고 어떤 느낌이 들었는지 긍정적인 면을 중심으로 이야기하기	• 서약서, 색연필, 필기도구
정리 (5분)	• 활동 소감 말하기 - 활동을 통해 생각하거나 느낀 점을 이야기하기 • 다음 차시 예고하기 및 과제 - 격려의 의미 알아보기 - 자신이 자주 사용하는 언어 생각해 오기	

2회기: 격려 의미 알기

주제	격려 의미 알기	
목표	• 칭찬과 격려의 차이점 중심으로 격려의 의미를 알 수 있다. • 실생활에서 격려 표현을 찾아 말할 수 있다.	
과정	활동 내용	준비물 및 유의점
도입 (5분)	• 분위기 조성 - '짝 짓기' 놀이를 통해 분위기 조성하기 • 활동 내용 제시 - 격려의 의미와 알아보고 격려 표현하기	

전개 (30분)	• 칭찬과 격려의 차이점 알기 - 칭찬받았던 경험 말하기 - 칭찬받았을 때의 느낌 말하기 - 칭찬과 격려의 차이점으로 격려 의미 알아보기 • 격려 언어 알아보기 - 수용, 신뢰, 기여, 자산, 감사, 노력, 향상의 뜻 알아보기 - 각각의 필요한 상황 알아보기 - 하고 싶은 말을 각각 격려 언어로 바꾸는 방법 알아보기 - 자신이 사용하는 언어를 격려 언어로 바꾸기 • '격려' 표현하며 게임하기 - '격려' 표현을 하며 '공 돌리기' 게임 하기	• 격려 언어 PPT • 활동지 1: 격려언어 • 활동지 2: 나의 언어표현 • 공
정리 (5분)	• 활동 소감 나누기 - 활동을 통해 생각하거나 느낀 점을 이야기하기 • 차시 예고하기 - 자기의 열등감에 대해 알아보기	

3회기: 자기 이해

주제	열등감 극복하기	
목표	• 열등감의 의미와 긍정적인 영향을 알 수 있다. • 자신의 열등감을 극복할 수 있는 방법을 찾을 수 있다.	
과정	활동 내용	준비물 및 유의점
도입 (5분)	• 전 회기 떠올리기 - 격려의 좋은 점 이야기 나누기 • 활동 내용 제시 - 열등감의 뜻을 알아보고 극복할 수 있는 방법 찾아보기	
전개 (30분)	• 열등감 이해하기 - 열등감의 뜻을 알아보기 - 자신이 열등감을 느꼈던 경험 이야기하기 - 열등감을 극복한 사례 듣고(닉부이치치, 베토벤), 그들의 공통점에 대해서 이야기하기 - 열등감의 긍정적인 면 찾아 발표하기 • 내 열등감 찾아 극복하기 - 나의 열등감을 찾아 색종이에 적고 발표하기(신체적 열등감, 학업, 형제관계 등) - 색종이를 돌리며 친구에게 필요한 격려 반응 적어 주기 - 자신의 열등감을 극복할 수 있는 격려 언어 만들기 - 열등감 극복 방법을 큰 소리로 외치면서 자기 격려하고, 자신의 열등감을 비행기로 접어 날리기	• 동영상 자료 • 색종이

정리 (5분)	• 활동 소감 나누기 - 활동을 통해 생각하거나 느낀 점 이야기하기 • 다음 차시 예고하기 - 낙담 날리기	

4회기: 자기 이해

주제	낙담 날리기	
목표	자신을 낙담시키는 생각들에 대해 알 수 있다.	
과정	활동 내용	준비물 및 유의점
도입 (5분)	• 분위기 조성 - 간단한 게임으로 분위기 조성 • 활동 내용 제시 - 생활 속에서 자신을 낙담시키는 생각들에 대해 알아보기	
전개 (30분)	• 낙담 이해하기 - 최근 실망스러운 경험 떠올리기 - 어떤 일이 있었고 왜 실망스러웠는지 이야기하기 • 낙담을 불러일으키는 생각을 찾아 발표하기 - 무엇이든 완벽하게 잘하고자 할 때 - 선생님, 친구, 부모님의 인정을 받지 못할 때 - 모든 잘못을 자기 자신에게 돌리려 할 때 • 비합리적인 신념 전환하기 - 낙담시키는 잘못된 생각을 풍선에 적기 - 친구에게 필요한 격려 반응을 적고 격려해 주기 - 구호('불완전한 나' '실수할 용기를 갖자!' '있는 그대로의 나를 이해하자.')를 외치며 풍선 터뜨리기	• 풍선, 다트핀, 테이프, 사인펜
정리 (5분)	• 활동 소감 나누기 - 활동을 통해 생각하거나 느낀 점 이야기하기 • 다음 차시 예고하기 - 자신의 장점 찾아보기	

5회기: 긍정적 자기 이미지 만들기

주제	긍정적 자기 이미지 만들기	
목표	자신의 가치를 수용하고 자신의 장점에 초점을 맞출 수 있다.	
과정	활동 내용	준비물 및 유의점
도입 (5분)	• 분위기 조성 - 간단한 게임으로 분위기 조성 • 활동 내용 제시 - 나의 장점을 찾아 꾸며 보기	

전개 (30분)	• 나의 장점과 단점 찾기 - 장점과 단점을 찾아 적어 보기 - 단점의 좋은 면을 찾아 장점으로 바꿔 보기 - 가장 마음에 드는 Best 3 선택하기 • '내가 짱' 나무 꾸미기 - Best 3를 사과 모양 종이에 적기 - 나무 모양에 적은 종이 붙여 꾸미기 - 나의 장점 Best 나무 소개하기	• A4 용지 • 나무틀, 사과 모양(붙임쪽지), 사인펜, 테이프
정리 (5분)	• 활동 소감 나누기 - 활동을 통해 생각하거나 느낀 점 이야기하기 • 다음 차시 예고하기 - 화가 나는 이유 찾기	

[그림 10-2] '내가 짱' 나무 꾸미기

6회기: 친구 만들기

주제	친구 만들기	
목표	역할극을 통해 나와 친구의 다름을 이해할 수 있다.	
과정	활동 내용	준비물 및 유의점
도입 (5분)	• 분위기 조성 - 간단한 게임으로 분위기 조성 • 활동 내용 제시 - 친구와 힘들었던 경험을 역할극으로 꾸며 보기	
전개 (30분)	• 친구와 힘들었던 경험 이야기하기 - 일상생활에서 친구와 힘들었던 경험 찾아보기 - 속상하거나 싸운 경험을 찾아 이야기하기 - 친구를 이해하지 못한 경험 이야기하기 • 역할극으로 꾸며 보고 입장 이야기하기 - 모둠별로 대표적인 경험을 역할극으로 꾸며 보기 - 입장을 바꾸어 역할극 꾸며 보기 - 친구의 입장에서 말해 보기 • 친구의 입장을 고려한 역할극 다시 꾸며 보기 - 친구의 입장을 고려하며 역할극으로 연습해 보기 - 친구와 협력할 수 있는 점 찾아 발표하기	• 역할극 재료
정리 (5분)	• 활동 소감 나누기 - 활동을 통해 생각하거나 느낀 점 이야기하기 • 다음 차시 예고하기 및 과제 부여 - 수호천사가 되어 친구 관찰하기	

7회기: 친구를 우정으로 받아들이기

주제	친구 받아들이기	
목표	친구의 모습을 긍정적으로 표현할 수 있다.	
과정	활동 내용	준비물 및 유의점
도입 (5분)	• 분위기 조성 - 간단한 게임으로 분위기 조성 • 활동 내용 제시 - 친구의 수호천사가 되어 보기	
전개 (30분)	• 자신이 관찰한 내용에 대해서 이야기 나누기 - 친구의 행동, 말투 등 관찰한 결과 나누기 - 누구의 수호천사였는지 맞히기 게임하기 - 관찰한 느낌 나누기	

	• 친구의 모습 긍정적으로 바꾸어 표현하기 - 친구의 모습 긍정적으로 바꾸어 말하기 - 나의 관점이 아닌 친구의 관점에서 말해 보기 • 친구의 모습 긍정적으로 표현하여 꾸미기 - 친구의 모습을 긍정적인 언어나 그림으로 표현하기 - 친구의 있는 그대로의 모습 발표하고 격려하기	• 도화지, 사인펜
정리 (5분)	• 활동 소감 나누기 - 활동을 통해 생각하거나 느낀 점 이야기하기 • 다음 차시 예고 및 과제 부여 - 우리 학급에서 공동으로 힘쓸 일 알아보기	

8회기: 상호 협력하기

주제	상호 협력하기	
목표	학급 공동체에 상호 협력할 수 있다.	
과정	활동 내용	준비물 및 유의점
도입 (5분)	• 분위기 조성 - 간단한 협력 게임으로 분위기 조성 • 활동 내용 제시 - 학급 공동체를 위해 상호 협력해 보기	• 신문지
전개 (30분)	• 모둠과 학급의 공동 목표 찾기 - 모둠의 공동 목표 찾아 이야기 나누기 - 학급의 공동 목표 찾아 이야기하기 • 공동의 목표를 위해 서로에게 맞는 역할 찾기 - 나의 역할 찾아보기 - 친구의 역할 듣고 격려해 주기 • 상호 협력 활동을 역할극으로 꾸며 발표하기 - 상호 역할을 정하여 모둠별 역할 꾸며 발표하기 - 공동의 목표를 위해 나의 역할이 기여한 점 발표하기	• 역할놀이 재료
정리 (5분)	• 활동 소감 나누기 - 활동을 통해 생각하거나 느낀 점 이야기하기 • 다음 차시 예고하기 - 공동체에 공헌한 인물 찾아보기	

9회기: 공헌하기

주제	공헌하기	
목표	공동체에 공헌한 인물의 특징을 알아보고 공동체에 공헌할 수 있다.	
과정	활동 내용	준비물 및 유의점
도입 (5분)	• 분위기 조성 - 간단한 협력 게임으로 분위기를 조성한다. • 활동 내용 제시 - 공동체에 공헌한 인물의 특징에 대해 알아보자.	• 신문지
전개 (30분)	• 공동체에 공헌한 인물 발표하기 - 공동체에 공헌한 인물 모둠별로 발표하기 - 인물이 공동체에 공헌한 점 이야기하기 • 친구에게 도움을 주었던 경험이나 받았던 경험 이야기하기 - 도움을 주었던 경험과 받았던 경험 발표하기 - 공동체에 기여한 점이 무엇인지 이야기 나누기 • 친구나 공동체에 공헌할 수 있는 일 역할극 꾸미기 - 친구에게 공헌할 수 있는 일 꾸미기 - 공동체에 공헌할 수 있는 일 찾아 역할극 꾸며 발표하기	• 발표자료 • 역할놀이 재료
정리 (5분)	• 활동 소감 나누기 - 활동을 통해 생각하거나 느낀 점을 이야기하기 • 차시 예고하기 - 우리가 사는 세상에 내가 공헌할 수 있는 일 찾아보기	

10회기: 가치 있는 나로 마무리하기

주제	공헌하기	
목표	우리가 사는 세상에 공헌할 수 있는 일 찾아 실천에 옮길 수 있다.	
과정	활동 내용	준비물 및 유의점
도입 (5분)	• 분위기 조성 - 간단한 협력 게임으로 분위기를 조성한다. • 활동 내용 제시 - 우리가 사는 세상에 나의 공헌할 점 찾아보자.	• 신문지
전개 (30분)	• 우리가 사는 세상에 공헌할 수 있는 일 찾기 - 공헌할 수 있는 일 찾아 발표하기 - 실천 계획이나 방법 발표하기 - 친구의 이야기를 듣고 격려하기 • 가치 있는 나로 성장하도록 다짐하기 - 나와 타인을 있는 그대로 받아들이기	• 붙임쪽지

	- 공동체에 공헌할 수 있는 나의 삶 만들기 • 활동으로 달라진 나에 대해 이야기 나누기 - 그동안 활동하면서 달라진 나에 대해 이야기하기	
정리 (5분)	• 활동 소감문 작성하기 • 집단상담 프로그램 평가하기	• 프로그램 평가설문지

다음으로, 공동체 의식을 함양하기 위하여 민주적인 학급토의 적용 방안을 살펴본다. 앞서 언급하였듯이, 공동체 의식을 함양하기 위해서는 자기 수용, 타인 존중, 상호 협력/공헌 등의 태도를 기르는 것이 중요하다. 이와 같은 태도는 정현동(2016)의 연구에서 제안한 바와 같은 구조화된 프로그램을 통해서도 발달시킬 수 있지만, 일상적인 학급 장면에서 부딪히는 현안들을 해결하기 위하여 정기적으로 개최되는 민주적인 학급토의 또는 학급회의를 통해서도 공동체 의식을 효과적으로 함양할 수 있다.

Dreikurs 또는 Nelson과 같은 Adler 상담학파는 민주적인 학급토의를 효과적으로 운영하는 방법과 절차를 구체적으로 제안하였다. 현실 요법의 선구자인 Glasser도 그의 저서 『실패 없는 학교(Schools Without Failure)』에서 학급회의의 절차를 자세히 소개하였다. 이들의 제안에 더 깊은 관심이 있는 독자를 위하여 우리말로 번역되어 있는 몇 가지 책을 소개하면 다음과 같다.

- 『눈물없는 훈육』(최창섭 역, 원미사)
- 『아들러와 함께하는 행복한 교실 만들기』(전종국, 신현숙, 이동훈, 이영순, 이승연, 천성문 공역, 학지사)
- 『학급 긍정 훈육법』(김성환, 강소현, 정유진 공역, 에듀니티)
- 『실패 없는 학교』(이재신 역, 교육과학사)

남은미(2008)는 학급에서 일어나는 다양한 문제행동을 해결하고 학급의 질서를 바로잡기 위하여 Adler 상담학파가 제안한 민주적인 학급회의를 적용하였다. 남은미(2008)는 주로 Adler 상담학파가 제안한 논리적 결과를 중심으로 학급회의를 하였는데, 구체적인 적용 절차는 다음과 같다(〈표 10-1〉 참조). 학급 구성원이면 누구나 학급생활에서 문제를 발견하여 게시판을 통해 안건을 상정할 수 있으며, 학급회

〈표 10-1〉 논리적 결과를 활용한 민주적 학급회의 절차

단계	내용
1단계-문제행동의 발견	교사를 포함한 학급 구성원 전원이 생활하면서 관찰을 통해 또는 직접 경험하는 문제점을 인식한다.
2단계-교사에 의한 논리적 결과의 일시적 적용 및 학급회의 의제 상정	문제가 발생한 즉시 교사는 논리적 결과 원리에 따라 일시적인 임의적 결과를 해당 학생에게 적용한다. 문제점을 실명과 함께 메모지에 적어 '토의로 해결해요' 게시판에 게시한다.
3단계-학급회의(논리적 결과의 협의 결정)	학급회의 시 기타 토의 단계에서 게재된 안건들을 시급한 순으로 순서를 정하고 협의한다. 안건을 게재한 학생이 사안을 자세히 설명한 후 서로 의견을 교환하고, 규칙으로 제정할 필요가 있다고 판단되면 논리적 결과에 따라 규칙을 정한다. 이때 회의 시간이 부족할 경우 남은 안건은 다음 주 회의로 넘기도록 한다.
4단계-논리적 결과의 일관성 있는 적용	협의 결정된 규칙은 '우리가 정한 학급규칙' 게시판에 게시하고, 문제가 발생하면 교사의 꾸중이나 처벌 없이 규칙에 따르도록 한다.
5단계-문제행동 개선 확인	논리적 결과를 적용받은 학생의 행동을 관찰하고 변화를 기술하고 일별 문제행동 발생 빈도를 기록하여 개선 사항을 확인한다.

의 때는 구성원 모두가 참여하여 자신의 의견을 발표하고, 발생한 문제행동에 대해 처벌이 아닌 논리적 결과라는 학급 규칙을 구성원들의 합의로 정하였고, 정해진 학급 규칙이 잘 지켜지도록 하기 위해 모든 구성원이 함께 노력하도록 하였다. 잘 지켜지지 않는 학급 규칙은 다음 회의 때 다시 안건으로 상정하여 실천 가능한 학급 규칙이 되도록 개정하기도 하였다. 이러한 과정에서 구성원의 합의로 규칙으로 정할 필요가 없다고 생각되는 사안은 자율적으로 노력하기로 합의하였고, 문제행동이 발생하면 교사가 임의적 결과를 적용하여 훈육하였다. 연구자의 진술에 따르면, 학년 초에는 학생들이 민주적인 학급회의 절차에 익숙하지 않아 학급 내의 문제를 공유하고 상호 존중과 상호 협력으로 문제를 자율적으로 해결해 가는 민주적인 학급회의 절차를 학습하는 기간이 필요했으나, 학생들이 민주적인 학급회의 절차에 익숙해지면서 교사의 개입 없이도 학생들이 학급의 질서를 스스로 세우고 유지해 갈 수 있어서 담임교사로서 학급 운영에 별다른 어려움이 없었다. 이러한 민주적인 학급회의 또는 학급토의를 통하여 학생들은 학급 공동체에 대한 소속감과 책임감

을 발달시키고, 상호 존중과 협력/공헌하는 태도를 함양할 수 있다.

6. 맺음말

인간은 사회적 맥락에서 태어나 살아간다. 따라서 사회적인 삶을 잘 살아가야 한다. 다른 사람과 더불어 살아가는 삶, 자연과 공존하는 삶, 우주 질서와 하나 되어 사는 삶 등이 우리를 건강하게 생존하게 하는 삶이다. 현대 사회는 무한경쟁과 승리만이 우리를 행복하게 할 것처럼 최고의 가치로 여기고 있지만, 이러한 무한경쟁과 승리의 지향은 끊임없이 실패자를 양산하고 결과적으로 좌절과 불안, 우울을 낳는다. 다른 사람보다 상대적으로 우위에 설 것을 강요하는 사회 속에서는 결코 행복한 삶을 영위할 수 없다. 따라서 승자-패자가 없는, 상대적인 우-열의 관계 구조가 없는, 사회적 평등을 기초로 하여 서로 협력하고 서로에게 공헌하는 공동체를 이루며 살도록 아동 · 청소년을 안내하고 교육할 필요가 있다. 이러한 공동체는 독립적이고 고유한 구성원들이 모여 하나의 유기적인 공동체를 이루고 개별성과 연합성이 균형 잡힌 하나의 체제로 작동한다. 따라서 교사는 각 학생들을 개별적으로 지도하기보다는 학생들이 어우러져 하나의 체제가 된 학급을 단위로 지도하는 데 능숙해야 한다. 즉, 학급 공동체의 역동을 잘 이해하고 활용하여 인성교육을 포함한 온갖 교육 활동을 효과적으로 하는 방안을 강구하여야 한다.

연구 과제

1. 건강한 공동체와 그에 따른 공동체 의식의 경험에 대해 발표하고 토의하시오.
2. 공동체 의식 함양을 위한 효과적인 교육 활동 방안에 대해 토의하시오.

참고문헌

강가영(2014). 가족건강성과 학교생활적응이 아동의 공동체 의식에 미치는 영향. 부산대학교 대학원 박사학위논문.

고정리(2013). 유아 공동체 의식 함양 활동 구성 및 적용 효과. 한국교원대학교 대학원 박사학위논문.

김길순(2015). 인성교육 프로그램의 효과에 관한 메타분석. 전남대학교 대학원 박사학위논문.

남은미(2008). 아들러의 '논리적 결과'를 활용한 학급운영이 초등학생의 문제행동 개선에 미치는 효과. 광주교육대학교 대학원 석사학위 논문.

박진희(2014). 유아 인성교육에 대한 교사 인식의 개념도 연구. 신라대학교 대학원 박사학위논문.

정현동(2016). Adler 이론에 근거한 공동체 의식 함양 프로그램의 효과. 광주교육대학교 대학원 석사학위논문.

Dreikurs, R. (1971). *Social equality: The challenge of today*. Chicago: Adler School of Professional Psychology.

Dreikurs, R., Cassel, P., & Ferguson, E. D. (2004). *Discipline without tears, revised edition*. Ontario: Wiley.

Dreikurs, R., Grunwald, B. B., & Pepper, F. C. (1998). *Maintaining sanity in the classroom: Calssroom management technique* (2nd ed.). PA: Taylor & Francis.

Kerr, M. E., & Bowen, M. (1988). *Family evaluation*. NY: Norton.

Lundin, R. W. (1989). *Alfred Adler's basic concepts and implication*. PA: Accelerated Development.

Sweeny, T. J. (2009). *Adlerian counseling and psychotherapy: A practioner's approach* (5th ed.). NY: Routledge.

Yang, J., Milliren, A., & Blagen, M. (2010). *The Psychology of courage*. NY: Routledge.

제11장 가족관계 영역 인성계발

개 요

이 장에서는 학생 발달의 중요한 맥락이 되는 가족과 관련된 인성계발의 원리와 내용을 살펴보고자 한다. 학생은 일방적으로 가족으로부터 영향을 받기만 하는 존재가 아니라 가족의 한 구성원으로서 다른 가족 구성원과 영향을 주고받는 존재다. 따라서 학생이 자신과 가족을 이해할 수 있도록 지도하는 것은 인성계발의 중요한 영역이 된다. 이 장은 학생을 가족체제 속에서 조망함으로써 교사의 학생에 대한 이해를 깊이 하기 위해 필요한 내용, 그리고 우리 사회의 문화적 맥락에서 학생이 자신과 가족에 대한 이해를 높이고 훌륭한 가족 구성원으로 성숙할 수 있도록 교육하기 위해 활용할 수 있는 자료를 제시한다. 학교에서 이루어지는 인성계발 노력이 효과적으로 이루어지려면 가족의 협조가 필수적이므로, 부모교육을 통하여 가족의 기능성을 높이기 위한 내용도 함께 제시한다.

연구문제

1. 우리 사회의 문화적 맥락이 아동·청소년의 인성계발에 가지는 함의는 무엇인가? 또한 교사 자신의 가족 관련 가치관이 인성계발에 어떤 영향을 미치겠는가?
2. 가족체제의 특성에 대한 이해를 학생을 직접 대상으로 한 인성교육에 적용하는 경우와 부모교육에 활용하는 경우에 어떤 공통점과 차이점이 있는가?
3. 교사 또는 예비 교사 자신의 가족관계 및 자아 발달에서 변화가 필요한 부분은 무엇인가?

1. 가족의 상호작용적 특성과 사회문화적 맥락의 이해

인간은 누구나 가족의 일원으로 태어나서 성장하고 삶을 영위해 간다. 아동·청소년은 핵가족 내에서는 부모 및 형제자매와, 확대가족에서는 조부, 외조부 및 다양한 친족과 관계를 형성하고 그 관계 속에서 많은 경험을 통해서 성장해 간다. 성장기의 다양한 가족관계 경험은 아동·청소년 발달의 제반 영역에서 매우 중요한 영향을 미칠 뿐 아니라 이후 성인기에 자신의 새로운 가족을 이루어 가는 경험의 토대가 된다.

가족, 특히 부모가 자녀의 발달에 미치는 영향이 얼마나 중요한지는 논의의 여지가 없을 만큼 강조되어 왔다. 그러나 자녀는 부모에게 일방적으로 영향을 받기만 하는 존재가 아니라는 점도 기억할 필요가 있다. 즉, 자녀도 부모와 가족에게 영향을 미치며, 부모가 자녀에게 영향을 미치는 것은 자녀의 지각을 통해서 이루어진다. 그러므로 학생이 가족관계의 맥락에서 자신과 가족을 이해하고 성숙한 가족 구성원으로 성장할 수 있도록 돕는 것은 인성교육의 중요한 부분이 되어야 한다.

1) 학생과 가족의 상호작용

가족관계에 관련된 영역의 인성교육에 참여하는 교사는 학생과 가족의 상호작용적 측면을 이해하고 있어야 한다. 개인내적 측면에 초점을 맞추어 인간발달이론을 제시한 Piaget, Kohlberg, Erikson 등은 학생이 성장하는 맥락의 중요성을 간과하였다는 비판을 받았다. 반면, Bronfenbrenner(2005)가 제시한 '생태체제이론(ecological systems theory, bioecological theory)'은 발달 과정에 있는 학생과 환경의 상호작용을 중요시한다. 인간 발달을 가능케 하는 근접 과정의 형태·힘·내용·방법 등은 발달의 과정에 있는 개별 학생의 제반 특성들과 그 학생을 둘러싼 환경, 발달의 결과, 시간의 흐름에 따른 환경의 변화와 연속성 등 제반 요소들의 상호작용에 따라 체제적으로 달라진다는 것이다(김혜숙, 2013).

Bronfenbrenner는 아동과 상호작용하는 환경을 미시체제, 중간체제, 외부체제 및 거시체제의 점차 복합적이고 광범위해지는 위계적 체제들로 개념화하고, 나중에 시대체제를 추가하였다. 각 체제들은 아동과 환경의 관계(상호작용)로 규정되며 그 관계 속에서 기대되는 행동 및 역할 등을 포함함으로써 아동의 발달에 영향을 미친다.

가정은 미시체제와 중간체제의 일부로서 아동의 발달에 관여하게 된다. 미시체제(microsystem)란 아동과 가장 직접적으로 접하는 환경(예: 가정, 학교, 놀이터 등)에서 이루어지는 상호작용과 구조로 이루어지는 가장 기본적 수준의 체제다. 아동은 가정이나 학교 등에서 직접 대면하는 물리적 · 사회적 · 상징적 체제들 속에서 일정 형태의 활동 · 역할 · 대인관계 등을 경험하게 되는데, 그 결과 어떤 행동이 촉진되거나 억제되는 상호작용이 계속 이루어지면서 미시체제를 형성한다. 예를 들어, 어떤 아동은 부모-자녀 간 상호 의존성을 권장하는 미시체제에 속하게 되는 반면 다른 아동은 독립성을 권장하는 미시체제에 속하게 된다.

아동은 하나의 미시체제에만 속하는 것이 아니라 여러 미시체제에 동시에 속하며 미시체제들은 서로 독립적으로 존재하지 않고 상호 연관되어 서로 영향을 미치고 있다. 중간체제(mesosystem)란 아동이 속한 둘 이상의 미시체제들 간 연계와 상호작용으로 이루어지는 체제를 말한다. 가정과 학교 간 연계로 이루어지는 중간체제, 어린이집과 가정 간 연계가 이루는 중간체제 등이 그 예다. 한 미시체제의 정보 · 지식 · 태도 등이 다른 미시체제에서의 행동으로 연계되는 것인데, 예컨대 가정에서 아동에게 독립성을 권장하고 학교에서도 독립성을 키우는 활동들을 제공하는 식으로 이루어지는 가정-학교 연계 중간체제는 아동의 독립성 발달을 촉진한다. 반면, 가정에서는 의존성을 권장하고 학교는 독립성을 권장하는 식으로 이루어지는 중간체제는 아동에게 혼란과 어려움을 가져다준다. 가족과 관련된 인성교육이 학생 대상으로 이루어질 뿐만 아니라 부모와 연계하고 부모교육이 중요한 부분으로 포함되어야 하는 이유이기도 하다. 또한 교사도 아동의 미시체제와 중간체제의 일부로서 아동 발달에 중요한 영향을 미치는 존재이므로, 교사가 자신을 이러한 체제의 일부로서 이해하는 시각을 지니는 것도 매우 중요하다.

아동 발달이 이루어지는 맥락을 강조한 또 다른 학자들로는 Super와 Harkness (2002)를 들 수 있다. 이들은 아동의 발달을 사회문화적 상황과 맥락의 다양한 측면에서 제시함으로써 문화가 아동 · 청소년 발달에 미치는 영향을 보다 직접적 · 심층적으로 볼 수 있게 하였다. 이들은 아동 · 청소년 발달이 이루어지는 맥락을 '발달생태(Developmental Niche)'라고 부르고 울새와 비둘기의 예를 들어 설명하였다. 이 두 종류의 새들은 도시 공원의 같은 지역에 살 수도 있지만 둥지를 짓는 곳, 둥지를 짓기 위해 사용하는 재료나 주변 환경에서 얻는 먹이의 종류 등이 다른, 즉 각기 다른 행동에 근거하여 다른 생태를 조성한다. 이처럼 특정 연령과 성별 그리고 특정 기질 및 심리적 성향을 지닌 개별 아동 · 청소년은 가족 내의 다른 구성원들과 다른 세계(즉, 발달생태) 속에 살게 되며, 아동 · 청소년이 성장하고 변화함에 따라서 아동의 세계도 역시 변화한다는 것이다.

발달생태는 상호 연관된 세 가지 요소, 즉 아동 · 청소년의 일상생활이 이루어지는 물리적 · 사회적 상황, 아동 · 청소년이 자라는 사회에서 역사를 거쳐 형성되어 온 양육 관련 규범과 관습, 그리고 자녀 발달에 관련된 기대 내용, 부모의 문화적 신념과 가치체제, 양육 유형 등 양육자의 심리적 특성으로 구성된다. 아동 · 청소년의 발달생태를 이루는 세 가지 요소는 서로 긴밀히 연관되어 있는데, 요소들 간의 조화와 통합을 유지하기 위해서 상호작용을 지속하지만 항상 완전한 조화를 이루는 것은 아니며, 아동 · 청소년의 성숙과 변화에 따라서 발달생태도 변화하게 된다.

아동 · 청소년 발달의 생태에서 문화가 거시체제의 측면에서 간접적으로 작용한다고 보든 혹은 보다 직접적으로 작용한다고 보든, 문화적 배경은 아동 · 청소년 발달에서 매우 중요한 영향을 미칠 수밖에 없다. 가족은 이러한 문화가 아동 · 청소년 발달에 영향을 미치는 중요한 통로가 되는 것이다. 교사가 아동을 가족의 맥락 내에서 이해하면서 가족의 체제적 · 문화적 특성을 고려하면 아동을 더욱 깊이 이해할 수 있게 된다. 또한 아동 · 청소년이 자기 자신을 좀 더 깊이 이해하도록 돕는 것은 인성교육의 중요한 목적이므로 이러한 목적을 달성하는 데도 큰 도움이 될 수 있다.

2) 가족 내 아동 · 청소년 발달의 문화적 배경 이해

가족의 일원으로 태어난 아이는 발달 과정을 거치며 자아를 형성해 가는데, 이러한 자아의 발달은 문화적 맥락 속에서 이루어진다. 교사는 가족과 관련하여 우리나라 학생들의 자아 발달이 이루어지는 과정의 사회문화적 맥락을 이해함으로써 학생의 인성교육이 우리 사회의 문화적 맥락에 적합하게 이루어질 수 있도록 유의해야 한다. 사회 구조적 맥락은 사회화 과정과 경험 세계에 영향을 미치기 때문이다. 학생이 자신에 대해서 어떤 생각과 느낌을 가지게 되고 어떻게 자아를 형성해 가는지도 사회 구조적 맥락에 따라서 달라질 수밖에 없다.

(1) 개인주의 문화와 집단주의 문화

문화적 맥락을 세계의 다양한 사회별로 비교 · 이해하려는 시도에서 가장 대표적인 것이 개인주의와 집단주의에 따른 구분이다. 1980년대에 Hofstede가 『문화의 결과(Culture's Consequences)』라는 책을 통해서 국가와 문화 수준에서 개인주의 정도를 비교한 이후, 개인주의와 집단주의 개념에 관련된 많은 연구가 이루어졌다. 대체로 서구 사회는 개인주의를 신봉하는 사회로 보는 반면, 우리나라, 일본, 중국 등 아시아는 전통적으로 집단주의를 중시해 왔던 사회로 본다.

개인주의의 핵심은 각 개인을 다른 사람과 분리된 독립된 존재로 보는 것이다. 개인의 권리에 대한 강조, 개인과 핵가족의 중요시, 개인적 자율성과 자기 성취의 강조, 개인적 성취에 기초한 자아정체성(Hofstede, 1984), 자신의 잠재력을 실현하는 삶, 타인의 정직과 고결성 존중하기 등이 개인주의에서 중요한 가치다. 사회나 집단보다 개인의 목표, 고유성, 통제 등을 더 중요시하는 것이 개인주의의 핵심으로 정의되며, 관계성은 개인주의에서 양가적이다. 다른 사람과의 관계를 중시하지만 자신의 행복 증진이 중요하고 자신의 행복을 위하여 환경을 통제 · 변화시키려 하므로, 관계 참여 및 유지 비용이 효과를 상회하면 그 관계를 떠나고, 개인적 목표가 달라지면 관계도 새로운 것으로 창출한다(김혜숙, 2013).

반면, 집단주의의 핵심은 집단의 구속성과 개인 간 상호 책임으로 요약된다. 집단주의 사회에서는 공동의 운명, 목표, 가치를 가진 사회 집단이 중심이 되며, 개인은 그 집단의 구성요소일 뿐이다. 집단주의에서 개인의 정체성은 개인 고유의 특성으로 규정되는 것이 아니라 어떤 집단에 속하는지에 따라 그리고 그 사회적 구조 내에서 맺고 있는 인적 관계망으로 평가되고 규정된다(Yang, 2008). 자신의 선호와 욕구보다 다른 사람의 기대와 욕구, 필요에 보다 많은 초점이 맞추어지며, 다른 사람과 환경에 맞도록 자신의 행동을 조절하고자 한다. 자신의 행복을 위하여 환경을 통제 · 변화시키기보다는 조화를 이루기 위하여 자신을 변화시키려 한다.

전통적인 한국 사회를 집단주의 사회라고 규정할 때, 우리나라 사람들에게 가장 중요한 집단은 가족이었다. 일체의 가치가 가족 집단의 유지와 지속과 기능과 관련되어 결정되는 사회의 조직 형태를 Kulp는 가족주의라고 이름하였는데, 전통적인 한국 사회는 사회의 구성 단위가 개인이 아닌 '집'으로서 집은 어떤 사회 단위보다 중시되고 개인은 집에서 독립하지 못한다는 것이다(최재석, 1976).

가족주의를 한국 사회에서 오래 지속되어 온 전통으로 보고 가족주의의 개념을 정리한 바에 따르면, 가족이란 부계 혈통을 중심으로 한 가족을 말한다. 첫째, 가족을 사회의 가장 기본적인 구성 단위로 보고, 둘째, 가족의 이익과 유지가 최우선 가치이므로 가족 구성원들이 이를 위해 노력해야 하며, 셋째, 가족과 가족 외부를 분명히 경계 짓고 타인 및 다른 가족을 배타적 · 경쟁적으로 인식하는 것이 가족주의의 특징이다(김현옥, 2002; 신수진, 1998; 옥선화, 1990).

현대 우리 사회에서 가족주의 가치관이 얼마나 지배적인지에 대해서는 연구 결과들이 다양하다. 이 점은 가족주의와 개인주의가 공존하고 있다는 것으로 해석할 수 있는데, 이는 사회 전반적인 차원에서 살펴볼 때나 한 개인 내의 의식 차원에서 살펴볼 때나 마찬가지다(김혜숙, 2013). 이처럼 가족주의와 개인주의가 공존 혹은 혼재하는 양상은 각 학생이 성장하는 가족관계와 부모의 태도에도 나타나겠지만 학교에서 학생을 교육하는 교사 자신에게서도 나타날 수 있음을 인지할 필요가 있다. 교사가 자신의 문화적 배경과 가치를 분명히 인식하며, 그것이 각 학생의 가족이 가진 문화적 배경 및 가치와 다를 수 있음을 인지하고 또한 그 영향을 파악할 수 있어야 하는 것이다.

(2) 한국 아동 · 청소년의 자아 발달과 문화적 맥락

개인주의 문화에서 자아란 독립된 개체다. 성장이란 독립된 성인으로 자신을 이루어 가는 개별화(individuation) 과정이다. 따라서 인성교육에서 독립성과 자율성을 중시한다. 반면, 집단주의 문화에서 자아는 상호 의존적 개념으로 규정된다(Rothbaum & Rusk, 2011). 전통적 한국 사회의 가족주의에서 부모와 자녀는 분리된 개체가 아닌 가족이라는 집단의 일부분으로서 가문을 발전시키고 계승하는 연결고리로 여겨졌다.

독립성과 상호 의존성은 모든 사회에 존재하는 관계성의 속성이지만 사회에 따라 다르게 강조된다. 모든 사회에서 일부 관계(예: 사업적 관계)는 독립성(즉, 개인적 선호와 목표)이 더 큰 비중을 갖게 되지만, 가족 또는 친구 관계는 상호 의존성(즉, 보다 공동적인 관계 자체)의 비중이 커진다. 그러나 문화에 따라 독립성과 상호 의존성이 얼마나 더 기본적 · 지배적인 것으로 여겨지고 발달되도록 지원되는지가 달라지는 것이다.

Markus와 Kitayama(2010)에 따르면, 독립적으로 개념화된 자아는 자신의 기존 행위 · 생각 · 감정을 우선적 준거로 삼아 행동을 조직한다. 독립적 자아에 기초한 사회적 상호작용은 다시 개인으로 하여금 자신이 타인으로부터 독립적이며 구별된 독특한 존재라는 생각을 강화한다. 이러한 상호작용과 개념화는 개인적 선호 · 목표 · 능력 · 태도를 형성하도록 강조하고 개인적 특성들을 자신의 행동 지침으로 삼도록 장려하는 개인주의 문화에 의해 지지된다. 어린 자녀에게도 부모가 "너는 무엇을 원하니?" "너는 그걸 좋아하는구나." 등의 말로 자녀의 선호 · 느낌 · 생각을 인정하고 장려하는 것이 그 예다. 그 결과, 아동은 가족이나 친구들과도 다른 독립적 자아를 형성하며 성장하도록 장려된다.

반면, 상호 의존적으로 개념화된 자아는 자신이 속한 관계 속에 있는 타인들의 생각 · 감정 · 행동을 직접적 준거로 삼아 행동을 조직한다. 상호 의존적 자아에 기초한 사회적 상호작용은 다시 개인으로 하여금 자신이 다른 사람과 연결되고 관계 속에 상호 의존적으로 존재한다는 생각을 강화한다. 이러한 생각과 상호작용은, 다른 사람의 관점에서 바라보고 다른 사람이 기대하는 바를 읽어 내고 적응하며 타인을 자기 행동의 준거로 삼고 조화를 장려하는 집단주의 문화에 의해서 지원된다. 여기서 가족이나 친구와 같은 중요 타인과 자아는 분명히 구별되지 않고, 자아 개념은 중요 타인을 포함한다(Markus & Kitayama, 2010). 우리의 아동 · 청소년이 자신에 대해서 소개할 때 많은 경우 자신의 가족을 소개 내용에 포함하는 것이 그 예가 된다.

자아에 대한 개념이 독립적(개인주의)인 문화인지 또는 상호 의존적(집단주의)인 문화인지에 따라서 심리적 기능과의 관련성이 다르게 설명될 수 있음을 시사하는 연구 결과들도 다수 있다. 한 예로, 유럽계 미국인의 경우에는 심리적 지지가 주관적 안녕감에 주는 영향이 아시아인에 비해서 약할 뿐 아니라 자아존중감을 통제하면 심리적 지지의 영향력이 사라지지만, 아시아인은 자아존중감을 통제한 후에도

〈표 11-1〉 자아 개념화의 문화적 차이

개인주의 문화	집단주의 문화
독립된 개체로서 자아를 개념화	상호 의존적 존재로 자아를 개념화
개인적 선호 · 목표 · 능력 · 태도 형성을 강조	집단 내 관계 속의 타인을 준거 삼고 조화를 장려
사회적 상황이나 시간에 따라서 변하지 않고 일관성 있는 성향적 · 내면적 특질로 자아를 규정	대인관계적 맥락에서 경험 · 표현되며 상황별로 나타나는 개인의 외현적 행동으로 자아를 규정

심리적 지지의 주관적 안녕감에 대한 영향력이 여전히 지속된다(Uchida, Kitayama, Mesquita, Reyes, & Morling, 2008).

심리적 지지와 안녕감의 관계에서도 문화적 차이가 나타난다. 즉, 유럽계 미국인은 아시아계 미국인에 비해서 사회적 지지에 대한 요청을 더 분명하게 하는데, 이는 요청하지 않은 사회적 지지가 주어지는 것이 유럽계 미국인에게는 독립성에 위협이 되는 일이므로 그 위험을 줄이기 위해서라고 해석된다. 반면, 아시아인은 타인에게 부담을 주지 않으려는 것뿐 아니라, 명시적으로 요청하지 않아도 사회적 지지가 주어지는 것은 타인이 아껴 주고 지지하는 대상으로 자기를 보아 준다는 긍정적 이미지를 갖게 하기 때문에 사회적 지지를 명시적으로 요청하지 않으려 한다(Kitayama, Markus, & Kurakawa, 2000). 요약하면, 요청하지 않아도 주어지는 사회적 지지가 유럽계 미국인에게는 자아존중감에 부정적으로 작용할 수 있지만 아시아인에게는 오히려 긍정적으로 작용할 수 있다는 것이다. 사회적 지지나 친구관계가 학생에게 가지는 의미는 성인의 그것과 다를 수 있겠지만, 학생의 경우에도 독립적 자아와 상호 의존적 자아의 상대적 비중에 따라 관계의 의미 및 심리적 안녕감에 미치는 영향이 다를 가능성이 많다.

이 외에도 내적 동기, 의사소통 양식, 자기주장 및 갈등 해결 등 다양한 측면에서 문화적 차이가 보고된다. 예를 들어, 학생이 직접 선택을 한 경우에는 유럽계 미국 학생이 아시아계 미국 학생보다 내적 동기가 높았지만, 어머니가 대신 선택을 해준 경우에는 아시아계 학생이 유럽계 학생에 비해 내적 동기가 높았다(Rudy et al., 2015). 1985년에 이루어졌던 연구(Rohner & Pettengill, 1985)에서 한국의 청소년은 미국의 청소년과 달리 부모의 통제를 부모의 애정 · 관심과 연관시키는 독특함을 보였다. 그러한 경향이 현재도 유지되는지를 살펴본 최근 연구는 없으나, 한국 아동 · 청소년이 서구 사회의 아동 · 청소년과 다른 자아 발달의 양상을 보일 가능성은 상당히 많다.

상호 의존성을 중요시했던 전통적인 농경사회의 가족이 산업화를 거치면서 경제적으로 발전하게 되면 서구 사회의 개인주의적인 독립성을 추구하게 되는 방향으로 변화하는 것이 아니라 정서적으로는 여전히 상호 의존성을 유지하게 된다는 Kağitçibaşi(2005)의 주장처럼, 한국 학생의 자아는 서구 학생에 비해서 상호 의존성의 비중이 상대적으로 높을 가능성이 많다. 최근에도 한국 아동 · 청소년의 가족관계에 대한 신념이 개인주의 문화 일변도로 변화하지 않고 전통적 가족주의 문화를 상당 부분 유지하고 있다는 점(김혜숙, 2014), 한국 가족관계가 가족주의와 개인주의를 혼재 수용하는 양상을 보인다는 점(이순미, 2014), 또한 최근 한국 사회가 급격한 변화를 겪음에 따라 사회의 다양한 영역에서 혼란을 경험하는 경우가 많다는 점 등에서 볼 때, 개인주의와 집단주의(가족주의) 문화의 혼재도 학생에게 혼란으로 경험될 우려가 있다. 따라서 개별 학생의 자아 발달에서 개인주의와 가족주의의 영향이 어떤 방식으로 이루어지고 있는지, 자아 발달에서 가족과의 연관성이 어떻게 포함되는지를 이해하도록 돕는 방안을 인성교육에 포함한다면, 학생의 자아 발달을 돕고 성숙한 가족 구성원으로 성장하도록 도울 수 있다.

2. 가족과 가족관계에 대한 이해

가족이 어떤 속성을 지닌 체제인지를 이해하는 것은 인성교육을 위해 여러 측면에서 도움이 된다. 첫째, 학생을 대상으로 한 인성교육의 자료로 활용할 수 있다. 학생이 자신이 속한 가족체제의 특성을 이해하고 가족체제 내에서 부모와 자신의 역할 및 관계를 파악하면 보다 성숙한 가족 구성원으로 기능할 수 있고 자아의 발달도 촉진될 수 있다. 둘째, 학생이 학교에서 보이는 행동 특성을 가족체제의 맥락 속에서 교사가 조망하게 되면 학생을 더욱 깊이 이해할 수 있다. 셋째, 학교에서의 인성교육을 통해서 학생의 변화와 성장을 촉진하고자 하는 교사의 노력이 성공하도록 가족체제의 특성을 고려·활용할 수 있다. 넷째, 학생의 인성교육을 위해 부모의 협조를 이끌어 내는 과정과 부모교육을 위한 자료로 활용할 수 있다.

1) 가족체제의 특성

(1) 가족 구성원의 행동은 서로 원인과 결과가 되는 순환적 인과관계를 가진다

가족체제 내의 구성원들은 서로 영향을 주고받는다. 어머니의 행동은 아들 행동의 원인이 되며, 아들의 행동은 또 어머니 행동의 원인이 되는 식으로 한 구성원의 말과 행동은 다른 구성원의 말과 행동의 원인이 되는 동시에 결과도 된다. 각 구성원은 자신의 행동과 말은 다른 구성원의 말과 행동에 따른 결과라고 해석하기 때문에 서로 원인과 결과를 다른 관점에서 보고, 그 결과 갈등의 원인을 상대방에게 돌리는 경향이 있다.

예를 들어, 아들은 자기가 나름 방청소를 해도 어머니가 간섭하고 잔소리하기 때문(원인)에 아예 방청소를 하지 않는다(결과)고 생각하는 반면, 어머니는 아들이 방청소를 하지 않거나 제대로 못하기 때문(원인)에 잔소리를 할 수밖에 없다(결과)고 생각하며, 둘 다 갈등의 원인을 서로의 탓으로 돌리고 자신은 피해자라고 생각하는 것이다. 사실상 이 경우 아들과 어머니의 행동은 서로 원인과 결과가 되는 순환적 인과관계를 이루고 있다.

학생과 부모가 이러한 가족 구성원 간의 순환적 인과관계를 이해하도록 도울 수 있으면, 가족관계에서 자신의 역할과 상호작용을 이해하는 데 많은 도움이 될 수 있다. 다른 가족 구성원의 말과 행동에 따라 자신의 행동이 반응으로만 나오는 것이 아니라, 자신의 말과 행동 또한 다른 가족 구성원의 반응을 일으킨다는 점을 이해하도록 하는 것이다. 그리하여 상대방이 먼저 변화해야만 내가 변화한다는 생각을 고수하는 것이 아니라, 내가 먼저 변화하면 상대방이 변화할 수 있다는 것을 깨닫게 함으로써 보다 원만한 상호작용을 유도할 수 있다.

(2) 가족 구성원 사이에는 경계가 있으며, 자녀가 자랄수록 부모-자녀 간 경계가 분명해진다

가족 구성원들은 함께 가족체제를 이루기도 하지만 각기 고유한 사람들로서 다른 가족 구성원들과 구별되는 경계를 가지고 있다. 즉, 가족 전체로서 서로 공유하는 측면도 있지만 서로 다르게 구별되는 특성 · 느낌 · 생각 등이 있기 마련이다. 가족 구성원 간에 경계가 있다는 점과 아동이 성장함에 따라 부모-자녀 간 경계가 뚜렷해진다는 점을 이해하면 부모-자녀 간 갈등의 많은 부분이 해결될 수 있다. 즉, 아동은 성장함에 따라 부모와 분리된 자신의 영역을 고수하고 싶은 마음을 불필요한 죄책감 없이 추구하며 자아를 형성해 갈 수 있고, 부모 또한 자녀의 성장을 기쁜 마음으로 지원할 수 있게 되는 것이다.

그러나 모든 가족이 자녀의 성장에 따른 경계의 변화를 원만히 받아들이지는 못한다. 가족 간 경계가 얼마나 뚜렷하거나 흐린지로 연속선상에서 가족관계를 비교한 Olson, Russell과 Sprenkle(1989)에 따르면, 가족 구성원 간 경계는 지나치게 뚜렷하거나 지나치게 흐리면 문제가 된다. 지나치게 경계가 뚜렷한 가족은 응집성이 부족하고 격리된 가족으로서 가족 구성원 간에 상호작용이 매우 드물고 결속감이 없으며, 서로의 일에 관여하지 않고 먼 관계에 머문다. 서로의 행동이나 감정에 대해 인식하지 못하는 경우도 많고, 친밀감과 대화도 별로 없으며, 각자의 영역이 지나치게 뚜렷하며 서로 공유하는 부분이 적다. 반면, 반대편 극단으로 경계가 지나치게 흐린 가족은 다른 가족 구성원들의 일에 지나치게 밀착 관여하고 각 가족 구성원 개인의 영역이 없으며 가족 규범에 동조하도록 강요한다. 모든 가족 구성원이 다른 모든 가족 구성원의 일에 긴밀하게 얽혀 있고 서로의 행동이나 감정의 아주 작은 변화에도 예민하게 반응한다.

적절한 정도로 경계가 분명한 가족은 가족 구성원 사이에 친밀감이 있고 서로 공유하는 부분이 많은 한편, 서로의 독립적인 관심과 생활을 인정하고 지지하는 균형이 잘 이루어진다. 가족 구성원이 서로의 생각 · 가치관 · 감정 · 활동 등에 보이는

〈표 11-2〉 **가족 간 경계와 응집성에 따른 가족관계의 양상**

	격리된 가족	분리된 가족	연결된 가족	밀착된 가족
정서적 결속	• 지나치게 분리 • 가족에 대한 충성심 없음	• 정서적 분리 • 제한된 밀착감 • 충성심 다소 나타남	• 정서적 가까움 • 어느 정도 분리 • 충성심 기대됨	• 지나친 정서적 밀착 • 거의 분리 안 됨 • 충성심 강요
가족 간 관여	• 서로 간 관여/상호작용 매우 적음 • 정서적 반응 거의 없음	• 관여 인정되나 개인적 거리 유지 • 약간의 정서적 반응 보임	• 서로 간 관여 강조 • 개인적 거리 허용 • 정서적 상호작용을 좋아함	• 지나치게 관여 • 융합, 과도한 의존 • 정서적 반응과 통제가 심함
부모-자녀 관계	• 경직된 세대 간 경계선 • 친밀감 적음	• 명확한 경계선 • 어느 정도 친밀	• 명확한 경계선 • 어느 정도 분리	• 세대 간 경계 부족 • 지나치게 가까움
가족 간 경계	• 따로 있는 시간/공간 선호 • 단독 의사결정 • 각자 친구/취미 • 별개 활동	• 따로 시간/공간 선호하나 공유하는 부분 있음 • 주로 단독 결정하나 가끔 함께 의논함 • 함께 하는 활동보다 혼자 하는 활동 주됨	• 공유하는 시간/공간 중요시하나 개인적인 부분 허용 • 함께 결정하기 선호 • 어느 정도 함께 취미생활 하고 친구도 앎 • 함께 활동 많이 함	• 개인적 시간/공간 거의 허락치 않음 • 가족 전체가 원하는 대로 의사결정 • 함께 활동 강요 • 혼자 활동은 가족에게 불충실이라고 여김

출처: Olson, Russell, & Sprenkle(1989).

관심 및 배려의 양과 질이 적절한 것이다. 사람들마다 타인과 가깝게 지내고 싶은 욕구와 자신만의 영역을 독립적으로 고수하고 싶은 욕구를 함께 가지고 있는데, 개인에 따라서 두 욕구의 비중이 다르다. 적절한 정도의 경계를 지닌 가족관계는 공유하는 부분과 각자가 독립적으로 유지하는 부분에 균형이 이루어져서 친밀성도 있고 원만한 관계를 유지하는 동시에 개인의 고유성도 존중한다.

자녀가 성장하면서 자아를 확립해 나가는 과정에서 자녀는 부모와의 사이에 경계를 좀 더 분명히 가지려 한다. 이때 적절한 정도의 경계를 지닌 가족은 보다 적응적으로 반응하지만, 지나치게 밀착되거나 격리된 양극단에 처한 가족일수록 갈등이 심화되는 경향이 있다. 자녀의 자아 확립 과정은 가족, 특히 부모와의 정서적 연결 속에서 자신의 독립성을 동시에 추구해 가는 과정이기 때문에 부모는 자녀의 성장과 함께 세대 간 경계가 좀 더 분명해질 수 있도록 허용하면서 적절한 정도의 친밀성을 유지하도록 조정하는 지혜가 필요하다.

경계가 지나치게 흐린 가족 내의 부모는 또래와 어울리고 자기만의 영역을 연령에 따라 넓히고자 하는 자녀의 욕구를 허용하기 어려워한다. 부모는 자녀가 자율성을 신장시키려 하는 것을 거부하는 것으로 받아들이기 때문이다. 자녀 또한 부모에게 자신의 생각과 영역을 편안하게 주장하는 데 어려움을 느낀다. 부모의 인정과 사랑을 잃을까 봐 두려워하기도 하고 자신의 영역을 주장하는 것에 대해 죄책감과 불안을 느끼기도 한다. 반면, 격리된 가족 내에서는 개별적으로 기능하는 것에 이미 익숙해져 있으므로, 자율성을 신장시키고 개별화하는 것이 가족 간 상호작용에 위협이 되지는 않는다. 그러나 부모가 자녀의 결정에 너무 적게 관여함으로 인해서 자녀가 잘못된 결정을 내리기 쉽고, 부모가 알지 못하는 무관심의 상태에서 자녀가 다양한 문제행동에 빠지기 쉽다.

(3) 가족관계는 일관성을 유지하면서 변화에 적응할 수 있다

가족 구성원들은 반복된 패턴에 따라 상호작용하는 경향이 있는 한편 새로운 변화에도 적응한다. 적응성은 가족 구성원이 새로운 변화에 어떻게 적응하는지를 나타내는 개념으로서, 경직과 혼돈을 양극단으로 하는 연속선으로 이해된다(Olson & Gorall, 2003). 경직된 가족체제는 엄격한 규칙과 통제가 일관적으로 이루어져서 상호작용을 예측하기는 쉬우나 지나치게 경직되어서 건설적이지 못하고 적응력이 낮다. 따라서 생활방식이나 역할을 현 상태로 유지하는 데는 도움이 되지만, 가족 구성원 중 일부가 새로운 발달과제를 수행해야 하는 변화가 필요한 상황에 적응하도록 돕는 데는 효과적이지 못하다. 반면, 혼돈된 가족체제는 일관된 규칙이나 명료한 규칙이 없어서 행동통제 방식을 예측할 수 없으며 건설적이지 못하다. 때로는 엄격하게 통제하기도 하고 또 때로는 방임하기 때문에 어떤 일이 일어날지 예측할 수가 없다. 관계나 통제의 변화가 가족이 처한 상황이나 필요에 따라 일어나는 것이 아니라 가족 구성원 일부의 기분이나 감정에 따라 일어나는 경우가 많기 때문에 적응력이 낮다.

적절한 수준의 일관성과 적응성을 가진 가족체제는 가족관계 내에 일관성 있는 규칙이 존재하며 명료하고 안정된 역할이 수행되므로 원만한 기능이 이루어진다. 한편, 발달적 · 상황적 필요에 따라서 가족 내 규칙과 역할을 조정할 수 있을 만

〈표 11-3〉 **일관성과 적응성 수준에 따른 가족의 양상**

	경직된 가족	구조화된 가족	융통적 가족	혼돈스러운 가족
리더십 (통제)	• 독재적 리더십 • 매우 통제적인 부모	• 주로 독재적이나 가끔 동등함 • 리더십 보임	• 동등한 리더십 • 유동적인 변화	• 제한되고 변칙적인 리더십 • 성공적이지 못한 통제
훈육	• 전제적 규율/법칙 • 엄격하고 경직된 훈육 • 너그럽지 못함	• 다소 민주적 • 예측 가능한 훈육 • 너그러움 부족함	• 늘 민주적 • 조정 가능성 있는 훈육 • 너그러움 다소 있음	• 방임적/비효과적 • 비일관적 • 매우 너그러움
가족 간 협상	• 제한된 협상 • 부모 의견 강요됨	• 구조화된 협상 • 결정을 부모가 내림	• 융통성 있는 협상 • 상호 동의에 의해 결정	• 끊임없는 협상 • 충동적 결정
가족 역할	• 엄격하고 제한된 역할 • 변함없는 일상생활	• 역할이 안정되어 있으나 다른 가족과 공유 가능	• 역할을 공유하고 새로운 역할 만들어 냄 • 유동적인 역할 변화	• 역할 명료성 부족 • 전도된 역할 • 정해진 일상 거의 없음
가족 규칙	• 변화 없는 규칙 • 강압적인 규칙 적용	• 규칙 변화 거의 없음 • 엄격한 규칙 적용	• 몇몇 규칙은 변함 • 융통성 있는 규칙 적용	• 규칙이 자주 변함 • 비일관적인 규칙 적용

출처: Olson et al.(1989).

큼 융통성이 있으므로 가족 구성원 개인과 가족체제 전체의 발달이 순조롭다. 부모가 물질적 자원을 마련하는 것, 자녀를 양육하고 심리적으로 지원하는 것, 삶의 기본적 기술을 익혀 가족을 유지하는 것 등 가족을 유지하는 필수적인 역할을 적절히 분담하고 협조하며 수행하되, 역할 규정이 지나치게 엄격하지 않고 필요에 따라서 조정될 수 있어서 적응력이 높은 것이다.

어떤 가족이든 관계와 역할을 규정하는 것에서 차이가 있지만, 그 차이에 대해 대화를 나눌 수 있고 합의된 조정이 가능한 가족체제는 계속 발달하고 유지될 수 있다. 그러나 관계와 역할에 대한 일관성 있는 규칙 자체가 있다고 보기 어려울 만큼 관계 규정이 모호하고 혼란스럽거나, 관계와 역할에 대한 생각 차이를 논의조차 할 수 없거나, 반복되는 논의에도 불구하고 차이를 좁혀 나가지 못할 정도로 경직된 경우에는 체제가 유지 · 발전되기 어렵다. 혼돈되거나 경직된 가족체제는 가족 구성원 개인 및 가족체제의 발달에 따른 변화나 상황적 변화에 적절하게 대처하지 못한다. 특히 자녀가 성장하면서 또래에게 강한 영향을 받게 되고 자신의 생각을 강하게 표현하거나 부모 의견을 덜 존중하거나 심지어 무시하고 반항하는 등의 변화를 보이게 될 때 위기를 경험하기 쉽다.

경직된 가족체제가 개인의 발달에 따른 변화에 적응하지 못하는 예를 살펴보자. 자녀가 어릴 때 자녀를 양육하고 심리적으로 지원하는 역할을 어머니가 거의 전적으로 맡고, 아버지는 물질적 자원을 제공하는 역할을 전적으로 맡는 식으로 분담되고, 자녀에 대한 어머니의 훈육도 엄격한 규칙대로 이루어진 가족에 대해 생각해 보자. 자녀가 성장하면서 어머니의 엄격한 훈육 방식에 불만을 표현하거나 반항하게 될 때 어머니는 예전대로 경직된 통제로 반응하려 하고, 자녀는 불만과 반항이 심해진다. 그러나 자녀를 양육하는 역할은 여전히 어머니에게만 맡겨져 있고 아버지의 역할은 물질적 자원에만 국한된 채로 경직되어 있으며 어머니의 훈육 방식도 예전의 방식대로 경직되어 있으면, 자녀의 불만과 반항도 해결하지 못하고 가족체제 전체가 어려움을 겪게 된다.

상황적 변화나 문제는 어떤 가족에게든 일시적으로나마 어려움을 야기할 수 있다. 적절한 적응 수준을 지닌 가족은 가족 구성원의 역할 기능에 일관성 있는 틀과 융통성을 함께 갖추고 있기 때문에, 가족 내부 및 외부에 발생한 문제를 성공적으로 해결하기 쉽다. 그러나 가족의 역할 기능에 일관성 있는 틀이 부족하여 가족이 필수적 기능을 수행하기 어렵거나 혹은 지나치게 엄격한 틀을 벗어나지 못하여 상황에 맞지 않는 방식을 고수하게 되면 변화가 더 큰 타격을 주는 것이다. 대체로 아동·청소년은 부모에 비해 빠른 속도로 성장·발달하며, 이러한 변화 속도의 차이는 가족에게 일시적인 어려움을 초래할 수 있다. 따라서 교사는 아동·청소년의 가족이 일관성과 적응성의 측면에서 어떤 양상을 보이는지 이해하도록 도움으로써 어려움 해결에 기여할 수 있다.

2) 가족의 문제해결 능력과 의사소통 능력

다른 살아 있는 체제들과 마찬가지로 가족체제도 내부·외부로부터 발생하는 크고 작은 문제들을 경험하기 마련이다. 문제가 발생할 때 가족 구성원의 문제해결 능력과 의사소통 능력이 좋으면, 문제의 부정적 영향을 적게 받고 가족의 긍정적 특성을 유지하며 긍정적 방향으로 발달할 수 있다. 반면, 가족 구성원의 문제해결 능력과 의사소통 능력이 부족하면 문제가 미해결인 채로 남게 되거나 가족 간 갈등을 증폭시키게 된다. 가족의 문제해결 능력과 의사소통 능력은 가족의 리더인 부모가 가장 잘 갖추고 활용할 수 있어야 할 역량이지만, 학생도 이러한 능력을 이해하고 갖추면 많은 도움이 될 수 있다.

(1) 문제해결 능력

문제를 해결하는 방안은 문제의 특성과 상황에 따라 매우 다양하게 나타날 수 있지만, 문제를 해결하는 합리적 과정에는 공통적 기본 기술이 있으며, 이러한 기술은 학습될 수 있다는 것이 밝혀져 있다. 가족이 문제를 해결하기 위해 매번 이런 합리적 과정을 모두 거치지는 않더라도, 이러한 문제 해결의 합리적 과정에 대해 가족 구성원이 잘 알고 있고 실제로 활용할 수 있는 능력은 가족의 기능에 중요한 영향을 준다. 문제 해결의 합리적 과정은 다음과 같은 단계들로 이루어진다.

① 문제의 발견: 가족 구성원이 문제가 존재함을 인식하는 단계

② 문제의 정의: 문제가 무엇인지를 분명한 용어로 정의하는 단계. 문제를 개념화하는 데 적합한 정보를 수집하고, 다른 가족 구성원에게 개념화된 바를 전달한다.

③ 해결 방안의 창출: 브레인스토밍이나 관련된 기술들을 동원하여 문제 해결을

위한 창의적 대안들을 다양하게 창출하는 단계. 이 단계에서는 대안들에 대한 평가를 하지 않고 가능한 한 많은 대안을 창출하는 데만 노력한다.

④ 대안의 평가: 전 단계에서 다양하게 창출된 대안들의 장단점을 여러 각도에서 검토하는 단계

⑤ 의사결정: 문제와 관련된 모든 가족 구성원에게 장점을 극대화할 수 있고 단점을 최소화할 수 있는 해결책을 한 가지 선택하고 조정하는 단계

⑥ 실행 계획: 선택된 해결책을 효과적으로 실행하기 위해 필요한 세부 사항들을 구체화하는 단계

⑦ 검증: 문제를 실제로 해결함에 있어서 결정된 해결책이 얼마나 효과적인지를 실행 후 평가하고, 만약 그 방안이 원래의 문제를 해결하지 못한다면 다시 이전 단계로 돌아가는 단계

(2) 의사소통 능력

문제해결 능력을 가족 구성원 간 상호작용에서 실제로 활용할 수 있으려면, 가족 구성원이 표현적 · 수용적 의사소통 능력 또한 갖추고 있어야 한다. 표현적 의사소통 능력이란 자신의 감정과 의견을 주장적으로, 그러나 상대방에게 상처를 주지 않는 방식으로 표현할 수 있는 능력을 말하며, 수용적 의사소통 능력이란 상대방의 말을 주의 깊게 듣고 전달되는 메시지를 정확하게 받아들일 수 있는 능력을 의미한다.

상대방에 대한 비난, 부인, 위협, 명령, 상대방을 제대로 쳐다보지 않는 행동 등은 상대방을 화나게 하고 부정적 의사소통이 오가게 하기 때문에 효과적 의사소통을 방해한다. 반면, 상대방의 말을 반영하거나 요약하고 재진술하는 것, 공감적 말을 하는 것, 상대방을 적절히 쳐다보는 것, 적절한 몸 자세 등은 효과적 의사소통을 촉진할 수 있다. 가족 구성원, 특히 부모가 이러한 의사소통을 촉진 혹은 방해하는 행동들을 얼마나 보이는지는 가족 구성원 간 상호작용에 큰 영향을 미치며, 자녀의 의사소통 능력 발달에도 중요한 모델이 된다.

다른 능력들과 마찬가지로 가족의 문제해결 능력과 의사소통 능력도 변화할 수 있고 상황에 따라서 그것이 발현되는 정도와 수용하는 방식도 다를 수 있다. 가족관계가 원만할 때는 부정적 의사소통 방식이 다소 사용되더라도 갈등의 원인이 되지 않을 수 있지만, 이미 갈등 수준이 높은 상황에서는 부정적 의사소통 방식의 사

〈표 11-4〉 가족 내 부정적 의사소통과 효과적 의사소통 예시

부정적 의사소통 양식	효과적 의사소통 양식
	• 상대방에게 직접 말함
• 제3자를 통해서 말함	• '나'를 주어로 한 언어
• 비난하거나 방어적인 언어	• 귀 기울여 듣기
• 중간에 말 가로막기	• 말을 간단히 하자고 격려하기
• 설교하거나 훈계하기	• 원하는 바나 생각을 간단히 언급하기
• 조소하는 투로 말하기	• 중립적이고 담담하게 말하기
• 쳐다보지 않고 말하기	• 상대방을 응시하며 말하기
• 말할 때 찡그리거나 부산하게 움직이기	• 편안한 자세로 앉아서 말하기
• 상대방 마음을 다 읽을 수 있는 것처럼 말하기	• 상대방 말을 반영하고 들은 내용을 확인하기
	• 이야기하기로 한 주제에 머물기
• 주제에서 벗어나기	• 대안적 해결책을 제안하기
• 지시하고 명령하거나 위협하기	• 현재의 내용에 초점 맞추기; 미래의 변화 가능성을 제안하기
• 과거지사 들추기	
• 대화를 독점하기	• 간단히 말하고 번갈아 가며 말하기
• 현학적으로 말하기	• 상대방의 연령에 맞게 쉽고 간단하고 분명하게 말하기
• 조소하거나 깎아내리기	
• 언어와 비언어적 행동의 불일치	• 들은 바를 반영하고 인정하기
• 심리학적으로 해석하기	• 말하는 바와 비언어적 표현의 일치
• 대꾸 않고 가만히 있기	• 상대방 말과 행동에 관련된 점들을 질문하기
	• 생각과 느낌을 분명히 표현하기

출처: Robin & Foster (1987).

용 빈도가 높아지기 쉽고 상대방의 부정적 의사소통 방식에 대한 수용도는 낮아지게 되어 더욱 갈등을 심화하게 된다. 또한 가족 내부 · 외부에서 발생하는 문제의 규모가 작고 덜 심각한 경우에는 가족이 가진 합리적 문제해결 능력이 발휘될 수 있더라도, 문제가 광범위하고 심각한 경우에는 합리적 문제해결 능력이 발휘되기 어려울 수 있다.

가족이 지닌 문제해결 능력과 의사소통 능력으로 감당하기 쉽지 않은 일련의 문제와 변화가 반복적으로 일어나면 가족의 문제해결 능력과 의사소통 능력 자체가 손상될 수 있고, 그렇게 손상된 문제해결 능력과 의사소통 능력은 가족의 갈등과 문제를 더욱 증폭시키거나 장기화할 수 있다. 자녀가 사춘기에 접어들면서 심한 반항을 보이거나 부모-자녀 간 갈등이 심한 상황에 처할 때, 일부 가족은 외부(예: 확대가족, 교사, 상담자 등)의 도움을 받아서 문제해결 능력과 의사소통 능력을 회복하

거나 긍정적 방향으로 변화시킴으로써 갈등을 해결하고 가족관계를 유지·발전시킨다. 반면, 일부 가족은 갈등과 문제를 해결하지 못하고 부모-자녀 간 갈등이 부부간 갈등까지 초래하는 등 문제가 더욱 심화될 수 있다.

(3) 가족관계와 의사소통

가족 간 의사소통은 수용적/표현적 의사소통 등 대화를 주고받을 때만 이루어지는 것이 아니라 가족의 말과 행동을 통해서 항상 이루어지는 상호작용으로 광범위하게 이해할 필요가 있다. 말을 하는 것도 의사소통이지만 말을 하지 않는 것도 의사소통이고, 한 가족 구성원이 어느 가족 구성원에게 말을 하는지 혹은 하지 않는지도 중요한 의사소통이기 때문이다. 한 가족 구성원이 다른 가족 구성원을 바라보는 것과 어떻게 바라보는지도 의사소통이지만, 두 가족 구성원이 같은 공간에 있을 때 한 가족 구성원이 다른 가족 구성원을 바라보지 않는 것도 중요한 의사소통이다. 더 기본적으로는 같은 공간에 다른 가족 구성원과 함께 있다는 것도 의사소통이다. 관계가 원만한 가족은 긍정적 의사소통을 더 자주 주고받는 반면 갈등이 심한 가족은 부정적 의사소통을 더 자주 주고받는 경향이 있다.

가족 간 의사소통에는 항상 가족관계를 규정하는 부분이 포함된다. 예를 들면, 부모-자녀 간 갈등이 있을 때 부모가 자녀에게 "이야기를 하고 싶다."라고 말을 건넨다면, 이는 부모가 대화를 통해서 갈등을 해결할 수 있는 관계로 부모-자녀 관계를 규정한다는 뜻을 포함한다. 다른 예로, 두 가족 구성원이 같은 공간에 있으면서 서로를 쳐다보지 않고 말도 하지 않는다는 것은 상대방에 대해서 관심이 없다거나, 서로 공유할 대화 주제가 없다거나, 억지로 같은 공간에 있기는 하지만 대화나 시선을 공유하고 싶지 않을 만큼 화가 나 있다는 것 등 둘의 관계가 원만하지 못하다는 의미를 포함한다.

가족 간 의사소통을 복잡하게 만드는 요인 중의 하나는 메시지를 보내는 쪽이 전달하고자 한 내용 및 관계 규정과 메시지를 받는 쪽이 받아들인 내용 및 관계 규정이 서로 다를 수 있다는 것이다. 예를 들어, 아버지가 사춘기 딸에게 "이야기를 하고 싶다."라고 말했을 때 전달하고자 한 메시지는 '대화를 통해서 부녀관계의 문제를 파악하고 해결하고 싶다.'는 것이지만, 사춘기 딸이 받아들이는 메시지는 '아빠가 야단치려고 한다.'일 수 있다.

가족 구성원 간에 주고받는 의사소통의 메시지가 서로 일치하는지(즉, 보낸 메시지와 받은 메시지가 일치하는지)를 대화를 통해서 확인할 수 있는 것은 가족 간 의사소통을 원활하게 하고 관계를 원만하게 하는 데 중요하다. 또한 가족관계가 원만할 때는 의사소통의 정확성, 즉 메시지를 보낸 쪽이 보낸 메시지와 받은 쪽이 받은 메시지가 서로 일치하는지를 확인하기가 수월하다. 기본적으로 관계를 긍정적인 것으로 지각하는 기반이 갖추어져 있어서 의사소통 자체에 대해서 대화를 나누거나 관계를 재확인하기가 쉽기 때문이다.

그러나 가족관계에서 의사소통이 원만하지 못하여 관계 규정에 대한 부정적인 메시지를 반복적으로 받게 되면 (메시지를 보낸 가족 구성원의 의사와는 상관없이) 관계를 부정적으로 규정하게 되고, 결과적으로 다음에 받는 메시지도 더욱 부정적으로 해석할 가능성이 높아지게 되는 한편 의사소통 자체에 대해서 대화를 하기도 더 어려워진다. 더욱이 가족관계는 순환적 인과관계를 이루고 있으므로, 한 가족 구성원이 관계를 부정적으로 규정하며 의사소통을 하면 상대방도 부정적인 반응을 할 가능성이 높아지게 되어 갈등이 더욱 심화되는 악순환이 이루어질 수 있는 것이다. 가족이 그러한 악순환에 빠지게 되면 스스로는 관계의 속성과 의사소통 양식을 객관적으로 바라보기 어렵다. 따라서 교사는 학생의 가족이 가족 구성원 간의 의사소통과 관계 양식을 이해하도록 도움으로써 문제 해결을 돕는 외부 자원이 될 수 있다.

3) 아동 · 청소년기 자녀가 있는 가족에서 나타나기 쉬운 인지적 오류

가족 구성원은 가족관계에 대해 다양한 기대와 신념을 가지며, 가족 간 상호작용을 지각하고 해석하는 인지 과정을 거친다. 그러한 신념과 인지 과정이 때로는 비합리적이거나 왜곡되어서 가족 기능에 문제를 초래하기도 한다. 교사는 아동 · 청소년 및 가족에게 문제를 초래할 수 있는 인지적 오류를 파악하고 수정하도록 도울 필요가 있다.

가족과 관련된 비합리적 신념체제와 왜곡된 인지 과정은 적어도 두 가지 면에서 가족 갈등에 부정적 영향을 미친다. 첫째, 가족 구성원의 경직되고 비합리적인 신념체제는 특정 사건이나 주제들에 관해 경직된 행동과 입장으로 나타나게 된다. 이러한 경직된 입장은 문제 해결이 합리적인 과정을 거치도록 하는 데 지장을 초래하기 쉽다. 둘째, 가족 구성원 간 상호작용 및 일어난 사건에 대해 왜곡되고 비합리적인 인지 과정을 적용하게 되면 분노나 적의가 지나치거나 부적절하게 나타나기 쉽고, 이러한 과잉적이며 부적절한 분노와 적의는 당사자와 관련된 가족 구성원들이 전반적으로 적절한 문제해결 능력 및 의사소통 능력을 지니고 있더라도 문제를 차분하게 다루거나 긍정적 의사소통을 하기 어렵게 만든다.

〈표 11-5〉 아동 · 청소년기 자녀가 있는 가족에서 흔히 나타나는 인지적 오류

인지적 오류	의미	예시
완벽주의	자녀가 완벽하게 잘못 없고 결점 없는 방식으로 행동하기를 부모가 기대하는 것	'자녀는 항상 부모를 공경해야 해.' '우리 아이는 머리가 좋으니까 학교에서 항상 일등을 해야 해.'
비극화	만약 자녀가 금지된 행동을 하게 된다면 자녀가 자신의 삶을 망치고 결국 가족도 망가뜨리게 되는 끔찍한 결과가 생길 것이라고 부모가 믿는 것. 혹은 부모가 자녀에게 여러 가지 규제를 하는 것이 결국 자녀의 삶을 망치게 될 것이라고 자녀가 믿는 것	'애가 초등학생인데 벌써 담배를 피웠어. 그대로 놔두게 되면 나쁜 애들과 어울려서 담배뿐만 아니라 술도 마시게 될 거고, 결국 학교도 제대로 못 마칠 거야.' '주말에 밤늦게까지 친구들과 밖에서 놀도록 아버지가 허락해 주지 않아서 못 나가게 되면, 친구들은 내가 너무 꽉 막혔다고 생각해서 나랑 어울리지 않으려 할 거고, 그러면 결국 나는 친구도 없는 외톨이 신세가 되고 말 거야.'
공정성	부모는 항상 자녀들을 공평하게 대해야 한다고 자녀가 믿으며, 만약 부모가 불공평한 규칙과 규율을 적용한다면 그건 끔찍이 나쁜 것이라고 자녀가 믿는 것	'우리 부모는 나와 언니를 항상 공평하게 대해야 해.' '우리 부모도 적어도 내 친구들 부모만큼 허용적이어야 해.'
사랑과 인정	가족 구성원은 서로 모든 생각과 감정을 비밀 없이 나누어야 하며 서로의 행동을 항상 인정해야 한다고 믿는 것. 서로 생각과 감정을 나누지 않는 것은 사랑이 없음을 뜻하는 것으로 해석함	'우리 아들의 마음이 괴롭다면 왜 그런지 내게 꼭 말해야 해. 그러지 않는다면 그건 그 애가 날 더 이상 사랑하지 않는다는 의미야.' '만약 아빠가 나를 정말 사랑한다면 내가 하는 행동에 의문을 갖지 않을 거야.'
복종	자녀는 부모의 지시와 요구에 항상 기꺼이, 또 의문 없이 따라야 한다고 부모가 믿는 것	'뭐가 가장 좋은 건지는 내가 가장 잘 알고 있으니까, 우리 딸은 항상 내 말대로 따라야 해.' '애들은 부모의 결정에 도전할 권리가 없어.'
자기 비난	자녀의 잘못된 행동이 부모 자신의 부적절성을 의미하는 것이라고 믿는 것	'아이가 학교에서 성적이 나쁘다면, 그건 내가 부모로서 잘못하고 있다는 걸 의미해.' '아이가 비행을 저지른다면 그건 내가 아이에게 사랑을 충분히 주지 않아서야.'

악의	자녀가 잘못된 행동을 하거나 반항하는 것은 의도적으로 부모에게 상처를 주기 위해서라고 부모가 믿는 것. 혹은 부모가 자녀를 야단치거나 규제하는 것은 자녀를 미워해서거나 상처를 주기 위한 의도에서라고 자녀가 믿는 것	'우리 딸은 날 미치게 하려고 저러는 거야.' '우리 엄마는 내가 친구를 못 사귀게 하려고 일부러 날 집에 일찍 오게 만들어.'
자율성	자녀가 자기 원하는 만큼 자유롭게 행동할 수 있어야 한다고 믿고, 그러한 자유가 제한을 받으면 분노함	'나는 벌써 5학년이나 됐으니, 누굴 친구로 사귀든 내 마음대로 할 수 있어야 해.' '나는 이미 어린애가 아니니까 귀가시간도 내 마음대로 정할 수 있어야 해.'
인위적 추론	지지하는 증거가 없거나 증거가 결론과 상반됨에도 불구하고 특정 결론을 이끌어 내는 것	십 대의 아들이 머리를 염색하고 피어싱을 하는 것을 보고 아버지는 아들이 범죄를 저지를 위험이 높다고 결론짓는 것
선택적 추론	상황 속의 다른 보다 중요한 특성들은 무시한 채 맥락 속의 어느 단편적인 부분에만 초점을 맞추어서 전체를 개념화하는 것	6학년 딸이 2달 동안 8번 정해진 시간 내에 귀가했는데 9번째 주말에 연락도 없이 늦게 귀가했다고 부모가 딸이 약속을 지키지 않는다고 판단하는 것
과잉 일반화	하나 혹은 일부의 사건이나 행동의 일부에 근거하여 일반적 결론을 내리고 이에 관련되거나 혹은 관련성도 없는 상황들에까지 일반화하는 것	5학년인 딸이 근처의 쇼핑센터에 친구들을 만나러 가겠다고 하자 부모가 그 부근은 '질 나쁜' 중고생들이 많이 다닌다고 허락하지 않았다. 그러자 딸은 '우리 부모는 항상 안 돼.'라고만 하는 비합리적인 사람이라고 결론짓고 앞으로는 부모의 허락을 구하기 위해서 거짓말을 해야겠다고 결정하는 것
중요성의 확대 혹은 축소	사건의 중요성을 평가할 때 그 중요성을 확대하거나 축소하는 것	확대의 예) 서로 의견이 합치되는 일이 드문 부부가 말다툼을 하자 딸이 그것을 보고 자기 부모가 이혼을 할 것이라고 결론을 내리고는 감정적으로 격한 동요를 일으켜 학교에서 말썽을 부리는 것 축소의 예) 평균 70점대에 머물던 아들이 중간고사에서 80점대의 점수를 받은 과목들이 지난 학기보다 3개가 늘었으나 수학 점수가 60점대에 머물자 아버지는 아들이 수학 성적이 여전히 낮기 때문에 지난 학기에 비해서 점수가 향상한 점을 인정하지 않는 것
절대적·이분법적 사고	모든 경험을 극단적으로 부정적이거나 긍정적인 부류로 양분하는 사고경향. 많은 경우 다른 사람들의 행동은 부정적인 것으로 분류하는 경향이 높음	딸의 친구가 방학 때 머리를 염색하였다는 이야기를 듣고, 어머니가 '그 친구 질이 나쁘다.'고 결론짓는 것

출처: Robin & Foster(1987).

4) 가족의 정서적 관여 유형과 반응성

정서적 관여와 반응은 가족 구성원 간 상호작용의 중요한 부분이다. 이러한 관여와 반응이 적절한 정도와 방식으로 이루어지면 가족관계에 도움이 되고 학생의 발달에도 유익한 영향을 미치지만, 때로는 가족 구성원의 기대나 지각이 다름으로 인해 갈등을 겪기도 한다. 특히 또래의 영향이 강해지고 급격한 발달을 보이는 아동·청소년기에 그러한 어려움이 흔히 나타난다(김혜숙, 2000). 따라서 교사는 학생과 부모가 가족의 정서적 관여 유형 및 반응에 대해 지각하는 바를 비교·이해함으로써 아동·청소년의 성장에 적절한 정서적 관여가 이루어지도록 도울 수 있다.

(1) 정서적 관여

정서적 관여란 가족 구성원들이 서로의 생각·가치관·감정·활동 등에 보이는 관심 및 배려의 양과 질을 의미한다(Epstein, Bishop, & Levin, 1978). 정서적 관여의 양과 질에 따라서 학생의 발달에 도움이 되거나 혹은 지장을 초래할 수 있다.

〈표 11-6〉 정서적 관여의 유형

관여 유형	관여의 양과 질
관여 부재	• 가족 구성원 간에 서로 전혀 관여하지 않는 수준 • 서로에게 무관심하고 소원하며 정서적 필요가 충족되지 못함
정서 없는 관여	• 의무감이나 통제 필요성이 있거나 단순한 호기심이 있을 때에만 서로 관여하고 감정은 배제되어 있는 수준
자기도취적 관여	• 가족 구성원 간에 서로 다른 구성원을 진심으로 걱정하거나 배려하는 마음에서보다는 자기 자신의 존재 가치를 유지하기 위해 자기중심적으로 관여하는 수준
공감적 관여	• 가족 구성원 간에 서로 다른 가족 구성원이 무엇을 진정으로 필요로 하며 어떤 상황에 있는지를 공감적으로 이해하려고 하면서 배려의 마음으로 관여하는 바람직한 수준
과잉 관여	• 가족 구성원 간에 관여하는 방식 자체는 바람직하나 관여의 정도가 너무 지나쳐서 구성원 각자의 독립성 유지에 해를 끼치는 수준
공생적 관여	• 관여의 정도가 지나쳐서 가족 구성원 개개인의 영역이 침해되고 개인의 발달에 지장을 초래하는 수준

(2) 정서적 반응성

정서적 반응성이란 주어진 상황과 자극에 적절한 내용와 수준의 정서를 경험할 수 있는 능력을 뜻한다. 즉, 가족이 일상적인 생활 속에서 광범위한 정서를 경험하고 반응할 수 있는지, 또한 경험되는 정서가 상황적 맥락과 자극에 적절하게 부합되는 것인지를 뜻한다(Epstein et al., 1978). 애정 · 안정감 · 즐거움 · 고마움 · 행복감과 같은 안녕감, 그리고 두려움 · 슬픔 · 분노 · 우울 · 실망감 · 위기감 등의 정서를 가족 구성원이 적절히 경험하고 반응할 수 있는지를 파악하는 것은 가족관계의 향상에 유익할 뿐 아니라 학생의 정서적 발달에 매우 중요하다.

이런 긍정적 정서와 부정적 정서는 모두 가족 간 상호작용에서 나타날 수 있는 것들이지만, 모든 가족이 긍정적 정서와 부정적 정서를 적절하게 경험 · 반응하는 것은 아니다. 일부 가족은 긍정적 정서는 쉽게 경험하고 표현을 허락하며 반응도 원만하게 이루어지지만, 부정적 정서에 대해서는 회피하거나 억압하는 경향을 보인다. 반면, 다른 가족은 긍정적 정서는 잘 경험 · 표현되지 않고 부정적 정서만 주로 주고받는 경향을 보인다. 가족 내에서 정서적 반응성이 제한되면 학생의 정서적 발달이 원만히 이루어지기 어렵다.

연구 과제

1. 학생의 가족관계가 교사가 생각하는 이상적 가족관계와 많은 차이를 보이며 부모가 교사의 노력에 협조적이지 않는 경우, 교사가 가족 관련 인성교육을 실시할 때 주의할 점을 논해 보시오.
2. 자신이 가족 관련 영역의 인성교육을 실시할 때 가장 큰 어려움이 무엇이겠는지 생각해 보고, 그러한 어려움을 해결하는 방안을 제시해 보시오.

참고문헌

김덕일(2013). 감정카드 세트. 서울: 학지사.

김현옥(2002). 가족주의 의식의 구성과 변화: 한국사회에서의 연령집단별 차이를 중심으로. 가족과 문화, 14(1), 3-30.

김혜숙(2000). 가족 이해와 변화를 위한 개입 전략. 한국청소년상담원(편), 청소년 가족 · 부모상담(pp. 59-126).

김혜숙(2013). 한국 이혼가정 아동의 성장: 위험과 자원. 아산재단 연구총서 제346집. 서울: 집문당.

김혜숙(2014). 가족관계에 대한 아동청소년의 신념: 학교급 및 성별 차이와 시대별 추이. 초등상담연구, 14(1), 63-75.

신수진(1998). 한국의 가족주의 전통. 한국가족관계학회지, 3(2), 127-152.

옥선화(1990). 현대 한국인의 가족주의 가치에 관한 연구. 서울대학교 대학원 박사학위논문.

이순미(2014). 가족중심주의와 개인화 사이의 한국 가족: 가족주의 및 성별에 따른 세대관계 잠재구조의 차이를 중심으로. 가족과 문화, 26(3), 1-36.

최재석(1976). 한국인의 사회적 성격. 서울: 개문사.

Bronfenbrenner, U. (2005). *Making human beings human: Bioecological perspectives on human development*. Thousand Oaks, CA: Sage Publications.

Epstein, N. B., Bishop, D. S., & Levin, S. (1978). The McMaster model of family functioning. *Journal of Marriage and Family Counseling*, *4*, 19-31.

Hofstede, G. (1984). *Culture's consequences*. Beverly Hills, CA: Sage.

Hofstede, G., Hofstede, G. J., & Minkor, M. (2014). 세계의 문화와 조직: 정신의 소프트웨어 (*Cultures and organizations: Software of the mind*, 3rd ed.). (차재호, 나은영 공역). 서울: 학지사. (원저는 2010년 출판).

Kağitçibaşi, C. (2005). *Development of self and competence in cultural context*. Wassernaar, Netherlands: Netherlands Institute for Advanced Study in the Humanities and Social Sciences.

Kitayama, S., Markus, H. R., & Kurakawa, M. (2000). Culture, emotion, and well-being: Good feelings in Japan and the United States. *Cognition and Emotion*, *14*, 93-124.

Markus, H. R., & Kitayama, S. (2010). Cultures and selves: A cycle of mutual constitution. *Perspectives on Psychological Science, 5*(4), 420-430.

Olson, D. H., & Gorall, D. M. (2003). Circumplex model of marital and family systems. In B. Carter & M. McGoldrick (Eds.), *The changing family life cycle* (2nd ed., pp. 514-548). Needham Heights, MA: Allyn and Bacon.

Olson, D. H., Russell, C. S., & Sprenkle, D. H. (1989). *Circumplex model: Systemic assessment and treatment of families*. New York: Haworth Press.

Robin, A. L., & Foster, S. L. (1987). *Negotiating parent-adolescent conflict*. NY: The Guilford Press.

Rohner, R. P., & Pettengill, S. M. (1985). Perceived parental acceptance-rejection and parental control among Korean adolescents. *Child Development, 56*, 524-528.

Rothbaum, R., & Rusk, N. (2011). Pathways to emotion regulation: Cultural differences in internalization. In X. Chen & K. H. Rubin (Eds.), *Socioemotional development in cultural context* (pp. 99-127). New York: The Guilford Press.

Rudy, D., Sheldon, K. M., Li, Y., Kamble, S., Bi, X., & Palermo, F. (2015). Who chooses best? Explaining the interactive effect of culture and decision-maker on children's intrinsic motivation. *Journal of Cross-cultural Psychology, 46*(4), 471-488.

Super, C. M., & Harkness, S. (2002). Culture structures the environment for development. *Human Development, 45*(4), 270-274.

Uchida, Y., Kitayama, S., Mesquita, B., Reyes, J. A. S., & Morling, B. (2008). Is perceived emotional support beneficial? Well-being and health in independent and interdependent cultures. *Personality and Social Psychology Bulletin, 34*(6), 741-754.

Yang, J. (2008). Changing values cause ideological confusion. In K. Kim (Ed.), *Social change in Korea* (pp. 86-98). Seoul: The Korea Herald.

|부록|

가족관계 영역 인성계발 활동을 위한 프로그램과 지도 방안

가족 관련 인성계발 활동 1 우리 가족 평면도 그리기

1 활동 목표와 내용

집의 이미지 안에 가족 구성원의 정서, 소속감과 소외, 편안함과 긴장, 즐거움과 고통, 친밀함과 소원함, 경계와 얽힘 등이 들어 있음을 이용한 것으로, 가족관계 속에서 자신을 이해하는 데 도움이 되는 활동이다.

2 준비물

학생별로 그림을 그릴 수 있는 종이 및 색연필 혹은 크레파스

3 활동 과정

- 도입: 학생 각자가 자기 집의 평면도를 그려 보면서 자기 가족에 대해서 이해하는 활동이라고 소개한다.
- 전개
  - 학생 각자가 가족 구성원들을 포함한 자기 집의 평면도를 그리게 한다.
  - 그리는 동안 교사는 다음과 같은 지시를 할 수 있다.
    "집 안의 냄새, 소리, 색, 사람들을 기억해 보세요."
    "각 방에서 느낀 분위기를 기억해 보세요."
    "집에서 특별한 곳이 어디였는지 기억해 보세요."
  - 평면도를 그린 후 그 평면도에서 가족 구성원이 무엇을 하고 있는지, 그리는 과정 중이나 후에 어떤 생각과 느낌이 들었는지 이야기를 나눈다. 소모둠 단위로 혹은 학급 전체로 진행할 수 있다.
  - 각 학생이 자기 집 평면도에 대해서 이야기하는 것을 듣고 서로 질문을 하거나 자신의 경험과 비교하며 함께 생각해 보는 시간을 가진다.
- 마무리: 학생들이 자기 집 평면도에 대해서 이야기를 모두 나누고 나면 교사는 전체 학생들을 대상으로 이 활동을 통해 무엇을 깨닫거나 느꼈는지 질문함으로써

정리하는 시간을 가진다.

4 활동의 응용 및 지도 시 주의점

1) 현재의 가족 평면도뿐 아니라 '가장 특별했던 시간'을 기억하여 그때 집의 평면도를 그리도록 할 수 있다. 현재와 그때를 비교하며 가족관계를 조망해 보게 할 수 있고, 특별했던 때를 기억하며 가족에 대한 긍정적 감정과 다시 행복할 수 있다는 희망을 되살리는 데 활용할 수 있다.

2) 가족 단위로 이 활동을 진행할 수 있다.
   - 부모 및 자녀들 각자가 집의 평면도를 그리게 한다. 그린 후에 함께 이야기를 나눔으로써 가족관계에 대한 서로의 생각과 느낌을 확인하고 가족관계 개선을 위한 계기로 삼을 수 있다. 동일한 사건이라도 각 가족 구성원이 관심을 두는 부분이 다를 수 있으며 해석 또한 다를 수 있음을 확인할 수 있다.
   - 부모로 하여금 원가족(부모가 나서 자란 집)과 함께 살던 집의 평면도를 그리게 한다. 부모가 그리는 동안 자녀들은 부모가 그리는 것을 지켜보게 한다. 한 집에서만 살지 않았다면 그중에서 집 하나를 선택해서 그리게 한다. 그린 후에 부모가 그림을 그리는 중이나 후에 부모와 자녀가 느낀 점을 이야기하도록 한다.

3) 학생들이 자기 가족에 대해 생각하고 느낀 점들이 반드시 긍정적인 쪽(예: 감사와 행복)으로 나타나도록 교사가 이끌어야만 한다는 부담을 갖지 말고, 자기 가족에 대한 생각과 감정을 솔직하게 들여다볼 수 있도록 공감적이고 수용적인 분위기를 제공한다.

가족평면도의 예

가족 관련 인성계발 활동 2 가족 조각

1 활동 목표와 내용

학생 한 명이 조각가가 되고 다른 학생들은 그 학생의 가족 구성원(아버지, 어머니, 형제자매 등) 역할의 조각물이 되도록 하는 활동이다. 조각가인 학생이 가족 구성원 역할을 하는 학생들에게 행동과 감정을 표현하는 자세를 취하게 하고 심리적 공간을 나타내는 위치에 가족 구성원이나 가족에 해당하는 물건들을 대치시켜 조각을 만들게 한다. 가족 속에서 살아가는 경험이 어떤 것인지 깨닫게 하는 데 도움이 된다.

2 준비물

가족 구성원을 대치하거나 자세를 취하게 하는 데 도움이 되는 물건(예: 의자, 막대기, 돌, 인형 등)

3 활동 과정

- 도입: 한 학생이 조각가가 되고 다른 학생들은 그 학생의 가족 역할을 하며 살아 있는 가족 조각을 만들어 보는 활동이라고 소개한다.
- 전개
  - 조각가인 학생과 가족 구성원 역할을 할 학생들에게 다음의 지시를 한다.
    "자, 조각가는 가족들이 마치 찰흙으로 만들어졌다고 생각하고 찰흙으로 조각을 하듯이 식구들의 신체를 움직여서 자리를 잡아 주고 몸의 자세를 만들어 보세요. 나머지 사람들은 조각가의 요구를 순순히 들어주어야 합니다. 조각가는 조각이 마음에 들 때까지 가족들의 위치나 자세의 변화를 줄 수 있습니다."
  - 조각이 완성되면 조각가인 학생에게 조각의 제목을 붙여 보라고 한다.
- 마무리: 가족 구성원 역할을 한 학생들, 조각가, 관찰한 학생들 모두 그 과정을 통해 느낀 점을 함께 나눈다. 또한 자신이 조각가가 되어 자기 가족을 조각한다면 어떤 모습으로 하게 될 것인지에 대해 각자 생각한 점을 나눈다.

가족조각의 예

4 활동의 응용

① 학생의 실제 가족 구성원들과 가족 단위로 이 활동을 진행할 수 있다. 실제 가족과 이 활동을 할 때는 학생을 조각가로 하여 조각이 완성된 후 다음과 같은 질문을 추가적으로 할 수 있다.

- (가족 각자에게) "가족 내의 자신의 위치에 대하여 어떤 느낌이 듭니까?"
- (가족에게) "조각하는 자녀가 가족을 그렇게 생각한다는 것을 알고 있었습니까?" "그 생각에 동의합니까?"
- (부모에게) "조각하는 자녀가 어머니(아버지)를 그렇게 생각하는 것을 알고 있었습니까?"
- (조각한 학생에게) "이 장면에 제목을 붙여 보세요."

② 가족 구성원이 서로 돌아가며 조각가 역할을 맡게 하여 과정을 반복할 수 있다.

③ 모든 가족 구성원이 현재의 가족에 대한 경험을 조각으로 묘사하고 난 후, 그들이 생각하는 이상적인 가족의 모습을 조각해 볼 수 있다.

가족 관련 인성계발 활동 3 가족 간 의사소통 파악과 훈련

1 활동 목표와 내용

효과적 의사소통의 방법을 익히는 과정이다.

2 준비물

간단한 필기도구

3 활동 과정

- 도입: 가족과 대화를 나누는 효과적 방법을 배우는 과정이라고 소개한다.
- 전개
  - 가족과의 효과적 의사소통을 위한 다양한 과정을 학생들과 토의한 후 교사가 먼저 시범을 보인다.
  - 교사의 시범 후 학생 둘씩 짝이 되어 연습한다.
  - 짝이 된 학생들은 자녀 역할, 어머니나 아버지 역할을 서로 바꿔 가며 연습한다.
  - 교사는 연습하는 학생들에게 구체적인 피드백을 해 주면서 연습이 효과적으로 이루어지도록 돕는다.
- 마무리: 각 과정에서 학생들이 느끼고 배운 점을 함께 나눈다.

<효과적인 의사소통 훈련의 구체적 방법>

- 관심 기울이기 훈련

상대방의 생각 · 감정 · 기대에 관심이 있고 정확히 이해하려고 노력하고 있다는 것을 알리는 방법을 학생들과 함께 토의한다. 좋은 자세(이완되고 편안한 자세), 시선의 접촉(부드러운 시선), 즉각적인 언어 반응(상대방의 말이 끝난 후 곧 반응) 등을 교사가 시범 보이고 학생들도 연습해 본다.

- 자신의 느낌 말하기

느낌의 표현 방법으로 말로 표현하기, 간접적으로 표현하거나 비꼬기, 과격한 행동으로 표현하기 중 어느 방법이 적절한지 학생들과 토의한다. 자신의 느낌을 상대방에게 직접적으로 표현하는 연습을 한다.

- **이해한 점 확인하기**

상대방의 생각, 제안, 느낌, 경험 등을 정확히 이해하고 있는지 확인하는 것이 필요함을 학생들에게 설명한다. "내가 듣기에 너는 지금 마음이 ~같아. 내가 제대로 이해한 거니?" 등의 예를 들어 주고 학생들도 연습해 보게 한다.

- **의사소통 게임해 보기**

① 두 사람이 서로 등을 맞대고 이야기한다 → 이제 서로 마주 보고 서로 말을 하지 말고 눈만 마주치도록 한다 → 서로 마주 보고 말은 하지 않고 손만 잡는다. → 손을 잡지는 않고 눈을 마주보며 말을 한다 → 손을 잡고 눈을 마주보면서 서로 언쟁을 하도록 해 본다. 전체 과정을 거치면서 느낀 점을 학생들과 토의한다.

② 한 사람은 눈감고 다른 한 사람은 말을 사용하지 않고 눈을 감은 사람을 인도하는 경험을 해 본 후에 경험한 내용을 학생들과 토의한다.

- **부정적 의사소통과 효과적 의사소통 찾아보기**

부정적 의사소통과 효과적 의사소통의 예시(407쪽의 〈표 11-4〉 참조)를 제시하고, 학생들이 자신이나 가족들에게서 나타나는 점을 찾아보도록 한다.

가족 관련 인성계발 활동 4 가족 돌보는 날

1 활동 목표와 내용

가족 전체나 둘 이상의 가족 구성원을 대상으로 하는 활동으로서, 가족이 서로 원하는 바를 이해하고 실행해 보는 기회를 가짐으로써 긍정적 상호작용이 증가하도록 돕는 과정이다.

2 준비물

필기도구, 가족 구성원별 목록을 적을 수 있는 카드

3 활동 과정

- 도입: 가족 구성원이 서로 원하는 바를 적고 번갈아 가며 상대방이 바라는 대로 해보는 과정이라고 설명한다.
- 전개
  - 학생과 부모가 서로 원하는 바를 목록으로 적게 한다.
  - 각자가 번갈아 가며 '돌보는 날'을 정해서 상대방이 바라는 대로 하루씩 해 보도록 한다.
  - 한 주 후에 가족이 함께 목록을 비교하고 실시 경험을 함께 나눈다. 상대방의 노력과 변화가 자신에게 미친 영향을 함께 이야기한다.
  - 목록을 다시 작성하여 같은 과정을 반복한다.
- 마무리: 목록 작성과 '돌보는 날' 실행에서 느끼고 깨달은 점 및 가족 상호작용 변화 양상에 대해서 함께 나눈다.

〈목록 양식 예시〉

아동이 바라는 점	아버지가 바라는 점	어머니가 바라는 점

가족 관련 인성계발 활동 5

가족 내에서 느끼는 내 감정은 무엇이며 어떻게 표현하고 있나?

1 활동 목표와 내용

아동 · 청소년이 가족 내에서 느끼는 감정을 파악하고 표현함으로써 감정 이해와 표현능력의 향상을 꾀하는 활동이다.

2 준비물

감정카드나 감정 표정 그림, 혹은 SNS에서 메시지를 주고받을 때 사용하는 이모티콘 등 감정을 나타내는 표정을 담은 카드들. 긍정적 감정 5~6종류 및 부정적 감정 5~6종류로 준비한다.

3 활동 과정

- 도입: 감정카드를 각각 학생들에게 제시하며, 그 표정에는 어떤 감정이 담겨 있다고 보는지 질문한다.
- 전개
  - 그 감정을 가족 속에서 느낀 경험을 떠올려 보게 한다.
  - "그 감정을 언제 느꼈나요?" "그 감정을 어떻게 표현했나요?" "표현한 결과는 어떠했나요?" "표현하지 않았다면 표현하지 않은 이유는 무엇이었나요?" "그 감정을 어떻게 하고 싶은가요?" 등의 질문을 한다.
- 마무리: 활동 과정에서 느낀 점을 함께 나눈다.

4 활동의 응용

① 학생으로 하여금 어머니와 아버지는 그러한 감정을 언제 느꼈을 것 같은지 생각해 보도록 할 수 있다.

② 가족 역할극으로 그러한 감정을 표현하고 들어보는 경험을 한 후, 역할을 바꾸어서 반응해 본다.

③ 역할극을 통해서 깨달은 점을 함께 이야기하고, 부모에게 하고 싶은 말을 편지로 쓰거나 그림으로 그린다. 이 편지나 그림은 학생이 원하면 부모에게 전달하지만, 학생이 원치 않는다면 부치지 않는 편지/그림으로 할 수 있도록 한다.

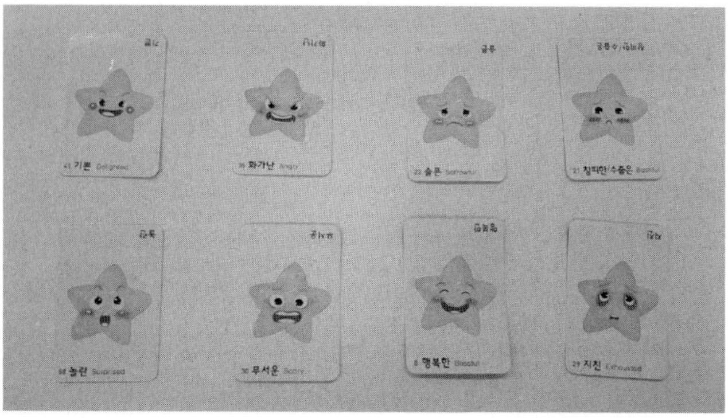

감정카드

출처: 김덕일(2013).

제12장

학교 차원의 인성교육

개 요

학생들의 인성 발달은 학생 개인이 가진 특성과 학생들을 둘러싸고 있는 다양한 생태적 환경, 즉 가정, 학교, 지역사회 및 국가 수준의 다양한 사회문화적 환경 간의 상호작용을 통하여 이루어진다. 이러한 환경들은 학생들의 인성 발달에 상호 호혜적인 영향을 미치게 되는데, 이 중 학교환경은 학생들의 인성 발달을 위한 주요한 참여 주체로서 보다 광범위하게 영향을 주는 환경이다.

이 장에서는 학생들의 인성 발달에 영향을 미치는 학교요인들과 학교 인성교육을 위한 학교 공동체의 역할들을 살펴보고, 인성교육을 잘 실천하고 있는 학교의 실천 사례들을 중심으로 하여 학교 인성교육의 실천 방안들을 살펴보고자 한다.

연구 문제

1. 학교 차원의 인성교육은 왜 필요한가?
2. 학생들의 인성 발달에 영향을 주는 학교환경의 요인에는 어떤 것이 있는가?
3. 학교 인성교육이 잘 되기 위한 실천 요건은 무엇인가?
4. 학교 인성교육을 위해 어떤 방안들을 실천할 수 있을 것인가?

1. 학교 차원의 인성교육의 의미와 필요성

인성교육은 교육의 본질적인 과제로서 우리나라에서는 오랜 유학적 전통 속에서 강조되어 왔다. 그러나 오늘날의 공교육에서는 이러한 교육의 당위적인 목적인 인성교육보다는 지식 위주의 획일화된 교육이 행해짐으로써 학생들의 불행감이 증대되고, 이것은 학생들의 학교 부적응과 나아가서는 자신의 삶과 사회에 대한 부적응으로 이어지고 있다. 이러한 문제의식의 바탕 위에서 최근 「인성교육진흥법」(2015)이 제정되어 학교교육에서 계획 · 시행되어야 할 인성교육의 내용 등이 제시되었다.

인성교육이란 인간이 개인적으로 갖추어야 할 바람직한 심성과 사회적으로 갖추어야 할 가치 있는 인격 및 행동 특성의 교육이라고 볼 수 있다(허승희, 박성미, 2015). 학교 교사들은 이러한 인성교육의 구체적인 내용으로서 공동체 의식, 긍정적 대인관계 형성, 자아의 신장, 가치교육 등을 들고 있다(허승희, 2003), 학생, 학부모 및 교사들이 공통적으로 생각하는 내용으로는 정직, 배려, 예절, 성실함, 정의감, 책임감, 생명존중, 공동체 의식 등이 제시되었다(한국교육과정평가원, 2011). 최근에는 인성교육의 내용으로 인간이 미래 사회에서 성공적인 삶을 살기 위해 필요한 소통 능력, 갈등해결과 문제해결 능력 및 자기관리 능력까지도 포함하여 그 내용이 보다 폭넓게 제시되고 있다(정창우, 손경원, 김남준, 신호재, 한혜민, 2013; 이미숙, 2012).

인간으로서 갖추어야 할 개인적 · 사회적 가치로서의 이러한 인성교육이 제대로 되기 위해서는 학교, 가정, 지역사회 및 국가 수준에서의 통합적인 인성교육 체계가 이루어져야 하며, 특히 학교 수준의 인성교육 체계가 올바로 정립될 필요가 있다. 이것은 첫째, 가정, 사회 및 지역사회는 학생들의 인성교육을 위한 지원체제로서의 역할을 하지만, 학교는 가정에서 가르쳐야 할 긍정적인 성품과 역량을 의도적이고 체계적으로 강화해야 할 역할을 맡고 있기 때문이며(정창우, 2015), 둘째, 학교환경은 학생들의 전인적 발달을 위하여 보다 지속적이고 장기적인 영향을 미칠 수 있는 환경이기 때문이다.

인성의 발달에는 학생 개인이 가진 심리적 특성과 고유한 경험들, 부모의 양육방식 및 그 학생이 삶을 영위하는 공동체의 특성들이 상호 영향을 미치지만, 학교는 이 중 인성교육의 참여 주체로서 그 고유한 역할이 있다. 즉, 학교에서는 교사와 부모들이 생각하고 있는 개인적·사회적 가치로서의 인성을 바탕으로 한 학생들의 행동을 개발하고 지도하여야 하며, 이것은 장기적이고 체계적인 차원에서 이루어져야 할 필요가 있는 것이다. 이를 위해서는 종래의 학급 담임교사 책임하에서만 이루어져 왔던 인성교육의 문제를 이제는 학교 차원에서 새로운 인성교육 체제를 갖추고 시행할 필요가 있다.

2. 학생의 인성 발달에 영향을 미치는 학교요인

학생의 인성 발달에 영향을 미치는 학교요인에는 학교의 학군, 주변 환경 등의 물리적 환경, 학교를 구성하는 학교장, 교직원 및 학생들이 심리적으로 상호작용함으로써 이루어지는 구조적 환경, 그리고 학생들에 대한 교장과 교사들의 교육적 태도 등의 심리적 환경, 나아가서는 학교교육에 관여하는 학부모와 지역사회 인사 등의 거시적 환경체계가 모두 포함될 수 있다.

여기서는 이 중 학교의 심리적 환경과 구조적 환경을 중심으로 하여 학생의 인성 발달에 영향을 미치는 학교요인들을 살펴본다.

1) 학교 스트레스

학교 스트레스란 학교라는 환경에서 일어나는 다양한 환경 자극과 학생들의 반응 간의 상호작용으로 일어난다. 학교에 대한 스트레스는 학생에게 스트레스 정서를 일으키게 되고, 그것은 비행과 같은 부적응 행동들을 일으킬 수 있는 중요한 요인이 된다. 그러나 학생이 학교에서 스트레스를 받지 않고 심리적 안정감을 가질 수 있다면, 긍정적 자아존중감, 낙관성 및 긍정적인 대인관계 등의 바람직한 인성 특성들이 계발될 수 있다(Compton, 2005).

학교생활에 잘 적응하는 학생은 학교 스트레스가 없을 수도 있으나, 학업 성취도 수준과 관계없이 많은 학생은 학교생활에서 다양한 스트레스를 받으며, 그중 공부에 대한 스트레스는 가장 큰 스트레스라고 볼 수 있다. 그리고 학생은 학교에서 공부 이외에 학교환경에 대한 만족과 심리적 안정, 친구관계와 교사관계 등에서 스트레스를 갖는다(김종백, 김태은, 2008).

다음은 초등학교 5학년과 6학년의 공부 스트레스(김선혜, 2004)와 고등학교 3학년 학생의 학교 규칙에 대한 스트레스(김성천, 서용선, 홍섭근, 2015)의 예다.

> "공부하는 것은 정말 힘들다. 옆 집 애보다 못할 때도 혼나고, 시험을 못 봐도 혼난다. 제발 칭찬 한 번 받아 봤으면 좋겠다. 근데 공부는 정말 하기 싫다. 선생님이 말하는 것도 어떨 땐 뭐가 뭔지 모르겠다……."

> "오늘도 공부 때문에 재수없는 소릴 듣고 왔다. 내가 내 인생 사는데 왜 이리 간섭이 심한지……. 정말 재수없다. 학원 가라, 숙제해라. 정말 난 공부 땜에 못 살겠다……. 하루라도 공부 좀 안 해 봤음 좋겠다."

> "학교에서는 이해할 수 없는 일들이 많이 일어난다. 이를테면 교복 재킷을 입지 않으면 외투를 걸치지 못하게 한다거나, 크로스백을 메고 학교에 등교하면 안 된다거나, 심지어는 하얀 양말만 신어야 한다는 규칙, 벨트는 꼭 검은 벨트여야 하고, 에나멜 구두를 신어야 한다는 규칙이 학교에는 있다. 이해할 수 없었지만 딱히 불만을 제기하지도 않았다. 그런 교칙을 지키는 건 귀찮은 일이었지만, 교칙을 지키지 않으면 더 귀찮아졌다. 익숙해지는 게 편했다. 학교에 점점 무감각해지고, 순응하는 날들이 늘었다."

학생의 바람직한 인성교육을 위해서는 학생이 학교에서 '즐거운 공부'를 할 수 있도록 학교에서의 전반적인 교육 활동이 재구성되고 가정에서의 학부모의 공부에 대한 인식이 달라질 필요가 있다. 또한 학교 스트레스의 중요한 내용으로서 학교 훈육의 문제와 그에 따른 불만족, 집단의 기준에 순응해야 하는 학교의 심리적 환경 등을 개선할 필요가 있다.

2) 교사-학생 관계

건강한 학교는 학생들 간에 그리고 교사-학생 간에 원활한 의사소통이 이루어지는 학교다. 실제로 교사가 학생들의 친구관계에 관심을 가지고, 학생들의 개인적인 문제들을 기꺼이 도우려고 하는 학교는 학교폭력이 감소한다는 연구 결과가 있다. 즉, 학생과 교사의 유대감이 강하면, 학생들의 분노조절 능력이 높아지고 비행 친구와의 접촉이 줄어들어 학교폭력 행동이 간접적으로 억제되는 효과가 있다(이은희, 공수자, 이정숙, 2004).

교사-학생 관계가 부정적으로 형성되는 원인은 대개 다음과 같다. 첫째, 학생들에 대한 교사의 부정적 피드백, 둘째, 교사가 인성보다는 학업 성적에만 중점을 두어 학생을 평가하는 경우, 셋째, 교사에게 인정받지 못함으로써 생기는 학생의 불만족감, 넷째, 교사의 처벌 중심의 훈육 방식 등이다.

따라서 바람직한 학교 인성교육을 위해서는 학생에 대한 교사의 의사소통 방식이 좀 더 긍정적으로 변화되어야 하며, 학생들을 공감적으로 수용하고, 처벌보다는 예방을 위주로 한 지도 방안이 고안될 필요가 있다.

3) 학교에 대한 애착

학생은 자신의 학교에 대해 애착을 가지고 만족할수록 학교생활에 대한 책임감, 협동심 등의 학교생활 적응 능력이 높아지게 된다. 학교에 대한 학생의 애착은 학교에 대한 소속감, 학교생활에 대한 만족감 및 학교교육에 대한 긍정적 지각으로 나타나게 된다. 즉, 학생이 학교에 대해 애착을 가질수록 학교생활에 대한 만족도와 학교교육의 가치에 대한 인식이 높아질 수 있으며, 이것은 학생들의 바람직한 인성 형성을 도울 수 있다. 실제로 학교에 대한 애착은 학교폭력 가해행동을 간접적으로 억제해 주는 효과가 있다고 한다(Stewart, Sum, Patterson, Lemerle, & Hardie, 2004).

학교에 대한 학생의 애착을 형성하기 위해서는 학생들이 학교에서 성공적인 성취 경험을 자주 하게 하고, 또래와의 긍정적인 상호작용을 통하여 학교에 대한 소속감을 가지게 하는 것이 필요하다.

4) 학교 수업

교사가 학생들을 지지하고 수용하는 학생 중심의 수업 분위기는 학생의 인성 발달에 중요한 영향을 미친다. 그리고 교사의 수업에 대한 열정 또한 건강한 학교 생태계를 구성하는 데 중요한 역할을 한다. 특히 수업을 할 때, 수업 내용에 있어서 학생들의 정서를 중시하는 감성교육을 중시하는 것은 학생의 학교 적응 행동을 위한 중요한 요인이 될 수 있다(서미경, 2007).

이러한 측면에서 학교 수업의 계획은 인성교육이 그 중심에 있어야 하며, 수업을 하는 교사 또한 교사 주도적인 수업이 아닌 학생 주도적인 수업을 해야 할 필요가 있다.

5) 학교 풍토

학교 풍토는 학교 구성원들과 학생 간의 상호작용의 질과 빈도를 말하며, 학교 풍토가 좋은 학교는 학교체계가 활기를 가지고, 교장과 교사들의 조직이 공정하고 효율적으로 구성되어 있으며, 학교 구성원들이 스트레스를 잘 이겨 내고 변화를 수용할 수 있는 자아탄력성이 높은 학교다(Costanza, 2012).

이러한 학교 풍토는 학생들의 인성 발달에 영향을 미치는 주요한 학교환경이다. 바람직한 학교 풍토는 다음의 요인들에 의해 결정될 수 있다.

(1) 민주적인 학교 훈육 방식

학교에서 길러 주어야 할 인성교육의 내용들, 즉 책임감, 자발성, 자기 통제력, 긍정적 자아 개념, 협동심, 봉사 정신, 질서 의식 등의 형성은 학생이 자신의 학교를 좋은 학교라고 인식하고 학교생활에 잘 적응하는 태도에서부터 비롯된다. 학생들이 생각하는 좋은 학교는 모두가 존중받는 민주적인 의사결정 구조가 정착되어 있는 학교다. 이러한 의미에서 학교 훈육에 대한 학생들의 인식은 학생의 학교 적응에 중요한 영향을 미친다. 학생들이 학교에서의 훈육이 민주적으로 공정하게 이루어진다고 생각하는 학교에서는 학생들 간의 괴롭힘 등의 학교폭력도 덜 일어나게 된다.

(2) 긍정적인 학교 분위기

학교 구성원 간에 서로 존중하고 인간관계에 중요한 가치를 두는 긍정적인 학교 분위기는 학생의 건강한 인성 발달에 도움이 된다. 그러나 학교의 훈육체계가 민주적이지 못하고, 교사들이 학생들에게 부정적 피드백을 자주 하며, 학생들의 자율성을 억압하는 학교환경에서는 학생들이 학교에 대한 유대감을 가지지 못하게 되고, 그에 따라 공격적이고 반항적인 행동을 더 많이 하게 된다.

그러므로 학교 인성교육은 학생들 개개인에 대한 교육보다는 우선적으로 학교 구성원이 즐겁고 행복하게 학교생활을 할 수 있는 학교 분위기의 쇄신이 필요하다.

(3) 학생-교사 간 우호적 관계

긍정적인 학교 풍토를 가진 학교는 학생-교사관계가 우호적이다. 따라서 학생들의 부적응 행동도 보다 덜 일어나게 된다. 학교에서 학생과 교사들 간에 대화하는 시간을 자주 가지고, 그에 따라 서로에 대해 긍정적인 기대를 갖게 되면 학교에서의 학생들의 부적응 행동도 덜 나타나게 된다(Bryk & Driscoll, 1998).

학생과 교사 간에 바람직한 관계를 형성하기 위해서는 학생에 대한 교사의 진정성이 필요하고, 학생은 이러한 교사의 진정성을 마음속으로 느낄 수 있어야 한다. 교사와 학생의 관계에서의 진정성이란 서로를 인정하면서 인간 대 인간으로 서로를 만난다는 의미다. 그러기 위해서 교사는 학생을 하나의 인격체로서 접촉하고, 있는 그대로 받아들이려는 태도를 갖추어야 한다.

(4) 학교 구성원 간의 상호 신뢰관계

건강한 학교 풍토를 구성하기 위해 가장 중요한 요인은 학교장, 교사, 학생들 간에 의사소통이 원활하고 서로 간에 신뢰의 분위기가 형성되는 것이다. 초등학교에서는 특히 교사들 간의 사회적 관계가 건강한 학교 풍토의 구성에 가장 중요한 요인이 된다(이상수, 김대현, 허승희, 이동훈, 이유나, 2013).

교사들이 서로 신뢰하면서 학생들의 문제에 대해 관심을 가지고, 학생들은 교사에게 자신의 문제를 털어놓을 만큼 상호 신뢰가 형성되어 있는 학교의 학생들은 또래의 폭력행동에 대해서도 부정적인 태도를 가지고(Bandyopadhyay, Correll, & Konold, 2009), 그에 따라 공동체로서의 학교 규칙을 잘 준수하고, 교사들과의 소통에 있어서도 매우 협조적인 관계를 유지한다. 이러한 관계를 형성하기 위해서는 학교 구성원 중 학교장의 역할이 매우 중요하다. 즉, 학교장이 학교 인성교육에 대한 비전과 가치를 가지고 그것을 구성원들이 서로 공유할 수 있도록 구성원 간의 소통을 위한 노력을 할 수 있어야 한다.

6) 또래 집단

학교환경에서 학생의 적응행동에 영향을 미치는 또래 집단 요인에는 또래에 의한 수용도, 또래 친구의 수 및 또래 집단에서의 선호도와 인기도 등이 있다. 학급 내 학생들 간의 인기, 배척, 고립 등의 힘의 균형관계와 거기에 속해 있는 학생의 학급 내 사회적 지위는 학생의 학교에서의 심리적 적응에 중요한 영향을 미친다. 학생이 또래와의 관계에서 소속감을 느끼고 친밀한 관계를 형성하는 것은 학교에 대한 유대감을 형성하는 데 도움을 준다. 이것은 결과적으로 학교폭력 등의 부적응 행동의 예방을 위한 주요한 요인이 된다. 즉, 학교에서 또래들에게 수용되는 학생은 친절하고 사교적이며 협동적인 특성을 가지며, 또래 수용도가 높을수록 학생은 외현적 공격성과 관계적 공격성을 덜 나타낸다(정현정, 김경성, 2009).

7) 학부모-학교 관계

학부모가 학생의 학교 일에 대해서 긍정적으로 수용하는지 또는 부정적인 태도로 임하는지의 여부는 학생의 학교 부적응 행동과 관계가 있다. 학부모의 학교 참여 면에 있어서도 학부모가 학교 회의에 참여하는 횟수, 교사나 상담교사와 대화하는 횟수, 학교 행사에 참여하는 횟수, 그리고 학교 일에 자원봉사자로 참려하는 횟수 등은 학생의 학교 부적응 행동 경향과 관계가 있다(Hong & Eamon, 2012).

학부모와 교사의 관계에서 소통이 원활하고, 학부모가 학교와 교사를 신뢰하는 것은 학생의 건강한 인성 발달에 긍정적 영향을 미치게 된다. 초등학교 교사들의 경우, 학교의 변화와 발전을 위한 교육 공동체의 구성요인들을 관계적 돌봄, 민주적 참여, 공유된 비전 및 연대적 협력으로 보아(박한숙 외, 2015), 학교교육의 발전을 위한 학부모와 학교의 협력과 연대를 매우 중요하게 인식하고 있다. 이러한 공동체 형성은 학교교육의 효과성을 높일 뿐 아니라 그러한 공동체 구성원의 소속감, 성취감, 민주적 생활 태도 등에도 긍정적인 영향을 미치게 된다.

3. 바람직한 인성교육을 위한 학교 공동체의 역할

공동체란 가치와 신념을 공유하고 서로에 대한 공감을 바탕으로 형성되는 사회적 결속체이며, 학교 공동체란 교육에 대한 가치와 신념을 서로 공유함으로써 학교교육의 구성원들 간에 서로 결속되는 학교를 말한다(주철안, 2001).

교과교육과는 달리 인성교육은 특히 학생들의 학교생활 전반에서 실시되어야 하므로 학교교육에 관여하는 구성원들 전체가 인성교육을 강조하고 그러한 분위기를 형성할 수 있도록 노력하여야 한다. 그리고 그러한 인성교육의 목표를 달성하기 위한 학교장, 교사, 학생 및 학부모들의 노력 또한 협동적으로 이루어져야 한다.

1) 인성교육을 위한 학교 공동체 구축의 중요성

학교 인성교육은 학교교육에 관련된 다양한 구성원의 협력과 노력에 의해서 이루어질 수 있다. 학교 공동체의 형성 없이 학교 문화의 변화는 불가능하며, 특히 인성교육처럼 장기적인 계획과 실행이 필요한 경우에는 더욱더 그러하다.

학생들에 대한 학교장, 교사, 학부모들의 상호 지원이 협력적으로 이루어지지 않고 일방적인 학교장의 지시나 학부모와의 소통 없이 이루어지는 교사 중심의 단기적인 인성교육은 학생의 원만한 인성 형성에 도움이 되지 못한다. 인성의 발달은 장기적이고 체계적인 계획과 실행에 의해서 점진적으로 이루어지는 것으로서, 전시 행정적으로 단기간에 그 효과를 보고자 하는 인성교육을 탈피하기 위해서는 학교 인성교육 실천을 위한 학교장, 교사, 학생 및 학부모들의 학교 공동체가 구성되어 학교 인성교육에 전념할 수 있어야 한다.

구체적인 실천 사례를 찾아보면, 경기도의 산들초등학교에서는 지역사회 교육공동체로서의 학교를 지향하며, 학교, 학부모, 교사 및 지역사회가 모두 함께 주체적으로 참여함으로써 학생들의 삶과 학습을 함께 연계시킬 수 있는 건강한 교육을 실시할 수 있었다. 이 학교가 지향하는 것은 '참 삶의 교육과정을 귀하게 생각하는 아름다운 학교'로서, 몸과 마음으로 만나는 공부, 삶과 연계된 살아 있는 학습이 단순 지식보다 더 귀하게 여겨지는 학교, 감성, 인성, 체험교육 등 참 삶의 요소들이 교육과정으로 구체화되어 모든 학교교육 프로그램 속에서 그것이 통합적으로 지속적으로 이루어지는 교육이었다(조용한, 서근원, 2004). 이러한 교육의 과정에서 교육에 대한 학교장의 확고한 의지, 교사들의 헌신적인 노력, 그리고 학부모들의 학교교육에 대한 동료의식이 필수적이었다.

오늘날 학교에서의 교사-교사관계, 학교장-교사관계, 학부모-교사관계 및 학부모-학교장 관계 등에서의 갈등과 불신 현상 등의 교육 위기를 극복하고, 학생들을 위한 보다 건강한 학교를 구성하기 위해서는 학교 공동체의 구축이 매우 중요하다(한대동 외, 2009). 즉, 학교 인성교육은 학교교육의 전체적 맥락에서 체계적으로 이루어져야 하며, 그러기 위해서는 학교가 하나의 교육 공동체로서 학교 구성원 모두가 참여하는 진정한 만남의 공동체가 형성되어야 할 것이다.

학교 인성교육이 학교장의 추진 의지나 학교의 몇몇 교사의 힘만으로 추진된다면 인성교육은 단지 일회성의 행사로서 끝나 버릴 우려가 많다. 그러므로 학교 인성교육이 장기적 · 체계적으로 잘 이루어지기 위해서는 준비된 교사들과 이를 추진하는 학교장 그리고 학부모와 학생들이 하나의 공동체로서 그 역량을 발휘할 수 있어야 할 것이다.

실제로 정부에서 실행한 2004년 이후의 수차례에 걸친 학교폭력 대책이 학교 현장의 근본적인 변화를 이끌어 내지 못하였고 이에 따라, 2012년 '학교폭력근절종합대책'에서는 교육 전반에 걸친 인성교육의 내용으로서 학생-학부모-교사가 함께하는 학생 생활 규칙을 통한 인성교육 실현을 제시하고 있다.

2) 학교 인성교육을 위한 학교장, 교사, 학생 및 학부모의 협력적 역할

학교 인성교육을 위한 학교 공동체로서의 학교장, 교사 및 학부모들의 협력적인 역할은 다음과 같다

(1) 학교장의 역할

학교 인성교육이 잘 진행되기 위해서 학교장은 인성교육의 비전과 가치를 인식하고 그에 따라 학교 운영의 원칙을 세워서 학교의 변화를 이끌어 내는 역할을 수행하여야 한다. 이를 위해서는 학교장의 인간적이면서도 혁신적인 리더십이 필요하며, 또한 학교장은 학부모, 교사, 학생들과의 소통을 원활히 할 수 있어야 한다.

학교장은 학교 공동체의 리더로서 교직원, 학생, 학부모들 간의 만남의 공동체를

형성하는 역할을 할 수 있어야 한다. 학생들의 인성교육에 대해 학부모, 교사들이 진정한 동지의식을 가질 수 있는 학교 공동체를 구성하기 위해서 학교장은 다양한 구성원들의 의견을 자주 수렴하여 신뢰를 형성하고, 교사들의 교육 활동을 적극 지원하고, 학교-학부모 간에 진정한 소통의 분위기를 형성할 수 있는 학교 문화를 형성하는 데 주력하여야 한다. 이것은 학교 인성교육의 비전을 설정하고 실천하는 과정에서 교사들을 설득하고 참여시키며, 학부모와 교직원들과의 대화를 통해서 배움의 공동체를 실현할 수 있는 건강한 학교 풍토를 만드는 과정에서 이루어질 수 있다.

(2) 교사의 역할

인성교육을 위한 학교 공동체를 형성하는 데 있어서 교사는 핵심적인 역할을 한다. 왜냐하면 교사는 학급에서 전문적 교육 활동, 즉 학습지도와 학생 생활지도에의 헌신을 통하여 학급 공동체 형성을 주도할 뿐만 아니라 학부모들과의 직접적인 접촉을 통하여 학부모 문화의 형성에도 중요한 역할을 하기 때문이다.

교사가 학생들의 인성교육을 위하여 학부모들과 함께하고 학부모들이 교사를 진정한 파트너로 인정하게 될 때 학교는 건강한 공동체로서 기능할 수 있게 되며, 이에 따라 학교 인성교육도 소통과 협력을 통해 원만하게 이루어질 수 있다.

국내에서 성공적인 학교 공동체 사례로 조명되고 있는 논산 대건고등학교의 경우, 학교교육의 목표를 '인간교육과 학력 신장의 조화'로 선정하여 인간교육을 위해서 1학년과 2학년 학생들을 대상으로 월 2회 토요일에 인성교육 프로그램을 실시하고, 그 외 토요일에는 학생회와 특별활동을 전일제로 실시하였다. 그리고 담임교사는 상담교사와 함께 인성교육 프로그램을 위한 자료 제작 및 운영 등의 다양한 활동을 실시하여 학교에서의 인성교육이 성공적으로 이루어진 바 있다. 즉, 학교장과의 폭넓은 소통과 교사들 간의 협력적인 동료성이 기반이 되어 학생들을 위한 인성교육이 훌륭하게 수행된 것이다(주철안, 2007).

학교에서 인성교육이 잘 이루어지기 위해서 교사는 학교 변화와 개선을 위해서 공동으로 노력하고 협력할 필요가 있다. 특히 학생과 학부모들 모두가 참여하여 학교 인성교육에 대해 협력할 수 있도록 하는 것은 교사의 역할이다. 그러기 위해서 교사는 우선적으로 인간적인 교실 문화의 형성에 노력하여야 한다. 학급 내에 서로 존중하고 협력하는 분위기가 충만할 때, 학생들의 인성은 좋아지고 학교폭력 등의 문제도 근원적으로 해결될 수 있다.

학교 인성교육이 잘 이루어지기 위해서는 인성교육에 대한 교사의 적극적이고 모범적인 실천 의지뿐만 아니라, 교사가 학교교육의 장기적인 목표로서의 인성교육에 몰입할 수 있도록 융통성 있는 시간을 확보해 주고, 그에 따른 인성교육을 위한 구체적인 체제를 구축하는 것이 우선적으로 필요하다.

(3) 학생의 역할

학교 인성교육에 대한 공동체적인 가치를 지닌 학교는 학생들의 전인적 발달에 보다 기여할 수 있다. 학교 공동체의 형성에 있어서 학생의 주요 역할로는 학교에 대한 신뢰, 적극적 학습, 타인 배려와 양보, 관용의 정신, 학교에 대한 올바른 인식 공유 등을 들 수 있다(허학도, 2005). 학생들이 학교에 대한 애착과 가치를 경험할 수 있어야 학교를 신뢰하고, 소속감을 가지며, 적극적으로 학습에 임하게 된다.

학교에서 학생들의 의견을 수렴하여 학칙을 개정하고, 학생들이 주관하는 학생회 활동이 활성화되는 것과 같이 학생의 자율성이 존중될 때, 학생들은 건강한 공동체를 형성하고 유지하는 데 적극적으로 참여하게 된다.

구체적인 사례를 살펴보면, 학생들의 자율성과 독립성이 특히 강조되고 있는 산청 간디학교와 경기도 화성의 두레자연고등학교에서는 학생들의 자치활동과 동아리 활동을 활성화하고, 학생들이 학교 운영에 참여함으로써 학생들의 부적응 행동이 매우 감소되었다는 결과들이 있다. 간디학교의 경우, 매주 월요일 1교시에 '주를 여는 시간'을 갖고 모든 학교 구성원이 함께 서로의 관심사와 고민을 이야기하며, 교사와 학생 전원이 참여하는 '식구 총회'를 통하여 학교생활과 관련된 사항들에 대하여 논의하고 결정함으로써 학생들의 자율성이 높아지고, 훈육문제가 훨씬 줄어들었다(신재영, 2006; 정미숙, 2006).

물론 학생 수나 규모에 있어서 일반 학교에서의 동일한 적용은 쉽지 않겠지만, 근본적으로 학생 인성교육은 학생들에 대한 자율성과 독립성을 인정해 주는 학교의 전반적인 인성교육의 맥락에서 시작되어야 할 것이다.

(4) 학부모의 역할

학교는 학생과 교사뿐만 아니라 학부모와 교육에 관련된 지역사회 인사들이 함께 교육 활동에 참여하는 곳이다. 인성교육이 잘 이루어지기 위해서는 학부모들이 자녀 교육을 위한 교육 공동체의 일원으로서 학교 운영에 적극적으로 참여하고 지원하는 역할을 하는 것이 중요하며, 학부모들이 학교교육에 대한 공동체 의식이 높을수록 학생들의 학교에 대한 공동체 의식도 함께 함양될 수 있다.

실제로 서울 남한산초등학교의 경우, '다 함께 만드는 새로운 학교 공동체'의 형성을 위해 학부모가 학교 운영 및 학생들의 교육 활동에 적극적으로 참여함으로써 민주적이고 개방적인 학교 운영을 시도하였고, 학부모들은 학부모 총회, 학교운영위원회, 학부모대표자회의, 학급학부모회의, 교사-학부모 연석회의 등 다양한 통로를 통해서 학교교육에 대한 이해를 넓혔다. 또한 학생들을 위한 다양한 교육 프로그램에서 학부모들이 학습에 참가하고, 자원봉사 활동으로 참여함으로써 교사들에 대한 이해와 유대의 폭을 넓힐 수 있었다고 한다(서근원, 2004; 임연기, 2006).

학교의 인성교육 활동에 학부모가 적극적으로 참여함으로써 교사-학부모 간의 대화의 기회가 확대되고, 그럼으로써 학부모들도 자녀의 인성교육에 대한 책임을 공유하며 학교교육에 협력적인 관계를 유지할 수 있다. 인성교육에 있어서 학교폭력 등 학교 현안에 관한 정기적인 부모교육, 정기적인 부모-교사 협의회, 교사-부모 협력 집단의 구성, 학교 부적응 문제를 가진 아동 및 그 부모와의 집단상담, 학급 담임과 학부모의 집단상담, 인성교육에 대한 학교 및 학급 차원의 정기적인 뉴스레터 보내기 등의 다양한 시도를 통해서 학교와 학부모들이 인성교육에 대한 비전을 공유하고 협력해 나갈 수 있을 것이다.

4. 학교 인성교육의 성공적인 실천 요건

인성교육은 교과교육처럼 어떤 특정한 내용과 방법에 의해서 이루어질 수 있는 것이 아니다. 그러나 교사가 수업을 할 때 지켜야 할 일반적인 수업의 원리와 교수-학습의 과정이 있는 것처럼, 학교에서의 인성교육을 성공적으로 실천하기 위해서 기본적으로 갖추어야 할 몇가지 사항이 있다.

여기에서는 Burret과 Rusnak(1993), Brooks와 Kahn(1993)의 인성교육 실천의 원리 및 우리의 혁신 학교들에서의 성공적인 인성교육 실천의 요소들(김성천 외, 2015; 박일관, 2014; 이성대, 2015; 장대진, 김상일, 김승규, 김희철, 박광철, 2014)을 바탕으로 하여 학교 인성교육의 실천 요건들을 제시한다.

1) 학교 차원의 인성교육에 대한 비전과 정책

학교 인성교육이 바람직하게 실행되기 위해서는 학교행정가의 인성교육에 대한 관심과 실천이 우선적으로 중요하며, 또한 학교의 구성원들 모두가 학생들의 건강한 인성 발달을 위해 협력하는 분위기가 먼저 형성되어야 한다.

인성교육이란 특별한 프로그램이 아니며, 학교교육의 전체적인 맥락과 분위기 속에서 조화롭게 이루어져야 할 인간교육의 한 부분이다. 이것은 교사 개개인의 노력으로뿐만 아니라 학교 전체 구성원들의 인성교육에 대한 관심과 비전을 통하여, 그리고 그것을 실현할 수 있는 행정적인 정책과 그 실행을 통하여 촉진되어야 한다.

2) 수업에서 진행되는 인성교육의 실천

인성교육은 특별한 교과의 설정을 통해서 이루어지는 것이 아니라 학교 전체의 교육과정 운영을 통해서 실시되는 것이 바람직하다. 학교교육의 본질은 수업이다. 따라서 인성교육을 위해서는 교과외 활동의 구안도 필요하겠지만, 학교 활동 중 중심이 되는 모든 교과 수업 시간의 교육 내용을 통하여 자연스럽게 이루어져야 효과적일 수 있다. 학교교육에서 학생들의 바람직한 인성 형성이 제대로 되지 못하고 있다고 본다면 그것은 교과교육 과정에서 지식교육에만 치중하고 정의적 측면이 간과되었기 때문이라고 볼 수 있다.

3) 교사-학생 간 인간관계 형성

학교에서의 인성교육의 시작은 교사-학생 간의 인간관계에서 비롯된다. 인성교육이 효과적이기 위해서는 교사-학생 간 인간관계가 친밀하고 서로 유대감을 가지며 신뢰할 수 있어야 한다. 학생들이 교사를 신뢰하고, 또한 학생들이 교사가 자신들을 신뢰하고 사랑한다는 것을 느끼게 될 때부터 인성교육의 기초가 이루어지는 것이다.

이것은 인성교육의 실천이 교과교육처럼 새롭고 효율적인 교수 방법에 의해서만 이루어지는 것이 아니라 인간적인 품성과 자질을 갖춘 교사가 학생들에게 모범을 통해서 일상적 관계 속에서 자연스럽게 인간다움의 자질을 훈습시키는 것이기 때문이다.

학교에서 교사의 대부분의 행동은 교사가 의식하지 못하는 사이에 학생들의 관찰의 대상이 되며, 특히 교사에 대한 학생의 인식과 관심이 학생의 긍정적인 행동의 모방학습에 중요한 영향을 미친다. 따라서 인성교육의 가장 기초적인 실천의 기반은 교사의 올바른 품성과 행동 방식의 형성이며, 학생들 개개인에 대한 교사의 존중, 즉 공감적 지지다. 교사가 학생들을 공감하고 정서적으로 지지해 줌으로써 학생은 스스로 자신의 행동을 반성적으로 사고해 보고, 그에 따른 바람직한 행동들을 내면화할 수 있게 된다.

4) 건강한 학교 공동체의 구성

학교와 지역사회는 학생의 인성 형성의 바탕이 된다. 그러므로 학교 인성교육을 위해서는 건강한 지역사회 문화와 구성원의 협조가 필수적이며, 지역사회의 기관과 인적 자원이 최대한 활용될 수 있어야 한다.

또한 인성교육이 효과적으로 되기 위해서는 부모, 교사 및 관련 인사들의 협의를 통한 인성의 핵심 가치에 대한 합의가 있어야 하며, 이러한 핵심 가치를 실현하기 위한 방법들이 학교의 구성원과 지역사회에 제시되어 아동·청소년의 교육에 관련된 모든 인사가 이 계획에 동참할 수 있어야 보다 효과적이다. 이를 위해서는 특히 학부모의 참여가 중요하며, 학부모가 학교에서의 인성교육의 내용을 알고 교육과정 계획에 하나의 교육 공동체로서 참여할 수 있어야 한다.

5) 학생의 자기 주도적인 계획과 행동의 실현으로 이루어지는 인성교육

학생을 훈육과 통제의 대상으로 생각하는 학교 문화가 만연한 학교의 경우, 학생들은 학교에서 멀어지고 더욱 무기력해지게 된다.

인성교육은 학습지도의 원리와 마찬가지로 학생이 자기 주도적으로 행할 수 있을 때 가장 효과적으로 이루어질 수 있다. 즉, 인성교육에 있어서 교사 중심의 집단 지도적 방법은 학생들의 감정과 동기가 유발되지 않는다는 점에서 비효과적인 방법일 수 있다. 교사가 어떤 행동 방식을 가르쳐 주기보다는 학생들이 교사와 함께 구체적인 목표 설정에 참여하여 학생 스스로 행할 수 있는 행동목표를 자율적으로 구성하여 실행할 수 있을 때 최선의 인성교육이 이루어질 수 있는 것이다. 이러한 인성교육은 특히 직접적인 체험과 경험을 통하여 행동의 실천으로 나타날 수 있도록 그 과정이 중요시되어야 한다. 따라서 학교에서는 학생들이 그러한 과정들을 체험하고, 그것을 연습하고 적용할 수 있는 기회들을 체계적으로 제공할 필요가 있다.

교사와 학생 전원이 참여하여 학교생활 규칙을 정하는, 앞서 제시한 산청 간디학교에서의 '식구 총회'를 그 대표적인 예로 들 수 있다. 산청 간디학교는 식구 총회를 통해서 학생들의 자율적인 역량과 문제해결 능력이 향상되었고, 학교 훈육문제가 효과적으로 감소될 수 있었다고 보고하였다(정미숙, 2006). 또한 화성의 두레자연고등학교에서는 학생들이 매주 학급자치회(1주차), 학년자치회(2주차), 학생자치회(3주차) 및 공동자치회(4주차)를 하여 학교 문제를 토의하고 학교 운영에 함께 참여하게 함으로써 학생들의 책임감과 자율성을 기를 수 있었다(신재영, 2006).

5. 학교 인성교육의 방안 및 실천 사례

학교 인성교육의 실천 방안들은 각급 학교의 실제적 상황과 추구하고자 하는 목표에 따라 매우 다양할 수 있으나, 여기서는 앞서 제시한 학교 인성교육의 성공적인 실천 요건들을 중심으로 하여 이러한 요건들이 잘 실천되고 있는 몇몇 학교의 사례를 살펴보고자 한다.

1) 학생 자치 문화의 활성화

학생의 건강한 인성 발달을 위해서는 민주적이고 개방적인 학교 문화를 형성할 필요가 있다. 민주적 학교 문화란 학교 구성원들이 공동의 의사결정을 하고, 이에 대한 규칙을 준수하며, 자율성과 책임감을 공유하는 문화를 말한다. 학생은 이러한 학교 분위기 속에서 자율성, 책임감 및 정의감을 발달시킬 수 있다. 실제로 학생들이 행복한 배움을 꿈꾸는 좋은 학교란 민주적인 학교 문화를 가지고, 학생이 학교에서 안정감을 느끼고, 학생의 다양한 배움의 권리가 보장되며, 학교 구성원들 모두가 강한 유대감을 가지는 학교다(장대진 외, 2014).

우리나라 학생들은 개인보다는 집단을 위주로 순종적인 것을 강조하는 학교 문화에 많은 스트레스를 받고 있으며, 학교 문화가 민주적으로 공정하게 이루어지느냐에 대한 학생들의 인식은 학생들 간의 개인적 · 집단적 괴롭힘 행동에도 중요한 영향을 미친다. 학교 주도적으로 정한 학교 규칙은 학생들의 주체성과 문제해결력을 길러 주기 힘들다. 학생을 '자신의 삶을 사는 존재'로 보고 학생 자신이 계획하고 운영하는 학생 자치 문화를 형성해 준다면, 학생은 학교에 애착을 가지게 되고 그에 따른 공동체 의식과 자율성 및 책임감을 형성할 수 있다.

여기에서는 학교에서 학생 자치 문화를 형성함으로써 학생들의 학교에서의 삶에 활기를 부여하고 공동체 의식으로서의 협동심과 책임감을 기를 수 있었던 중학교의 사례(김성천 외, 2015)와 학생들의 자치 문화를 형성하기 위하여 졸업할 학생들과 교사들이 함께 졸업식 행사를 기획하여 실행하고 학교 체육대회를 학생들 스스로 기획하게 함으로써 학생들의 자치 문화를 활성화시킨 초등학교의 사례들(이성대, 2015; 장대진 외, 2014)을 살펴보고자 한다.

(1) 학생들 스스로 만드는 학교 규칙

학교 규칙을 결정하는 데 있어서 학생들이 주체적으로 생활 규칙을 정하고, 이에 대해 학부모와 교사들이 참여하여 함께 학교 규칙을 협의하여 만들고 그것을 성공적으로 시행한 사례다.

학생들은 몇 번의 대의원 총회와 학급 회의를 개최하여 학생 대표 6인을 선출하였고, 학부모들은 학생들의 협의회에 발맞춰 학부모협의회를 구성하였다. 이 과정에서 학교에서는 각 가정에 가정통신문을 발송하고, 학부모협의회를 통해 협의할 대표진을 선출하도록 지원하였다. 교사들도 협의회를 개최하고 협의 대표를 선출하였다. 최종적으로는 학생, 학부모 및 교사들이 상호 협의를 통하여 학교 규정을 결정하여 나갔다. 이러한 과정에서 각각의 주체는 자신들의 주장을 자유롭게 표현하게 되었다.

실제 학생들이 만든 규정을 보면, 오히려 학생들이 학교의 이미지를 고려하여 피어싱이나 파마 등을 금지하기로 하였고, 어떤 경우에는 학부모와 교사는 두발과 화장, 실내화의 자유화 등을 허용하자는 입장이었으나 오히려 학생들이 반대해 제한 규정을 두는 것과 같은 신기한(?) 현상이 벌어지기도 하였다. 학생들이 만든 학교 규칙에 대한 원칙은 다음과 같다.

- 교육 주체 간 합의에 의한 학생생활 규정 및 선도 규정을 만들어 스스로 만들고 지켜 나가는 자율성 함양을 목적으로 한다.
  - 학생들의 토의와 협의를 통하여 학생들이 지켜 나갈 학생생활 규정 및 선도 규정의 시안을 만든다.
  - 학부모와 교사도 학생들의 학생생활 규정 및 선도 규정 제정에 대한 협의체를 만들어 그 시안을 만든다.
  - 학생-학부모-교사 대표 간 시안을 가지고 상호 토론과 협의로 최종안을 만든다.

(2) 우리가 만드는 감동 가득 졸업식

초등학교를 졸업할 학생들과 교사가 함께 하는 참여형 졸업식을 기획하여 시행한 사례다.

이 학교에서는 학생과 교사가 함께 프로그램을 구상하고 참여하였는데, 지금까지 관례적으로 소수 학생에게만 혜택이 돌아가는 외부 시상을 폐지하고, 졸업생 1인 1상장 수여로 졸업생 개개인의 참여를 극대화하고자 하였다.

이 학교에서는 학교장이 작곡하고 6학년 학생들이 작사해서 부르는 졸업가와 6학년 교사들이 작사해서 학생들에게 들려주는 희망가를 만들어 행사 프로그램을 준비하였고, 학생들의 의견을 수합해서 1년 동안의 학생들의 활동 사진들을 복도와 졸업식장에 게시하였다. 특히 학생들은 '부모님께 드리는 상장'을 만드는 등 종래의 관례적인 졸업식이 아니라 학생들이 학교장, 교사와 더불어 만들어 가는 졸업식을 만들어 봄으로써 졸업식을 계획하는 1년 동안의 과정을 통하여 학교에 대한 애착과 스스로에 대한 책임감을 더욱 강화시킬 수 있었다.

(3) 우리가 만드는 체육대회

학생들에게 스스로 체육대회를 기획하고 진행하도록 맡겼던 한 초등학교의 사례다.

이 체육대회는 결과적으로 교사들이 계획 · 진행했던 그전의 체육대회에 비해 매끄럽지는 못했지만, 학생들은 이전보다 훨씬 더 다양하고 재미있게 체육대회를 진행해서 학생, 학부모, 교사 모두의 만족도가 높았다.

체육대회를 준비하면서 학생들은 전체 모임을 통해 어떤 종목을 할 것인지부터 순서를 정하고 진행 요원을 선정하며 사전 준비팀 등을 결정하였고, 그 진행 과정에서도 민주적으로 모두가 참여하는 공동의 장을 만들어 나갔다. 체육대회 당일에 학생들의 진행이 완전히 매끄럽지는 않았지만 큰 실수 없이 이끌어 나갔으며, 교사들은 지도하는 입장이 아니라 여러 종목에 참여하며 같이 즐긴, 말 그대로 모두가 하나가 되는 행복한 체육대회였다.

처음에는 교사들도 초등학교 6학년 학생들이 체육대회를 스스로 준비하고 진행할 수 있을 것이라고는 믿지 못했으나 체육대회의 다양한 행사를 기획하고 점검하는 학생들의 모습을 보고 학생들에 대해 믿음이 생겼고, 실제로 학생들에 의해 잘 진행되었던 체육대회의 경험은 교사들의 학생관에도 놀라운 변화를 일으켰다. 교사들의 지원이 일부 있었지만 전체적으로 학생들이 자치적으로 계획하고 실행한 이 체육대회를 계기로 학생들에 대한 교사들의 시각이 달라졌고, 학생들 또한 이 체육대회가 어떤 일을 스스로 결정하고 그 일을 수행하는 책임감과 자율성을 기를 수 있는 좋은 계기가 되었다.

2) 학부모와 교사의 소통과 협력: 건강한 학교 공동체의 형성

학부모가 학생들의 학교 일에 대해서 긍정적으로 수용하는지 또는 부정적인 태도로 임하는지의 여부는 학생의 학교 부적응 행동과 관계가 있다. 특히 부모와 교사의 관계에서 소통이 원활하지 않고, 부모가 교사를 신뢰하지 않으며, 부모가 학생의 학교 부적응 행동에 대한 교사의 의견을 받아들이지 못하는 것은 학생들의 건강한 인성 발달에 부정적 영향을 미치게 된다.

여기서는 부모와 교사들이 공동체적으로 학교를 운영함으로써 학생들의 건강한 삶을 지원하는 학교를 만들고자 한 한솥밥 회의(임후남, 2005), 행복 학교 추진단 및 학교 한바퀴 프로그램(박일관, 2014)의 시행 사례를 살펴보고자 한다.

(1) 한솥밥 회의

한솥밥 회의는 학부모와 교사들의 만남의 장이다. 학부모와 교사들이 정기적으로 만나서 교육 공동체로서의 상호관계를 통하여 학생들이 함께 사는 법을 배우는 교육으로서의 통합교육, 학생들과의 소통의 문제, 학생들의 생활과 생활 습관, 성 문제 등에 대해서 서로의 의견을 나누는 만남의 장이다. 이 회의의 목적은 학교교육 속에서 나타나는 다양한 문제를 주제로 학부모와 교사들이 함께 풀어 나가야 할 사안들을 논의하고 그 결과를 공유하기 위한 것이다.

한솥밥 회의는 매월 진행되며, 학부모와 교사들은 학교 운영의 자율성과 공공성 및 지역성의 바탕 위에서 회의를 진행한다. 학부모와 교사들은 한솥밥 회의를 통해서 학교교육에서 추구해 나가야 할 책임성과 학생들의 행복과 성장을 위한 다양한 문제를 공유하며, 그러한 과정을 통해서 서로 간의 소통의 폭을 확대해 나갈 수 있었다. 그리고 학교 운영과 교육 활동 과정에서 학부모의 참여가 확대됨으로써 관점의 차이에 따른 교사와의 사소한 갈등도 야기되었지만, 정기적인 만남과 토론의 장을 통하여 서로에 따른 이해의 폭을 넓혀 나갔고, 그에 따라 학교와 학부모가 민주적인 교육 공동체를 구축할 수 있었다.

다음은 한솥밥 회의에서 추구하는 학교교육의 목표다.

> ……학교는 공공의 학교다. 공공성은 다른 말로 책임성을 의미한다. 교육의 공공성의 의미는 그 주체가 공적 기관이냐 아니냐의 문제가 아니라, 교육이 추구하는 바와 수행하는 기능 그 자체가 학생들의 행복과 이익, 공공의 이익과 사회의 이익을 위한 것이라는 점이다. 따라서 교육을 행하는 모든 학교는 이러한 공적 책임으로부터 자유로울 수가 없다…….

(2) 학부모 대표의 '행복학교 추진단'

초등학교의 학부모 대표들이 모여 학교 운영을 지원하는 활동을 하는 예다. '행복 학교 추진단'의 목적은 학교에서의 학생들의 행복한 배움과 성장이다.

이 학교에서는 교사와 학부모들이 같은 수로 구성된 테스크포스(TF)팀을 구성하고, 정기적으로 만나 학교 운영 방향을 협의하고 결정한다. 이 학교에서의 학부모들의 교육 참여 활동은 매우 주체적이고 활발하다. 예를 들어, '행복학교 추진단'의 활동 중 하나로서 학부모들은 학생들이 안전하고 행복하게 학교를 다니게 하기 위하여 학교 등하교 시 지도를 하고, 학부모들이 손수 감잎차를 만들어서 학생들의 아침 활동 시간에 차를 내주거나, 아침 시간에 학생들에게 책을 읽어 주는 프로그램을 실시한다. 그리고 학부모 자원봉사자들이 재능 기부를 통하여 학교 도서관을 활용한 수업을 하기도 하고, 학교의 방과 후 활동에도 적극적으로 참여한다.

이 모든 프로그램은 교사와 학부모들이 정기적으로 만나 협의한 과정에서 이루어진다.

(3) 학부모의 '학교 한 바퀴' 프로그램

학교 한 바퀴 프로그램은 신흥 아파트 단지에 들어선 학교를 중심으로 어머니들이 직접 '스쿨 폴리스'를 운영하는 것이다. 이것은 학교가 아파트에 둘러싸여 있고 담장이 없기 때문에 학교 교사들의 힘만으로는 생활지도가 어렵다는 교사들의 애로 사항을 듣고 학부모들이 직접 그것을 지원해 주고자 만든 것이다.

학부모들은 '엄마의 마음'으로 점심시간에 무단 외출하는 학생들을 지도하고, 학교 주변의 흡연이나 폭력의 문제 등을 예방하는 역할을 적극적으로 해내었다. 학부모가 교사와 협력하여 '우리 모두의 아이들'을 위해 스스로 학교 폴리스의 역할을 함으로써 학생들은 학교에서 안전감을 느끼고 더불어 사는 삶의 지혜를 배우게 되었다.

3) 학생이 존중받는 학교

학생을 통제나 훈육의 대상이 아닌 성숙한 인격체로 인정하는 것은 학생의 인성교육에 매우 중요하다. 그것은 학생이 자신이 존중받는 대상임을 인식하게 되면 타인 또한 존중받아야 할 대상임을 자연스럽게 배우게 되기 때문이다.

학생이 존중받는 학교는 교사에 대한 학생들의 스트레스가 없으며, 학생과 교사 간에 우호적인 관계가 형성됨으로써 학교 구성원이 상호 신뢰하고 협력하는 따뜻한 학교 풍토를 만들게 된다. 이러한 따뜻한 학교 풍토 속에서 학생은 자기 가치감, 자기 효능감 및 책임감을 발달시키게 되며, 이러한 학교에서는 학생들의 부적응 행동도 보다 덜 일어나게 된다.

학생들이 생각하는 좋은 학교는 학생들이 학교에서 존중받고, 학생들이 심리적으로 안정되고 행복해하는 학교다.이러한 학교는 학생들의 학교생활 적응을 촉진시킨다(이원이, 김동일, 2009). 교사와 학생이 대화의 기회를 많이 가짐으로써 서로를 이해하게 되고, 교사가 학생을 인격적으로 존중하고 민주적인 의사소통을 통하여 인간관계를 맺음으로써 학생의 자신에 대한 가치감, 책임감과 공동체 의식 및 배려의 마음은 늘어나게 된다. 이러한 사례로서, 학생과 교사의 유대감이 강한 한 대안학교에서의 교사들에 대한 학생들의 반응을 살펴보면 다음과 같다(노상우, 고현수, 권희숙, 2012).

- 교사의 학생 인격 존중: "저는 지금 선생님께 많이 존중받고 있다고 생각해요. 이전 학교에서는 전혀 그런 게 없었어요. 여기에서는 선생님들이 사소한 질문에도 귀 기울여 들어주고 성의 있게 대답해 주세요. 선생님과 생각이 다르더라도 한 사람, 한 사람의 의견을 더 물으려고 노력하세요. 우리가 싫어하는 학생들과의 차별 같은 건 없어요."
- 교사와의 인간관계: "항상 격의 없으며, 가족 같은 느낌을 받아요. 하지만 무조건적으로 편만 들어주시는 게 아니고 확실히 잘못했을 때는 지적해 주세요. 선생님과는 격의 없는 편이고 어떻게 보면 친구 같고 부모님 같아요."
- **교사와의 대화의 기회**: "이 학교에서는 선생님들이 제가 아무 때나 찾아가도 만나 주고 대화할 수 있어서 좋았어요. 시험 기간 때도 찾아가면 선생님과 교무실에서 얘기를 많이 해요. 그리고 학생들이 언제라도 대화를 원할 때면 선생님이 열의를 가지고 성심성의껏 도움이 되게 상담해 주셔서 선생님이 고마워요."

4) 인성중심 수업의 실천

학교 인성교육은 교과 수업과 별개로 이루어지는 것이 아니라 진정한 배움, 즉 학생들의 삶을 중시하는 의미 있는 수업 속에서 이루어지는 것이 필요하다.

진정한 배움은 교사가 학생의 말에 귀 기울이면서 학생과 신뢰를 구축하고 학교에서의 공부를 자신들의 삶과 연관시킬 수 있도록 도와 주는 배움을 말한다. 이러한 의미에서 김대현(2007)은 배움과 돌봄의 학교교육이 이루어지는 수업을 '삶을 말하는 수업'이라고 하였다. 즉, 삶을 말하는 수업이란 교사가 수업의 초점을 지식 습득에 두기보다 학생과의 인간적 교류를 통하여 학생이 자신의 삶에 대해 성찰할 수 있는 능력을 기를 수 있도록 하는 것이다. 교사-학생 간에 수업을 통하여 바람직한 인성 발달의 기초가 되는 자유, 신뢰, 협력과 책임의식 등을 교류함으로써 학생은 자신의 삶에 필요한 건전한 인성 발달의 토대를 구축할 수 있는 것이다.

삶을 말하는 수업, 즉 인성중심 수업의 예로서, 2015년 '인성교육 중심 수업'으로 교육부 장관상을 수상한 부산초등협동학습연구회의 L.I.F.E.(Learning Is From Encountering) 모형을 소개하면 다음과 같다.

(1) 인성교육 중심 수업의 의미

인성교육 중심 수업은 학교에서 수업을 하면서 자연스럽게 학생들이 바람직한 인성을 기를 수 있도록 하는 것이다. 학생은 이러한 수업을 통하여 자연스럽게 자기 가치감, 정의감 등의 개인적 가치와 책임감, 협동심, 배려 등의 사회적 가치를 함께 습득하게 된다. 인성을 함양하는 것은 인성에 대해서 아는 것이 많아진 것을 의미하는 것이 아니라 그것을 행동으로 실현하게끔 하는 것이고, 교사는 학생의 인성교육을 위해서 학교 수업을 통해서 자연스럽게 인성을 함양할 수 있는 교육과정을 탐구해 볼 필요가 있다.

(2) L.I.F.E. 모형

L.I.F.E. 모형은 인성중심 협동학습 모형으로서 만남을 통한 배움으로 학생들의 삶에 변화를 주기 위한 모형이다. 이 모형은 마음-생각-우리-삶의 네 단계로 이루어진다.

일반적인 수업과 L.I.F.E. 모형에 의한 수업의 차이는 '우리'와 '삶' 단계에 있다. '우리' 단계에서 학생들은 수업에서 배운 내용을 통하여 상대방의 이야기를 듣는 법을 익히고 서로를 존중하는 자세를 가진다. '삶' 단계에서는 학교에서 배운 것이 나의 삶에 어떤 영향을 미치는지를 경험한다.

(3) L.I.F.E. 모형에 따른 인성중심 수업 예시

수업의 주제가 사회과의 '권리'라고 한다면 인성중심 수업은 다음과 같이 이루어질 수 있다.

① 마음 단계에서는 학생들이 삶에서 마주할 수 있는 문제를 가져온다. 학생들에게 한 아이가 집에서 TV를 보고 있었는데 언니가 들어와서 리모컨을 빼앗은 경우를 생각하게 할 수 있다.

② 생각 단계에서는 권리의 개념을 배우고 이 경우에 대한 나와 타인의 권리를 생각해 보게 한다.

③ 우리 단계에서는 학생들이 자신의 생각을 자유롭게 이야기해 보게 한다. 여기서 언니의 입장, 동생의 입장 등 여러 입장이 나오는데, 이야기를 하는 과정에서 학생들은 권리는 나만을 위한 것이 아님을 스스로 알게 되며 내가 생각한 권리와 다른 사람이 이해한 권리가 다를 수 있음을 배우게 된다. 이를 통해 학생들은 권리의 개념을 배우는 것뿐만 아니라 타인을 배려할 수 있는 인성을 함께 형성할 수 있다.

④ 삶 단계에서는 일주일의 시간을 주고 권리 충돌을 경험한 것을 적어 오게 한다. 이 단계에서 학생들은 이전에는 싸우고 지나갔을 문제들을 조정할 수 있게 된다.

(4) L.I.F.E. 수업을 위한 선행 조건: 배려하는 학급 분위기

L.I.F.E. 수업을 실천하기 위해서는 배려하는 학급 분위기가 무엇보다도 필요하다. 이를 위해서 교사는 학생들의 발언에 대하여 항상 긍정적으로 수용할 수 있어야 한다. 즉, 학생들과의 수업을 '만남'의 관점에서 진정하게 배려할 수 있어야 한다. 학생들에게도 다른 친구들이 말할 때 경청해 줄 수 있는 '만남'의 태도를 먼저 형성시켜 줄 수 있어야 한다.

5) 지역사회와 함께 하는 인성교육: 배려, 돌봄, 나눔의 실천

봉사활동은 스스로 누군가에게 도움이 될 수 있다는 사실을 깨달음으로써 자신에 대한 자존감을 높이고, 그것을 함으로써 자신의 행동에 대한 책임감과 사려성 그리고 타인에 대한 배려와 돌봄의 인성을 기를 수 있는 교육적 활동이다.

대다수의 학교에서는 학생들의 인성교육의 일환으로 지역사회 봉사활동을 장려하고 있다. 그러나 학교 현장에서는 봉사활동 자체가 점수화되거나 일회성 활동으로 끝나 버림으로써 이러한 봉사활동의 의미가 퇴색되어 버리는 경우가 많다. 학생들의 봉사활동이 건강한 인성의 발달로 이어지기 위해서는 학교 차원에서 실제적인 활동계획을 구체적으로 세워 지원해 주고, 그 결과에 대한 장기적인 효과를 검증해 보는 작업이 필요하다.

여기에서는 '지역사회와 함께 하기' 프로그램으로 지역사회 봉사활동을 계획하고 시행함으로써 타인에 대한 배려와 나눔의 마음을 가지게 한 2개 중학교의 우수

활동 사례(김고종호, 2007; 부산시 교육청, 2015)를 살펴보고자 한다.

(1) 돌봄과 나눔의 가치를 익히는 지역사회 봉사 프로그램

이 학교는 공동체 교과로서의 지역사회 봉사활동이 활성화되어 있는 학교다. 대표적인 지역사회 봉사활동은 일종의 프로젝트 학습식으로 운영되는데, 이 중 지역사회에서 형편이 어려운 집을 방문하여 장판을 다시 깔고 벽지를 새로 발라 주는 내용의 봉사활동 프로그램을 소개하면 다음과 같다.

이 프로그램은 10회기로 구성되어 있으며 수업과 현장 활동으로 구성되어 있다. 프로그램의 내용은 다음과 같다.

- 1~3차: 자원봉사에 대한 개념, 지역사회의 이해, 공동체의 갈등 해소, 사람과 사람과의 관계 맺기 등의 내용을 수업하는 것으로 교실에서 진행된다.
- 4차: 몸을 움직이는 일을 한다. 즉, 지역에서 도배, 장판 일을 하는 사람에게 도배, 장판 깔기 등을 배운다.
- 5차: 지역 주민들에 대한 가구 조사와 집 수리 봉사에 대한 공고를 낸다.
- 6차: 집수리 대상자를 선정하고 해당 가구를 방문하여 집 수리 계획을 짠다.
- 7차: 하루 종일 도배, 장판 등의 집수리를 한다.
- 8차: 집수리 활동 내용을 정리하고 평가하며 서로를 격려해 준다. 그리고 다시 지역 가구 중 집수리 대상을 확정한다.
- 9차: 7차에서보다 공동 작업을 보다 발전된 모습으로 해내는 것을 중시하며 작업한다.
- 10차: 그동안의 진행 과정을 서로 이야기하고 서로의 활동에 대해 평가해 보고 격려해 준다.

이 프로그램은 학생들로 하여금 타인의 삶을 보다 적극적으로 생각해 보는 계기를 갖게 하였고, 이를 통하여 학생들은 보다 개방적으로 서로 마음의 문을 열고, 자신의 문제를 되돌아보며, 타인을 도우는 것에 대한 가슴 뿌듯함을 느꼈다고 보고하였다. 특히 도배나 전기 배선 등을 봐 준 성인들을 통해 보이지 않는 곳에서 돌봄과 나눔을 실천하는 사람들을 알고 그들을 존경하는 마음을 갖게 되었다고 하였다. 이에 대한 한 학생의 소감문을 보면 다음과 같다.

"이 일은 하면 할수록 나 자신에 대한 인내심이 길러지는 것 같고, 하고 나면 힘들고 지치지만 정말 보람을 느낄 수 있었다. 우리가 찾아갔을 때 눈물을 흘리시던 할머니가 자꾸 생각난다."

(2) 나 밖의 세상과의 나눔

이 학교는 지역의 인성 우수학교로 지정된 학교로서 타인을 존중하고 배려하는 공동체 의식의 함양을 위한 '땀방울 봉사단'을 만들어 운영하였다. 이러한 봉사활동을 통하여 학생들은 자신을 존중하고, 자신의 행동에 책임감을 가지고 타인을 배려할 수 있는 인성이 함양될 수 있었다.

이 프로그램의 첫 모임에서는 타인에 대한 존중과 배려, 그리고 그러한 것을 실천하기 위한 봉사활동에 대한 안내가 있었고, 다음 모임에서는 한 달에 한 번씩 1년간 자원봉사 활동을 하는 학부모들과 함께 밑반찬을 만드는 활동이 계획되었다. 그리고 이렇게 만들어진 밑반찬은 학생들이 지역사회의 독거 노인들과 요양원의 노인들에게 한 달에 한 번씩 배달하였다.

이 프로그램은 지역사회에서의 봉사활동을 통한 학생들의 공동체 의식 함양을 위하여 만들어졌으며, 다음과 같은 부가적인 효과가 있었다. 즉, 봉사활동의 매개체인 요리를 만들기 위하여 노력하는 과정에서 학생들 간의 협동 체험과 자원봉사를 하는 학부모와 학생들 간, 그리고 행사를 기획하는 학교와 학부모들 간의 소통이 함께 이루어질 수 있었다.

연구과제

1. 학교 차원에서 사회적으로 가치 있는 인격 형성, 즉 공동체 의식과 타인에 대한 배려심 등을 길러 줄 수 있는 인성교육의 방안은 무엇인지 논의해 보시오.
2. 학교 공동체로서의 교사의 인성교육에 대한 역할을 논의해 보시오.
3. 재직하고 있는 학교에서 학생들의 건강한 인성교육을 위하여 해결해야 할 과제가 있다면 무엇인지, 그리고 그것을 어떻게 해결할 수 있을 것인지에 대하여 논의해 보시오.

참고문헌

교육부(2012). 학교폭력근절종합대책.

교육부(2015). 인성교육진흥법(2015. 1. 20. 제정).

김고종호(2007). 교육 현장에 자극을 주는 대안학교 프로그램. 중등교육, 8(통권 제210호). 142-155.

김대현(2007). 배움과 돌봄 학교공동체의 이념 탐색과 교육과정 운영 방안. 교육사상 연구. 21(2), 101-122.

김선혜(2004). 휴머니즘 지향의 아동교육관 설정 연구. 초등교육학연구, 9(1), 137-153.

김성천, 서용선, 홍섭근(2015). 혁신학교의 거의 모든 것. 서울: 맘에드림.

김종백, 김태은(2008). 학교행복 심사도구 개발 및 타당화. 교육심리연구, 22(1), 259-279.

노상우, 고현수, 권희숙(2012). 대안학교 혁명의 교사 만족도에 대한 내러티브 탐구. 교육문제연구, 15(1), 197-226.

박일관(2014). 혁신학교 2.0 혁신학교를 넘어 학교혁신으로. 서울: 에듀니티.

박한숙, 이상수, 김대현, 황순영, 이유나, 송연주, 권다남(2015). 초등교사 인식에 근거한 교육공동체 개념 요인 탐색. 초등교육연구, 28(4). 171-192.

부산시교육청(2015). 인생교육 시범학교 보고서: 3cup 구현을 통한 꿈과 끼를 가진 바른 인성함양.

서근원(2004). 산들초등학교의 교육공동체 형성에 관한 교육인류학적 연구. 서울대학교 대학원 박사학위논문.

서미경(2007). 중학생 학교폭력 예방 프로그램의 효과 연구. 성산효대학원대학교 석사학위논문.

신재영(2006). 대안학교에서의 교과통합 운영실태와 방안(pp. 18-29). 국제화지향교육혁신전문인력양성사업단.

이미숙(2012). 인성교육과 교육과정 개선. 제6회 청람교육포럼 겸 제53차 KEDI 교육정책포럼 발표자료.

이상수, 김대현, 황순영, 박한숙, 이유나(2015). 건강한 학교 생태계 설계 요인에 대한 학교, 교사, 관리자의 인식 조사. 교육공책연구, 29(3), 459-481.

이상수, 김대현, 허승희, 이동훈, 이유나(2013). 건강한 학교 생태계 설계 요인에 대한 학교, 교사, 관리자의 인식 조사. 교육공학연구, 29(3), 459-481.

이성대(2015). 혁신학교, 행복한 배움을 꿈꾸다. 서울: 행복한미래.

이원이, 김동일(2009). 학교 부적응 학생을 위한 대안학교의 학생, 학부모, 교사가 인식하는 학교 적응 촉진 요인. 상담적 연구, 10(4), 2495-2519.

이은희, 공수자, 이정숙(2004). 청소년들의 가정, 학교, 지역의 심리사회적 환경과 학교폭력

과의 관계: 분노조절과 비행친구 접촉의 매개효과. 한국심리학회지: 상담 및 심리치료, 16(1), 32-40.
임연기(2006). 학교혁신 국내외 사례 비교연구. 대통령자문교육혁신위원회.
임후남(2005). 대안학교의 자율성과 공공성 탐색. 교육행정연구, 23(3), 25-48.
장대진, 김상일, 김승규, 김희철, 박광철(2014). 혁신학교 무한도전. 서울: 인물과 사상사.
정미숙(2006). 간디학교 교과통합 운영사례(pp. 3-17). 국제화지향교육혁신전문인력양성사업단.
정창우, 손경원, 김남준, 신호재, 한혜민(2013). 학교급별 인성교육 실태 및 활성화 방안. 서울: 교육부.
정현정, 김경성(2009). 학교관련 심리변인이 초등학생의 공격성에 미치는 영향. 초등교육연구, 22(4), 351-378.
조용환, 서근원(2004). 지역사회 교육공동체 형성에 관한 연구: 산들 초등학교 사례를 중심으로. 교육인류학 연구, 7(1), 211-244.
주철안(2001). 학교공동체 이론의 탐색과 교육행정의 과제. 지방교육경영,6(2), 131-144.
주철안(2007). 학교공동체의 특성에 관한 분석적 고찰. 교육사상연구, 21(1), 201-224.
한국교육과정평가원(2011). 교과교육과 창의적 체험활동을 통한 인성교육 활성화 방안. 연구보고 RRC, 2011-7-1.
한대동, 기대현, 김정섭, 안경식, 유순화, 주철안, 손우정, 전현곤(2009). 배움과 돌봄의 학교공동체. 서울: 학지사.
허승희(2003). 인성교육자로서의 교사, 21세기의 바람직한 초등교사상 전국교육대학교 연합학술대회 주제발표. 부산교육대학교 초등교육연구소.
허승희(2014). 초등학교 학교폭력-예방과 지도-. 서울: 학지사.
허승희, 박성미(2015). 아동용 통합적 인성 척도 개발. 아동교육, 24(4), 89-103.
허학도(2005). 학교공동체 구성원 역할 탐구. 경기: 교육과학사.

Bandyopadhyay, S., Correll, D. G., & Konold, T. R. (2009). Validity of three school climate scales to assess bullying aggression, attitude and help seeking. *School Psychology Review, 38*(3), 338-355.
Brooks, B. D., & Kahn, M. E. (1993). What Makes character education program work. *EducationalLeadership, 51*(3), 19-21.
Bryk, A. S., & Driscoll, M. E. (1998). *The school as community: Theoretical foundations, contextual influences, andcomsequences for students and teachers*. Madson, WI: University of Wisconsin, National Center on Effective Secondary Schools.
Burret, K., & Rusnak, T. (1993). *Integrated Character Education*. Bloomington, IN: The Phi Delta Kappan Educational Foundation.
Comptom, W. C. (2005). *An introduction to positive, Psychology*. CA: Thomson

Wadsworth.

Costanza, R. (2012). Eco system health and ecological engineering. *Ecological Engineering, 45*, 24-29.

Hong, J. S., & Eamon, M. K. (2012). Students' perception of unsafeSchools: An ecological systems analysis. *Journal of Child & Family Studies, 21*, 428-438.

Hong, J. S., & Espelage, D. I. (2012). Are view of adaptation in adolescence: A seven year followup. *Child Development, 62*, 991-1007.

Stewart, D., Sum, J. Patterson, C., Lemerle, K., & Hardie, M. (2004). Promoting and building resiliemced in primary school communities: Evidence from a comprehensive 'health promoting school' approach. *International Journal of Mental Health Promotion, 6*(3), 26-33.

찾아보기

◀인명▶

◀내용▶

저자소개

김광수(Kim, Kwangsoo)
서울대학교 교육상담학 박사
현 서울교육대학교 교수

정종진(Jeong Jongjin)
건국대학교 교육심리학 박사
현 대구교육대학교 교수

공윤정(Gong, Younnjung)
미국 퍼듀대학교 상담심리학 박사
현 경인교육대학교 교육학과 교수

송재홍(Song, Jaehong)
전북대학교 교육학 박사
현 제주대학교 교수

하요상(Ha, Yosang)
미국 센트럴플로리다대학교 박사
현 공주교육대학교 교육학과 교수

조붕환(Cho, Bunghwan)
홍익대학교 교육학 박사(교육상담전공)
현 공주교육대학교 교육학과 교수

홍종관(Hong, Jongkwan)
독일 쾰른대학교 상담심리학 박사
현 대구교육대학교 교수

안태용(Ahn, Taeyong)
부산대학교 교육학 박사
현 부산교육대학교 유아교육과 교수

오익수(Oh, Iksoo)
전남대학교 교육학 박사(교육상담)
현 광주교육대학교 교수

김혜숙(Kim, Hyesook)
미국 스탠퍼드대학교 상담심리학 박사
현 경인교육대학교 교육학과 교수

허승희(Huh, Sunghee)
부산대학교 교육학 박사
현 부산교육대학교 교육학과 교수

아동과 청소년
인성교육의 실제
Character Education for Children and Adolescents

2017년 8월 25일 1판 1쇄 인쇄
2017년 8월 30일 1판 1쇄 발행

지은이 • 김광수 · 정종진 · 공윤정 · 송재홍 · 하요상 · 조붕환
홍종관 · 안태용 · 오익수 · 김혜숙 · 허승희
펴낸이 • 김진환
펴낸곳 • ㈜ 학지사
04031 서울특별시 마포구 양화로 15길 20 마인드월드빌딩
대표전화 • 02)330-5114 팩스 • 02)324-2345
등록번호 • 제313-2006-000265호

홈페이지 • http://www.hakjisa.co.kr
페이스북 • https://www.facebook.com/hakjisabook

ISBN 978-89-997-1266-1 93370

정가 20,000원

저자와의 협약으로 인지는 생략합니다.
파본은 구입처에서 교환해 드립니다.

이 도서의 국립중앙도서관 출판시도서목록(CIP)은 서지정보유통지원시스템 홈페이지(http://seoji.nl.go.kr)와 국가자료공동목록시스템(http://www.nl.go.kr/kolisnet)에서 이용하실 수 있습니다.
(CIP 제어번호: CIP2017021043)